Jetzt kommen andere Zeiten
Lotte Schwarz

CHRISTIANE UHLIG

«JETZT KOMMEN ANDERE ZEITEN»

LOTTE SCHWARZ (1910–1971)
DIENSTMÄDCHEN, EMIGRANTIN,
SCHRIFTSTELLERIN

Autorin und Verlag danken folgenden Institutionen
für die Unterstützung der Publikation:
- Stiftung Irene Bollag-Herzheimer
- Georges und Jenny Bloch-Stiftung
- Stiftung für Erforschung der Frauenarbeit
- Dr. Georg und Josi Guggenheim-Stiftung
- Cassinelli-Vogel-Stiftung

Umschlagfoto: Lotte Schwarz 1942 als Bibliothekarin im Schweizerischen
Sozialarchiv, Zürich. (Foto: Christian Staub, NL Lotte Schwarz)
Weitere Informationen zum Verlagsprogramm:
www.chronos-verlag.ch

© 2012 Chronos Verlag, Zürich
ISBN 978-3-0340-1144-0

Inhalt

Prolog – Ein unpublizierter Roman und seine Folgen   7

I. AUFBRÜCHE: HAMBURG 1910–1934
Die Benetts aus Schwarzenbek   13
Politische Umbrüche – neue Perspektiven   17
Schul- und Jugendjahre   24
Dienstmädchenjahre   33
Bei den Guttemplern   38
In der Frauenarbeitsgemeinschaft   46
Im Reich der Bücher   50
Hinein in die Stadt und in die Krise   54
Bei der Kommunistischen Jugend   59
Mitglied der Roten Kämpfer   72
Gewaltsames Ende   79

II. IM EXIL: ZÜRICH 1934–1945
Unsichere Zuflucht, ungewisse Zukunft   89
«Intelligente Person gesucht»   96
Keine Liebesheirat   102
Pension Comi – Friedmanns rettende Insel   112
Ringen um eine politische Haltung   130
Sozialarchiv – ein Ort des Wissens und der Hilfe   147
Ein junger Mann betritt die Bühne   173

III. ALTE FRAGEN NEU GESTELLT: BRÜTTISELLEN 1945–1971
Der Anfang nach dem ersehnten Ende   187
Wiederaufbau   195
Tagebuch mit einem Haus   207
Kreativ mit Holz   224
Wider den Zeitgeist   230
Der lange Kampf für die Rechte der Frauen   245
Ein Salon in Brüttisellen   270
Schreiben bis zum Ende   287

Dank	293
Anmerkungen	295
Abkürzungen	309
Bibliografie	311
Namenregister	323

Prolog – Ein unpublizierter Roman und seine Folgen

«Ich spreche von Lotte Benett aus Hamburg, die in Zürich Lotte Schwarz geworden ist, wie sie lebte und wie sie in uns weiter lebt als eine Frau von natürlicher Sicherheit, als eine sozialistische Emigrantin aus Deutschland, als die sie 24jährig nach Zürich gekommen ist, als die Bibliothekarin des Sozialarchives, was sie zehn Jahre 1938–1948 gewesen ist, und als die ich sie 1940 kennen gelernt habe. Der unvergessliche Eindruck damals war der eines schlanken hochgewachsenen Mädchens, die den verschiedensten und sonderbarsten Menschen, die um das Sozialarchiv kreisten, Freundschaft und Verständnis weit über ihre beruflichen Aufgaben hinaus spendete, die aber in diesem Beruf als Autodidaktin, das heisst als Selbstgebildete mit einem gewaltigen Schrifttum und Wissensgebiet vertraut war, und dennoch, niemals belesen oder ‹gebildet› wirkte, weil sie alles Dazugekommene, Gelernte, mit der eigenen reichen, mühseligen, immer heiter und humorvoll aufgenommenen, Erfahrung verband. Im Gespräch, in den Briefen, in den Aufzeichnungen finden wir bei ihr niemals eine Meinung, ein Urteil aus zweiter Hand, jede Äusserung kommt aus dem Kern ihrer Eigenart und Unabhängigkeit. Wer mit Lotte einmal befreundet war, ist es geblieben, und es sind in den letzten Jahren neue, ebenso enge Freundschaften mit Jüngeren dazu gekommen, weil Lotte zwar ihre Vergangenheit genau überdachte, aber intensiv in der Gegenwart lebte.»[1]

Mit diesen Worten versuchte der bekannte Zürcher Publizist und Autor François Bondy ein Leben zu umreissen, das unerwartet früh am 6. Oktober 1971 zu Ende gegangen war. In seinem, wenige Tage später in der «Neuen Zürcher Zeitung» erschienenen Nachruf äusserte er die Überzeugung, dass Lotte Schwarz durch die vielen Texte, die sie verfasst und auch publiziert hatte und die schon bald in Buchform erscheinen sollten, über den Tod hinaus neue Freunde finden würde, «die sie in ihrer Schreibweise, in ihrer heiteren und überlegenen Darstellung von viel Schmerzlichem und Mühsamem genau so authentisch kennen werden wie jene, die mit ihr Umgang hatten».[2]

Doch dazu ist es nicht gekommen. Lottes Nachlass blieb im Besitz der Familie, das unpublizierte Textmaterial ist nicht an die Öffentlichkeit gelangt. Ausserhalb des Freundeskreises wusste bald niemand mehr von der Existenz dieser spannenden Aufzeichnungen. Jahrzehnte später bedurfte es eines

Zufalls, um an diesem Umstand doch noch etwas zu ändern. Eine Freundin, die ich viele Jahre nicht gesehen hatte und der ich von meinen Forschungen zur Geschichte der Schweiz zwischen 1933 und 1945 erzählte, berichtete mir von einer Pension im Zürcher Kreis 6, die von ihren Grosseltern geführt worden sei und in den dreissiger Jahren vielen Emigranten Zuflucht geboten habe. Sie selber besitze ein unveröffentlichtes Romanmanuskript, in dem diese Zeit und das Leben in dieser Pension beschrieben seien. Mein Interesse war sofort geweckt, und ich bat sie, mir dieses Manuskript auszuleihen. Wenige Tage später lag es in meinem Briefkasten, und ich begann umgehend mit der Lektüre. Die Verfasserin des spannenden Romans heisst Lotte Schwarz, ihrem Namen war ich bisher nicht begegnet. Ich begann zu recherchieren. Dabei erfuhr ich, dass Lotte Schwarz schon 1971 gestorben war, ihr Mann aber noch lebte. So bin ich an Felix Schwarz gelangt, der gerne bereit war, mich zu treffen. Als Folge dieses Treffens stellte er mir bereitwillig den Nachlass seiner verstorbenen Frau zur Verfügung. Ausserdem überliess er mir eine kleine Publikation, die er nach ihrem Tod auf der Grundlage bereits veröffentlichter Texte von Lotte Schwarz zusammengestellt hatte.

Der Nachlass erwies sich als eigentliche Schatztruhe. Er enthält besagten Roman über die Pension Comi, der den Titel «Die Brille des Nissim Nachtgeist» trägt, sowie weitere unveröffentlichte Manuskripte. Zwei, «Der Katzenkopf» und «Wir waren siebzehnjährig», haben die Jugendjahre der Autorin in Hamburg zum Gegenstand, ein weiteres, «Gleiches Unrecht für alle – Materialien zu einem eidgenössischen Gelächter», die neinsagenden Schweizer, die den Frauen kein Stimmrecht zugestehen wollten – ein Umstand, den Lotte mit utopischen Mitteln in Romanform zu überwinden trachtete. Wann Lotte Schwarz an welchem Manuskript gearbeitet hat, ist leider nicht vermerkt. Auf Nachfrage hin erfuhr ich lediglich, dass sie am Roman über die Pension Comi noch bis in die letzten Wochen ihres Lebens geschrieben hat, mit der festen Absicht, diesen zu veröffentlichen. Des weiteren warten im Nachlass mehrere Aufsätze von Lotte Schwarz über ihre Jahre als Bibliothekarin im Schweizerischen Sozialarchiv in Zürich auf die Wiederentdeckung, ebenso zahlreiche Artikel zur Dienstmädchenfrage und zu den schwierigen Arbeitsbedingungen für Verkäuferinnen, über Frauenrechtlerinnen, die Zukunft des Sozialismus nach 1945 und zu anderen politischen Fragen. Darüber hinaus befinden sich in diesem Fundus Lotte Schwarz' Besprechungen zu Ausstellungen, ihre Aufsätze über Architektur sowie literarische Werbetexte über Lignoform, das formbare

Sperrholz, dem Lotte mit ihren Texten zu besserer Vermarktung verhelfen sollte, aus dem sie dann auch selbst Kunstwerke geschaffen hat, von denen das grösste, der vier Meter lange Ligno-Saurier, seinen Platz im Zürcher Tierspital gefunden hat. Und schliesslich sind Dutzende Rezensionen aufbewahrt, die alle ein Buch, das einzige von Lotte Schwarz veröffentlichte, zum Gegenstand haben, das «Tagebuch mit einem Haus». Es ist 1956 im Verlag Girsberger in Zürich erschienen und wurde für die Autorin zu einem grossen publizistischen Erfolg, nicht nur in der Schweiz, sondern auch im deutschsprachigen Ausland.

Ich war fasziniert von dem Material, das ich hier vorfand, von der Vielfalt der behandelten Themen, die nicht nur die Stationen von Lotte Schwarz' Leben abbilden, sondern auch zentrale Ereignisse des «kurzen 20. Jahrhunderts» (Eric Hobsbawm) sowohl in Deutschland wie der Schweiz zum Gegenstand haben. Diese stets auf eigenen Erfahrungen fussende Faktizität des Erzählten beeindruckte mich auch durch seine literarische Kraft und, wie François Bondy es ausgedrückt hat, durch «die eigene menschliche Substanz», die aus jeder Seite spricht. Daher entschloss ich mich, diesem Umstand des Vergessenseins ein Ende zu bereiten. Eine Biografie über Lotte Schwarz schien mir dafür das geeignete Mittel zu sein. Ich wollte auf ihre eigenen Texte zurückgreifen, aber auch auf die Erinnerungen der Weggefährten. Ich begab mich auf die Suche nach ihnen. Viele der Freundinnen und Freunde lebten nicht mehr, doch ich fand noch einige, die befragt werden konnten. Alle waren spontan bereit, Auskunft zu geben und ihre Erinnerungen an eine gemeinsame Zeit wieder aufleben zu lassen. Auch mehr als vierzig Jahre nach ihrem Tod gab es niemanden unter den Interviewten, der nicht begeistert über sie sprach und der sich nicht freute, dass Lotte Schwarz mit der geplanten Biografie nochmals zu Wort kommen sollte. Darüber hinaus unternahm ich umfangreiche Archivrecherchen, schwerpunktmässig im Schweizerischen Sozialarchiv, aber auch in verschiedenen deutschen Archiven. Publikationen von Forscherkollegen zu Personen aus dem Umfeld von Lotte Schwarz brachten ausserdem bisher unbekanntes Material zu ihrem Leben in Deutschland vor 1934 zum Vorschein, das mir ebenfalls wichtige Einsichten ermöglichte. Das Ergebnis aus all diesen Kontakten und Recherchen ist die nun vorliegende Biografie, die gleichermassen Zeitgeschichte ist, der politisch denkenden und handelnden Persönlichkeit von Lotte Schwarz entsprechend. Die Gliederung in drei Teile folgt den geografischen Lebensschwerpunkten: Hamburg, Lotte Schwarz' Heimatstadt bis zu ihrer

Emigration 1934, Zürich, wo sie die folgenden vierzehn Jahre verbracht hat, und Brüttisellen, eine Gemeinde im Zürcher Umland, in die sie, inzwischen Ehefrau und Mutter, 1948 gezogen ist und wo sie bis zu ihrem Tode 1971 gelebt hat. Da ich nicht nur über Lotte Schwarz schreiben, sondern sie selber auch zu Wort kommen lassen wollte, finden sich in diesem Buch kürzere und längere Originalzitate, die kursiv gesetzt sind. Da sie die Namen ihrer der Realität entnommenen Protagonisten gerne verändert hat – so sind aus den Betreibern der Pension Comi Paula und Wolodja Friedmann Herr und Frau Paksmann geworden –, habe ich, wenn nötig und möglich, die effektiven Namen in Klammern angefügt.

Während der vielen Monate, in denen ich mich mit Lotte Schwarz und ihren Texten beschäftigt habe, ist sie mir zu einer Freundin geworden, die ich mir erlaube, hier nur beim Vornamen zu nennen. Ich konnte ihr das Du nicht antragen, meine aber, dass sie nach so langer «gemeinsam» verbrachter Zeit damit einverstanden gewesen wäre.

Es bleibt zu wünschen, dass es mir mit der vorliegenden Biografie gelungen ist, den Erwartungen der Menschen zu entsprechen, die Lotte Schwarz gekannt haben und ihr hier nun noch einmal begegnen, und dass sich, der Hoffnung von François Bondy entsprechend, der Freundeskreis der Lotte Schwarz um diejenigen erweitern möge, die sie nun durch die Lektüre doch noch kennenlernen können.

I.
AUFBRÜCHE
HAMBURG 1910–1934

Die Benetts aus Schwarzenbek

Johanna Benett hatte erst vor 14 Monaten einen Sohn zur Welt gebracht, und nun, am 4. Oktober 1910, war schon das zweite Kind da, eine Tochter. Sie sollte Charlotte heissen. So hatte es Vater Wilhelm gewünscht, der mit diesem französisch klingenden Namen an seine Vorfahren – verfolgte Hugenotten – erinnern und gleichzeitig ein politisches Bekenntnis ablegen wollte: *Die französischen Vorfahren – eingehüllt in das geheimnisvolle Wort Hugenotten – verarmten. Die Nachfahren waren deutsche Tagelöhner, die im Weltbild meines Vaters wieder zu Motoren der Zeit wurden: als Anhänger und Verehrer von Bebel, Liebknecht und Luxemburg glaubte mein Vater an Gleichheit und Brüderlichkeit. Er glaubte auch an Völkerverständigung und «Charlotte» verband für ihn Deutschland und Frankreich, die beiden ehemaligen Erbfeinde.*[3]

Dass aus der französischen Charlotte umgehend eine norddeutsche Lodde werden würde, war dem profanen Alltag geschuldet, der die tieferen Beweggründe des Vaters schnell vergessen machte.

Lottes Geburtsort Schwarzenbek oder Swattenbeek, wie der Ort bei den Plattdeutsch sprechenden Einheimischen heisst, war ein östlich von Hamburg gelegenes Dorf, das zum Herzogtum Lauenburg und damit zur preussischen Provinz Schleswig-Holstein gehörte. Die hugenottischen Benetts waren zu Beginn des 19. Jahrhunderts von Lübeck aus ins Herzogtum vorgestossen, Lottes Urgrossvater als Schneider nach Poggensee und der Grossvater Christian Benett nach Schwarzenbek. Hier hatte er als Bote bei der örtlichen Sparkasse eine Anstellung gefunden. Der stattliche klassizistische Bau, in dem das Geldinstitut untergebracht war, versinnbildlichte die damalige Bedeutung Schwarzenbeks als Finanzzentrum für das Umland und als Verkehrsknotenpunkt mit eigenem Bahnhof auf der Achse Berlin-Hamburg.[4]

Christian Benett war lange unverheiratet geblieben. Erst mit siebenunddreissig vollzog er den Schritt ins Eheleben. Der Grund dafür fand sich in der zwanzigjährigen Anna Peters, die ein Kind von ihm erwartete. Drei Monate vor der Geburt ihrer Tochter Elisabeth fand im November 1872 die Hochzeit in Schwarzenbek statt. Anna Peters war ein Dienstmädchen – der übliche Lebensweg für junge Mädchen, sofern sie nicht aus wohlhabenden Familien kamen. Wenn die Väter befanden, dass es an der Zeit sei, sich bis zur Heirat selber durchzubringen, dann mussten sie fort. Viele gingen nach Hamburg in Stellung, denn dort lebten die wohlhabenden Kaufleute und Unternehmer, dort gab es so viele Reiche wie nirgends sonst im Kaiserreich. Aber auch in Schwarzenbek wuchs der Bedarf an jungen, billigen Arbeitskräften im Haushalt. In den damals aufkommenden Haushalts- und Dienstmädchenlehrbüchern wurde die Arbeit als Dienstmädchen zur idealen Vorbereitung auf das zukünftige Ehe- und Familienleben gepriesen. Vom tatsächlichen Alltag des Dienstmädchens war aber in solchen Schriften nicht die Rede, nicht davon, dass sich die jungen Mädchen mit Haut und Haar verdingen mussten, dass die Arbeitszeiten endlos waren und dass die Höhe des Lohns ganz im Belieben der Herrschaften lag. Die Mädchen hatten keinen Anspruch auf ein eigenes Zimmer. Sie schliefen in Küchen, Badezimmern, Korridoren oder Kellern und mussten rund um die Uhr verfügbar sein. Sie verrichteten körperliche Schwerarbeit und bekamen im besten Fall einen Sonntagnachmittag alle zwei Wochen frei. Wurden sie krank, drohte ihnen die Entlassung. Unter diesen Umständen blieb der «veredelnde» Einfluss der Dienstjahre eine in Büchern gepriesene Mär.

Auch der Alltag von Anna Peters, die später ihrer Enkelin Lotte oft von ihrer Zeit als Dienstmädchen erzählen sollte, hatte mit dem in den Büchern gepriesenen Ideal nichts zu tun. Sie hatte verschiedene Stellen innegehabt, und diese hatten alle zwei Dinge gemein: dass die Arbeit immer schwer war und dass die Hausherrin nie mit anpackte. Auf Grund dieser Erfahrung zeichneten sich für Anna «echte Herrschaften» dadurch aus, dass sie weder im noch ums Haus Hand anlegen mussten. Der Lohn für die jahrelange harte Arbeit war kein Geld, sondern eine Aussteuer, die nun den Grundstock für ihr Eheleben mit Christian Benett bildete. Sollte sie als Dienstmädchen davon geträumt haben, nach der Hochzeit nicht mehr in fremde Häuser gehen zu müssen, so musste sie diesen Traum schnell begraben. Auf die erstgeborene Tochter Elisabeth sollten noch weitere vier Kinder folgen. Das letzte, im Jahr 1884, war Sohn Wilhelm – Lottes Vater. Mit Christian Benetts Stelle als Sparkassenbote war zwar der Anspruch auf eine Dienstwohnung verbunden, dennoch konnte er die Familie mit seinem Lohn allein nicht ernähren. Also musste sich Anna Benett erneut in den Häusern wohlhabender Herrschaften verdingen, nun als Waschfrau. Lotte sollte später über ihre Grossmutter berichten, dass diese Kraft für zwei gehabt habe. Drei Tage nach der Geburt eines Kindes sei sie jeweils wieder am Waschtrog gestanden.

Lottes Grosseltern Anna Benett, Dienstmädchen und Wäscherin, und Christian Benett, Sparkassenbote in Schwarzenbek bei Hamburg. (Privatbesitz)

All dieser Anstrengungen zum Trotz gelang es der Familie Benett nicht, in der sozialen Hierarchie von Schwarzenbek aufzusteigen. Sie wohnten zwar im prächtigen Sparkassengebäude, allerdings nur im dunklen Souterrain. Sie besassen kein Land, kein eigenes Haus und kein Geschäft, und daran sollte sich auch bis zum Tod von Christian Benett 1921 nichts ändern. Was von diesem Leben blieb, ist eine kleine Notiz in den «Schwarzenbeker Nachrichten», unterzeichnet vom Vorstand der Sparkasse: «Am 23. Februar verstarb plötzlich auf einem Dienstgange unser Bote und Hausmeister Christ. Benett. Von seinen 85 Lebensjahren hat er 49 Jahre in Diensten der Schwarzenbeker Sparkasse gestanden. Stets unermüdlich tätig, hat er mit grosser Treue bis in den Tod seines Amtes gewaltet. Ehre seinem Andenken.»[5] Dieses ehrenvolle Angedenken hielt die Sparkassenleitung nicht davon ab, der Witwe umgehend das Wohnrecht zu entziehen. Zum Glück fand die obdachlos Gewordene Aufnahme bei ihrer jüngsten Tochter in Hamburg, die kinderlos geblieben war.

Doch diese Entwicklungen lagen 1884, dem Jahr, in dem Lottes Vater zur Welt kam, noch in weiter Zukunft. Bei seiner Geburt war Anna Benett zweiunddreissig. Er war das letzte Kind, das sie grosszog. Wilhelm besuchte die sechsjährige Volksschule am Ort, und offenbar war er ein guter Schüler, denn er durfte eine Lehre als Schriftsetzer beginnen. Dieser Beruf war sehr angesehen und versprach gute Zukunftsaussichten. Technische Neuerungen bei den Druckverfahren einerseits und die Alphabetisierung der Bevölkerung und das damit verbundene gestiegene Lesebedürfnis andererseits hatten zu einem starken Anstieg der Buchproduktion geführt. Die neu entstandenen Grossunternehmen im Verlags- und Druckbereich benötigten immer mehr Arbeitskräfte. Schriftsetzer galten zwar als Facharbeiter, sie selber verstanden sich aber gern als Handwerker, weil sie durch die handwerkliche und geistige Tätigkeit Bildung erlangten, ganz im Gegensatz zum Industriearbeiter. Der sozialdemokratische Arbeiterführer Karl Kautsky hatte denn auch den Schriftsetzern vorgeworfen, sich als sogenannte Arbeiteraristokratie lange Zeit vom proletarischen «Pöbel» abgesondert anstatt zur Hebung des proletarischen Klassenbewusstseins aller Arbeiter beigetragen zu haben. Diesen Vorwurf wollte Wilhelm Benett nicht für sich gelten lassen. Er war ein stolzer Schriftsetzer, und er war ein Anhänger der Sozialdemokratie.

Wie schwer es war, im ausgehenden 19. Jahrhundert Sozialdemokrat zu sein, bekamen die Genossen auch in Schwarzenbek zu spüren, trotz der Aufhebung der Sozialistengesetze und des Parteiverbots. Auf die acht sozialdemokratisch gesinnten Männer, die sich regelmässig trafen, hatte die Ortspolizei ein scharfes Auge. Auch der Landrat wurde mit Berichten über ihr Tun auf dem Laufenden gehalten. Für die Obrigkeit waren und blieben die Sozialdemokraten «Reichsfeinde» und «vaterlandslose Gesellen».

Wann Wilhelm seine zukünftige Frau kennengelernt hat, ist nirgends festgehalten. Johanna Wilke, eine schöne, zurückhaltende Frau, war keine Einheimische, sie stammte aus der alten Hansestadt Treptow in Hinterpommern. Sie hatte eine Schwester, die in Treptow einen Schuster heiratete, und einen Bruder, der Treptow ebenfalls den Rücken gekehrt hatte. Später sollte sie ihren Kindern gerne von ihrer polnischen Abstammung erzählen, von einer angeblichen illegitimen Verbindung zu einem polnischen Adligen. Als sichtbaren Beweis dafür verwies sie jeweils stolz auf ihre schmalen Hände. Sie war eine begabte Weissnäherin, dies, obwohl sie wegen einer missglückten Augenoperation auf einem Auge fast nichts mehr sah. Sie träumte davon, ein eigenes Geschäft zu eröffnen. Doch dann war sie Wilhelm begegnet, einem Mann, der den Mädchen gefiel. Er hatte nicht nur einen guten Beruf, er war auch gescheit, konnte gut erzählen und auf der Zitter spielen. Das alles beeindruckte Johanna, und sie glaubte seinen Versprechungen von einer goldenen Zukunft, sollten sie erst mal verheiratet sein.

Politische Umbrüche – neue Perspektiven

Nach der Geburt von Lotte blieben die Benetts nicht mehr lange in Schwarzenbek. Der Umzug nach Gross Borstel, einem kleinen Ort direkt vor den Toren Hamburgs, erfolgte, da Wilhelm Benett in der Grossstadt eine neue Stelle in einer Buchdruckerei gefunden hatte. Er arbeitete dort als sogenannter Schweizerdegen, als Mädchen für alles. Er erhielt hier einen besseren Lohn, den der Familienvater für seine fünfköpfige Familie dringend benötigte. Ein zweiter Sohn war eineinhalb Jahre nach Lotte zur Welt gekommen. Er hiess Hans.
Gross Borstel war trotz seiner Grossstadtnähe noch ein Dorf, eingebettet in eine Naturlandschaft von Wasser und Moor, von Heide, Ackerflächen und Parkanlagen. Es gab zahlreiche Bauernhöfe, auch wenn der magere Geestboden keine ertragreichen Ernten zuliess. Künstler und Gelehrte zog es hierher, aber auch reiche Hamburger Kaufleute, die gerne die Sommermonate in ihren eigens errichteten Villen verbrachten. Die Eingemeindung 1913 verband Gross Borstel administrativ mit Hamburg, und die elektrische Strassenbahn brachte die verkehrstechnische Anbindung. Durch sie war es möglich, in Gross Borstel zu leben und in Hamburg zu arbeiten.[6] Einer dieser Pendler war Wilhelm Benett. Benetts Zuhause befand sich in der Borsteler Chaussee. In ihren Erinnerungen, die Lotte Benett später, als sie bereits Lotte Schwarz hiess und in Zürich lebte, aufgezeichnet hat, schildert sie diese als eine breite Strasse mit grobem Pflaster.
Sie war irgendwie nicht der Gegend entsprechend. Napoleon soll sie als Heerstrasse angelegt haben und man nannte sie auch Chaussee. Die Strasse war von hohen Pappeln gesäumt und wurde auf der einen Seite von kleinen Leuten bewohnt, von kleineren jedenfalls als jenen, welche die andere Seite bewohnten.[7]
Im Haus Nr. 1 befand sich die Gastwirtschaft «Zum Schiessstand», die, sehr zum Leidwesen von Lotte, vom Vater regelmässig aufgesucht wurde. Neben der Wirtschaft stand ein Miethaus, in dem ein Altersasyl untergebracht war, dann kam das Männerheim der Heilsarmee und dann das Haus von Herrn Krüger, einem Sozialdemokraten und Genossen von Lottes Vater. Neben Herrn Krüger lebten die Benetts im Haus Nr. 43, auf dem Gelände der vormals bedeutenden Handelsgärtnerei Crantz. Das Gärtnereihaus verfügte lediglich über zwei Wohnungen, in denen es kein Bad und ein WC

nur ausserhalb der Wohnung gab. Kanalisationsanschluss gab es zu Beginn ebenfalls nicht. Die Zimmer im Haus Nr. 43 waren im Winter klamm und boten der fünfköpfigen Familie wenig Platz. Eine Kohlenkiste in der Küche war die einzige Sitzgelegenheit für Besucher, und dics auch nur dann, wenn zuvor die Waschschüssel weggeräumt worden war. Solche beengten Verhältnisse waren nicht ungewöhnlich, wenn man auf der Strassenseite der kleinen Leute wohnte. Wie man leben konnte, wenn man mehr Geld besass, hatten die Bewohner stets vor Augen. Sie mussten nur über die Strasse schauen, dort standen die vornehmen Villen, alle in reichlichem Abstand voneinander, und mit viel Platz für ihre Eigentümer. Hinter den Villen begann das grosse Moor, das die reichen Städter gerne besuchten, um zu jagen und um Schiessübungen abzuhalten.

Trotz des in weiten Teilen bewahrten ländlichen Charakters des Ortes machten sich die negativen Folgen der Zugehörigkeit zur Millionenstadt Hamburg auch in Gross Borstel bemerkbar. Steigende Arbeitslosigkeit, hohe Preise für lebensnotwendige Güter und Produktionseinbrüche in weiten Bereichen der Wirtschaft markierten die sich verschärfende Krise in den Jahren vor dem Ersten Weltkrieg. Die Milliarden verschlingende militärische Aufrüstung und die gleichzeitige Weigerung der Regierung, die Lebensbedingungen der immer grösser werdenden Arbeiterschicht grundlegend zu verbessern, lösten Unmut und Proteste aus und führten der Sozialdemokratischen Partei immer mehr Anhänger zu. Bei den Reichstagswahlen vom Januar 1912 hatte bereits jeder Dritte diese Partei gewählt. Zentrale Themen der Sozialdemokraten waren Militarismus und Hochrüstung und der drohende Krieg, den es mit allen Mitteln zu verhindern galt. Sie organisierten wuchtige Anti-Kriegs-Demonstrationen, auch in Hamburg, und sie verpflichteten ihre parlamentarischen Vertreter darauf, alles zu tun, um den Ausbruch eines Krieges zu verhindern.

Von diesen Forderungen rückten die einfachen Parteimitglieder auch nach der Ermordung des österreichischen Thronfolgers am 28. Juni 1914 nicht ab. Die Agenten der Politischen Polizei notierten bei ihren Spitzeltouren durch die Hamburger Arbeiterkneipen, wie die Anwesenden laut darüber sprachen, dass sie der österreichische Thronfolger nichts angehe und dass sie für ihn nicht ihr Leben lassen wollten. Diese Auffassung vertrat auch Wilhelm Benett. Am 28. Juli folgte er wie Tausende dem Aufruf der Hamburger SPD-Führung, gegen die Kriegspropaganda zu protestieren. Was die Teilnehmer nicht wussten, war, dass sich zur gleichen Zeit die sozialdemokratische

In diesem Haus der vormaligen Gärtnerei Crantz in Gross Borstel (Hamburg) an der Borsteler Chaussee 43 befand sich die Wohnung der Benetts. Erst nach ihrem Einzug im Jahr 1911 wurden die Häuser, wie die Bauarbeiten zeigen, an die Kanalisation angeschlossen. (Kommunalverein Gross Borstel)

Parteiführung in Berlin ebenso wie die parteinahen Gewerkschaften bereits darauf geeinigt hatten, die Kriegspolitik des Kaisers zu unterstützen. Entsprechende Weisungen ergingen an die regionalen Parteivorstände. Als am 1. August 1914 die Mobilmachung im Deutschen Reich begann, forderte die Hamburger SPD-Führung ihre Anhänger auf, nicht mehr zu protestieren, sondern das Land und seine Kultur in Zeiten höchster Gefahr zu schützen. Ein Hurra-Patriotismus erfasste das ganze Reich, und Wilhelm Benetts Internationalismus war nicht mehr opportun.

Die Männer wurden umgehend zum Kriegsdienst eingezogen, was für die Arbeiterfamilien schwerwiegende Folgen hatte. Es fehlte der Lohn, und die dringend erforderlichen staatlichen Hilfsmassnahmen blieben aus. Die Miete konnte nicht mehr bezahlt werden, und für die immer teurer werdenden Lebensmittel fehlte das Geld. Johanna Benett musste bei ihren Einkäufen hilflos konstatieren, dass für das Pfund Kartoffeln, das Anfang Oktober 1914 noch viereinhalb Pfennige gekostet hatte, am Ende des Monats bereits siebeneinhalb Pfennige verlangt wurden. Auch der Brotpreis stieg innert eines Jahres auf fast das Doppelte. Nur noch zynisch konnte angesichts von immer mehr Unterernährten und ersten Hungertoten der Ratschlag einer Hamburger Behörde wirken, durch langsameres Essen und eine höhere Zahl von Kaubewegungen pro Bissen für eine bessere Nahrungsverwertung zu sorgen. Die eigenen Beete hinterm Haus, über die die Benetts verfügten, waren in diesen Zeiten Gold wert.

Ein Glück war auch, dass Wilhelm Benett nicht einrücken musste. Stattdessen wurde er zur Arbeit in der Rüstungsindustrie verpflichtet. Die eingehenden Rüstungsaufträge waren so umfangreich, dass die Firmen diese ohne zusätzliche Arbeitskräfte nicht fristgerecht erfüllen konnten. Die Armeeführung liess deshalb einen Teil der Militärpflichtigen zurückstellen und führte sie den Rüstungsbetrieben zu. Wilhelm Benett musste statt in der Druckerei nun als Ölträger in einer der zahlreichen Dynamitfabriken rund um Hamburg arbeiten. Jeden morgen um fünf Uhr fuhr er zusammen mit vielen anderen Männern aus Gross Borstel mit dem Fahrrad los, und am Abend kam er spät und müde zurück. Arbeitszeiten von fünfzehn Stunden pro Tag waren in der Rüstungsindustrie normal. Die Arbeit war schwer und gefährlich. Wenigstens lagen die Löhne höher als in allen anderen Wirtschaftsbereichen. So fiel es den Rüstungsarbeitern etwas leichter, die ständig steigenden Lebensmittelpreise zu bezahlen. Dennoch reichte Wilhelm Benetts Lohn nicht aus, auch Lottes Mutter musste Geld verdienen, um die Familie durch die Kriegsjahre zu bringen. Sie tat dies mit Handarbeitsunterricht, da sie mit ihrer beschränkten Sehkraft in der Industrie nicht einsetzbar war.

Je länger der Krieg dauerte, desto katastrophaler wurde die Versorgungslage. Fleisch, Milch und Butter waren nur noch auf dem Schwarzmarkt erhältlich und erzielten dort astronomische Preise. Frauenvereine begannen deshalb damit, Volksküchen zu organisieren. Im Frühling 1916 gab es in Hamburg bereits siebzig solcher Einrichtungen, die täglich an über hunderttausend Menschen Essen ausgaben, ein Jahr später waren es über dreihunderttausend. Vor den Brotläden wurden die Warteschlangen immer länger, und am Sonntag zogen die Hamburger aufs Land, nicht wie die reichen Bürger zum Vergnügen, sondern um etwas zu essen bei den Bauern und auf den Feldern zu ergattern.

Auch im dörflichen Gross Borstel spitzte sich die Versorgungslage zu. Der Frauenverein von Gross Borstel, der zu Beginn des Krieges noch in patriotischer Begeisterung Kriegsanleihen gezeichnet hatte, war nun nicht mal mehr

in der Lage, die Kinder in dem von ihm geführten Kindergarten zu versorgen. Der Schule fehlte es an Brennmaterial, und sie musste den Unterricht einstellen. Die Kinder waren darüber nicht sehr betrübt, wie überhaupt die Folgen des Krieges in Gross Borstel für die Kinder erträglicher waren als in den Arbeiterquartieren Hamburgs. Auch wenn Lottes Brüder gerne mehr gegessen hätten, weil das, was auf den Tisch kam, zum Sattwerden nicht reichte, so boten Moor, Heide und Fluss Raum genug für unbeschwerte Stunden, die den Krieg vergessen liessen.
Anders sah es für die Erwachsenen aus. Die anfängliche Kriegseuphorie hatte sich schon bald in Luft aufgelöst. Je länger der Krieg dauerte, desto öfter musste auch in Gross Borstel die Nachricht vom Tod eines Soldaten bekannt gegeben werden, bis zum Ende des Krieges zweiundsiebzig Mal – eine kleine Zahl im Vergleich zu den mehr als vierunddreissigtausend Männern aus ganz Hamburg, die an der Front starben. Die Verzweiflung wuchs und auch die Wut auf Regierung und Militär. Es waren Rüstungsarbeiter wie Wilhelm Benett, die in dieser Situation zu ersten organisierten Streiks in den Rüstungsbetrieben aufriefen, gegen den Willen von Gewerkschaften und SPD. Letztere hielt unbeirrt an ihrer Unterstützung der Kriegspolitik fest und schloss die Kriegsgegner, die in ihren Reihen immer zahlreicher wurden, aus der Partei aus. Im Herbst 1918 kam es, ausgehend von einem Aufstand der Kieler Matrosen, auch in Hamburg zu einem Generalstreik, in dessen Rahmen die Abdankung des Kaisers und die Errichtung einer sozialistischen Republik gefordert wurden, dies noch immer gegen den Widerstand von Sozialdemokratie und Gewerkschaften. In den kriegswichtigen Rüstungsbetrieben versuchten die Arbeiterräte, die Produktion unter ihre Kontrolle zu bringen, um so die Armee vom Waffennachschub abzuschneiden und das Ende des Krieges zu erzwingen. Und tatsächlich dankte der Kaiser ob der landesweiten Drucks noch im November ab, der Krieg war vorbei. Die Arbeiter- und Soldatenräte hatten daran entscheidenden Anteil. Einer von ihnen war Wilhelm Benett.[8]
Dass in Lottes schriftlichen Erinnerungen nicht die erlebten Kriegsjahre, sondern die deutsche Novemberrevolution von 1918 im Vordergrund stehen, ist verständlich, wurde diese doch in der Familie als ein grosses, hoffnungsvolles Ereignis empfunden, an dem der Vater sich aktiv beteiligte. Aus Anlass des 1. Reichskongresses der Arbeiter- und Soldatenräte, der vom 16. bis 19. Dezember 1918 in Berlin stattfand, war Wilhelm Benett, von seinen Kollegen in der Rüstungsfabrik dazu bestimmt, mit Genossen

zusammen nach Berlin gereist. Ziel war es, an einer Grossdemonstration teilzunehmen, die parallel zur Eröffnung des Kongresses stattfand und die rund fünfhundert Teilnehmer daran erinnern sollte, den Rätegedanken nicht aufzugeben. Doch auch 250'000 Demonstrierende konnten nicht verhindern, dass die mehrheitlich sozialdemokratischen Delegierten der Vorgabe ihrer Parteiführung folgten und der parlamentarischen Demokratie als Staatsform gegenüber einer Rätedemokratie den Vorzug gaben. Die Kritik, die Ernst Däumig, ein Delegierter des Reichsrätekongresses, an dieser Zielsetzung übte, muss aus heutiger Sicht bereits als Nachruf auf ein gescheitertes politisches Experiment erachtet werden: «Wenn die Geschichte dieser Revolutionswochen in Deutschland geschrieben werden wird, dann wird man sich lächelnd fragen: waren denn die Leute so blind, dass sie nicht sahen, dass sie sich selbst den Strick um den Hals legten? Denn das muss doch jedem Klardenkenden einleuchten, dass die jubelnde Zustimmung zur Nationalversammlung gleichbedeutend ist mit einem Todesurteil für das System, dem Sie jetzt angehören, für das Rätesystem. Und wenn Sie die Leidenschaft haben, einen politischen Selbstmörderklub darzustellen, ich lasse Ihnen das Vergnügen, ich für meinen Teil danke dafür …»[9]

Tatsächlich fand die Rätebewegung ein schnelles und blutiges Ende. Die Geburt der Weimarer Republik ging einher mit dem Einsatz von Reichswehr und rechtsgerichteten Gruppen gegen die Anhänger der Rätebewegung, der gemäss offiziellen Angaben 156 Menschen das Leben kostete, darunter Karl Liebknecht und Rosa Luxemburg.

Auch Wilhelm Benetts Erwartungen hatten sich nicht erfüllt. Er erzählte später, dass er nach Berlin gefahren sei, um Revolution zu machen, dass diese dann aber abgesagt worden sei. Er und seine Kameraden hätten unverrichteter Dinge nach Hamburg zurückfahren müssen. Für Lotte sind die Reise und der gescheiterte Aufbruch dennoch nicht folgenlos geblieben.

1918 war der Vater in Berlin gewesen und die Tochter erinnerte sich an Berlin deswegen so gut, weil er damals mit einer roten Schärpe um den Arm nach Hause gekommen war. «Arbeiter- und Soldatenrat» stand darauf gedruckt. Das breite Taftband hatte die Tochter dann als mächtige Haarschleife auf dem Kopfe getragen, unbeschreiblich hatte die steife Pracht geknistert! Hatte jemand gar die Schrift in der Schleife bemerkt, hatte sie bereitwillig Auskunft gegeben: Arbeiter- und Soldatenrat, hat mein Vater aus Berlin mitgebracht.[10]

Lotte mit ihrer Mutter und ihren beiden Brüdern Hans und Walter. Lotte trägt eine Schleife im Haar, hergestellt aus der 1918 vom Vater während der Novemberrevolution getragenen Armbinde, auf der «Arbeiter- und Soldatenrat» stand, um 1919. (NL Lotte Schwarz)

Fortan erinnerte eine rote Schleife auf dem Kopf eines achtjährigen Mädchens an revolutionäre Wochen, an deren Ende nicht die von vielen Teilnehmern verfochtenen gesellschaftlichen Umbrüche standen und die dennoch einen politischen Neuanfang bedeuteten. Genosse Krüger von nebenan strich seine Zimmerdecke orange und schaffte die Vorhänge ab, was Lotte im Eindruck bestärkte, dass etwas Neues begonnen hatte. Auf die Frage der Nachbarn, weshalb er dies getan habe, antwortete Krüger: *Warum denn nicht? Das kann man jetzt alles machen, jetzt kommen andere Zeiten.*[11] Solche kleinen äusseren Zeichen machten deutlich, dass trotz politischer Enttäuschungen und anhaltender Krisen die Hoffnungen auf die neue Gesellschaft lebendig waren. Und vor allem in der Schule, die Lotte in Gross Borstel acht Jahre lang besuchen sollte, wurde dieser Neuanfang spürbar.

Schul- und Jugendjahre

Bereits der Hamburger Arbeiter- und Soldatenrat hatte in den Tagen der Novemberrevolution die Neugestaltung des Schulwesens auf die Tagesordnung gesetzt. Auch wenn nur wenige seiner Vorhaben Eingang in die Weimarer Verfassung fanden, kam es zu wichtigen Neuerungen. Es sollte fortan die einheitliche vierjährige Grundschule für alle Kinder geben, ausserdem wurde für Volksschüler die Schulgeld- und Lehrmittelfreiheit eingeführt. Da die höheren Schulen aber am Schulgeld festhalten konnten, blieben diese für Arbeiterkinder weiterhin unerreichbar. Rückblickend erachtete Lotte die acht Schuljahre, die sie bis zur Erlangung des Volksschulabschlusses absolviert hatte, als wichtig und prägend.
Wir gingen zu einer Zeit in die Schule, die ich die republikanische nennen möchte. Wenn ich daran denke, was unsere Kinder heute lernen müssen, so muss ich glauben, dass wir wissensmässig damals nicht allzu viel lernten. Die Erinnerung an meine Schulzeit aber ist die Erinnerung an eine Zeit, die empfänglich und wach machte, ein Privileg für denjenigen, der die Verteidigung seines Lebens mit Unterbilanzen meistern muss.[12]
Gross Borstel war eine Gemeinde, in der die Reformpädagogik bereits während des Krieges Einzug gehalten hatte. Einer ihrer führenden Vertreter, Carl Götze, unterrichtete hier. Auch wenn er nach dem Krieg seine Stelle in Gross Borstel aufgab, um in Hamburg als Oberschulrat das gesamte Volksschulwesen der Stadt zu reformieren, blieben seine pädagogischen Konzepte prägend. Die jungen Lehrer an der Schule in der Borsteler Chaussee wurden zu Verfechtern der Reformbestrebungen. Dass es im Kollegium zum Teil heftige Auseinandersetzungen gab, war dem Umstand zuzuschreiben, dass es auch weiterhin Lehrkräfte der alten Schule gab. Die unterschiedlichen pädagogischen Vorstellungen kamen tagtäglich im Unterricht zum Tragen, wie Lotte am eigenen Leib erfahren musste: *Wir hatten nicht nur junge Lehrer an unserer Schule. So schien Herr L., bei dem wir zweimal in der Woche Singen hatten, den Optimismus der jüngeren Pädagogen nicht zu teilen. Er war schon weisshaarig, aber aufrecht in Gang und Haltung. Den Ernst der Lage, wenn er die Klasse betrat, tönte er mit folgenden Worten an: «Jeder hüte sich vor Schaden». Bei ihm lernten wir das Lied: «Der Gott, der Eisen wachsen liess, der wollte keine Knechte...» Ich sang damals die dritte Stimme, und diese stand ganz vorn bei ihm. [...]*

Im Schulhaus an der Borsteler Chaussee absolvierte Lotte Benett von 1917 bis 1925 ihre Schuljahre. (Kommunalverein Gross Borstel)

Herr L. behauptete, dass ich immer lache. «Greine nicht!» donnerte er mit erhobenen, dirigierenden Armen zu mir herunter. Es war schrecklich, denn ich konnte mein Gesicht nicht ändern, von dem Herr L. sagte, dass es ihn despektierlich angreine![13]

Lehrer Lühning – dies der richtige Name von Herrn L. – war bis 1919 Rektor der Schule gewesen, doch unter den neuen Verhältnissen wollte er diese Funktion nicht mehr ausüben. Er war der klassische Vertreter der kaiserlichen Beamtenschaft, ein Verfechter der alten Ordnung. Als solcher hatte er, wie in der Kaiserzeit an allen Schulen üblich, ein strenges Regiment geführt. Reformen wollten nur die verabscheuten Sozialdemokraten. Ihm selber erschienen sie nicht nur überflüssig, sondern der Anfang vom Ende. Er verweigerte deren Einführung deshalb so lange, bis der zuständige Schulinspektor diese von Amtes wegen verordnete. Da erscheint es nicht weiter erstaunlich, dass ihn das Zusammentreffen mit der Tochter eines «Novemberverbrechers», wie die Gegner der Republik die Revolutionsteilnehmer nannten, noch dazu mit einer, die stolz war auf ihren Vater und dies mit ihrer Schleife im Haar demonstrierte, in Rage versetzt hat. Auch wenn Lotte sich im Gesangsunterricht von Lehrer Lühning noch so um den richtigen Ton bemühte, bei ihm konnte sie keine Anerkennung finden.

Die neue Zeit verkörperte in der Schule Lottes Lehrerin Fräulein D. Sie stand der Jugendbewegung nahe und liess dies in ihren Unterricht einfliessen. Wegen der ländlichen Verhältnisse von Gross Borstel waren die Klassen nicht so voll, wie in anderen Hamburger Schulen. Das führte dazu, dass die Schule an der Borsteler Chaussee die Koedukation ganz selbstverständlich praktizierte. Die Klassenlehrerin von Lotte schilderte im «Gross Borsteler Heimatbuch» von 1959, wie sie ihren Unterricht gestaltete. «Aus der Jugendbewegung brachte ich die Freude an der Natur, am Gesang und Spiel mit. Unsere Singstunden hielten wir häufig draussen ab, im sogenannten Hain, dem kleinen Gehölz, das sich an den Schulhof anschloss und in dem einige alte Schulbänke aufgestellt waren. Hier tanzten wir auch mit der grössten Begeisterung Volkstänze. Oft gingen wir auch auf die Wiesen an der Tarpenbek – nicht nur um zu baden. Ich erinnere mich gut an einen Tag, als wir im Kreis auf der Wiese sassen, jeder mit einer Löwenzahnpflanze vor sich, die wir besprachen. Im Eppendorfer Moor war es damals noch sehr romantisch. Wir suchten Frühlingsenzian und Rosmarienheide, Porst und Wollgras, beobachteten viele Vögel und fingen uns Stichlinge und Käferlarven, Blindschleichen und Eidechsen.»[14]

Das Moor war aber nicht nur idyllisch. Es diente obdachlos Gewordenen in den Sommermonaten als Schlafstätte, was in der Folge dazu führte, dass in Gross Borstel der Ruf nach grösserer Polizeipräsenz laut wurde. Die Situation spitzte sich nach dem Krieg zu, weil Einbruchdiebstähle dazukamen. Daraufhin gründeten Gross Borsteler Bürger eine Bürgerwehr. Ob solcher Vorkommnisse war das Moor deshalb auch der Ort, wo sich vermeintlich oder tatsächlich furchterregende Geschichten abspielten. Lotte erinnerte sich, dass einem Mädchen aus ihrer Klasse im Moor «etwas Düsteres» passiert war, woraufhin in der Klasse die wildesten Gerüchte kursierten.

Fräulein D. tat das einzig Richtige, sie benutzte diese Situation, um uns «aufzuklären». Ich sehe noch heute jenes Heft vor mir, das wir das «Fragebuch» nannten. Jeder von uns konnte seine diesbezüglichen Fragen dort eintragen, welche von der jungen Lehrerin in gewissen Stunden beantwortet wurden.[15]

Im Deutschunterricht lernten sie nicht nur Gedichte, sondern führten Theaterstücke auf, vor allem im Rahmen der jährlichen Feiern der Schulgemeinde. Lotte spielte zum ersten und letzten Mal in Ihrem Leben eine Rolle auf der Bühne. *Weder stimmlich noch figürlich besonders geeignet, bekam ich die Rolle der Wucherin, weil ich am besten von den Mädchen keifen konnte.*[16]

Das war bei zwei Brüdern, die Lotte hatte, vielleicht nicht erstaunlich, wie die Geschichte mit dem Fahrrad zeigt, auf das sie mit ihrem Bruder Hans gemeinsam sparen wollte. Sie bastelten sich eine Sparbüchse und deponierten darin die ersten Pfennige. Das Vorhaben fand jedoch ein abruptes Ende, als Lotte die aufgebrochene Spardose entdeckte und Hans suchen ging.
«Das Geld ist weg.» Er sagte nichts und kaute verstohlen. Nun begriff ich. Ich war enttäuscht, sagte ihm sinnlose Schimpfworte, nannte ihn einen hinterhältigen Fresswolf, aber er nahm alles gelassen hin. «Steh wenigstens auf. Was hast Du von dem Geld gekauft?» Er stand auf, mir schien, er bewege sich viereckig fort, so satt war er. Er hatte die Kiste erbrochen und sich Kokosnüsse davon gekauft. – Künftig sparte ich für mich allein.[17]
Kokosnüsse – ein Traum, den das Kolonialwarengeschäft von Herrn Maack in der Borsteler Chaussee mit seinen Spezialitäten aus den Kolonien erfüllen konnte und für die Hans bereit war, das gemeinsam mit der Schwester Angesparte zu entwenden.
Dass Lotte trotz ihrer Sparbemühungen niemals genügend Mark zusammenbrachte, um sich ein Fahrrad kaufen zu können, zeigt, wie knapp das Geld bei den Benetts auch nach dem Krieg geblieben ist. Es gab sie zwar weiterhin, die Welt der Wohlhabenden, doch die Benetts hatten daran keinen Anteil, auch nicht an den vielen Vergnügungsmöglichkeiten und den kulturellen Anlässen, die Gross Borstel nach dem Krieg wieder bot. Für die Benetts wie für die Mehrheit der Hamburger blieb der Alltag auch nach Kriegsende und politischem Neubeginn schwierig. Obwohl die SPD die absolute Mehrheit bei der Wahl zur verfassungsgebenden Bürgerschaft am 16. März 1919 errungen hatte, trat sie die Hälfte ihrer Sitze im Senat den bürgerlichen Ratsherren ab, die bereits vor dem Krieg dort einen Sitz innegehabt hatten. Dieses politische Entgegenkommen führte aber nicht zu der von den Sozialdemokraten erwarteten Besserung der Verhältnisse in den Arbeiterfamilien. Dort herrschte unverändert grosser Mangel, und eine zunehmende Verzweiflung über die Lage machte sich breit, die sich immer wieder in Plünderungen entlud. Der Höhepunkt der Krise war 1923 erreicht, als das Geld innert Monaten völlig wertlos wurde. Die Inflation hatte solche Ausmasse angenommen, dass stündlich neue Preise festgelegt und die Löhne täglich ausbezahlt werden mussten, sofern sie überhaupt noch zur Auszahlung gelangten. Am 20. Oktober kostete ein Laib Brot 1,6 Milliarden Mark, dies bei einem Wohlfahrtssatz von 1,5 Milliarden Mark pro Woche für Unterstützungsbedürftige, zehn Tage später kostete ein Brot

bereits 7,4 Milliarden Mark, und für die erste Novemberwoche wurde mit einem Anstieg auf 138 Milliarden Mark gerechnet, während der Arbeitslose mit 63 Milliarden Mark pro Tag auskommen musste. Diese Hyperinflation bekamen auch die Benetts massiv zu spüren. Wilhelm Benett hatte zwar wieder Arbeit in seinem alten Beruf gefunden. Er war nun Geselle in einer Buchdruckerei in der Katharinenstrasse im Zentrum Hamburgs. Doch auch sein Lohn war nichts mehr wert, und wie alle Arbeiterfrauen wusste Johanna Benett nicht, wie sie die Familie ernähren sollte. Sie ging weiterhin zum Nähen in fremde Haushalte. Gemäss dem Grundsatz einer guten Näherin «Flicke Deine Blusen, ohne dass sie geflickt aussehen» – ein Satz, den Lotte in einer von ihrer Mutter benötigten Modezeitung namens «Vobachs Schnittmuster» gelesen hatte –, gelang es ihr, die Kundinnen zufriedenzustellen. Statt Geld nahm Johanna Benett gerne Esswaren als Lohn entgegen, denn belegte Brote und Wurstreste waren daheim immer willkommen. Auf den Beeten hinterm Haus pflanzte sie Gemüse an, und die Kinder halfen ihr dabei. Dabei stand diesen der Sinn weniger nach Gemüse als nach Süssigkeiten, von denen der schwere, süsse Geruch kündete, der über der Borsteler Chaussee lag und von der Keksfabrik Langnese herüberwehte. Wie beneideten sie jeweils die Langnese-Arbeiterinnen, die jeden Tag an ihrem Haus vorbei kamen und auf dem Heimweg stets einen Beutel am Arm trugen, der voll mit Keksresten war. Die Keksmäuse, wie diese Arbeiterinnen bei den Benetts hiessen, konnten in der kindlichen Vorstellungswelt ohne Unterlass Kekse essen. Den Eltern Benett aber, die wussten, dass Fabrikarbeit kein Zuckerschlecken war, dienten die Fabrikarbeiterinnen als abschreckendes Beispiel, wenn sie meinten, ihre Kinder ermahnen zu müssen: *«Du kannst ja zu den Keksmäusen gehen» hiess es, wenn ich in der Schule nicht lernen wollte.*[18]

In Haushalten wie den Benetts, noch dazu in Krisenzeiten wie diesen, war es selbstverständlich, dass die Kinder neben der Schule noch einem Nebenverdienst nachgingen, um dadurch zur Aufbesserung der knappen Haushaltskasse beizutragen. Auch Lotte tat dies, noch dazu auf eine sehr unkonventionelle Art. In einem Zeitungsinserat war ein zuverlässiges Schulmädchen für leichte Nachmittagsarbeit gesucht worden, und Lotte hatte sich gemeldet. Für «Panzer und Söhne» – diesen sprechenden Namen hat Lotte der Firma in ihren Erinnerungen verliehen – musste sie Pakete an Hamburger Friseure ausliefern und gleich wieder die Bestellungen fürs nächste Mal aufnehmen. Lotte machte diese Arbeit gern, die Kunden waren

freundlich zu ihr und gaben oft ein Trinkgeld. Mit einem Koffer ausgerüstet, in dem sich die Pakete befanden, fuhr sie mit der U-Bahn durch die ganze Stadt. Was genau sie transportierte, hatte man ihr nicht gesagt. Sie ging davon aus, dass es sich um irgendwelche Schönheitsmittel handelte. Über den tatsächlichen Inhalt erfuhr sie nur durch Zufall, als sie im Hamburger Freihafen von einem Zollbeamten angehalten und kontrolliert wurde. Nachdem Lotte ihm den Koffer übergeben hatte, nahm er ein Paket heraus.
Er öffnete es vorsichtig und sah, dass es sich um Verhütungsmittel handelte. Rasch legte er das leicht gelöste Papier wieder um das Paket, als hätte er es nie geöffnet, legte alle Pakete wieder in den Koffer und sah zu dem Mädchen hinüber, das wartend auf einer kleinen Bank sass. «Mach, dass du fort kommst mit deinem Kram! Lass dich hier nicht wieder blicken und pass besser auf die Strassen auf!»[19]
Diese Reaktion des Beamten, Lotte mitsamt ihrem Gepäck wegzuschicken, war der positive Ausgang eines unglücklichen, aber absehbaren Zwischenfalls. Der Hersteller dieser Verhütungsmittel wusste um die Problematik des Vertriebs und hatte bewusst für den Transport dieser Produkte ein Schulmädchen eingesetzt. Wurde es mit diesen Produkten erwischt, käme es wohl am ehesten unbeschadet davon. Grund für diese Vorsichtsmassnahmen war der Sittlichkeits- und Unzuchtsparagraph von 1900, der Verhütungsmittel als «Mittel zum unzüchtigen Gebrauch» definierte und die Werbung und den öffentlichen Verkauf für strafbar erklärte. Zwar hatte die Weimarer Republik zahlreiche rechtliche Verbesserungen für Frauen gebracht, doch in Sachen Familienplanung und Legalisierung des Schwangerschaftsabbruchs waren die Widerstände politischer wie kirchlicher Kreise weiterhin massiv. Bis 1926 war der Schwangerschaftsabbruch mit Zuchthausstrafe belegt, ein Jahr später wurde dann der Abbruch aus medizinischen Gründen zugelassen und der Vertrieb von Verhütungsmitteln zum Schutz vor Geschlechtskrankheiten unter der Bedingung erlaubt, dass er nicht in einer «Sitte und Anstand verletzenden» Weise erfolgte. Die existierenden Sexualberatungsstellen und Laienorganisationen durften als sogenannte geschlossene Benutzergruppen über Verhütungsmittel informieren, was von den Herstellern von Verhütungsmitteln genutzt wurde, um legale Vertriebswege aufzubauen. Doch Friseurläden, die sich ebenfalls als ideale Vertriebsorte erwiesen, mussten diskret beliefert werden. Dort konnten die Kunden dann nebst Haarwasser auch Verhütungsmittel erstehen, wenn auch nicht offen über den Ladentisch, um besagte «Sitte und Anstand» nicht zu verletzen.

Anderer Art war der Nebenerwerb, dem Wilhelm Benett nachging. Er schrieb kleine Berichte für Lokalzeitungen aus der Umgebung. *Berichterstattungen sagte er, das klang wie ein Auftrag mit festem Gehalt. Beliebt war der «Marder im Hühnerstall. Immer wieder kam es vor, dass ein Marder einen Hühnerstall ausraubte, er selbst aber, der Berichterstatter, ging für diesen Marder keinen Schritt aus dem Hause, dennoch klang der Bericht, als sei er Augenzeuge gewesen.*[20]
Doch Wilhelm Benett wollte mehr als kleine Berichte verfassen. Er träumte von einem Leben als Autor. Von der Mutter erfuhr Lotte, dass der Vater an einem Roman schrieb, doch wo er diesen aufbewahrte, verriet er nicht. Lottes Mutter hielt nicht viel von den schriftstellerischen Versuchen ihres Mannes. Sie meinte, dass es wahrscheinlich dummes Zeug sei und dass er dabei vor allem Zigarettenrauch produziere.
Die Ehe der Eltern war nicht glücklich. Die Erwartungen, die beide zu Anfang noch haben konnten, hatten sich nicht erfüllt. Die wirtschaftliche Situation der fünfköpfigen Familie blieb schwierig. Es gab oft Streit wegen des Geldes. Vor allem Wilhelm Benetts häufiger Besuch in der Gastwirtschaft «Zum Schiessstand» bot ständigen Anlass für Auseinandersetzungen. Jeden Freitag, wenn er den Wochenlohn erhalten hatte, kehrte er erst dort ein und dezimierte so das daheim dringend benötigte Geld. Deshalb schickte die Mutter Lotte jeden Freitag zur Strassenbahnhaltestelle, um den Vater abzufangen. Doch der liess sich von seiner Einkehr in den «Schiessstand» nicht abhalten. Nachdem die Mutter dann den ganzen Freitagabend vergeblich auf seine Rückkehr aus der Wirtschaft gewartet hatte, schickte sie Lotte, um den Vater rauszuholen. Jeder Protest gegen diesen Auftrag nützte nichts, Lotte war die einzige, die den Vater zur Heimkehr bewegen konnte. Die Streitereien der Eltern endeten oft mit dem Ausruf des Vaters: *Was für ein langweiliges Leben habe ich, ihr alle langweilt mich!* Und er drohte, die Familie zu verlassen, so oft, dass ihn schliesslich keiner mehr ernst nahm. Bruder Walter sagte dann jeweils: *der Alte singt wieder!* Und mit der Zeit hiess es nur noch: *Ah, der Alte mit der Harfe!*[21] Ein Pappkarton, den Wilhelm Benett mit ein paar Habseligkeiten gefüllt hatte, stand ständig bereit, einem Menetekel gleich, doch zum Einsatz kam er nie.
Eines Tages fand Lotte den Roman des Vaters. Er befand sich in einem Sessel, den der Grossvater hergestellt hatte. Der Sitz liess sich entfernen, zum Vorschein kam eine Nachttopfvorrichtung. Und in dieser Öffnung lagerte das Romanmanuskript – wahrlich kein vielversprechender Ort für hochtra-

bende Pläne. Lotte überflog es. Die Lektüre versetzte sie in Unruhe, denn auf diesen Seiten brachte der Vater Gedanken zum Ausdruck, die er seiner Frau und den Kindern gegenüber nie ausgesprochen hatte. Würde er sich mehr mitteilen, könnten sich alle in der Familie besser verstehen, davon war Lotte überzeugt. Stattdessen schimpfte er, oder er hatte Kopfweh und zog sich zurück. Lotte bedauerte ihre Mutter und bewunderte sie gleichzeitig für ihre Ausdauer und Kraft.

Meine Mutter war eine kluge, ewig arbeitende Frau. Ihr Traum war immer ein eigenes Geschäft gewesen, und ich bin sicher, sie hätte es zu etwas gebracht. Stattdessen heiratete sie mit 20 Jahren, bekam Kinder, litt unter ihrem Mann, der ihr den Himmel auf Erden versprochen hatte und verlor ihre Kraft und ihren Unternehmungsgeist. Während ihrer ganzen Ehe hielt sie durch ihrer Hände Arbeit mühselig unsere Familie zusammen; wenngleich die Heirat mit meinem Vater für sie ein Unglück war, gab sie ihm durch ihre Stetigkeit und ihren Charakter einen Halt.[22]

Johanna Benett war eine stille Frau, die sich in die traditionelle Rolle einer Ehefrau und Mutter in einem Arbeiterhaushalt gefügt hatte. An ihr lag es, dafür zu sorgen, dass die Familie auch schwierige Zeiten überstand. Sie verwaltete das Geld, führte den Haushalt, kochte, bereitete den Männern die Brote für die Arbeit zu, sie ging nähen, weil der Lohn ihres Mannes nicht reichte, und sie versuchte, ihn vom Trinken abzubringen. Zwar bewunderte Lotte die Mutter für ihre Unermüdlichkeit und Selbstlosigkeit, doch als es für sie selbst darum ging, sich aus dieser Welt zu lösen und neue Wege einzuschlagen, konnte die an ständigen Verzicht gewöhnte Mutter sie darin nicht unterstützen. Das musste Lotte erfahren, als sich die Schulzeit ihrem Ende näherte und sich die Frage ihrer beruflichen Zukunft stellte.

1925, nach nur acht Schuljahren, war die Zeit des Lernens für Lotte bereits wieder vorbei. Die Entlassungsfeier in der Schule war der Schlusspunkt eines Lebensabschnitts, der untrennbar mit der Abschiedsrede ihrer Lehrerin, Fräulein D., verbunden bleiben sollte, sprach hier doch jemand, der diese jungen Menschen zu verstehen schien:

«*Ihr geht nun hinaus ins Leben, und allgemein spricht man von einem Abschied von der goldenen Kindheit, und dem Ernst des Lebens, der jetzt vor euch liegt. Vielleicht wird euer Leben auch schöner, denn nicht jede Kindheit ist golden.*» *Ich fühlte, dass sie die gemeinsam verbrachte Zeit in der Schule als selbständige, als unsere Zeit achtete, und nicht in die Zukunft floh. In ihren Worten klang Mitwisserschaft von den Leiden und Leistungen dieser Zeit, die man so selbstverständlich golden nennt.*[23]

Lotte überkam bei diesen Ausführungen das bewegende Gefühl, nun zu neuen Ufern aufbrechen zu können. Sie freute sich darauf, fortan kein Mädchen mehr zu sein, sondern ein Fräulein, das ein Anrecht darauf hatte, per Sie angeredet zu werden. Nun konnte sie die geflochtenen Zöpfe, die bis jetzt nach unten gegangen hatten, mit Haarnadeln hochstecken, und sie durfte statt kurzer Röcke und Holzschuhen lange Röcke und, wenn das Geld dafür reichte, Lederschuhe tragen.

Obwohl Lottes Abschlusszeugnis zehn Mal die Note «sehr gut» aufwies, vermochte es ihr den von der Lehrerin skizzierten verheissungsvollen Weg nicht zu eröffnen. Ihr Bruder Walter, der ein Jahr vor ihr die Schule abgeschlossen hatte, lernte Tischler, obwohl auch er lieber etwas anderes geworden wäre. Sein Traum war der Beruf des Arztes, doch diesen wahrzumachen erwies sich als ebenso aussichtslos wie die Erfüllung von Lottes Wunsch nach einer Ausbildung. Für sie käme eine solche nicht in Frage, so der Vater. Das sei viel zu teuer und lohne auch nicht, da sie sowieso mit zwanzig heiraten werde. Das wenige Geld müsse für die Ausbildung der Söhne reichen, denn auch Hans sollte eine Lehre absolvieren. Das traditionelle Bild von der Frau, die sowieso heiratet und deshalb nichts lernen muss, war auch in sozialdemokratischen Familien immer noch fest verwurzelt. Da bildeten die Benetts keine Ausnahme. Lotte musste deshalb, gegen ihren Willen, in die Fussstapfen ihrer Grossmutter treten und Dienstmädchen werden. So hatten das die Eltern mit den Verwandten durchgesprochen und für gut befunden. Lottes Mutter meinte beschwichtigend, dass Lotte ja schon immer ein kleines Hausmütterchen gewesen sei, und die Grossmutter fügte bekräftigend hinzu: *Mit vulle Seils geit de Deern in't Läwen.*[24] Dass die Enkelin mit vollen Segeln ins Leben hinaus fahren möge – so die hochdeutsche Übersetzung des Satzes –, davon konnte unter diesen Voraussetzungen in Wirklichkeit nicht die Rede sein.

Dienstmädchenjahre

Am 5. Februar 1922 veröffentlichte das «Hamburger Echo», die Tageszeitung der SPD in der Hansestadt, einen Artikel, der den Titel «Müssen Mädchen berufsmässig ausgebildet werden?» trug. Verfasst hatte ihn Grete Tabe, eine Führerin der sozialdemokratischen Frauenbewegung Hamburgs. Ihr Artikel verstand sich als ein Plädoyer für die Chancengleichheit von Jungen und Mädchen bei der Berufswahl. Während die Eltern sich die Berufswahl des Sohnes genau überlegten und sogar versuchten, seine Neigungen zu berücksichtigen, würden sie bei der Berufswahl der Tochter wesentlich einfacher verfahren: «Viele Eltern sind leider immer noch der Ansicht, dass es sich nicht lohnen würde, ein Mädchen etwas lernen zu lassen, da es sich ja bald verheiratet. Diese Ansicht ist ebenso traurig wie unrichtig, denn die Ehe ist keine Versorgungsanstalt und soll auch keine sein. Diese Eltern vergessen, dass viele Mädchen gar nicht die Möglichkeit haben, eine Ehe zu schliessen. Dass andernfalls auch nicht alle Ehen glücklich sind, dass aber auch durch Krankheit oder Tod des Mannes die Frau häufig zurück ins Erwerbsleben muss.»[25]
Als Folge des Krieges gab es in Deutschland zwei Millionen mehr Frauen als Männer. Sie waren verwitwet oder wegen Männermangel unverheiratet geblieben und deshalb gezwungen, sich ihren Lebensunterhalt selber zu verdienen. Männer wie Wilhelm Benett, die Mitglied der SPD und Leser des Hamburger Echos waren, kannten diese Fakten ebenso wie die Forderungen sozialdemokratischer Frauen nach Chancengleichheit, dennoch verfuhren sie mit ihren Töchtern nach deren Schulabschluss genau wie die anderen Eltern auch. Zwar gingen in den zwanziger Jahren immer mehr Mädchen als Arbeiterinnen in die Fabrik oder fanden eine Stelle im Büro oder Verkauf – 1925 gab es im Deutschen Reich bereits fünf Millionen weibliche Angestellte bei insgesamt 11 Millionen erwerbstätigen Frauen –, in Hamburg aber blieben die häuslichen Dienste der zentrale Arbeitsbereich für Mädchen nach Abschluss der Volksschule.[26] Gesucht wurde von den Hamburger Herrschaften die «anspruchslose Unschuld vom Lande»,[27] denn die Mädchen aus der Stadt erwiesen sich als weniger fügsam. Sie hatten bereits andere Berufswünsche. Die Arbeit als Dienstmädchen genoss bei ihnen kein Ansehen mehr. Und diejenigen, die trotzdem als Hausangestellte oder Hausgehilfin – so die in der Weimarer Republik eingeführten Berufsbe-

zeichnungen – arbeiteten, sprachen gern von einer Übergangslösung, bis sie ihre eigenen beruflichen Wünsche anderswo würden besser verwirklichen können, oder nicht mehr arbeiten mussten. Lotte Benett bildete da keine Ausnahme. Doch längst nicht allen gelang der Wechsel zu einer anderen Arbeit. Fast jedes zweite Dienstmädchen in Hamburg war über das durchschnittliche Heiratsalter hinaus. Die Erwartungen an eine Eheschliessung und einen anderen Arbeitsplatz hatten sich bei ihnen nicht erfüllt.

Die Arbeitsbedingungen in den bürgerlichen Haushalten waren für die Dienstmädchen noch immer weitgehend ungeregelt und damit willkürlich. Dienstmädchen blieben sowohl von Arbeitszeitbestimmungen, vom Jugendarbeitsschutz und von Mutterschaftsgesetzen ausgeschlossen. Die Arbeitgeberinnen wehrten sich auch in der Weimarer Republik erfolgreich gegen umfassende gesetzliche Regelungen. Mehr in ihrem Sinne waren Dienstmädchenlehrbücher, die die Arbeit im Hause weiterhin idealisierten. «Welch veredelnden Einfluss der Dienstjahre in einem Hause mit besserer Lebenshaltung, wo feinere Sitten herrschen, kann man beobachten in so manchem kleinen Haushalte; die Frau und Mutter hat dort in den Dienstjahren einen weiten Gesichtskreis, eine feinere Herzensbildung erhalten. Das Bild von Hauswesen und Familie, vom Verhältnis der Gatten, der Eltern und Kinder hat sich ihrem Herzen unauslöschlich eingeprägt. Immer wieder spricht sie von dem, was dort die mütterlich für sie besorgte Frau gesagt und wie sie gehandelt hat.»[28]

Die Realität war auch fast sechzig Jahre nachdem Lottes Grossmutter Anna Benett Dienstmädchen geworden war, eine ganz andere. Besonders schwer war die Arbeitssituation der «Alleinmädchen», was nicht nur einen übermässigen Arbeitsaufwand bedeutete, sondern auch eine Isolation zur Folge hatte, die ein gemeinsames Einstehen gegenüber den Herrschaften für bessere Arbeitsbedingungen ausschloss. Um nicht unbegrenzt verfügbar zu sein, waren immer weniger Dienstmädchen bereit, im Haushalt der Herrschaften zu leben. Doch dazu mussten sie zunächst über eine eigene Wohnmöglichkeit verfügen, und das war in Hamburg fast unmöglich.

Lotte konnte zunächst zuhause wohnen bleiben. Ihre erste Stelle als Dienstmädchen führte sie nur auf die andere Strassenseite der Borsteler Chaussee, in die Villa der Familie Dürkoop. Herr Dürkoop war Besitzer einer Firma für «Maschinenbau und mechanische Werkstatt», die schon vor der Jahrhundertwende in Gross Borstel angesiedelt war. Er gehörte zu den Honoratioren der Gemeinde. Lottes Mutter, die ja in die Häuser der wohlhabenden

Das Wohnhaus der Familie Dürkoop an der Borsteler Chaussee 40, auf der Villenseite, bei der Lotte 1925 als Dienstmädchen gearbeitet hat. (Kommunalverein Gross Borstel)

Gross Borsteler Familien zum Nähen kam, hatte auf diesem Wege in Erfahrung bringen können, wer gerade ein Dienstmädchen suchte, und sich für Lotte eingesetzt.

An der unmittelbar vor Stellenantritt stattfindenden Konfirmation bekam Lotte von den Verwandten die Bestandteile ihrer Ausstattung, die sie im Haushalt der Dürkoops tragen musste, geschenkt: ein Hauskleid, zwei Schürzen und ein Paar Strümpfe. So ausgerüstet, ging sie am nächsten Morgen über die Strasse zu ihren neuen Arbeitgebern. Frau Dürkoop führte sie durch die Villa und erklärte ihr ihre Aufgaben. *Also, hören Sie Lotte, heute werde ich alle Arbeiten mit Ihnen zusammen machen, damit Sie sehen, wie ich es wünsche. Merken Sie sich alles ganz genau, denn ich habe nicht Zeit, alles zweimal zu zeigen.* Lotte fand das Haus wunderbar, während Frau Dürkoop fortlaufend Dinge bemängelte. Ihr fehlte ein richtiger Erker, auch lag das Badezimmer nicht neben dem Schlafzimmer, der Korridor erschien ihr viel zu klein, man konnte ihn nicht als Halle einrichten. *Ihr Mann sei sehr nervös, erklärte mir Frau Dürkoop, ich dürfe nie singen in der Küche, denn das mache ihn rasend. Er habe Geschäftssorgen, und die Zeit sei überhaupt schwer, man müsse ja froh sein, wenn man etwas zu essen habe.*[29] Lotte spürte, dass Frau Dürkoop nicht gern in dieser Gegend lebte. Dazu trug wohl auch der Umstand bei, dass seit einiger Zeit das für den Milchmann bestimmte Geld, das jeweils vor der Tür lag, gestohlen wurde. Frau Dürkoop vermutete den Dieb auf der anderen Strassenseite, auf derjenigen der «kleinen Leute». Wie gross war Lottes Schreck, als sie am nächsten Morgen bei Dürkoops ihren jüngeren Bruder Hans in der Küche sitzend vorfand. Frau Dürkoop war am frühen Morgen aufgestanden und hatte den Dieb auf frischer Tat ertappt. Darum also ging der Bruder jeden Morgen so früh aus dem Haus, angeblich zum Angeln, weil da die Fische am besten anbeissen würden. Lotte war entsetzt, und sie schämte sich schrecklich. Frau Dürkoop sah sich in ihrer Annahme bestätigt, dass der Dieb von der anderen Strassenseite stammte, sah aber – Lottes wegen – von einer Meldung bei der Polizei ab. Zuhause dann kam es zu einer langen Auseinandersetzung zwischen den Geschwistern. Hans hatte sich mit Freunden eine eigene Kaninchenzucht aufbauen wollen, dafür benötigte er das Geld. Doch dass er dieses ausgerechnet bei ihren neuen Arbeitgebern stahl, blieb für Lotte unfassbar. Trotz dieser Enttäuschung verriet sie den Bruder bei den Eltern nicht.

Lottes Wochenverdienst betrug fünf Mark, und dieses Geld gab sie daheim ab. *Ich weiss, dass Ende der Woche oft kein Geld mehr im Hause war, mein Beitrag war «der Tropfen auf den heissen Stein», wie meine Mutter immer sagte.*[30] Die Brüder waren richtige Grossstadtriesen geworden, die ständig Hunger hatten. Nichts Essbares war mehr vor ihnen sicher. Mutter Benett benötigte jede Mark, auch wenn Lotte ihren Verdienst, oder wenigstens einen Teil davon, gerne behalten hätte. Wie anders präsentierte sich da das Leben bei den Dürkoops. Dort wurde zwar über die schlechte Geschäftslage geklagt, aber zu essen gab es immer reichlich, und es wurden Feste gefeiert, an denen Lotte die Gäste empfangen, in der Küche helfen und servieren musste. Lotte konnte sich für diese Arbeit nicht begeistern. *Jeden Tag dasselbe tun, am Morgen putzen, dann kochen, abwaschen und dann wieder kochen und abwaschen. Dazu eine Behandlung, als sei man eine zweite Sorte Mensch.*[31] Es kränkte sie zutiefst, dass sie statt mit Fräulein angesprochen zu werden, wie es für ihre Altersgenossinnen in den Büros und Geschäften üblich war, von allen beim Vornamen gerufen wurde und selbst die Kinder ihr Befehle erteilen konnten. Und dann war da noch die Sache mit den Klosettbrillen. Im Falle eines Defekts musste Lotte sie im Auftrag von Herrn Dürkoop bei den Kunden abholen und durch Gross Borstel tragen, damit ihr Arbeitgeber sie in seiner Werkstatt reparieren konnte. Diese Gänge waren Lotte in hohem Masse peinlich, und sie hoffte inständig, dass ihr dabei niemand begegnen möge.

Verstärkt wurde Lottes Widerstand gegen die Arbeit als Dienstmädchen durch ihre neuen Freunde. Seit einiger Zeit traf sie sich mit ihnen jeden Donnerstagabend, und am Sonntag unternahmen sie gemeinsame Fahrten. Die Gruppe, in der sie Aufnahme gefunden hatte, hiess «Mehr Licht» und war die Jugendgruppe des Guttempler-Ordens.

Bei den Guttemplern

Wilhelm Benett trank nicht nur abends bei Frau Rausch im «Schiessstand», sondern auch am Arbeitsplatz, wie Lotte in ihrer autobiografischen Erzählung «Der Katzenkopf» festgehalten hat.
Neben seinem Setzkasten stand eine Flasche mit Kümmel. Der Inhaber der kleinen Buchdruckerei in der Katharinenstrasse übte lange Zeit Nachsicht mit dem Gesellen, er schätzte ihn als Arbeiter. «Wenn es nun immer schwerer wird, laufend Aufträge zu bekommen, kann ich nur einen nüchternen Arbeiter halten», sagte er zum Vater. Er verständigte sich mit der Mutter und schlug ihr vor, zusammen mit dem Vater in den Guttempler Orden zu gehen.[32]
Dieser Orden war eine Vereinigung gegen Alkoholkonsum und seit etwa fünfzig Jahren im Deutschen Reich aktiv. Vor allem in den Grossstädten war dieser Konsum rasant gestiegen, auf etwa zehn Liter pro Kopf und Jahr. Die Industrialisierung mit ihrer massiven Landflucht hatte viele Menschen in die Städte gespült, in elende Unterkünfte, ohne soziale Bindung. Nach der Arbeit in der Fabrik war die Kneipe um die Ecke für viele eine Zufluchtsstätte, um noch nicht in die kalte, nasse und viel zu kleine Schlafstätte gehen zu müssen. Die Guttempler waren zahlenmässig der grösste Verein innerhalb der deutschen Anti-Alkohol-Bewegung, dennoch blieben sie weitgehend ohne politischen Einfluss. Der oberste Grundsatz des Ordens war die Abstinenz. Ihr bekanntester Vertreter war der Zürcher Psychiater August Forel. Der Orden rekrutierte seine Mitglieder vor allem aus armen Bevölkerungskreisen, denn diese waren durch Entwurzelung und Vereinsamung besonders gefährdet zu verelenden. Auch wenn das Hauptziel das Verbot des Alkoholverkaufs war, so galt das tägliche Engagement der Mitglieder denjenigen, die vom Alkohol wegkommen wollten.
Der Kampf gegen den Vertrieb von Alkohol schien angesichts der enormen Zahl an Lokalitäten noch viel schwieriger, als es der Versuch war, den Einzelnen vom Trinken abzubringen. Allein in Gross Borstel gab es um 1900 bereits zehn Gaststätten, und dies bei nur 1500 Einwohnern. Zehn Jahre später waren nochmals fünf Gaststätten dazugekommen. Die überwiegende Zahl befand sich auf der Borsteler Chaussee, also in nächster Umgebung des Wohnhauses der Benetts. Das Angebot war übergross und damit auch die Versuchung, den Wochenlohn in Alkohol anzulegen.

Nach anfänglichem Widerstand gegen die Arbeit der Guttempler hat sich Lottes Vater Wilhelm aktiv gegen den Alkoholismus engagiert. Als Fahnenträger mit Brustschleife marschiert er auf einem Demonstrationszug der Guttempler voraus. (NL Lotte Schwarz)

Wilhelm Benett wehrte sich zunächst gegen den Beitritt zu den Guttemplern und fand immer neue Gründe, um den Schritt nicht tun zu müssen. *Es ist stadtbekannt, sagte er, dass die ehemaligen Trinker dort alle idiotisch werden, weil es kein Körper erträgt, plötzlich ohne dieses Betäubungsmittel zu leben.*[33] Er hielt das Verlangen nach absoluter Abstinenz für sehr gefährlich und schlug vor, doch lieber zu den «Rechabiten» zu gehen. Diese Leute seien intelligenter, weil sie ihren Mitgliedern erlaubten, eine kleine Dosis des Giftes weiterhin zu sich zu nehmen. Lottes Mutter versuchte daraufhin Erkundigungen über den Orden der Rechabiten einzuziehen, vergeblich. Diesen Verein gab es gar nicht, ihr Mann hatte ihn erfunden. Sie bestand deshalb darauf, den Guttemplern beizutreten.
So gingen Lottes Eltern nun jeden Samstag nach Hamburg in den Wasserklub, wie der Vater den Verein nannte. Sein anfänglicher Widerstand wandelte sich allmählich in Respekt vor diesen Menschen und ihrer Arbeit, ohne dass er es sich selbst eingestanden hätte. Hier wurde man nicht für einen Sünder gehalten und verurteilt. Das ursächliche Problem sahen die Guttempler in erster Linie in einer Gesellschaft, die den Alkohol überall anbot, den süchtig gewordenen Menschen dann aber moralisch

verurteilte. Der Alkoholkranke war nicht schuld, und er konnte geheilt werden.

Dort lernte ich das Alkoholproletariat kennen, das sich nicht nur auf die unteren Klassen beschränkte, und ich habe dort ebenso siegreiche Revolutionen miterlebt, die darin bestanden, dass einem Trinker die Abstinenz gelang und die ihm wieder sein Selbstbewusstsein zurückgab. Was keine Medizin, kein Zwangsaufenthalt in einer Trinkerheilanstalt möglich machte, das schaffte das kleine, viel belächelte Kollektiv der Guttemplerlogen. Nicht immer – selbstverständlich – doch erfolgreicher als alle anderen Methoden der Alkoholbekämpfung.[34]

So beschrieb Lotte Jahrzehnte später die Arbeit der Guttempler. Die Mitglieder betrieben an wöchentlichen Sitzungen, die einem Ritual folgten, Selbstfürsorge und damit eine gegenseitige Unterstützung, um die geforderte völlige Abstinenz durchzuhalten. Für Rückfällige gab es die Möglichkeit, ebenfalls mittels eines Rituals, das Versprechen der Abstinenz zu erneuern.

Einen besonders hohen Stellenwert nahm bei den Guttemplern die Jugendarbeit ein. Die Jugendlichen wurden in sogenannten Wehrlogen organisiert. Neben der Erziehung zur Abstinenz standen gemeinsame Freizeitvergnügen in Form von Sing- und Tanzabenden, Wanderungen und Sportfesten auf dem Programm. Die Begeisterung für die Natur und die ideelle Nähe zu den Wandervögeln führte sogar zur Gründung des «Abstinenten Wandervogels».

Auch Lotte trat der Wehrloge «Mehr Licht» bei, nachdem zwei Mädchen zu ihr nach Hause gekommen waren, um sie einzuladen.

Der Beitritt zu dieser Gruppe brachte grosse Umwälzungen für mich mit sich. Es wurde plötzlich ganz unmöglich, mit hohen Absätzen und engen Kleidern umher zu gehen. Die Mädchen in der Gruppe trugen Sandalen und lange weite Kleider, Beiderwandröcke mit Sammetjäckchen. Sie liessen sich auch nicht die Haare schneiden, sondern hielten ihre schweren Zöpfe mit silbernen, gehämmerten Reifen zusammen.[35] Es fiel Lotte nicht leicht, keine modischen Kleider mehr zu tragen, die sie bisher von Tante Emma bekommen hatte, wenn diese sie nicht mehr anzog. Aber sie setzte alles daran, ihr Äusseres dem ihrer neuen Freundinnen anzupassen.

Lottes Aufnahme in der Wehrloge fand in Form eines festlichen Aktes statt, einer Art Weihe, die grossen Eindruck auf sie machte. *Als ich den Saal betrat, brannten Kerzen auf den Tischen, und die jungen Leute waren alle aufgestanden. Sie nahmen mich in ihre Mitte, stolz stand ich da in meinem neuen Kleid.*

Lotte, damals noch Dienstmädchen, an einem ihrer freien Sonntage am Nordseestrand, um 1926. (NL Lotte Schwarz)

Ich musste ein richtiges Gelübde ablegen, nie mehr darf ich einen Tropfen Alkohol zu mir nehmen. Ich muss Gemeinschaft und Brüderlichkeit in diesem Kreise üben, ich werde der Menschheit damit einen grossen Dienst erweisen.
Sie war begeistert von dieser Gruppe und versuchte, so oft wie möglich auch an den Ausfahrten teilzunehmen. Die Gruppenmitglieder trafen sich am Sonntagmorgen, um mit dem Zug aus der Stadt hinauszufahren und dann gemeinsam zu wandern. Lotte fühlte sich wohl in diesem Kreis, empfand aber ihre Arbeit als Dienstmädchen je länger je mehr als Verrat an den hehren Zielen der Gruppe, die von sozialem Engagement und Hilfeleistung geprägt waren. Ihre neuen Freunde hatten ganz andere Berufe als sie, sie waren Lehrer, Kontoristen, Krankenschwestern, sogar ein Seemann war dabei, dem sie gemeinsam Briefe schrieben, wenn er unterwegs war. Lotte schämte sich zu sagen, welcher Arbeit sie nachging, da diese unter den Gleichaltrigen in der Gruppe kein Ansehen geniessen konnte. Dort hiess es, dass die Arbeit zum Erlebnis werden sollte, doch solange sie als Dienstmädchen arbeitete, war das nicht möglich. Immer stärker wurde der Wunsch, nicht mehr Herrschaften zu dienen, sondern der Gesellschaft, besonders nachdem sie in der Gruppe einen Vortrag über den Schweizer Pädagogen Heinrich Pestalozzi gehört hatte. Sie empfand angesichts des Lebenswerkes dieses Mannes das heftige

Bedürfnis, ihr Leben radikal zu ändern. *Tagsüber ging ich als Dienstmädchen in die Häuser vornehmer Leute, abends hörte ich von den Taten und Gedanken grosser Männer, die uns Vorbild sein sollten. Und ich tat nichts, gar nichts, um meinen Teil dazu zu tun, die Welt zu verändern und zu verbessern.*
Sie fasste den Entschluss, einen pflegerischen Beruf zu ergreifen. Doch in allen Krankenhäusern, in denen sie sich bewarb, hiess es, dass sie zu jung sei. Diese Absagen bedrückten sie, zeitweilig verlor sie die Hoffnung auf eine baldige Veränderung ihres Lebens. Sie wurde bei der Arbeit nachlässiger und versäumte mitunter die Gruppe, weil sie unter der scheinbaren Ausweglosigkeit ihrer beruflichen Situation litt. Verständnis für ihre schwierige Lage zu finden, erhoffte sie sich von ihrem Freund Hermann, den sie in der Gruppe kennengelernt hatte.
Hermann, meine erste, grosse, aber unglückliche Liebe. Wir trafen uns zunächst nur zufällig, wir hatten, wenn wir vom Gruppenabend heim kamen, denselben Weg. [...] Hermann war Maschinenbauer. Er erzählte aber nur selten von seinem Beruf. Vielmehr interessierten ihn die Abendkurse, die er an der Universität besuchte und die Arbeitsgemeinschaften, an denen er seinen kritischen Geist erprobte. Er hörte Spranger, er las Pestalozzi. Er kam mir furchtbar klug vor.
In ihrer Verzweiflung über ihre berufliche Situation und die Uneinsichtigkeit der Eltern suchte Lotte Hermann auf, sie wollte mit ihm sprechen. Als sie in sein Zimmer trat, spielte er gerade Blockflöte, Hesses «Musik der Einsamen» lag auf dem Tisch. Er freute sich über ihr Kommen, was sie als Aufforderung verstand, ihr ganzes Leid zu klagen.
«Ich kann nicht mehr, ich will nicht mehr, jedes Ladenmädchen hat mehr Rechte als ein Dienstmädchen.» Ich weinte und dachte, Hermann wird mir helfen, er weiss soviel und wird mich verstehen. Hermann sah mich verzweifelt an, dass ich in seiner Gegenwart weinte, brachte ihn ganz aus der Fassung. Er nahm meine Hand... und sagte etwas, was Spranger gesagt hatte...
Lotte bewunderte Hermann, aber sie verstand nicht, was er mit seinen Ausführungen sagen wollte. Er sprach davon, dass sie sich weiter entwickeln müsse. Ihre Begeisterung für die Gruppe versuchte er mittels philosophischer Erklärungen zu dämpfen.
«Alles ist Entwicklung», sagte er, «was Dir jetzt als schön und unwandelbar erscheint, kannst Du nach einem Jahr für überholt oder gar anfechtbar halten. Auch das Leben in der Gruppe ist nicht unendlich. Eines Tages wirst Du ohne sie existieren können, weil Du Dich selbst aus ihr heraus entwi-

Hermann Hinderks, Lottes erste und unglücklich endende Liebe. (NL Lotte Schwarz)

ckelt hast. Schon die Beziehung zum Mann wird Deine ganze Situation verändern.» Für Hermann bestand die Welt aus mehr als nur der Gruppe. Man dürfe nicht wie auf einer Insel leben, man müsse sich auch um andere Dinge, zum Beispiel um Politik, kümmern. Doch Lotte wollte ihr Leben in Einklang mit den Idealen der Gruppe bringen, und da halfen ihr Hermanns Ausführungen nicht weiter.

Um eine Änderung in ihrer unbefriedigenden Arbeitssituation herbeizuführen, musste sie weg von Dürkoops. Diesen Entschluss fasste sie, als diese ihr die gewünschte Lohnerhöhung verweigerten. Sie kündigte. Der Vater schimpfte und warf ihr vor, immer mit dem Kopf durch die Wand zu wollen, anstatt sich anzupassen. Nach diesem erneuten Streit entschied sich Lotte, von zuhause wegzugehen. Vom Arbeitsamt erhielt sie die Adresse der Familie Nathan, die in der Nähe der Hamburger Synagoge wohnte und ein Dienstmädchen suchte.

Ich wollte unabhängig sein und über mein verdientes Geld endlich selbst verfügen. Es blieb mir nichts anderes, als ganz in eine Familie zu gehen, und ich vermietete mich zu Bedingungen, die sich später als ziemlich untragbar herausstellten. Ich arbeitete den ganzen Monat für 15 Mark, hatte eine Wäsche von 6 Personen zu machen, hatte kein eigenes Zimmer und musste in der Küche schlafen.

Ihre neuen Arbeitgeber waren orthodoxe Juden, Herr Nathan war Auktionator, seine Frau stickte Monogramme für eine Fabrik. Sie hatten zwei kleine Kinder. Die Wohnung war gross, sie verfügte über vier Zimmer, wobei zwei von ihnen untervermietet waren. In einem Zimmer wohnte eine Verwandte von Nathans, die als Verkäuferin in einer grossen Parfümerie arbeitete, und im sogenannten Mädchenzimmer wohnte Herr Hildeheim, der krank war und seine Tage damit zubrachte, Gerichtsverhandlungen zu besuchen. Wohlstand herrschte hier nicht. Und auch wenn Lotte das verdiente Geld jetzt behalten konnte, waren die Arbeitsbedingungen schlechter als bei den Dürkoops. Sie hatte nur noch alle vierzehn Tage am Sonntagnachmittag frei und konnte deshalb an den gemeinsamen Gruppenfahrten nicht mehr teilnehmen. Auch die Abende standen ihr nicht mehr zur freien Verfügung. Und dass sie sich jeden Abend erst ein Feldbett in die Küche stellen musste, um schlafen gehen zu können, war eine selbst unter Dienstmädchen nicht mehr verbreitete Form der Unterbringung. Neben das Bett stellte sie einen Wecker, der jeden Morgen um sechs Uhr klingelte. Das einzige, was Lotte in dieser Küche gehörte, war eine Blechdose, in der sie ein Stück Seife und eine Tüte mit Süssigkeiten aufbewahrte.

Schon bald erwies sich die Arbeit für die sechzehnjährige Lotte als zu viel und zu schwer. Vor allem das Waschen der Wäsche stellte sich ihr jedes Mal als unüberwindlicher Berg dar. Im Winter wurde die Wäsche in der Küche getrocknet, im Sommer auf dem Balkon. Nachts, von ihrem Feldbett aus, sah sie dann die langen Unterhosen und Hemden der Familie über sich hängen. *Die Parade war nicht ohne Stimmung, es sah aus, als liefe die ganze Familie Nathan an der Decke entlang.*[36] Doch solch poetische Gedanken halfen nicht über die Unhaltbarkeit der Situation hinweg. Dass sie zu den üblichen Arbeiten auch noch einen koscheren Haushalt für sechs Personen führen musste, war zu viel.

Alles was mit Fleischkost zusammenhing, wurde streng von der Milchkost getrennt. Für alles gab es zweierlei Hausgeräte. Die Vorgängerin hatte ihr zudem einen Streich gespielt, und Milch und Fleisch durcheinander gebracht, alles, was Frau Nathan in die Hand nahm, befand sich am falschen Ort.[37]

Alles war vollkommen neu, und Fehler erwiesen sich als unvermeidlich. So hatte sie den Auftrag bekommen, alle Türen auf dem langen Korridor mit einem Tuch abzustauben. Dabei stiess sie auf die an den Türrahmen befestigten Metallhülsen, deren Zweck ihr unbekannt war. Sie versuchte die Mesusa – denn darum handelte es sich bei diesen Schriftkapseln – abzumontieren und zu öffnen, um anschliessend den darin befindlichen Papierstreifen herauszuholen, als Herr Nathan dazu kam. Entsetzt fragte er, was sie da mache, und bückte sich nach den auf dem Boden liegenden Papierresten.

Lotte mit ihren Eltern an Weihnachten. Der gefüllte Bücherschrank im Hintergrund verweist auf den Beruf des Vaters als Buchdrucker und die Lesebegeisterung der Familie, um 1926. (NL Lotte Schwarz)

Lassen Sie das, schnell, lassen sie es nicht meine Frau sehen. [...] Das sind die zehn Gebote, das ist bei uns so, sie sind an jeder Tür angebracht, das sieht man doch! Unwillig schüttelte er den Kopf, nahm Hut und Mantel und verliess das Haus. Tatsächlich, auf dem harten Pergament war etwas in fremder Schrift geschrieben, an jeder Tür war eine Hülse. Das war eine unangenehme Geschichte.[38]

Die Lage spitzte sich noch mehr zu, als Lotte in den Tagen vor Weihnachten begann, den beiden Kindern der Nathans vom Weihnachtsfest bei sich daheim zu erzählen, so oft, bis die Kinder ihre Eltern bestürmten, sie wollten auch so einen Tannenbaum haben, wie Lotte ihn zuhause habe. Daraufhin bekam Lotte einen deutlichen Verweis von Herrn Nathan. Sie würde die Kinder ganz verrückt machen mit ihren Erzählungen. Er verbot ihr, dieses Thema jemals wieder aufzugreifen. Gleichwohl erhielt sie zwei Tage frei, um zuhause feiern zu können. Die Mutter war müde vom vielen Nähen vor den Festtagen, aber sie hatte von dem verdienten Geld ihrem Mann ein Geschenk gekauft, die Werke des plattdeutschen Dichters Fritz Reuter. Schon immer hatte er sie sich gewünscht, nun las er der Familie daraus vor. Es war das erste Weihnachten seit langem, an welchem Lotte ihn nicht aus dem «Schiessstand» hatte holen müssen.

In der Frauenarbeitsgemeinschaft

Trotz aller Probleme im Haushalt von Nathans fiel in diese Zeit eine Begegnung, die Lottes Leben grundlegend verändern sollte. In Hamburg war 1919 das Gesetz über die Fortbildungsschulpflicht erlassen worden, das alle Jugendlichen zum Besuch einer dreijährigen öffentlichen Berufsschule verpflichtete, also auch die Mädchen, die in fremden Haushalten arbeiteten. Der Unterricht umfasste sechs Wochenstunden, wobei das Schwergewicht auf dem Erlernen rationeller Haushaltsführung lag. Zusätzlich wurde den Mädchen Staatsbürgerkundeunterricht erteilt. In Vorbereitung auf einen Gastvortrag hatte die Lehrerin die Schülerinnen in Lottes Klasse nach der Bedeutung des Wortes Emanzipation gefragt. Niemand wusste es genau, weshalb die Lehrerin «Emanzipation = Gleichberechtigung» an die Tafel schrieb. Dieses Wort müsse man kennen, wolle man den Vortrag verstehen, klärte die Lehrerin ihre Schülerinnen auf. Es sollte um die Geschichte der Frauenbewegung gehen. Als die Mädchen in der Aula Platz genommen hatten, betrat eine weisshaarige Dame den Saal und begab sich nach vorn ans Rednerpult. Es handelte sich um Helene Lange, eine der Veteraninnen der bürgerlichen Frauenbewegung in Deutschland, was Lotte in diesem Moment noch nicht wusste. Helene Lange, die am 16. März 1919 mit bereits 70 Jahren als Alterspräsidentin und Mitglied der liberalen Deutschen Demokratischen Partei die Hamburgische Bürgerschaft eröffnet hatte, war gekommen, um zu den jungen Mädchen zu sprechen.
Langes Einzug ins Parlament war die Krönung ihres während Jahrzehnten geführten Kampfes für das Recht der Frauen auf Bildung und auf Teilhabe an allen gesellschaftspolitischen Entscheidungen. Dieses Recht auf Bildung hatte sie sich in ihrem eigenen Leben schwer erkämpfen müssen. Es sollte den nachfolgenden Mädchen selbstverständlich zur Verfügung stehen. Und so stand sie vor diesen jungen Zuhörerinnen und vermochte zumindest eine spontan zu überzeugen. Lotte schreibt in ihren Erinnerungen, dass sie restlos begeistert gewesen sei, sicher darin, nun die Wurzel allen Übels begriffen zu haben. *Wir Frauen sind unterdrückt und benachteiligt. Darum war auch für mich alles so schwer.*[39]
Am Ende ihres Vortrages ermahnte Helene Lange die Mädchen, das bereits Erreichte nicht als selbstverständlich hinzunehmen. Es bedürfe auch in Zukunft ihrer Bereitschaft, sich für die Emanzipationsbestrebungen der Frauen

in einer Männerwelt einzusetzen. Deshalb forderte sie ihre Zuhörerinnen auf, einer Arbeitsgemeinschaft beizutreten, die hier an der Schule gebildet werden sollte.

Lotte wollte sich dieser Gruppe unbedingt anschliessen, obwohl sie befürchtete, dass ihr erster Kampf darin bestehen würde, die Erlaubnis für diesen Abend von Frau Nathan zu bekommen. Doch diese zeigte sich einverstanden, da es ja eine Arbeitsgruppe im Rahmen der Schule war. Lotte solle sich bilden, denn nur Ungebildete müssten unten durch. Mit einem grossen schwarzen Wachstuchheft ausgerüstet, ging Lotte fortan in die Frauenarbeitsgemeinschaft. Dort lernte sie Mädchen kennen, die ganz frei sprechen konnten und denen lange Diskussionen nichts ausmachten. Lotte bewunderte sie und hatte gleichzeitig Angst, auch sprechen zu müssen. *Ich lernte hier die grosse, bürgerliche Frauenbewegung kennen, eine ihrer grossen Vertreterinnen, Gertrud Bäumer, sprach einmal in unserem Kreise, ebenso Alice Salomon und Marianne Weber. Die Nöte der bürgerlichen Frauen, die um Gleichberechtigung und Anerkennung kämpften, machte ich zu meinen eigenen. Es galt sich gegen eine Männerwelt durchzusetzen, die auch meiner Entwicklung im Wege stand.*[40]

Es ist erstaunlich, wie viel Frauenrechtsprominenz an diese Fortbildungsschule für Mädchen in Hamburg gekommen ist, um Vorträge zu halten. Die bürgerliche Frauenbewegung in Deutschland ist ohne die von Lotte an ihrer Schule erlebten Referentinnen nicht denkbar. Diese Kämpferinnen eroberten als ausgebildete Lehrerinnen pädagogisches Neuland im Bereich der Frauenbildung, und sie traten als Publizistinnen und Rednerinnen für die Sache der Frauen auf, im Kaiserreich wie in der Weimarer Republik. Helene Lange und Gertrud Bäumer errichteten in Hamburg die «Soziale Frauenschule», Alice Salomon gründete die «Deutsche Akademie für soziale und pädagogische Frauenarbeit», eine der ersten Hochschulen von Frauen für Frauen zur Weiterentwicklung der Sozialen Arbeit auf wissenschaftlicher Grundlage, um nur zwei von vielen neuen Bildungseinrichtungen zu nennen.

Nicht alle Frauenrechtlerinnen waren mit dem in der Weimarer Republik erlangten Wahlrecht für Frauen und den Bildungsmöglichkeiten zufrieden. Radikalere Frauen wie die Juristin Anita Augspurg und ihre Mitstreiterin Lida Gustava Heymann kritisierten vehement, dass die rechtliche Gleichstellung der Frauen in der Praxis noch immer nicht vollzogen war. Aber auch andere politische Fragen griffen sie auf und machten sie zum Gegenstand ihrer Schriften und Reden. So übten sie scharfe Kritik daran, dass Militarismus, Antisemitismus und Nationalsozialismus sich ungehindert ausbreiten konnten. In ihrer Zeitschrift «Die Frau im Staat» schrieb Augspurg über den Zustand der Republik und seiner Bürger 1926: «Wir haben eine Republik, aber keine Republikaner, am allerwenigsten in unserer Regierung. Das Schlimmste aber ist, dass der Durchschnittsdeutsche diesen schreienden Missstand gar nicht empfindet, sondern einfach darauf wartet, regiert – lieber noch missregiert zu werden. Er hat kein Organ für Verfassungsverletzungen, er hat einen Kartätschen und Handgranaten verdauenden Magen und Epidermis, auf die Nilpferd und Rhinozeros mit Neid schauen.»[41]

Für Lotte tat sich mit dem regelmässigen Besuch der Frauengruppe an ihrer Berufsschule eine neue Welt auf. Sie gewann Einsichten und erfuhr von Möglichkeiten, die ihr bis dahin unbekannt gewesen waren. Sie wollte über ihre Erkenntnisse diskutieren, nicht nur in der Arbeitsgemeinschaft, sondern auch daheim mit ihren Brüdern. Doch bei denen stiess sie nur auf Kopfschütteln und Ablehnung. Dieser Jungfernklub, wie sie ihn nannten, könne auch nicht gutmachen, was eine ganze Gesellschaft versäumt habe. Die Aussagen dieser Frauen zur sozialen Frage seien völlig irrelevant, da sie über keinerlei politischen Einfluss verfügten, ganz im Gegensatz zu den Gewerkschaften, denen die Brüder angehörten. Und auch für Lottes Bildungswünsche zeigten sie kein Verständnis. *Du willst etwas lernen, und der Alte hat kein Geld. Er sagt einfach, du heiratest ja doch. Erzähle das einmal deinen Frauen und frage sie, was du machen kannst. […] Lass Dir den Zahn ziehen mit der Bildung, entweder man lernt zur rechten Zeit oder man läuft sein Leben lang mit hängender Zunge durch die Gegend.*[42] Und der Vater sekundierte, sie solle die Nase im Gesicht behalten.

In ihrer Verzweiflung wandte sie sich erneut Hilfe suchend an Hermann, ihren Freund aus der Wehrloge. Doch auch von ihm fühlte sie sich nicht verstanden, wenn er nur kopfschüttelnd fragte: «Wo bleibt die Entwicklung, die geistige Linie?» *Er erklärte mir, dass ich nur einen Teil der Menschheitsgeschichte sähe. Ich wurde wütend, nannte ihn einen weltenweiten Träumer.* «Kümmert es Dich nicht, wenn Du soviel Ungerechtigkeit nebeneinander siehst?» Ohne eine Antwort abzuwarten, rannte Lotte wütend davon. Hermann holte sie ein und drückte ihr einen Brief in die Hand, den er wohl schon vor längerer Zeit geschrieben, ihr aber nie übergeben hatte.

Draussen auf einer Bank öffnete ich den Brief, es war ein Kapitel aus Nietzsches Zarathustra, von jungen und alten Weiblein... Der Mann ist für das Weib ein Mittel, der Zweck ist immer das Kind. Aber was ist das Weib für den Mann... Der Mann soll zum Krieger erzogen werden, und das Weib zur Erholung des Kriegers: alles andere ist Torheit... Und gehorchen muss das Weib... Oberfläche ist des Weibes Gemüt, eine bewegliche stürmische Haut auf einem seichten Gewässer...[44] Lotte war von diesen Zeilen wie erschlagen. Sie verstand nichts von alledem, fand den Inhalt des Briefes gleichwohl zutiefst verletzend. Gefühle der Wut und Ohnmacht überfielen sie. Innerlich kündigte sie Hermann die Freundschaft, und als sie ihn wiedersah, blieb sie unnahbar und war bemüht, ihn ihre Verachtung spüren zu lassen.

Alle negativen Reaktionen, die Lotte wegen ihres Engagements erfuhr, konnten sie nicht davon abhalten, den eingeschlagenen Weg weiterzugehen. Nach einem Vortrag, den sie in ihrer Arbeitsgemeinschaft über Helene Lange gehalten und mit einem feurigen Aufruf zur Eroberung der staatlichen Kommandoposten durch die Frauen beendet hatte, wurde Lotte von einer jungen Lehrerin angesprochen. Auf dem gemeinsamen Nachhauseweg kam die Sprache auch auf Lottes Arbeitssituation. Verlegen gab Lotte Auskunft, doch die Reaktion der Lehrerin war ganz anders, als sie es befürchtet hatte. Lotte solle am Sonntagnachmittag zu ihr zum Tee kommen, dann könne sie ihr vielleicht eine Nebenbeschäftigung in einer Bibliothek vermitteln. Auf Lottes Frage, ob sie dort putzen solle, lachte die Lehrerin und fragte, ob sie nicht Lust hätte, mit Büchern umzugehen. Lotte berichtete ihren Eltern von dieser unerwarteten Chance.

Meine Eltern waren skeptisch und besonders mein Vater. Auch meine Mutter glaubte nicht an meinen Erfolg, wie sie überhaupt nicht an die Erfolge von Frauen glaubte. Doch das Unglaubliche wurde wahr. Als ich am Sonntagnachmittag die Lehrerin besuchte, war noch eine andere Dame zugegen, die Leiterin der Bibliothek. Sie fragte mich, ob ich nicht jeden Tag drei Stunden zu ihr in die Bibliothek kommen wolle, es gäbe immer viel Arbeit und ich könnte ihr manches helfen. Mit Freuden sagte ich zu.[45]

Diese Begegnung stand am Anfang eines neuen Lebens für Lotte. Die Arbeit mit Büchern sollte für ihren weiteren beruflichen Weg bestimmend sein und ihr manche, bisher unbekannte Welten eröffnen und sie mit Menschen zusammenführen, die nicht nur ihr politisches Denken entscheidend prägen würden.

Im Reich der Bücher

Die neue Stelle brachte grosse Wandlungen für mich. Stolz verliess ich meinen Küchenplatz, und wenn auch die finanzielle Seite des neuen Unternehmens zunächst sehr kümmerlich für mich aussah, so startete ich doch mit dem Gefühl: hier will ich mich einsetzen.[46]

Lotte suchte sich eine Halbtagsstelle und fand sie bei einem Logenbruder des Vaters, der ein Zigarrengeschäft führte und sie als Verkäuferin einstellte. Nachmittags arbeitete sie in der Bibliothek, hauptsächlich ordnete sie Bücher und schrieb Karten. Darüber hinaus aber tat sie vor allem eins: lesen. *Ich las, was mir überhaupt in die Finger kam. Ich sass hier in der Bibliothek an der Quelle, besonders aber interessierten mich die Schicksale der mutigsten Vorkämpfer der Frauenbewegung.* Ein paar von ihnen hatte Lotte durch die Arbeitsgemeinschaft persönlich kennengelernt, andere lernte sie durch die Lektüre und durch Vorträge ihrer Mitschülerinnen kennen. Eine von ihnen war Luise Otto Peters, die auf Lotte einen anderen, stärkeren Eindruck machte als alle jüngeren Vertreterinnen der bürgerlichen Frauenbewegung bisher.

Die Haltung, die diese Frau in vielen Fragen einnahm, unterschied sich stark von den anderen Frauenrechtlerinnen. Bisher hatte ich nur den Kampf der Frau um das Studium, um das Recht auf öffentliche Stellungen kennen gelernt. Luise Otto beschäftigte sich mit der Lage der Frauen in den Fabriken. Sie behandelte die proletarische Frau mit derselben Gründlichkeit, mit derselben Liebe, wie die anderen Frauen die akademischen Frauen wichtig nahmen. Ich kannte sie ja längst, die Arbeiterfrau, brauchte ich doch nur an Zuhause zu denken.

Luise Otto Peters, geboren 1819, gehörte zu den Gründerinnen der deutschen Frauenbewegung. Obwohl auch sie aus bürgerlichem Hause kam, befasste sie sich schon als junge Frau mit dem Elend der Fabrikarbeiterinnen und machte dieses 1846 zum Thema eines Romans mit dem Titel «Schloss und Fabrik». Für die Herausgabe der «Frauen-Zeitung», die sie unter das Motto «Dem Reich der Freiheit werb' ich Bürgerinnen!» stellte, wurde sie verfolgt. Die von ihr mitbegründeten Dienstboten- und Arbeiterinnenvereine wurden ebenso verboten wie ihre Zeitung. Mit einem eigens von der sächsischen Regierung für die «Frauen-Zeitung» geschaffenen Gesetz, der «Lex Otto», wurde es «Schülern, Lehrlingen, Weibern und Schwachsinnigen» verboten, Vereine zu gründen und Versammlungen abzuhalten. Dennoch leitete Luise Otto wäh-

Lotte Benett mit ihrer Freundin Lotte Schaedel vor der Bücherhalle in Eppendorf, in der sie während sieben Jahren von 1927 bis 1934 als Bibliothekarin gearbeitet hat. (NL Lotte Schwarz)

rend drei Jahrzehnten den von ihr mitbegründeten Allgemeinen Deutschen Frauenverein. Darüber hinaus verfasste sie mehr als sechzig Bücher, die Lotte nun erstmals durch ihre neue Arbeit Gelegenheit hatte kennenzulernen.

Lottes Chefin war die Bibliothekarin Lilli Volbehr, die 1927 die Leitung der neu eröffneten Öffentlichen Bücherhalle in Eppendorf übertragen bekommen hatte. Es handelte sich bei dieser Bücherei um die siebte öffentliche Bücherhalle in Hamburg. Die erste war 1899 auf Initiative der Patriotischen Gesellschaft gegründet worden, um der Sozialdemokratie nicht allein die Volksbildung zu überlassen. Die Eppendorfer Bücherhalle, in der Lotte arbeitete, war im zweiten Stock der Badeanstalt an der Goernestrasse 21 untergebracht. Sie verfügte über einen Bestand von über zehntausend Bänden an Belletristik und Jugendliteratur. Die jüngeren Leserinnen und Leser kamen aus den umliegenden Schulen, die erwachsene Leserschaft umfasste das ganze soziale Spektrum, vom Arbeiter über den Handwerker zum Akademiker. Entsprechend wurde das Angebot laufend ausgebaut. In dieser Situation benötigte Lilli Volbehr eine neue Mitarbeiterin. Dass Lotte schon bald nicht nur Teilzeit, sondern Vollzeit in der Bibliothek arbeiten konnte, war Glück für sie und Pech für eine andere Mitarbeiterin, die gehen musste.

Es war eine Angestellte in der Bibliothek, die zwar erst neunzehnjährig, doch schon Mutter von drei Kindern war. Sie schien das vierte zu erwarten und zu ihrem Unglück waren alle Väter unauffindbar. Welche noch so weitherzigen Motive dieses Mädchen zum Leitsatz ihres Lebens gemacht hatte, aber dies wurde dann der gewiss grosszügigen Leiterin zu viel. Sie wurde entlassen, als die Frau eines «verführten» Lesers in die Bücherei kam, um eine bewegte Abrechnung mit ihr zu halten. Das alles war entsetzlich peinlich. Es galt, den Ruf unseres Bildungsinstitutes wieder herzustellen. Ich bekam eine voll bezahlte Stellung und zeigte den mir freundlich zulächelnden Lesern eine finstere, unnahbare Miene. Lange Zeit hörte ich noch pikante Details aus dem Leben und Wirken meiner Vorgängerin, und ein alter Knabe wurde nicht müde zu fragen, wo denn das Fräulein mit den Rehaugen geblieben sei.

Die Stelle in der Bibliothek brachte nicht nur einen besseren Verdienst, sondern auch geregelte Arbeitszeiten, die es Lotte erlaubten, wieder mehr Zeit mit der Wehrloge zu verbringen. Die Treffen fanden zwar wie gewohnt statt, aber Lotte musste feststellen, dass die Stimmung sich verändert hatte. Kritik wurde laut an den Grundsätzen der Bewegung, vor allem von Mitgliedern, die noch nicht so lange dabei waren. Sie griffen die langjährigen Teilnehmer an und verlangten Änderungen. In besonderer Erinnerung ist Lotte ein junger Mann namens Alfred geblieben. Er war nicht nur bei den Guttemplern, sondern auch in einer politischen Gruppe engagiert. Er war weit gereist, sprach mehrere Sprachen und hatte es sich zur Aufgabe gemacht, die jungen Mädchen der Gruppe in die Liebe einzuführen, um sie vor der subjektiven Brutalität des ersten Liebhabers zu bewahren. Viele Mädchen waren begeistert von seiner Idee, die Zufälligkeit aus ihrem Leben zu verbannen, viele Jungen aber kritisierten ihn heftig anlässlich einer gemeinsam geführten Diskussion. Doch das beeindruckte Alfred nicht, stattdessen kritisierte er den Zustand der Gruppe.

Eure Lebensform darf kein Dogma sein, antwortete er den verschiedenen Rednern, wandern ist gut, aber nicht besser als politisieren. Ihr habt Angst, den nächsten Schritt zu tun, ihr springt über die Glut beim Sonnenwendfeuer, aber nicht über euren Schatten. Nehmt euch nicht so wichtig, das ist nicht gesund. Um keinen Preis wollt ihr ein politisches Bewusstsein entwickeln. Eure Ritter sind längst tot, ihr hütet die Burg nicht mehr, es gibt nichts mehr zu hüten, aber eine neue Welt zu gewinnen![47]

Bei einem Landestreffen der Guttemplerjugend in Magdeburg, an dem Lotte teilnehmen konnte, fanden die Auseinandersetzungen um die zukünftige Ausrichtung der Gruppe ihren Höhepunkt. Dazu trug die schlechte wirtschaftliche Lage in Deutschland bei, die besonders die jungen Menschen hart traf, auch unter den Guttemplern. Bereits war die Hälfte aller Mitglieder der Bewegung arbeitslos. Während des Treffens wurde deshalb nicht nur über die demoralisierende Wirkung der Arbeitslosigkeit diskutiert, sondern auch nach anderen Gründen gefragt, die dafür verantwortlich sein konnten, dass ihre Bewegung im Rückgang begriffen war. Lotte zitierte einen Teilnehmer, der auf die von rechts und links geforderte Politisierung der Jugend hinwies. *Unsere Bewegung lebt in einer starken Betonung des jugendlichen Selbstwertes, und ohne politisches Vorbild. In dieser Vorbildlosigkeit liegt der Kredit, den wir alle in den vergangenen Jahren durch die Jugendbewegung empfangen haben.*[48]

Und gerade diese Vorbildlosigkeit schien den Jugendlichen angesichts der Verschärfung der wirtschaftlichen und politischen Lage immer weniger zuzusagen. Stattdessen wurden eindeutige Antworten auf die drängenden Fragen erwartet und eine klare Orientierung gefordert. Lotte empfand die Stimmung, die über den Diskussionen lag, als bedrückend. Es war etwas am Erlöschen, was sie gern hätte weiter brennen sehen. Auch die beschwörenden Worte der Älteren, die immer wieder die Verdienste der Jugendbewegung nach dem Krieg hervorhoben, vermochten dieses Erlöschen des Feuers nicht zu verhindern. 1966 beschrieb sie in einem Brief ihren gefühlsmässigen Bruch mit der Jugendgruppe der Guttempler an diesem Treffen in Magdeburg:

Wir hatten auch einen Lehrer in der Gruppe, der eine Gabe und Leidenschaft für Kanonsingen hatte. In sehr kurzer Zeit gelang es ihm, viele Menschen zum gemeinsamen Gesang zu bringen. Einmal hatte die Guttemplerbewegung eine Tagung in Magdeburg. Auf dem Marktplatz waren viele Arbeitslose versammelt, und im Nu gelang es unserem Dirigenten, mit den wildfremden Sängern einen Kanon anzustimmen, dass es nur so über den Marktplatz tönte. «De ole Tiedemann, de ole Tiedemann, de ole Tiedemann, wer ok'n Mann» – doch bei aller Kunst unseres Lehrers, mit dem wir in der Gruppe die schönsten Abende singend verbracht hatten, dieses Singen mit den Erwerbslosen war ein Bruch – etwas stimmte nicht. Ich weiss noch, dass mir beim Singen mit den Arbeitslosen plötzlich mein Vater und meine Brüder einfielen; etwas war peinvoll an diesem Singen... bestimmt würden sie nicht mitgesungen haben. Mein Vater als Sozialdemokrat hätte gesagt: ein Arbeitsloser hat keinen Grund zu singen.[49]

Dass dem so war, sollte sie schneller als gedacht erleben.

Hinein in die Stadt und in die Krise

Nach fünf Jahren auf einer Warteliste des städtischen Wohnungsamtes erhielt Wilhelm Benett mit seiner Familie endlich die ersehnte Wohnung in der Stadt zugewiesen. Die neue Adresse lautete fortan Kuhnsweg 12 im Stadtteil Winterhude. Das Haus steht noch heute, es hat die grossen Bombardements im Zweiten Weltkrieg fast unbeschadet überstanden. In unmittelbarer Nähe befinden sich die Aussenalster und der Stadtpark. Gleichwohl war der Gegensatz zum ländlich geprägten Gross Borstel gross, denn Winterhude war ein Arbeiterstadtteil mit vielen Fabriken. Nur wenige Häuserblocks vom Kuhnsweg entfernt, befand sich die bekannte Fabrik für Schiffs- und Hafenkräne Nagel & Kaemp, im Volksmund Kampnagel genannt. Sie bildete den Schauplatz für Willi Bredels 1930 erschienenen Roman «Maschinenfabrik N & K», in der der kommunistische Autor selbst einige Zeit als Dreher gearbeitet hatte.

Das neue Leben in diesem Stadtteil ging für die Benetts einher mit gänzlich veränderten Wohnverhältnissen. Sie verfügten nun neben zwei Zimmern und einer Essküche endlich auch über ein eigenes WC und über einen Herd mit einem Elektro- und einem Gasanschluss. Entsprechend erleichtert äusserte sich Vater Benett darüber, endlich aus diesem Stall – damit meinte er die Wohnung an der Borsteler Chaussee – herausgekommen zu sein. Die neue Wohnung lag, wie es heute heisst, verkehrsgünstig. Die Strassenbahnlinie 35 hatte hier am Goldbekplatz ihre Endstation. Daneben war ein kleiner Park mit ein paar Sitzbänken. Im Haus gegenüber gab es eine Bäckerei, ein paar Schritte weiter befand sich eine Kohlehandlung, daneben war ein Geschäft für Raumgestaltung, das zwar gemäss Lotte sehr chic aussah, aber dennoch nicht viele Kunden anlockte. Und schliesslich war da noch ein Herrensalon mit einem gelähmten Friseur, der jedem neuen Kunden erzählte, dass er beim Generalstreik 1918 ins Gedränge gekommen und angeschossen worden sei, was Wilhelm Benett als Streikteilnehmer zu dem Kommentar *Der Putzbeutel lügt sich auch wieder einen zurecht* veranlasste. Im Haus selber befand sich im Parterre ein Blumenladen.

Wenn man das Treppenhaus betrat, kam einem ein süsslicher Hyazinthengeruch entgegen, dieser Geruch – ein Vakuum zwischen freudigem Ereignis und Beerdigung. Bevor man die Treppe hinauf stieg, sah man eine Tafel, sie war nicht zu übersehen: Vorsicht, frisch gebohnert! Die Verunreinigung des

Lottes Mutter Johanna und ihr Bruder Hans, um 1928, nach dem Umzug nach Hamburg-Winterhude. (NL Lotte Schwarz)

Treppenhauses ist untersagt. Der Eigner. Kein Mensch konnte feststellen, ob das Treppenhaus gebohnert worden war, denn es war immer dunkel. Aus einer Glaskuppel oben aus dem 5. Stock sollte Licht in den Treppenhausschacht fallen, aber die Kuppel war mit der Zeit schwarz geworden. Das Dreiminutenlicht blieb deshalb den ganzen Tag in Betrieb.[50]

Die Wohnung der Benetts lag im ersten Stock, der Weg hinauf war kurz genug für das Dreiminutenlicht. Von den Fenstern der Wohnung aus sah man auf die Strasse, so dass man genau mitverfolgen konnte, was sich dort abspielte. Wilhelm Benett hatte diese Wohnung nur deshalb zugewiesen bekommen, weil der Vormieter mittellos geworden war und die Miete nicht mehr hatte zahlen können. Solche Fälle nahmen in Hamburg gegen Ende der zwanziger Jahre rasant zu. Nach nur wenigen Jahren des wirtschaftlichen Aufschwungs traf die Weltwirtschaftskrise von 1929 weite Teile der Bevölkerung erneut mit aller Wucht. Innerhalb weniger Jahre ging fast ein Viertel der Arbeitsplätze in Hamburg verloren, weit mehr als im landesweiten Durchschnitt. 1930 hatten in Deutschland drei Millionen Menschen

keine Arbeit mehr, drei Jahre später waren es bereits doppelt so viele. In Hamburg stieg die Zahl im gleichen Zeitraum von 93'000 auf rund 180'000. Arbeitslosenhilfe gab es für diese Menschen nur ein halbes Jahr, danach musste Wohlfahrtshilfe beansprucht werden. Die Folgen dieses wirtschaftlichen Kollapses waren eine steigende Obdachlosigkeit und eine fortschreitende Verelendung. Besonders schlimm traf die Krise die jungen Menschen. Noch bevor sie ein richtiges Erwerbsleben kennengelernt hatten, standen sie schon auf der Strasse, ohne eine Perspektive. Sie mussten mit 5 Mark pro Woche Sozialhilfe auskommen. Neue Stellen waren nicht mehr zu finden.
Diese Entwicklung machte auch vor den Benetts nicht Halt. Zunächst verlor Wilhelm Benett seine Arbeit. Und bald schon mussten auch Lottes Brüder sich in das Heer der Arbeitslosen einreihen. Vor dem Arbeitsamt bildeten sich täglich endlose Schlangen, entsprechend lang musste gewartet werden. Nicht nur in der Zeitung «Der Arbeitslose» wurden die herrschenden Zustände scharf kritisiert: «Ein unbeschreiblicher Dunst von Menschen und Schweiss, Tabak und Krankheit, Staub und Speichel herrscht in dem grauen Bau. Zum Ersticken übel. Wie kann ein Mensch dort stundenlang anstehen, um seinen Stempel zu bekommen? Ist dem erwerbslosen Arbeiter eigentlich klar, dass man ihn schlechter behandelt als ein Tier? (Ich denke an die Prachtställe für Pferde an der Rothenbaumchaussee).»[51]
Mit dem Stempel in der Tasche aber ohne Aussicht auf eine neue Stelle kehrten die Benetts vom Arbeitsamt zurück. Stunden des sinnlosen Wartens lagen vor ihnen. Die ganze Zeit in der kleinen Wohnung zubringen konnte auf die Dauer nicht gut gehen. Wilhelm Benett fand für sich eine neue, sozusagen ehrenamtliche Tätigkeit in der kleinen Parkanlage, die auf der anderen Strassenseite lag und von den Wohnungsfenstern aus genau beobachtet werden konnte.
Vater herrschte im Arbeitslosenpark, so nannte man die kleine Grünecke, mit der Autorität eines staatlich besoldeten Parkwächters, obwohl er nicht wie jener eine runzelige Armbinde trug und auch nicht mit dem Pikstock die weggeworfenen Fahrscheine der Linie 35 vom Boden aufpickte. Und in dieser Funktion schimpfte er jeden Anwohner aus, der sich mit seinem Hund in Richtung Grünanlage bewegte. *«Haben Sie Kinder? ... wahrscheinlich nicht, sonst würden Sie sich die Schweinerei vorstellen können, wenn die Kinder in dem von Ihrem Liebling verschissenen Sand spielen müssen!»*[52]
Diesem verbalen Angriff folgte dann ein Vortrag über die Pflicht zur Sauberkeit in öffentlichen Anlagen, gefolgt von einer energischen Armbewegung

Auch in schwierigen Zeiten wollte gelebt werden – Lottes Bruder Walter, um 1930. (NL Lotte Schwarz)

des selbst ernannten Parkwächters, mit der er die Hundehalter seines Areals verwies. Den Namen «Arbeitslosenpark» trug diese Grünfläche nicht von ungefähr. Wenn das Wetter es zuliess, trafen sich die arbeitslosen Männer hier, um nicht in den engen Wohnungen stumpfsinnig zu werden. Sie sassen auf den Bänken, spielten Karten, redeten und lasen Zeitung. Für die jungen Arbeitslosen, die sich nicht der erzwungenen Untätigkeit hingeben wollten, war das allerdings keine Option. Viele begaben sich auf Wanderschaft. In Gruppen zogen junge Hamburger los, ausgerüstet mit einem Wanderschein vom Arbeitsamt, der sie zum Bezug von vier Mark Arbeitslosengeld pro Woche an jedem beliebigen Arbeitsamt in Deutschland berechtigte. Auf diese Weise durchwanderten viele das Land, auf der Suche nach Arbeit, doch zumeist ohne Erfolg. Auch Hans und Walter Benett verliessen die Stadt gemeinsam mit anderen «Stempel-Kollegen», um die warmen Sommermonate in einem Zelt am Wasser zu verbringen.

Der Gedanke dieser Sommersiedlung grossstädtischer Nomaden war höchst einfach: Die Ausgaben für die Wohnungsmiete wurden gespart, der Erwerbslosenetat verbessert. Der unentwegte Gang nach dem Arbeitsamt fiel weg, denn das Stempeln wurde natürlich kollektiv erledigt, in dem ein Kurier mit dem Fahrrad zur Kontrollstelle fuhr, die grünen Karten in der

Tasche. Der Gang dahin hatte ja schon längst nicht mehr das Geringste mit Arbeitsvermittlung zu schaffen, sondern hielt nur die Anwartschaft auf die Erwerbslosenrente aufrecht. Warum sollte der Einzelne also Bahngeld und Stiefelsohlen verbrauchen, abgesehen von dem Aufwand an kostbarer Zeit, die vergebens vertan wurde.[53]

Lotte wusste davon so genau zu berichten, da sie ihre Brüder öfter besuchen ging, um ihnen die von der Mutter gekochte Suppe zu bringen. Da es für die Mutter immer schwieriger wurde, Lebensmittel zu besorgen, gab es allerdings nur noch «Waisenhausportionen», wie Lotte sie nannte, die sich durch fehlendes Fleisch und Wässrigkeit auszeichneten.

Je schwieriger die wirtschaftliche Lage, desto mehr Zeltstädte gab es. Und diese entwickelten sich zunehmend zu einem eigenen Universum, jenseits staatlicher Reglementierungen. Die Bewohner gaben sich eine Lagerordnung, um das Zusammenleben zu organisieren, sie schufen einen Sanitätsdienst und sogar ein Postamt, das die Stempeliten mit der Aussenwelt verband. Hans und Walter kamen ein Mal pro Woche nach Hause, um sich von ihrem Stempelgeld Proviant zu kaufen. Und was sie sich nicht leisten konnten, das wurde von den umliegenden Äckern der Bauern «besorgt». Auch wenn diese Zeltstädte äusserlich einer Ferienkolonie glichen und die Zeltbewohner mit ihrer Sonnenbräune diesen Eindruck unterstrichen, die Ausweglosigkeit der Situation wurde spätestens dann wieder offenbar, wenn der Sommer vorbei war und die Zelte abgebaut werden mussten. Wo gingen dann alle ihre Bewohner hin, die vielen Familien, die ihre Wohnung aus Kostengründen aufgegeben hatten und nun wieder irgendwo unterkommen mussten?

Es waren diese ausweglos scheinenden Verhältnisse, die den Kommunisten viele neue Anhänger bescherten. Vor allem junge Menschen, die enttäuscht von der Politik der Sozialdemokraten waren und als Arbeitslose jegliche Perspektive verloren hatten, unterstützten die Forderungen der Kommunistischen Partei Deutschlands und waren bereit, sich dafür zu engagieren. Auch Lotte und Hans Benett.

Bei der Kommunistischen Jugend

Es war der erste Mai, erster Mai in einer norddeutschen Hafenstadt. Die Bibliothek hatte geschlossen, ich hatte frei und stand auf dem Balkon unserer Wohnung, als der endlose Zug der Arbeiter vor unserem Hause vorbeimarschierte. Mein Bruder hatte mir am Morgen gesagt, «das sieh Dir an, so löst man die soziale Frage und nicht in kleinen Diskutierclubs, wo man als die Verkannten und Unverstandenen der Gesellschaft schöne Dinge sagt». Viele Frauen waren auch dabei, und dann kam von irgendwo her die Melodie der Marseillaise. Ich stand da, ich sah die einzelnen Menschen nicht mehr, ich sah, dass tausende von Arbeitern die grosse Verkehrsstrasse füllten, ich nahm meine Jacke von der Garderobe und rannte auf die Strasse. Man muss die Riesendemonstrationen der Arbeiter in den grossen Städten Deutschlands gesehen haben, ihre Wucht, ihre Gesichter. Ich stellte mich in eine Reihe mit Menschen, die mir völlig unbekannt waren. Stundenlang lief ich mit ihnen durch die Strassen unserer Riesenstadt, erfüllt von der Gewissheit, dass das richtig war, dass das gut war und dass ich zu all diesen fremden Frauen und Männern gehörte. Nie werde ich diesen ersten Mai vergessen.[54]

Lotte hat diesen Ersten Mai 1930 tatsächlich nie vergessen und auch nicht, wie sie bereits einen Tag später Mitglied der Kommunistischen Partei wurde – ein Entschluss, den sie fällte, ohne von jemandem dazu animiert worden zu sein. Sie war zu Fuss zum Parteibüro am Valentinskamp gelaufen, ein weiter Weg, aber das Geld für eine Fahrt mit der Strassenbahn wurde für Wichtigeres gebraucht. Dort angekommen, musste sie eine Zeit lang warten.

In einer Wand, in der ich keinen Schalter vermutet hatte, wurde plötzlich ein kleines Fenster zur Seite geschoben und ein Mann mit einem Arm – eine Kriegsverletzung aus dem Ersten Weltkrieg – fragte mich nach meinem Anliegen. Ich sagte meinen Wunsch, er schob mir einen Zettel zu, den ich auszufüllen hatte. Die letzte Reihe war auszufüllen mit: «Geworben durch wen?» ... Ich schrieb: durch mich selbst. «Das gibt's nicht», sagte der Mann mit dem fehlenden Arm und strich es durch. Er gab mir Werbematerial und sagte «Genossin» zu mir – ich war eingereiht in den «Zug der Millionen».[55]

Auch wenn ihr Vater ihren Parteieintritt kritisierte, war Lotte davon überzeugt, dass sich ihr Leben nun zum Besseren verändern würde. Ihr jüngerer Bruder Hans schloss sich ihr an. Bis zu ihrer Emigration 1934 würden sie ihren weiteren politischen Weg gemeinsam gehen. *Von dieser Zeit an wurde vieles klar, einfach, bekam seinen Sinn, ohne dass ich viel dazu tun musste. Ich fand einen Kreis junger Menschen, die meiner Gesinnung waren, die wie ich lernen wollten, jung waren und auch die Gemeinschaft suchten. Ich vergass meine Umwege, ebenso die stimmungsvollen Morgenfeiern zwischen den Wacholdersträuchern in der Lüneburger Heide.*[56]

Der Kommunistische Jugendverband Deutschland KJVD, dem die beiden nun angehörten, hatte 1929 reichsweit rund 20'000 Mitglieder, in Hamburg waren es fast 1200, die sich in Ortsgruppen und Betriebsgruppen organisierten.[57] Gerade die Jahre der Wirtschaftskrise führten dieser Jugendorganisation neue Mitglieder zu, vor allem ungelernte und zumeist arbeitslose Jugendliche. Lotte war in ihrer Gruppe als Bibliotheksmitarbeiterin die einzige mit einem intellektuellen Beruf, was sie immer wieder Angriffen aussetzte, wenn auch zumeist kameradschaftlichen, wie sie selber rückblickend betont hat.

Wie schon bei den Guttemplern gab es auch beim KJVD am Sonntag Ausfahrten, doch gestalteten diese sich anders. Ein Teil der Mitglieder fuhr mit der Vorortbahn hinaus, der andere Teil kam mit den Fahrrädern. Der Treffpunkt war das sogenannte Freilichtparlament, wo zuerst der Proviant gegessen wurde, um anschliessend ein Referat anzuhören und darüber zu diskutieren. Hier begann Lotte sich mit den politischen Theorien des Sozialismus zu beschäftigen. Wieder packte sie die Begeisterung, an einer neuen, wichtigen Bewegung teilzuhaben. *Die Älteren, Erfahreneren mochten lachen, aber es war uns durchaus ernst, wenn wir über die Möglichkeit einer sozialistischen Lebensführung inmitten unserer kapitalistischen Welt diskutierten.*

Diese sozialistische Lebensführung umfasste nicht nur Politik und Wirtschaft, sondern auch den privaten Bereich, um den in der Gruppe heftige Auseinandersetzungen entbrannten. Wie wollten die jungen Kommunisten es mit der Liebe halten? Diese Frage war mindestens so drängend wie die nach dem politischen Kampf für eine sozialistische Gesellschaft.

Den äusseren Anlass zu solchen Gesprächen gab meistens ein «Harmonium» ab, das sich plötzlich zwischen einem Mädchen und einem Jungen aufgetan hatte. Die Tatsache, dass zwei junge Menschen trotz all unserer Bedrängnis ein Stück Leben für sich beanspruchten, war Grund genug, diese Frage einmal prinzipiell aufzurollen. Die verschiedensten Meinungen wurden vertreten, je nach der momentanen persönlichen Situation des Einzelnen. Diese

Lotte auf Wochenendfahrt mit dem Kommunistischen Jugendverband KJVD – in kämpferischer Aktion. (NL Lotte Schwarz)

Auf den Wochenendfahrten mit dem Kommunistischen Jugendverband wurde, sehr zum Missfallen der Parteiführung, nicht nur über politische Fragen, sondern auch intensiv über die freie Liebe diskutiert. (NL Lotte Schwarz)

Meinungen wuchsen sich zu theoretischen Feststellungen aus, und mögen sie manchmal auch noch so verstiegen und weltfremd gewesen sein, die Sache war uns bitterernst.

Bei den Diskussionen gab es diejenigen, die gerade ein «Harmonium» bildeten, und es gab die Gruppe der Junggesellen, die diese Paarbildung in der Gruppe scharf kritisierten, sie als kleinbürgerlich und von privatem Besitzdenken geleitet abwerteten und die Gefahr des Verfalls ihrer sozialistischen Gemeinschaft an die Wand malten.

Solche Diskussionen über neue Beziehungsformen zwischen Mann und Frau waren weder auf die Kommunistische Jugend in Hamburg beschränkt, noch waren sie eine Neuheit. In der Sowjetunion hatte, angeregt durch die Bücher der Schriftstellerin und Volkskommissarin Alexandra Kollontai, die Debatte über die Befreiung der Frau durch eine neue Sexualmoral bereits nach der Oktoberrevolution begonnen, heftig kritisiert durch den Führer der Bolschewiki Wladimir Iljitsch Lenin.[58] Die deutsche Kommunistin und Leiterin des Internationalen Kommunistischen Frauensekretariats in Moskau Clara Zetkin schilderte in ihren Erinnerungen ein Gespräch mit ihm aus dem Jahr 1925, in welchem dieser seine Auffassung deutlich machte: «‹Auch die Jugendbewegung krankt an der Modernität der Einstellung zur sexuellen Frage und an der überwuchernden Beschäftigung mit ihr.› – Lenin betonte das Wort Modernität ironisch und schnitt eine ablehnende Grimasse. – ‹Wie mir berichtet worden ist›, – redete er weiter, – ‹ist die sexuelle Frage ebenfalls Lieblingsstudium in euren Jugendorganisationen. Es soll kaum genügend Vortragende darüber geben. In der Jugendbewegung ist dieser Unfug besonders schädlich, besonders gefährlich.›»[59] Lenin verlangte, dass sich die Jugend nicht weiter mit solchen unsinnigen Ideen beschäftigen sollte. Lebensfreude und Lebenskraft könne sie viel wirkungsvoller durch Sport und gemeinsames Studieren erlangen. «Das alles wird der Jugend mehr geben als die ewigen Vorträge und Diskussionen über sexuelle Probleme und das sogenannte Ausleben. Gesunder Körper, gesunder Geist! Weder Mönch noch Don Juan, aber auch nicht als Mittelding den deutschen Philister. […] Das Proletariat ist eine aufsteigende Klasse. Es braucht nicht den Rausch zur Betäubung oder als Stimulus. So wenig den Rausch sexueller Übersteigerung als den Rausch durch Alkohol. Es darf und will sich nicht vergessen, nicht vergessen die Abscheulichkeit, den Schmutz, die Barbarei des Kapitalismus. Es empfängt die stärksten Antriebe zum Kampf aus seiner Klassenlage, aus dem kommunistischen Ideal.»[60]

Obwohl Clara Zetkin Lenin Recht gab und sich dafür einsetzen wollte, dass die kommunistische Jugend in Deutschland fortan ihre Kräfte für den Kampf gegen den Kapitalismus und nicht für Diskussionen über Fragen der Liebe und Sexualität einsetzte, zeigen Lottes Schilderungen, dass das Thema des persönlichen Glücks, gerade in Zeiten grosser Not, auch Jahre nach dem von Zetkin erinnerten Gespräch von ungebrochener Aktualität war. Die Parteiführung erwies sich in Fragen der Liebe als weitgehend machtlos. Dennoch wurden die leninschen Grundsätze propagiert, dass jede Form der Ablenkung vom kollektiven Kampf durch Liebesbeziehungen bürgerlich und deshalb zu verurteilen sei. Die Verfechter dieser Linie innerhalb des KJVD wachten entsprechend scharf darüber, dass die Funktionäre ein revolutionäres Vorbild abgaben. Für sie war klar, dass es nur ein Leben geben konnte: das politische. Diejenigen, die etwas anderes vertraten, galten als Waldheinis und hoffnungslose Romantiker. Allerdings blieben sie mit dieser Auffassung in der Minderheit, wie Lotte sich erinnert. Es hätten sich *die liebesbedürftigen Herzen* mit Glanz durchgesetzt.

Für Lotte waren solche Diskussionen neu. Und sie führten sie zu Autoren, die sie zuvor nicht gekannt hatte. Sie las Alexandra Kollontais berühmtestes Buch «Wege der Liebe» und «Das erste Mädel» von Nikolai Bogdanow, aber auch die Schriften des Arztes und Sexualwissenschaftlers Max Hodann und des Psychoanalytikers und Sexualforschers Wilhelm Reich fanden sich auf ihrer Lektüreliste. Als Bibliothekarin sass sie an der Quelle und konnte nun nachholen, was ihr an Lesestoff bisher versagt geblieben war. Vermutlich ist ihr bei ihrer Suche nach geeigneter Lektüre auch eine kleine Schrift von Helmut Wagner mit dem Titel «Geschlecht und Gesellschaft» in die Hände gefallen. Sie ist 1928 als Buchbeigabe der «Urania-Kulturpolitischen Monatshefte über Natur und Gesellschaft» erschienen und richtete sich explizit «an die jüngere Generation des Proletariats». Helmut Wagner gehörte zu diesem Zeitpunkt noch dem linken Flügel der Sozialdemokratie an, war ein expliziter Verfechter der marxistischen Gesellschaftstheorie, ohne sich die sowjetische Entwicklung zum Vorbild zu nehmen. Der Marxismus erschien ihm als geeignet, auch die Fragen von Liebe, Ehe und Sexualität zu beleuchten. Wenige Jahre später würden er und Lotte gemeinsame politische Ziele verfolgen, ein Liebespaar werden und in der Folge 1934 ins Exil nach Zürich gehen. Auch wenn Wagner nicht der Kommunistischen Jugend angehörte, veranschaulicht seine Schrift die Inhalte der Diskussionen, die Lotte und ihre Mitstreiter so intensiv führten. Ausgehend von der Auffassung,

dass Erotik und Sexualität im Leben der jungen Menschen die zentrale Rolle spielen und für das Seelenleben entscheidend sind, geht Wagner mit der herrschenden «sexuellen Moral der bürgerlichen Gesellschaft» scharf ins Gericht: «Und auf fast keinem Gebiet des gesellschaftlichen Lebens der Gegenwart tritt die Verlogenheit der bürgerlichen Gesellschaft und ihrer Moral krasser und furchtbarer zutage, als eben auf diesem. Das Gesicht unserer Zeit, das Gesicht der herrschenden Klasse zeigt sich fast nirgends nackter und schamloser als in den üblichen sexuellen Zuständen und Auffassungen. Es ist, als hätte sich die ganze Gemeinheit dieser ‹besten aller Gesellschaftsordnungen› noch einmal auf diesen intimen, persönlichen Punkt konzentriert, um zu beweisen, dass in dieser Ausbeutergesellschaft, deren Seele der Profit ist und deren motorischer Nerv die Jagd nach dem Profit, nichts unangetastet bleibt von der zersetzenden Ideologie kapitalistischen Denkens, die auch das Letzte und Verborgenste zur käuflichen Ware stempelt.»[61]
Diese zersetzende Ideologie sieht Wagner bereits in der Erziehung in Fragen der Sexualität am Wirken, die jungen Menschen jeden natürlichen Umgang mit ihren biologischen Bedürfnissen von vornherein verunmögliche. Die Folge sei das Hineinwachsen in eine fadenscheinige Doppelmoral, deren Existenz der herrschenden christlich-kapitalistischen Ideologie zugeschrieben werden müsse. «Die Vermischung christlichen und kapitalistischen Denkens findet sich in unserer Sexualmoral wieder, wie es ja die Religion immer verstanden hat, das Interesse der herrschenden Klasse als das ewige Sittengesetz auszugeben. Die Verachtung der Handarbeit durch den Kapitalismus entspricht die Verachtung des Körpers durch das Christentum, wie sie sich im Dogma von der Erbsünde und dem Grundsatz: Der Körper ist schlecht, die Seele heilig, ausprägt.»[62] Von dieser These ausgehend, gilt Wagners weitere Analyse vor allem der Einrichtung der Ehe, der damit verbundenen Zwangsmonogamie und der Funktion der Familie in der bürgerlich-kapitalistischen Gesellschaft. Die Folge dieses Lebensmodells sei vor allem für die Frau verheerend. In der kapitalistischen Gesellschaft sei sie zum Besitz des Mannes degradiert und deshalb mehr Sklavin als eheliche Gefährtin. Daran habe auch die Politik der Weimarer Republik nichts grundlegend geändert. Erst in einer sozialistischen Gesellschaft sei ein tiefgreifender Wandel möglich.
Die hier skizzierten Überlegungen Wagners auf der Basis einer marxistischen Gesellschaftsanalyse fanden grossen Anklang bei jungen Genossen, auch bei Lotte. Sie alle wussten aus eigener Erfahrung – zuhause, am Arbeitsplatz

und auf der Strasse – wovon hier die Rede war. Das bestätigen auch Lottes Schilderungen der Diskussionen im KJVD, bei denen es bald nicht mehr nur um die Duldung eines «Harmoniums» in den eigenen Reihen ging.

Wir diskutierten bereits über die Frage, ob die Ehe in ihrer gegebenen Form abgelehnt werden musste oder nicht. Theoretisch kamen wir überein, die Ehe in ihrer bisherigen Form abzulehnen. Wir sahen die Aufgabe vor uns, neue Formen des Zusammenlebens zu finden. Aber wir hatten uns auch schon klargemacht, dass eine wirkliche Lösung dieser Fragen erst nach der Umwälzung der Gesellschaft durch den Sozialismus erfolgen könne.[63]

Auch wenn Lotte gemäss eigenem Bekunden keineswegs alles verstand, was in der Gruppe theoretisiert wurde, hatte sie doch das bestimmte Gefühl, dass sie als die junge Generation es besser machen würden als die Eltern, die trotz Zerwürfnissen an einer tristen Ehesituation festhielten. Umso grösser war die Enttäuschung, als einer der vehementesten Verfechter dieser Ideen innerhalb der Gruppe plötzlich heiraten wollte. Es kam zu heftigen Diskussionen, der Genosse wurde zur Rede gestellt. Und nach anfänglichem Schweigen verteidigte er sich damit, dass er keine seiner Auffassungen revidiere, dass es aber Situationen gäbe, wo es nicht anders ginge. Er sei dem Mädchen gegenüber verpflichtet; es stellte sich heraus, dass sie schwanger war.

Praktisch liegen die Dinge so, dass die Frau in der Übergangszeit vom Kapitalismus zum Sozialismus auf die Solidarität des Mannes angewiesen ist. Alle Last wiegt für die Frau in dieser Zeit viel schwerer, und wir haben die verdammte Pflicht, unseren Frauen zu helfen. Für mich ist das keine Preisgabe unserer Auffassungen, aber die jetzige Gesellschaft zwingt uns zu Kompromissen.[64]

Die schmerzliche Kluft zwischen Theorie und Praxis bekam auch Lotte zu spüren. Sie war Hermann wieder begegnet. Er hatte sich vor ihr bereits von den Guttemplern verabschiedet und war jetzt ebenfalls zur kommunistischen Jugend gestossen. Lotte war neunzehn, er zwei Jahre älter. Hermann hatte seinen Schlosserberuf aufgegeben. In einem Arbeiter-Abiturientenkurs, den die Stadt eingerichtet hatte, um Begabten die Aufnahme eines Studiums zu ermöglichen, bereitete er sich auf die Aufnahmeprüfung für die Universität vor. Er holte Lotte abends von der Bibliothek ab, und anders als bei ihrem ersten Kennenlernen, empfand sie nicht mehr die Notwendigkeit, sich ständig verteidigen zu müssen, sie war selbstsicherer geworden. Sie genoss diese erste Liebe und sie litt darunter.

Schön war dieser Frühling. Alles schien neu und wunderbar, und wir gingen immer mehr aufeinander zu, überwältigt von dem Gefühl unserer Liebe. Hundert Mal missverstanden wir uns, und hundert Mal war alles wieder gut. Aber auch viel Schweres brachte mir diese Zeit. Ich hatte so vieles zwar theoretisch begriffen und mich dementsprechend entschieden, aber jetzt kam alles wirklich an mich heran. Da half mir kein diskutieren, ich war verzweifelt, ich hatte Angst und freute mich doch so auf jedes Zusammensein mit Hermann. Es gab viel Trauriges, und die Seelen zweier unerfahrener junger Menschen sind empfindlich und ungeduldig.[65]

Die Beziehung fand ein für Lotte trauriges Ende. Hermann Hinderks – so sein vollständiger Name –, der gelernte Schlosser, konnte seinen grossen Wunsch, sich die Welt der Universität zu erobern, realisieren. Auf dem Weg dorthin fand er eine neue Liebe, eine junge Frau, die ebenfalls studieren wollte.

So drängend und oftmals dominierend sich das Thema Liebe und Sexualität in der Kommunistischen Jugend präsentierte, es wurde doch immer wieder von den gravierenden Auswirkungen der Wirtschaftskrise auf das Leben der Genossinnen und Genossen überlagert. Unzufriedenheit und Ungeduld nahmen stetig zu, die Kritik an den Arbeiterparteien wurde immer lauter. Die heftigen Diskussionen innerhalb der Gruppe waren Ausdruck der zunehmenden Perspektivlosigkeit der Jungen, die diese durch kämpferische Aktivitäten beenden wollten.

Alle diese Jungens, die wild und unbeherrscht daherredeten und sich auflehnten, spürten die harte Faust der Krise und die Ohnmacht ihrer Situation. Keine berufliche Chance mehr, keine Verdienstmöglichkeit, oft überhaupt keine Arbeit, dafür dieses niederdrückende Anstehen vor den Stempelstellen. Gewerkschaften und Parteien taten nichts. Ihre Führer hielten Reden, beruhigten, versprachen eine bessere Zukunft, verlangten mehr Geduld und Zuwarten.[66]

Das galt in besonderem Masse für die in Hamburg an der Regierung beteiligte SPD, die ihre Anhänger zur Ruhe aufforderte, das galt aber auch für die KPD, die in ihren Aktionen von den Weisungen aus Moskau abhängig war und deshalb ebenfalls von spontanen Protesten nichts wissen wollte. Wie sehr jede Eigeninitiative der Parteibasis von den Funktionären argwöhnisch beobachtet und als Ausdruck reaktionären Denkens bewertet wurde, musste Lotte erfahren, als sie sich für ihre kommunistische Stadtteilgruppe in Winterhude engagieren wollte. Die Genossen trafen sich regelmässig im Hinterzimmer einer Wirtschaft, das einen so tristen Eindruck erweckte, dass Lotte sich entschloss, es für die Zusammenkünfte zu schmücken, um wenigstens auf diese Weise die Stimmung der Anwesenden etwas zu heben. Zu diesem Zweck brachte sie Buchumschläge aus der Bibliothek mit, die dort keine Verwendung mehr fanden.

Das Buch von Gorki «Die Mutter» war verfilmt worden, eine russische Schauspielerin, welche die Mutter und Pionierin der grossen Revolution verkörperte, schaute hier sorgenvoll aber prophetisch auf die Parteigenossen. Hässlich konnte man daneben Agnes Smedley bemerken, die als Verfasserin ihres Buches «Eine Frau allein» abgehärmt von der Wand blickte. Wie um Düsternis und Anstrengung um die Revolution etwas aufzuhellen, schaute Alexandra Kollontai mit einer kühnen Frisur auf die Versammelten hernieder. Neben ihrem Bild waren viele lustige, junge und alte Frauen zu sehen, deren «Wege der Liebe» so verschieden wie zahlreich sein mochten. Die gemalten Augen der Schriftstellerin wirkten sehr mondän, sie blickten selbstsicher in die Zukunft.[67]
Doch aller Bemühungen zum Trotz schienen die Anwesenden von Lottes Wandschmuck keine Notiz zu nehmen. Sie sassen auf ihren Stühlen, starrten düster vor sich hin, höchstens einer der jüngeren Genossen warf gelegentlich einen Blick zur Wand. In ihrer verzweifelten wirtschaftlichen Lage schien keinem der Sinn nach Ästhetik zu stehen, das musste Lotte sich beim Betrachten der Parteimitglieder, die sich hier versammelt hatten, eingestehen. Doch das war für Lotte kein Grund, in ihrem Engagement nachzulassen. Gemeinsam mit Genossin Sonntag wollte sie eine Frauendemonstration gegen die fortgesetzte Teuerung der Lebensmittel organisieren. Schliesslich waren es die Frauen, die einkaufen gingen und immer weniger nachhause brachten, weil die Preise ständig stiegen. Zunächst teilten die beiden ihr Vorhaben der Stadtteilleitung mit. Von dort kam aber lediglich der Bescheid, sich auf dem zentralen Büro in der Innenstadt zu melden. Sie folgten der Aufforderung. Zu Fuss legten sie den weiten Weg zurück. Dort angekommen, mussten sie geraume Zeit im Gang warten, bis sie dann von einer führenden Genossin, an der Lotte sofort der schicke Pullover auffiel, empfangen wurden. Diese teilte den beiden Frauen mit, dass die Parteiführung ihren Vorschlag einer Frauendemonstration entschieden ablehne. Statt Relikte aus der bürgerlichen Frauenbewegung hochhalten zu wollen, sollten sie besser lesen, was Lenin und Clara Zetkin zur Frauenfrage zu sagen hätten. Zu diesem Zweck drückte die Parteifunktionärin ihnen eine Broschüre in die Hand. Damit war die ideologische Unterweisung aber noch nicht zu Ende. An Lotte gewandt, fügte die Parteifunktionärin an, dass auch das eigenmächtige Ausschmücken des Versammlungslokals zu unterlassen sei. Wenn überhaupt, dann dürften

die Räume nur mit offiziellem Material der Partei gestaltet werden. *Die Beiden wurden mit dem Verweis entlassen, nicht eigenmächtig zu handeln. Die Partei muss auf der Hut sein vor Feinden und Reaktionären.*
Bedrückt liefen die beiden Frauen den ganze Weg wieder nachhause zurück. Sie verstanden den Entscheid nicht, hatten ihm aber auch nichts entgegenzusetzen. Sie waren bereit, den Anweisungen der Parteifunktionärin mit dem schönen Pullover zu folgen, die, so Genossin Sonntag, deshalb so gut angezogen sei, weil sie immer mit der Verhaftung rechnen müsse. *Das kann uns auch passieren, eins ist sicher, immer saubere Wäsche anhaben.* Nach dieser Erfahrung besannen sich die beiden wieder auf die von der Parteiführung geforderten Aktivitäten einfacher Parteimitglieder: demonstrieren, Flugblätter verteilen, Zeitungen vertreiben.
Genossin Sonntag verkaufte die kommunistische «Hamburger Volkszeitung» auch im kleinen «Arbeitslosenpark» vor dem Haus. Ab und zu kaufte Wilhelm Benett ihr eine ab, obwohl er als Sozialdemokrat das «Hamburger Echo» las. Seine Lektüre führte immer wieder zu Diskussionen mit Lotte, in denen er die Politik der KPD und ihre Sozialfaschismusthese verurteilte, ebenso wie die Versuche, die traditionellen Gewerkschaften zu schwächen, indem sie in den Betrieben Zellen der Revolutionären Gewerkschafts-Opposition RGO aufbaute. Die RGO hielt nichts von Verhandlungen, wie sie der Allgemeine Deutsche Gewerkschaftsbund ADGB mit den Arbeitgebern durchführte, sie propagierte Streiks, Demonstrationen und Kampfmassnahmen. Wilhelm Benett war empört über diese Spaltungsversuche, die nur einer politischen Kraft nützen könnten: den Nazis. Er hatte nichts übrig für die Kommunisten, nicht nur wegen ihres politischen Vorgehens gegen die SPD, sondern auch, weil ihm zu viele ungebildete Arbeiter und Arbeitslose dabei waren. Eine Broschüre, die ein Genosse Lotte nachhause gebracht hatte, mit dem Vermerk «Vorsicht – elegal» versehen, war Wilhelm Benett in die Hände gefallen – eine äusserst unangenehme Situation. *Nicht nur hatte er mit einem Blick den orthographischen Fehler entdeckt, sondern auch das Groteske der ganzen Situation. Dünn wieherte er: «Vorsicht – elegal – ihr seid mir ein schöner Verein, so ein Mumpitz! Aber ich weiss ja, die Revolution steht bei Euch vor der Tür! Vorsicht – elegal, na, ja, ist ja auch egal».*
Neben den Versammlungen der Stadtteilgruppe besuchte Lotte auch grosse Parteiveranstaltungen, die im Zentrum der Stadt stattfanden. Oftmals drängten sich mehr als tausend Zuhörer in den angemieteten Saal. Daran teilzunehmen gehörte zu den selbstverständlichen Pflichten eines Parteimit-

glieds und sollte der ideologischen und emotionalen Stärkung in schwierigen Zeiten dienen. Tatsächlich fand Lotte, dass die Redner hier besser waren und die Stimmung gehobener, die Frauen trugen rote Kopftücher, und bei den Männern gab es viele in verblassten Sonntagsanzügen. Manche trugen aber auch Lederjacken, die bei den nun immer häufiger stattfindenden Strassenschlachten einen besseren Schutz boten. Während Lotte die Reden der Parteiführer verfolgte, gelang es ihr nicht, bei der Sache zu bleiben und sich von der Stimmung mitreissen zu lassen, selbst wenn der Parteivorsitzende Ernst Thälmann sprach. Dieser war gebürtiger Hamburger, ehemaliger Hafenarbeiter und entsprechend beliebt bei den Hamburger Kommunisten. Die Wut des Redners steckte sie nicht an, sein zorngerötetes Gesicht wirkte auf sie lächerlich. Sie schweifte ab und schaute sich im Saal um, was sie sich dann wiederum übel nahm. Lotte fühlte sich der Partei nicht würdig. Auch bei den Demonstrationen ging es ihr so, sie ging nicht auf in der Masse und empfand die ständigen Marschaufrufe manchmal sogar als Nötigung.
Tatsächlich waren die Anforderungen an den Parteieinsatz des einzelnen Mitglieds hoch, bot sich doch laufend ein Grund zu demonstrieren und zu agitieren. Es gab Aufmärsche anlässlich der Reichstagswahlen, Kundgebungen zum 1. Mai, Antikriegsdemonstrationen, Demonstrationen gegen den §218, Hungermärsche, Märsche für Arbeit und besseren Lohn, Protestmärsche gegen die Notverordnungen, gegen Polizeiwillkür und vor allem gegen die zunehmende Macht der Nationalsozialisten. Diese hatten mit ihrem Wahlerfolg bei den Reichstagswahlen von 1930 alle überrascht. Fast jeder Fünfte hatte ihr bereits die Stimme gegeben, in Hamburg allein waren es 145'000 Wählerinnen und Wähler gewesen. Und im April 1932 bei den Hamburger Bürgerschaftswahlen wurde die NSDAP bereits stärkste Partei. Entsprechend rücksichtslos und brutal traten ihre Vertreter und die Kampftruppen der Partei, die SA, auf. Die Demonstrationen der Kommunisten wurden von nationalsozialistischen Stosstrupps gestört. Es kam zu Schlägereien und Polizeieinsätzen mit zahllosen Verletzten und Toten, wie Lotte miterlebte. *Die Braunen peitschten die Krämer und Angestellten, die Hausbesitzer und die Studenten auf. Bald machten sie uns das Recht auf die Strasse streitig, allerorts gab es Zusammenstösse, Schlägereien, blutige Köpfe, Überfälle, Saalschlachten und schliesslich Morde.*[68] Zwischen Juni 1930 und Dezember 1932 wurden vierzehn Hamburger Kommunisten von der Polizei erschossen, Dutzende wurden verhaftet und zum Teil zu mehrjährigen Haftstrafen verurteilt.

Dass der sozialdemokratische Bürgermeister die Kommunisten für die Zuspitzung der Lage verantwortlich machte, veranschaulicht die verheerende Feindschaft zwischen den beiden Arbeiterparteien. Für die SPD waren die Kommunisten Sowjet-Nazis und für die KPD waren die Sozialdemokraten Sozialfaschisten. Beide Parteien schufen kraftvolle Massenbewegungen, sie eroberten die Strasse, und dennoch, die gegenseitigen Angriffe hörten nicht auf, ein Zusammengehen im Kampf gegen den Nationalsozialismus gab es nicht.

Wer den stundenlangen Aufmärschen des Reichsbanners, der Eisernen Front oder der Antifaschistischen Aktion zusah, konnte meinen, ein den Braunen ebenbürtiger Gegner mache Generalprobe für den kommenden Sieg. Neben vielen, gereiften, kampferprobten älteren Funktionären marschierte eine Jugend mit, die bereit war, entschlossen ihren Mann zu stellen, wenn … die Parole kam. Nach diesen eindrucksvollen Demonstrationen änderte sich aber nichts. Die Übergriffe der anderen blieben, ihre Provokationen wuchsen. Täglich musste die Presse von erschossenen und erstochenen Arbeitern berichten. Die diplomatischen Arbeiterparlamentarier aber wanden sich, schlugen gewaltige Redeschlachten und versicherten ihren Anhängern: Genossen, noch sind wir da. Wenn der Gegner den Boden der Legalität verlassen sollte, dann sind auch wir nicht mehr an ihn gebunden. Dann werden wir marschieren. Bis dahin Geschlossenheit, Disziplin, und keine eigenmächtigen Aktionen! Ihr könnt dessen sicher sein: Eher wird der letzte Mann verderben, als dass die Freiheit stirbt! Lasst Euch nicht provozieren![69]

So hat Lotte diese frühen dreissiger Jahre in Erinnerung behalten. Sie musste erleben, dass allen Beteuerungen zum Trotz der Abwehrkampf von beiden Arbeiterparteien nicht entschlossen genug geführt wurde. Die Stimmung in ihrer Gruppe wurde immer verzweifelter. Alle warteten ungeduldig auf ein Signal zum Kampf, das nie kam. Über die Gründe dafür diskutierten sie auf ihren sonntäglichen Fahrten. Für die einen hatten die Führer versagt, für die anderen waren die Massen nicht reif genug, wieder andere meinten, dass ein deutscher Lenin fehle. Letztendlich triumphierten Hilflosigkeit und Resignation.

Solche Vorkommnisse trugen zu Lottes zunehmender Entfremdung bei und machten die grosse Diskrepanz zwischen Programm und Parolen auf der einen Seite und dem Funktionieren der Partei und dem Umgang der Funktionäre mit ihrem «Fussvolk» auf der anderen Seite immer unerträglicher für Lotte. In dieser kritischen Zeit lernte sie den Jurastudenten Adolf Humke kennen, ein Student, der sich in den sozialistischen und kommunistischen Schriften gut auskannte und ebenfalls der KPD angehörte. Eines Abends, auf dem Nachhauseweg von einer Versammlung, erzählte er ihr von einer Gruppe von Marxisten, mit denen er sich regelmässig traf und die er interessant fand. Diese waren der Auffassung, dass die Arbeiterparteien abgewirtschaftet hätten. Sie verstünden sich zwar als Kommunisten, aber nicht im Sinne Moskaus und auch nicht im Sinne Trotzkis, da der Trotzkismus als eine Spielart des Bolschewismus für den westlichen Sozialismus nicht brauchbar sei. Sie hätten es aufgegeben wählen zu gehen und würden sich bereits auf die Illegalität vorbereiten. So beschreibt Lotte Schwarz rückblickend in einem Brief ihren ersten Kontakt zur Gruppe der Roten Kämpfer, der zur Folge hatte, dass sie das bisher in der Kommunistischen Partei Gehörte und Vertretene einer Revision unterzog.

Mitglied der Roten Kämpfer

Diese kleine rätekommunistische Gruppe, zu der Lotte Anschluss fand, hat in den Jahren ihrer Existenz ihr Wirken nicht dokumentiert. Erst Jahrzehnte danach haben Überlebende ihre Erinnerungen für Olaf Ihlau festgehalten, der in den sechziger Jahren an einer Dissertation über die Roten Kämpfer arbeitete.[70] Einer von ihnen war Willi Kappel, der Wesen und Sinn dieser Gruppe trotz ihrer politischen Erfolglosigkeit verteidigte: «War die RK-Arbeit eine Zeiterscheinung, war sie eine Funktion, die sich aus dem Hitlerismus ergab oder war sie mehr als das? Wer rein formal den Ablauf der Ereignisse sieht, mag recht haben, wenn er sagt, dass das ganze Geschehen unvollkommen und ohne Erfolg gewesen sei und die Opfer in keinem Verhältnis dazu gestanden hätten. Wer aber so spricht, hat den Inhalt der Bestrebungen verkannt oder überhaupt nicht begriffen. Von meiner Seite aus gesehen, lagen die Ursachen des Zusammenfindens der RK-Anhänger in der Opposition der damaligen jungen Generation gegen die verfahrene politische Situation der Arbeiterbewegung, und zum anderen ging das Ringen nicht um den Massen-Menschen, der von irgendeiner Zentralspitze über den politischen Funktionär gelenkt wurde, sondern es ging immer wieder um den Einzelnen, der aufgrund seiner umfassenden gesellschaftlichen Erkenntnis verantwortlich wirkte und Verantwortung weckte.»[71]
Kappel stand mit dieser Auffassung nicht allein da. Für viele seiner Gefährten hatten die Ziele der Roten Kämpfer ihre Gültigkeit nicht verloren, ungeachtet der grossen Opfer, die dieses Engagement gekostet hat. Kappel selbst war nach der Aufdeckung der Gruppe 1937 zu vier Jahren Zuchthaus verurteilt worden, um danach ins berüchtigte Strafbataillon 999 eingezogen zu werden. Heute gibt es keine ehemaligen Roten Kämpfer mehr, die noch befragt werden könnten. Die NS-Zeit überlebt haben hingegen Schriften, Artikel, Broschüren, Rundschreiben, Referentenmaterial und Prozessakten, welche die politischen Einschätzungen und Auffassungen der Roten Kämpfer gut dokumentieren. Darüber hinaus konnten die Erinnerungen eines führenden Gruppenmitglieds, Peter Utzelmann, die dieser auf Tonband festgehalten hat, bewahrt werden und bilden heute ein unschätzbares Zeitzeugnis.[72]
Erste Überlegungen zum Aufbau dieser politischen Gruppe reichen in das Jahr 1929 zurück. Alexander Schwab[73] und Karl Schröder[74], die in Berlin

mit Gleichgesinnten die Sozialwissenschaftliche Vereinigung SWV als Vortrags- und Diskussionsforum aufgebaut hatten, vertraten die Auffassung, dass in der Folge der Weltwirtschaftskrise und der politischen Verhältnisse in Deutschland eine Diktatur drohe. Auf diese Entwicklung wollten sie mit dem Aufbau einer kleinen Kaderorganisation reagieren. Dieses klandestine Netzwerk versuchte zunächst, innerhalb der SPD zu operieren, um vor allem unter den jungen Sozialisten Anhänger zu gewinnen. Unter ihnen gab es viele, die sich von der Parteiführung verraten fühlten. Diese verdankte ihren Wahlsieg von 1928 dem Kampf gegen die Rüstungspolitik, die sie aber, kaum an der Regierung, nicht zu verändern bereit war. Neben einer Gruppe linker Sozialdemokraten im Ruhrgebiet, die Bernhard Reichenbach, ein Weggefährte von Schwab und Schröder aus KAPD-Zeiten zu Beginn der zwanziger Jahre, zu einer Gruppe vereint hatte, fanden sich auch in Sachsen oppositionelle Jungsozialisten, die der Sozialistischen Arbeiterjugend angehörten und die Politik der SPD und Gewerkschaften ablehnten. Einen besonderen Einfluss auf diese Jungsozialisten hatte neben Walter Fabian und Anna Siemsen der bereits erwähnte Helmut Wagner – mit allen dreien sollte Lotte wenige Jahre später das Schicksal des Schweizer Exils teilen. Wagner war gelernter Feinmechaniker, hatte nach einer Ausbildung am Technikum an der Technischen Hochschule studiert, war Mitglied der SPD geworden und arbeitete Ende der zwanziger Jahre als Wanderlehrer in der sozialdemokratischen Bildungsarbeit, genau wie Karl Schröder. Dadurch verfügte er über umfangreiche Kontakte, vor allem zu Mitgliedern der Sozialistischen Arbeiterjugend SAJ. Die SPD-Führung, die die Unzufriedenheit unter den jungen Mitgliedern nicht übersehen konnte, machte die Wanderlehrer dafür verantwortlich und versuchte, diese zu disziplinieren und auf Parteikurs zu bringen. Als dies scheiterte, wurden einige, darunter auch Wagner, im September 1931 aus der SPD ausgeschlossen. Ein Beitritt zur neu gegründeten Sozialistischen Arbeiterpartei Deutschlands SAPD kam für Wagner nicht in Frage. Er sah für diese ebenso wenig eine Zukunft wie für die traditionellen Arbeiterparteien. Auf der Suche nach Gleichgesinnten stiess er auf die Roten Kämpfer. Namensgeber dieser Gruppe war die von oppositionellen Sozialisten im Ruhrgebiet im November 1930 erstmals herausgegebene Zeitung «Der Rote Kämpfer», die von der SPD-Führung scharf bekämpft wurde.

Zwei Drittel der Mitglieder der Roten Kämpfer waren zwischen zwanzig und dreissig Jahre alt, Karl Schröder, der die Gruppe mit aufgebaut hatte, war mit zweiundfünfzig Jahren der älteste. Während die jungen Mitglieder hauptsächlich aus der Arbeiterschaft kamen, hatten die älteren oftmals einen intellektuellen Hintergrund, auch blickten sie auf ein langes politisches Engagement zurück. Sie wollten keine neue Partei sein, sondern an den Rätegedanken anknüpfen, der die ideologische Grundlage der Novemberrevolution in Deutschland gebildet hatte, dann aber vom Parlamentarismus der Weimarer Republik begraben worden war. Den von ihnen vertretenen Antiparlamentarismus begründeten sie damit, dass die beiden grossen Arbeiterparteien zu zwei konkurrierenden Wahlmaschinen verkommen seien, die die revolutionären Ziele von 1918 aufgegeben hätten.

Der Aufbau der Roten Kämpfer war 1932 abgeschlossen. Im Sommer wurde in Berlin eine Reichsleitung gebildet, der neben Karl Schröder und Alexander Schwab auch Peter Utzelmann angehörte. Mit Utzelmann, einem erfahrenen Politaktivisten der Novemberrevolution 1918, sollte Lotte bis kurz vor ihrem Tod in Verbindung bleiben. Bei den Roten Kämpfern fiel Utzelmann die Aufgabe des technischen Leiters zu, als der er für die Umstellung der Gruppe auf die zukünftigen Bedingungen der Illegalität verantwortlich war. Im Hinblick darauf wurde beschlossen, dass die selbständig agierenden Ortsgruppen, die sich in zahlreichen Städten im ganzen Reich gebildet hatten, zukünftig mit der Reichsleitung in Berlin den Kontakt durch ein Netz von Vertrauensleuten halten sollten. Einer dieser Vertrauensleute war Helmut Wagner.

Die Gruppe, die sich in Hamburg 1932 formierte, umfasste zwischen zehn und fünfzehn Mitglieder, darunter Lotte und Hans Benett.[75] Sie kamen zumeist aus den Jugendorganisationen der SPD und KPD und aus der Arbeitersportbewegung. Lotte erinnerte sich an ihre Treffen, die zunächst bei Franz Schlomsky stattfanden.

Man traf sich in der Wohnung von F. S., die in der Nähe eines Hochbahnhofes lag. Ich erinnere mich noch an das regelmässige Vorbeidonnern der schnell fahrenden Hochbahn. F. S. war Hafenarbeiter und arbeitslos. In der Wohnung sass das Elend, und viele gehäkelte Kissen in der Art der bunten Quadrate aus Restewolle, wie wir sie für die Spanier während des Bürgerkriegs häkelten und strickten, lagen auf dem Sofa und den Stühlen. Das Bunte und Arme zusammen war irgendwie trostlos.[76]

Franz Schlomsky war der Älteste der Gruppe, der «Altvater», der schon am Hafenarbeiterstreik von 1918 beteiligt gewesen war. Die wöchentlichen Treffen fanden auch in der Wohnung der Benetts statt. Gelesen und dis-

Helmut Wagner kam nach seinem Ausschluss aus der SPD zu den Roten Kämpfern, wo Lotte ihn kennenlernte und sich in ihn verliebte. 1934 folgte sie ihm nach Zürich ins Exil. (NL Lotte Schwarz)

kutiert wurden Artikel aus der «Roten Korrespondenz», in einer weiteren Arbeitsgruppe wurde unter Franz Adolf Humkes Leitung «Das Kapital» von Karl Marx gelesen. Die Gruppen verstanden sich als Diskussions- und Propagandazellen mit revolutionärem Anspruch. Lotte kam zwar durch ihre Arbeit in der Bibliothek in Kontakt zu vielen jungen Leserinnen und Lesern, die sie nach entsprechenden Gesprächen und Abklärungen zu den Treffen einlud; dennoch blieben die Roten Kämpfer in Hamburg eine kleine Gruppe. Dieser überschaubare Rahmen war im Hinblick auf die erwartete Illegalität ein bewusster Entscheid.

Lotte lernte Helmut Wagner kennen, als dieser in seiner Funktion als Vertrauensmann nach Hamburg kam, um die Schulung der Mitglieder voranzutreiben. Lotte erinnerte sich viele Jahre später noch genau an sein erstes Referat. Wagner ging es darum, den Anwesenden klarzumachen, dass die Machtübernahme durch die Nationalsozialisten nicht mehr aufzuhalten, dass die SPD verbraucht sei und die KPD nicht frei von Anweisungen aus Moskau agieren könne.

Der Vortrag war eigentlich eine deprimierende Analyse für jemanden, der wie ich aus einer Partei kam, die optimistisch gestimmt war in Bezug auf eine ernstzunehmende Gegnerschaft gegen die Nazis. Der Referent hier sprach hingegen von einem «schmerzvollen» Prozess der Selbstverständigung und – der Verfolgung. Das waren unbekannte Töne. [...] Wer gewohnt war, in Aktionen zu «denken», Zeitungen zu verkaufen, Zettel zu kleben, wurde innerlich ungeduldig; zu jener Zeit waren die Hungermärsche als Proteste gegen das Elend von der KP veranstaltet, als Parteimitglied unterster Klasse, und dazu gehörte ich, war man viel beschäftigt. Bei diesen Demonstrationen, wobei die Hauptstrassen Hamburgs gewählt wurden, ereigneten sich bereits auf offener Strasse und am hellen Tage die Zusammenstösse mit der SA.[77]

Für die Mitglieder der KPD waren solche negativen Zukunftsperspektiven kein Thema, weder auf den Parteisitzungen noch auf den grossen Versammlungen. Statt politischer Analysen und Theoriediskussionen gab es Parolen und Handlungsanweisungen, und diese durften nicht in Zweifel gezogen werden. Gerade darin unterschieden sich die Roten Kämpfer von den grossen Parteien, deshalb übten sie auf politisch aktive und lernbegierige junge Menschen aus der Arbeiterschaft eine Faszination aus. Dass Lotte dennoch weiterhin Mitglied in ihrer Stadtteilgruppe und bei der Kommunistischen Jugend blieb, entsprach dem taktischen Vorgehen der Roten Kämpfer, die daran interessiert waren, durch das Verbleiben in den grossen Arbeiterorganisationen Interessierte an die Auffassungen der Roten Kämpfer heranzuführen.

Die Roten Kämpfer wollten sich nicht auf Diskussionen im kleinen Kreis beschränken, sie entwickelten darüber hinaus auch eine rege publizistische Aktivität. Zuerst erstellten sie wöchentlich mit einer Auflage von mehreren Tausend Stück die «Politischen Informationen», auf die im Mai 1932 die «Rote Korrespondenz» folgte. Sie diente nicht nur als Diskussionsgrundlage für die Treffen der Roten Kämpfer, sondern auch als propagandistisches Instrument nach aussen. Die meisten Artikel wurden von Karl Schröder, Alexander Schwab und Helmut Wagner verfasst. Die grossen thematischen Schwerpunkte waren das Versagen der traditionellen Arbeiterbewegung, die politischen und wirtschaftlichen Entwicklungen in Deutschland, das Vorgehen der sowjetischen Führung und die eigenen revolutionären Konzepte. Für die Roten Kämpfer stellte das Rätesystem, wie es 1905 während der ersten russischen Revolution, im Revolutionsjahr 1917 in Russland und 1918/19 in Deutschland propagiert worden war, die einzige Möglichkeit dar, eine sozialistische Gesellschaft dauerhaft zu verwirklichen, allerdings nur, wenn die Fehler der sowjetischen Führung nicht wiederholt würden.

Die leninistische Partei herrsche über die Arbeitermassen und nicht durch sie, lautete die Kernthese, nachzulesen in der zentralen Schrift der Roten Kämpfer «Staat und Rätesystem. Eine prinzipielle Zusammenfassung», die 1932 verfasst und dann als Diskussionsmaterial in den Gruppen gelesen wurde. Nicht eine Partei dürfe den revolutionären Prozess gesellschaftlicher Umgestaltung bestimmen, sondern die Wirtschafts- und Arbeiterräte. Ihnen käme die zentrale Rolle bei der revolutionären Umgestaltung der kapitalistischen in eine sozialistische Gesellschaft zu. «Sozialistische Wirtschaftsführung heisst die Aufhebung der kapitalistischen Kommandogewalt bezahlter Funktionäre über die arbeitenden Massen, heisst im Prinzip die Wirtschaftsführung durch die arbeitenden Massen. Produktion und Leitung der Produktion sind nicht mehr getrennte Funktionen. Sozialisierung ist Neuorganisierung der Wirtschaft von unten her im Interesse der Arbeiterschaft.»[78]

Die Sowjetunion stalinistischer Prägung als negativer Höhepunkt einer Parteidiktatur wurde im Rahmen einer weiteren zentralen Schrift der Roten Kämpfer, in den «Thesen über den Bolschewismus», scharf kritisiert. «Wie der Staatsapparat des Zarismus über den beiden besitzenden Klassen verselbständigt herrschte, so begann sich der neue Staatsapparat des Bolschewismus über seiner Doppelklassenbasis zu verselbständigen. Russland trat aus dem Zustand des zaristischen Absolutismus in den Zustand des bolschewistischen Absolutismus hinein.»[79] Die bolschewistische Wirtschaft konnte unter diesen Bedingungen nichts anderes als eine «Staatsproduktion mit kapitalistischen Methoden» sein, was die Parteigänger des sowjetischen Kommunismus aber nicht in der Lage seien sich einzugestehen. «Die Anhänger der kommunistischen Parteien wurden vor allem zu blinden und opportunistischen Verteidigern der Sowjetunion gemacht und über die Tatsache hinweggetäuscht, dass die Sowjetunion längst zu einem ebenbürtigen Faktor der imperialistischen Weltpolitik geworden war.»[80]

Diese von Helmut Wagner verfassten Thesen reichten in ihrer Bedeutung über die eigene Gruppe hinaus. 1934 wurden sie von der holländischen Gruppe der Internationalen Kommunisten um Anton Pannekoek auf Deutsch und Holländisch veröffentlicht und im gleichen Jahr erschien eine englische Fassung, welche die Rätekommunisten um Paul Mattick in Chicago anfertigten.

Während die Roten Kämpfer ein klares Bild zur Politik der Sowjetunion zeichneten, bereitete es den Autoren deutlich mehr Schwierigkeiten, die politische Entwicklung in Deutschland einzuschätzen. Zwar hatte sich ihre bereits 1931 geäusserte Einschätzung, dass der Faschismus mit Hitler an der Spitze siegen werde, bald bewahrheitet, doch konnten sie sich diesen Faschismus nur als ein Herrschaftssystem des Monopolkapitals vorstellen, das sich zur Machtausübung dreier Massenorganisationen bedienen würde: der Nationalsozialisten, der Zentrumskräfte und der Sozialdemokratie. Eine andere Linie, etwa die der alleinigen Diktatur durch die Nationalsozialisten, hielten sie für gesellschaftlich undurchführbar. Wie sehr sie sich hier täuschen sollten, mussten sie bald schmerzlich erfahren.

Gewaltsames Ende

Als sich die Roten Kämpfer am 25. und 26. Dezember 1932 in Berlin zu ihrer ersten Reichskonferenz trafen, mussten sie davon ausgehen, dass diese auch bereits ihre letzte reichsweite Zusammenkunft sein würde. Lotte nahm als Hamburger Delegierte daran teil und begegnete dort erstmals den führenden Männern der Roten Kämpfer: Bernhard Reichenbach, Alexander Schwab, Karl Schröder und Peter Utzelmann. Auch Helmut Wagner traf sie wieder. Die Freude über den Vertrauensbeweis der Genossen, den Lotte in ihrer Zulassung zur Konferenz erkannte, war getrübt durch die Befürchtung, dass sie diese Menschen nicht mehr wiedersehen könnte. Die Diktatur wurde als unausweichlich erachtet. Im Hinblick darauf musste die Gruppe alles tun, um nicht entdeckt zu werden. So wurde von den Konferenzteilnehmern die Umstellung auf Fünfergruppen beschlossen. Die wöchentlichen Treffen sollten jedes Mal an einem anderen Ort stattfinden, und Mitgliederlisten durften keine geführt werden.
Tatsächlich wurden, während die Roten Kämpfer auf ihrer Konferenz noch die Vorbereitungsmassnahmen auf die Illegalität diskutierten, in der Hauptstadt die Weichen für die Machtübergabe an Adolf Hitler gestellt. Mit einer Petition hatten führende deutsche Industrielle, Bankiers, Grossgrundbesitzer und Vertreter von Interessenverbänden am 19. November 1932 Reichspräsident Hindenburg gedrängt, Adolf Hitler die Führung der Reichsregierung zu übertragen. Hindenburg kam dieser Aufforderung nach. Am 30. Januar 1933 erfolgte in Berlin die Machtübergabe an Hitler. In seiner Funktion als Reichskanzler konnte er innert weniger Wochen seine nationalsozialistische Diktatur errichten. In unglaublicher Geschwindigkeit wurden die Verfassung und alle politischen Institutionen der Weimarer Republik beseitigt, konnten SA und SS ungehindert und mit rücksichtsloser Brutalität zuschlagen, um in grossangelegten Razzien alle Gegner, derer sie habhaft wurden, zu ermorden oder in die neu errichteten Konzentrationslager zu sperren.
Diesen Entwicklungen zum Trotz beharrte die Parteiführung der SPD in Hamburg darauf, in der Gegnerschaft zum Nationalsozialismus den Boden der Verfassung nicht zu verlassen. Noch immer bildete sie zusammen mit der Deutschen Staatspartei und der Deutschen Volkspartei die Regierung. Im Februar 1933, nach dem Reichstagsbrand und der am Tag danach erlassenen «Verordnung zum Schutz von Volk und Staat», verlangte die Regierung in

Berlin umgehende Massnahmen gegen die KPD. Daraufhin liess der sozialdemokratische Hamburger Polizeisenator das Parteibüro der KPD schliessen, deren Zeitungen verbieten und mehr als siebzig Funktionäre verhaften. Doch der Regierung Hitler genügten diese Massnahmen nicht, sie verlangte auch ein Verbot des SPD-Organs «Hamburger Echo». Daraufhin traten die SPD-Senatoren von ihren Posten zurück – sie wollten dem Verbot nicht zustimmen, aber auch keinen Anlass zur Verhängung von Sanktionen bieten. Danach kamen die verbliebenen Senatoren dem Verlangen aus Berlin umgehend nach. Noch hoffte die SPD auf ein Ende der NSDAP-Regierung durch die Reichstagswahlen vom 5. März 1933. In Hamburg erhielten sie 26,9 Prozent, die KPD trotz des bereits erlassenen Verbots 17,6 Prozent und die NSDAP 38,8 Prozent. Da die SPD ein Bündnis der beiden Arbeiterparteien trotz Stimmenmehrheit weiterhin ablehnte, konnte die NSDAP noch am Wahlabend die Hakenkreuzfahne am Hamburger Rathaus hissen. Das letzte öffentliche politische Lebenszeichen der SPD war ihre Ablehnung des von der Regierung Hitler eingebrachten Ermächtigungsgesetzes im Reichstag am 23. März. Auch danach hielt die SPD an ihrem Kurs des Abwartens und der Ablehnung illegaler Aktionen fest. In einem Merkblatt vom April 1933, für die Parteimitglieder bestimmt, heisst es explizit: «Die Politik der Sozialdemokratie hat sich stets auf dem Boden der Gesetzmässigkeit vollzogen. Diesen Kampfboden werden wir auch jetzt nicht verlassen.»[81]

Ihren Untergang konnten sie so nicht aufhalten. Genauso wenig wie die Gewerkschaften, deren Hamburger Vorsitzender noch zur Bereitschaft aufgerufen hatte, sich «zur neuen Regierung positiv einzustellen» und am von Hitler inszenierten «Tag der nationalen Arbeit» vom 1. Mai teilzunehmen. SPD, der Gewerkschaftsbund und Dutzende Arbeiterorganisationen waren wie zuvor die Kommunisten von Verbot, Verfolgung und Verhaftung betroffen. Ihre Häuser wurden von SA-Truppen besetzt und die Sekretäre in Schutzhaft genommen. Schutzhaft bedeutete die unbefristete Inhaftierung, gegen die keinerlei Rechtsmittel zugelassen waren, ebenso wenig gegen die dabei angewandten Misshandlungen und Folter. Angesichts dieses Vorgehens wird die Absurdität des Beharrens der SPD auf einem Kampf mit legalen Mitteln besonders deutlich. Auch Lotte erlebte das Vorgehen von SPD und Gewerkschaften in diesen dramatischen Wochen als zutiefst schändliche Kapitulation. Die Verzweiflung bei den Anhängern der grossen Arbeiterparteien über das Verhalten ihrer Führer war bodenlos, wie die vielen Diskussionen unter den jungen Genossen, an denen Lotte teilnahm, belegen.

Die Mitglieder der verschiedenen Abwehrorganisationen waren nur mit Mühe im Zaum zu halten, durchlebten Wochen angespanntesten Alarms. Und während die Arbeiterzeitungen eine nach der anderen verboten wurden, machten die grössten Organisationen den Versuch, sich an der Seite Hitlers und im Rahmen seines anbrechenden Regierungssystems noch einen legalen Platz zu sichern. [...] Noch sehe ich die Jungs unserer Gruppe vor mir, bereit und verzweifelt. Bis zuletzt hatten sie auf die ersehnte Parole gehofft. Mancher heulte in ohnmächtiger Verzweiflung. Ein Unentwegter kam angestürzt: «Menschenskinder, ich sag Euch, besorgt Euch was. Kauft Brot und was zu schmieren, heute steigt was!» «Ach, Quatsch», sagte ein anderer bitter, «hast Du denn immer noch Illusionen? Der Bart ist ab. Wir sind betrogen. Kein Aas kümmert sich mehr um uns. Herrgott, und wir haben diesen Hunden geglaubt!» Es war Fritz der das sagte; ein Riesenkerl, und im Sport eine vielbewunderte Kanone. [...] Langsam gingen die Jungens weg. Sie versteckten ihre Waffen, verbrannten ihre Broschüren. Mancher warf seine Pistole ins Wasser ... es hatte ja alles keinen Sinn mehr. Dann tauchten sie unter, manche in der Resignation, die anderen in der Illegalität. Mehr als einer von ihnen wanderte in die Nacht der Konzentrationslager. [...] Wir sind bereit gewesen, uns einzusetzen. Aber als es so weit war, da konnten wir es nicht, denn alles lief ganz anders, als wir es uns vorgestellt hatten. Gerade darum war die Niederlage für uns so quälend, für die wir voll und ganz mit einstehen mussten.[82]

Es zeigte sich schon bald, dass selbst die Roten Kämpfer, die ja auf die Diktatur vorbereitet waren, sich hinsichtlich Hitlers zukünftiger Rolle geirrt hatten. Waren sie 1932 noch davon ausgegangen, dass die deutsche Grossindustrie einen nationalsozialistischen Putsch nicht tolerieren würde, dass sie politisch zu stark sei, um sich das Heft aus der Hand nehmen zu lassen, so mussten sie im März 1933 bereits korrigierend kommentieren, dass Hitler seit Januar die polizeiliche Exekutivgewalt «über das erwartete Mass hinaus» rücksichtslos gegenüber seinen Gegnern eingesetzt habe. Sie hatten sich Hitler nicht anders als den «Kettenhund der Grossbourgeoisie» vorstellen können und waren entsprechend überrumpelt von der tatsächlichen Entwicklung. Und dennoch hielten sie an der Auffassung fest, gerade in dieser Situation aktiv für eine Neuformierung des Proletariats kämpfen zu wollen. «Während die Regierung des Monopolkapitals alle Hände voll zu tun hat, um ihre unbotmässigen Hausknechte zurückzupfeifen und die kapitalistische Ruhe und Ordnung wiederherzustellen, während neue Kriegswolken drohend an allen Horizonten stehen, können die revolutionären Kräfte im Proletariat nichts tun, als die Tatsachen deutlich auszusprechen, die heute jeder sehen kann, und innerhalb der Klasse die Kräfte zum neuen Kampf auf neuer Grundlage rastlos und umsichtig zu sammeln.»[83]

Doch schneller als gedacht mussten sie erkennen, dass sie sich auch hinsichtlich ihrer eigenen Möglichkeiten grundlegend getäuscht hatten. Die grossangelegten Verhaftungswellen trafen zunächst die Mitglieder der KPD, von denen in Hamburg rund 2400 zwischen März und Juli 1933 verhaftet wurden. Auch der KJVD, dem Lotte und Hans Benett angehört hatten, wurde zerschlagen, von den rund 2000 Mitgliedern wurden allein 1934 über 300 in sogenannte Schutzhaft genommen. Es gab für diese Häftlinge eigens errichtete Konzentrationslager, in Hamburg befand sich dies in der Strafanstalt Fuhlsbüttel. Hier sind bis 1945 mindestens 200 Gefangene auf Grund der Haftbedingungen und der Folter gestorben, auch Mitglieder der Roten Kämpfer. Und vor dem Hanseatischen Oberlandesgericht wurden hunderte Verfahren wegen «Vorbereitung zum Hochverrat» durchgeführt, deren Opfer in den Jahren 1937 und 1938 auch die Mitglieder der Roten Kämpfer werden sollten.

Unter diesen Bedingungen war kein politischer Gegner mehr sicher. Jeder musste damit rechnen verhaftet zu werden. Auch Lottes Existenz war bedroht. Zunächst konnte sie noch als Bibliothekarin in der Eppendorfer Bücherhalle weiterarbeiten. Da die Nationalsozialisten aber um die Bedeutung der öffentlichen Büchereien für ihre propagandistischen Ziele wussten, betrieben sie von Anfang an die konsequente Eingliederung derselben in den Staatsapparat, konkret in die Reichsschrifttumskammer. Bereits Ende 1933 wurde der Verband deutscher Volksbibliothekare gegründet, in den jeder Bibliotheksmitarbeiter eintreten musste. In Hamburg konnten die Vorgaben aus Berlin problemlos umgesetzt werden, da der Direktor der Öffentlichen Bücherhallen, Wilhelm Schuster, ein bekennender Nationalsozialist schon vor 1933 gewesen war. Er hatte entsprechend mit der Entfernung von Büchern auf der Grundlage selber erstellter Schwarzer Listen begonnen, bevor dazu Anweisungen aus Berlin vorlagen. Die personelle Umgestaltung der Büchereien folgte.[84] Was mit Büchern von «undeutschem Geist» zu geschehen hatte, wurde in ganz Deutschland am 10. Mai 1933 mit den Bücherverbrennungen demonstriert. Auch in Hamburg sollte gegen «Schund und Schmutz jüdischen Zersetzungsgeistes»[85] durch Vernichtung der entsprechenden Bücher vorgegangen werden, allerdings erst am 15. Mai, da für den

10. Mai die konstituierende Sitzung der neu formierten Hamburger Bürgerschaft geplant war und kein anderer Grossanlass diese Inszenierung stören durfte. Als die Bücherverbrennung dann am späten Abend des 15. Mai am Kaiser-Friedrich-Ufer durchgeführt wurde, fanden sich nur gerade tausend Personen ein, darunter vorwiegend Studenten und deren Angehörige. Unter der Schirmherrschaft der Hitlerjugend und dem Bund Deutscher Mädchen wurde die Aktion am 30. Mai wiederholt. Doch auch dann zeigten nicht viele Hamburger Interesse an dieser Inszenierung.

Die Bücherverbrennungen demonstrierten für alle sichtbar den Geist der neuen Regierung, einschneidender für Lotte aber waren die Entwicklungen in der Bibliothek selber. *Die Bibliothek war während der Zeit des Umbruchs absolut arbeitsunfähig. Dauernd kamen Listen verbotener Bücher, die oft am nächsten Tag widerrufen wurden. Jeder Leser konnte ungehindert reklamieren und die Entfernung beliebiger Bücher verlangen. «Noch vom Marxismus her», wurde das ständige Säuberungsmotto. Eine Unmenge von Büchern wurde herausgenommen. Sie kamen zunächst noch nicht auf den Scheiterhaufen. Wir bewahrten sie besonders auf.*[86]

Trotz der immer schwierigeren Arbeitsbedingungen stellte die Bibliothek als öffentlicher Raum immer noch einen der wenigen Orte dar, wo Genossen, als Benutzer getarnt, hingehen konnten. Bei dieser Gelegenheit begrüssten sie Lotte und wechselten, wenn möglich, ein paar Worte mit ihr. Auf diese Weise erfuhr sie immer wieder von Freunden, die plötzlich verschwunden waren, ob untergetaucht oder inhaftiert, konnte man oft nicht sagen. In ihren Erinnerungen berichtet Lotte von einem Genossen, der verhaftet wurde, angeblich weil er Waffen versteckt hatte. Die Ungewissheit und Angst über sein Schicksal bedrückte sie. Was würde mit ihm geschehen, was würden sie aus ihm herausholen, und wen würde es als nächsten treffen? Überraschend tauchte Fritz, der besagte Genosse, nach drei Tagen wieder in der Bibliothek auf.

Er sah blass aus, hatte furchtbar blaue Augenringe und hinkte stark. Ich sah ihn an. Die aufsteigenden Tränen hinderten mich, sein Lächeln zu erwidern. Mein Gott, er lachte. Während ich meine Bücher in die Regale einstellte, sprach er kurz: «Sei ruhig, es war nicht schlimm. Sie haben nichts erfahren. Grüsse die anderen. Und jetzt gehe ich. Erkenn mich auf der Strasse nicht, ich habe einen Schatten.» Unauffällig ordnete ich weiter. Seit einiger Zeit hatten wir einen neuen Kollegen, er sah eine Sekunde zu mir herüber. Nach acht Tagen schnappten sie Fritz zum zweiten Mal, trotz Brille, Hut und weitem Mantel. Ein Mann, der ihn eine Nacht beherbergt hatte, verriet ihn.

Seine Mutter durfte ihn erst besuchen, als er bereits zu fünf Jahren Zuchthaus verurteilt worden war.[87]

Nicht anders erging es den Mitgliedern der Roten Kämpfer. Alexander Schwab, der ideologische Kopf, verlor seine Stelle und wurde für ein halbes Jahr in «Schutzhaft» genommen. Der Jurastudent Franz Adolf Humke wurde zwar nicht sofort verhaftet, aber wegen seiner bisherigen politischen Aktivitäten von einem Hamburger Studentengericht vom Studium an deutschen Hochschulen ausgeschlossen. 1934 kam es zur Verhaftung des Lehrerehepaares Marianne und Karl Kuntze, das den Roten Kämpfern angehörte. Karl Kuntze, ein Neffe von Karl Schröder, und seine Frau wurden wegen Vorbereitung zum Hochverrat zu zwei Jahren Zuchthaus verurteilt. Es gelang ihnen, ihre Verbindung zu den Roten Kämpfern geheim zu halten. Sie überlebten die Haft und den Krieg, trotz Kuntzes Einberufung ins Strafbataillon 999, und gehörten zu den ersten, mit denen Lotte nach dem Krieg in Kontakt treten konnte. Ebenfalls 1934 erhielt der in Berlin lebende Journalist Bernhard Reichenbach, Mitglied der Reichsführung der Roten Kämpfer, Berufsverbot. Nach zweimaliger Hausdurchsuchung entging er der Verhaftung durch Emigration nach Grossbritannien.[88]

Helmut Wagner, der auf Grund seiner politischen Arbeit und seiner Publikationen gesucht wurde, musste untertauchen. Er kam nach Hamburg und wurde dort von Gruppenmitgliedern versteckt. Die Situation war schwierig. Laufend musste der Schlafplatz gewechselt werden, immer war zu wenig Geld vorhanden, um einen Esser zusätzlich durchzubringen, und ständig begleitete alle die Angst vor der Entdeckung. Die Roten Kämpfer verfügten als Gruppe über keine finanziellen Mittel, nur wer noch Arbeit hatte, konnte einen Minimalbeitrag entrichten. Lotte, die für die Finanzen der Gruppe zuständig war, sandte einmal per Postanweisung 9,60 Mark an eine Adresse in Sachsen – einen für ihre Gruppe enorm hohen Betrag. *[…] die Sendung kam zurück mit dem Vermerk: Empfänger abgereist. Der Absender war fingiert und so wurde diese Anweisung im Postamt, von wo sie seinerzeit aufgegeben, ans schwarze Brett geschlagen: Absender gesucht. Ich wagte mich nicht zu melden, weil ich annehmen musste, der Empfänger sei bereits verhaftet.*[89]

Trotz dieser Umstände konnte sich Helmut Wagner geraume Zeit unentdeckt in Hamburg halten. *Wir konnten den Gesuchten einige Zeit in Hamburg unterbringen, er ging nie aus, bis auf gewisse Treffs in der städtischen Badeanstalt, um sich dort – unter der Dusche – mit einem Freund zu treffen und die notwendigsten Nachrichten auszuwechseln. Im Schwimmbassin*

kannten sie sich dann nicht mehr. [...] Von Zeit zu Zeit reiste H. W. wieder in andere Städte, schon um die Gastgeber wieder einmal zu entlasten, er machte diese Reisen mit dem Fahrrad, eine der grossen Anschaffungen der RK, doch war es in den Zeiten der Arbeitslosigkeit wohl das anonymste «Auto».[90]
Das Bartholomäusbad war nicht zu weit von Lottes Wohnung entfernt und diente den Genossen als sicherer Treffpunkt. Auch die Wohnung der Benetts am Kuhnsweg wurde für illegale Kontakte genutzt, da sie im ersten Stock lag und sich darunter lediglich ein Blumenladen befand, so dass die bei den Benetts Ein- und Ausgehenden von den anderen Bewohnern des Hauses nicht beobachtet werden konnten. Wagner nutzte den Umstand, dass er nicht auf die Strasse gehen konnte, zum Verfassen einer Abhandlung, die den Titel «Soziologie des Bolschewismus» tragen sollte. In Hamburg fing er damit an, im Exil setzte er die Arbeit daran fort. Lotte bezeichnete sie später als das Kernstück der theoretischen Arbeit der Roten Kämpfer.
Trotz oder gerade wegen dieser konstanten Bedrohung hatten sich Lotte und Helmut Wagner verliebt. Eine Liebe, die vom Augenblick lebte, da eine Planung unmöglich war und Wagners Situation in Deutschland immer unhaltbarer wurde. Die Flucht ins Ausland wurde schliesslich unumgänglich. Wer diese organisiert hat, ist nicht bekannt, lediglich dass Wagner mit Hilfe eines Roten Kämpfers als Klempner verkleidet und mit einer Werkzeugkiste versehen die Schweizer Grenze überschritten hat. Erst als er in der Schweiz eingetroffen war, liess er Lotte eine Nachricht zukommen.
Sie selber konnte sich ebenfalls nicht mehr lange in Hamburg halten, dies nachdem sie auf Grund einer Denunziation in der Bibliothek fristlos entlassen worden war. Verantwortlich dafür war ein Kollege, der im Sommer 1932 nach langer Arbeitslosigkeit eingestellt worden war. Zunächst hatte er durch pazifistische Auffassungen, die wohl eine Folge seiner Kriegserlebnisse waren, auf sich aufmerksam gemacht. Doch mit der Machtübernahme entdeckte er sein Herz für Hitler, was ihn nicht daran hinderte, fleissig den «Giftschrank» zu konsultieren. *Er frönte seiner Antikriegsstimmung weiter und las in den Zeiten, wo der Pazifismus als grösste Schmach galt, «Im Westen nichts Neues», «Das Feuer» und «Vier von der Infanterie».*[91] Ausgerechnet er wurde 1934 zum Denunzianten, unterstützt von einigen nazistischen Kollegen. Dass Lotte Genossen, die durch ihre Kleidung als Nicht-Nazis erkennbar waren, in der Bibliothek begrüsst und mit ihnen gesprochen hatte, diente als idealer Aufhänger für die Denunziation. Lotte wurde zur Bibliotheksleitung gerufen und fristlos entlassen. Sieben Jahre Arbeit in die-

ser Bibliothek waren innert einer Viertelstunde beendet. *Seit der Zeit weiss ich, wessen die sogenannten «Unpolitischen» fähig sind. Der Zufall bewahrte mich vor schlimmerem. Trotzdem ging ich an jenem denkwürdigen Tag mit schwachen Knien nach Hause. Ich war die einzige, die noch verdient hatte. Zu ungelegener Zeit trat ich in die Küche und schaute meine Mutter an. Sie war sofort im Bilde. Wortlos nahm sie die Kaffeemühle, dann braute sie einen stärkenden Trunk. Als ich meinen Kaffee schlürfte, sagte sie: «Na, jetzt müssen wir ein Auto haben, wenn ihr alle stempeln geht.»*

Der Galgenhumor von Lottes Mutter konnte nicht darüber hinwegtäuschen, dass die Situation der Familie unhaltbar war. Keine Arbeit bedeutete kein Geld. Und neue Arbeit zu finden, war für Lotte nach ihrer politisch motivierten fristlosen Entlassung nicht möglich. An ihrem Vater konnte sie beobachten, was die lange Arbeitslosigkeit und die politische Situation für kuriose Blüten treiben konnten. Er hatte begonnen, Reiseprospekte zu sammeln. Diese boten ihm die Möglichkeit, sich so weit wie möglich weg vom Elend eines Alltags zu träumen, der mit seinen einstigen Idealen nichts mehr gemein hatte und in dem Reisen und Urlaub nur noch im Kopf stattfinden konnten. Und auch die Brüder wussten nicht, wie es weitergehen sollte. In dieser prekären Situation schien für Lotte der Gedanke, Helmut Wagner in die Schweiz zu folgen und dort nach Arbeit zu suchen, nicht mehr abwegig. Behilflich bei der Vorbereitung dieses schwerwiegenden Schrittes war Paul Kühne, ein Buchvertreter und Mitglied der Roten Kämpfer, der mit seinen Büchern nicht nur durch Deutschland, sondern auch in die Schweiz und nach Österreich reiste. Er verfügte über die nötigen Kontakte, und von ihm war sie auch ansatzweise darauf vorbereitet worden, was sie als Flüchtling oder Emigrantin in ihrem zukünftigen Exil erwarten würde. Eine Existenzgrundlage sollte Lotte ihre ursprüngliche berufliche Tätigkeit bieten: die Arbeit als Dienstmädchen. Der Zeitpunkt für dieses Vorhaben war günstig, da immer mehr deutsche Dienstmädchen aus der Schweiz dem «Heim ins Reich»-Ruf folgten und nach Deutschland zurückkehrten.

Noch hatte Lotte die Worte des Vaters im Ohr, wenn er abends nach der Arbeit in der Buchdruckerei jeweils über seinen Chef, den «Alten», geschimpft hatte. *Er titulierte den Alten auch als Grossmogul und nannte ihn einen kleinen Emigranten oder einen schäbigen Grandmonarchen. […] Zum kleinen Emigranten kam noch der schöne Emigrant. War einer ein schöner Emigrant, dann war er ganz unten angelangt.*[93] Dass sie nun selbst zu dieser Gruppe von Menschen gehören sollte, stimmte sie alles andere als zuversichtlich.

II.
IM EXIL
ZÜRICH 1934–1945

Unsichere Zuflucht, ungewisse Zukunft

Es war der 1. Juli 1934, als Lotte in dem ihr unbekannten Zürich eintraf, nicht wissend, was sie hier in der Stadt am Zürichsee, die bereits für hunderte deutscher Emigranten zur Zuflucht geworden war, erwartete.
Ich verliess die Telefonkabine in der Bahnhofshalle, nahm meinen Koffer, und ging auf die breite Strasse zu, die Bahnhofstrasse, wie mir Paul [Kühne] gesagt hatte, und die direkt zum See führe.
Mit den Augen des Dienstmädchens sah ich, dass hier gepflegt wurde, was sich pflegen liess. Für die kommende Nacht musste ich ein billiges Hotel finden; woran sollte ich erkennen, dass es billig ist, wenn alle gleich sauber waren? Die Strasse verbreitete sich gegen den See zu einem Park, in dem musiziert wurde. Ich war den freundlichen Tönen schon eine Weile gefolgt, die mir in den Melodien der Barcerole nun entgegen kamen. Um einen erhöhten, überdachten Pavillon standen viele Leute, die den Musikern und ihrem wippenden Dirigenten Beifall klatschten. Das Klatschen glich dem knatternden Anflug von Tauben. Ich zögerte, mich unter die Leute zu mischen, und steuerte auf eine Bank zu, die etwas entfernt von ihnen stand. Die Bank stand vor grossen, mit Buchsbaum bepflanzten Beeten, in die ein findiger Gärtner – in Buchsbaumbuchstaben – «Nationalbank» geschnitten hatte. ..... Schöne Nacht, o Liebesnacht, o..., auf den Beifall hin wiederholten die Musiker die Melodien aus Hoffmanns Erzählungen. Wie schwer mein Koffer war, merkte ich erst, als ich ihn abstellen konnte. [...] Die Reise war lang gewesen, ich hatte nur wenig geschlafen. Hatte ich die Augen geschlossen, wollte es mich anfallartig erdrücken. Ich schaute auf die Leute. Im Koffer musste noch ein Stück Brot sein. «Wenn du es isst, wird es Hasenbrot sein, dann bist du schon weit von uns fort», hatte die Mutter gesagt, und mit erstickter Stimme hin zugefügt: «... verfluchen werde ich diesen Menschenjäger». Ihr Weinen hinter der Brille, die ihre Augen immer vergrösserte, war wie ein Regen im Zimmer gewesen. Bevor ich um die Strassenecke bog, hatte ich noch einmal zurückgeschaut, starr war sie am Fenster gestanden, die Hand zu einem schwachen Winken erhoben.[1]
So schilderte Lotte Schwarz später in ihrem unpubliziert gebliebenen Roman «Die Brille des Nissim Nachtgeist» ihre Ankunft in Zürich. Ob diese genau so erfolgt ist, lässt sich heute nicht mehr feststellen. Sie hätte sich so ereignen können – das muss genügen. Untrennbar mit den Erinnerungen an

diese Ankunft verbunden blieb die schmerzhafte Trennung von der Mutter und ihrem Bruder Hans in Hamburg. Die Mutter war in der Wohnung am Kuhnsweg zurückgeblieben, nur Hans hatte sie noch zur Bahn begleitet. Bevor Lotte in den Zug eingestiegen war, hatte er sie zum ersten Mal überhaupt umarmt, ahnend, dass es ein Abschied für immer sein könnte. Von Verzweiflung über die erzwungene Trennung und von Ungewissheit über ihre eigene Zukunft geplagt, verbrachte sie die lange Zugfahrt. Sie war eine von vielen Tausend, die Deutschland überstürzt, bei Nacht und Nebel verliessen, um sich in Sicherheit zu bringen. Lotte durfte mit ihrem Verhalten kein Misstrauen erregen, durch nichts auf sich aufmerksam machen, sollte es doch wie eine gewöhnliche Reise und nicht wie eine Flucht aussehen. Je näher der Zug der deutsch-schweizerischen Grenze kam, desto mehr wuchs die Angst vor einer möglichen Entdeckung durch die deutschen Grenzkontrollen. Lotte konnte nicht wissen, ob sie schon ins Visier der Gestapo geraten war oder nicht. Und ihr Pass war nur noch wenige Tage gültig – ihre letzte Chance also, legal in die Schweiz einzureisen.

Wie viele Menschen nach der am 30. Januar 1933 erfolgten Machtübergabe an Adolf Hitler aus Deutschland geflüchtet sind, lässt sich nicht genau sagen. Schätzungen gehen von mindestens einer halben Million aus, auf Hamburg bezogen von rund zehntausend.[2] Die überwiegende Mehrheit verliess das Land, weil sie auf Grund der «Nürnberger Rassegesetze» als Juden verfolgt wurden. Zwischen dreissig- und vierzigtausend umfasste die sogenannte politische Emigration. Allein in Hamburg waren es rund achthundert. Diese Gegner des NS-Regimes flohen mehrheitlich gleich in den ersten Monaten des Jahres 1933, unter ihnen auch viele Juden. Und wie Lotte verstanden sie ihren Aufenthalt im Exilland anfänglich als vorübergehend, denn nur wenige glaubten, dass Hitlers Herrschaft von Dauer sein könnte. Sein Sturz schien ihnen eine Frage der Zeit, und dann würden sie wieder zurückkehren können.

Die Flucht war mit grossen Schwierigkeiten verbunden und wurde, je später sie erfolgte, zunehmend lebensgefährlich. Sie führte die Flüchtlinge in mehr als achtzig Länder. Zunächst wurde in den Nachbarstaaten Deutschlands eine Bleibe gesucht. Frankreich war für viele die erste Anlaufstation. Aber auch in die Schweiz versuchten die Verfolgten zu flüchten, wobei die politische Neutralität, die geografische Nähe und die Sprache ausschlaggebend waren. Die Schweizer Behörden hatten die Entwicklung im Nachbarland seit Hitlers Machtantritt genau verfolgt. Die Auswirkungen dieser neuen

Politik waren auch für die Schweiz weitreichend. Schon vor 1933 hatte sich die wirtschaftliche Situation des Landes als Folge der Weltwirtschaftskrise massiv verschlechtert, die Arbeitslosenzahlen stiegen auf Rekordhöhen, Arbeitsplätze in Industrie und Gewerbe waren kaum zu finden. Da bedeuteten deutsche Flüchtlinge, die in die Schweiz gelangten, eine zusätzliche Belastung des Arbeitsmarktes, die es per Gesetz abzuwehren galt. Neben der wirtschaftlichen Problematik beschäftigte die Behörden aber auch der politische Aspekt dieser einsetzenden Flüchtlingswelle.[3] Die traditionell liberale Praxis der Asylgewährung für politische Flüchtlinge konnte nicht in gleichem Masse fortgeführt werden, wollte die Schweiz nicht in Konflikt mit den beiden Nachbarländern Deutschland und Italien geraten. Gemäss der Devise, das Land vor der sogenannten wirtschaftlichen und politischen Überfremdung zu schützen, war es den Behörden fortan erlaubt, Flüchtlinge zurück- oder auszuweisen.

Von dieser Politik in besonderem Masse betroffen waren jüdische Flüchtlinge – im Amtsjargon Israeliten genannt –, deren Verfolgtsein nicht als Asylgrund anerkannt wurde. Viele von ihnen hofften deshalb vergeblich auf Einlass, sie wurden an der Schweizer Grenze zurückgewiesen. Zwischen 1933 und 1945 wurde nur 644 Flüchtlingen politisches Asyl gewährt, alle anderen galten als Ausländer, die den üblichen Aufenthaltsbestimmungen unterworfen waren, einschliesslich Arbeitsverbot und dem Zwang zur Weiterwanderung.[4] So lebten diejenigen, die zunächst Aufnahme gefunden hatten, im Provisorium. Zudem vertraten die Behörden während der dreissiger Jahre die Auffassung, die Finanzierung des Aufenthaltes sei eine private Angelegenheit der Flüchtlinge und keine des Staates. Das hatte zur Folge, dass diese ganz auf die Unterstützung der Hilfswerke angewiesen waren, sofern sie nicht über eigene Mittel verfügten, was als Folge der nationalsozialistischen Konfiskationspolitik nur mehr bei den wenigsten der Fall war. Wie sollten sie ihre Existenz in der Schweiz sichern, wo fanden sie Unterschlupf und Essen, wie lange konnten sie noch bleiben, was sollten sie tun, wenn ihnen jede berufliche Tätigkeit verboten war? Und wohin sollten sie gehen, wenn auch die anderen Länder nicht bereit waren, mittellose Flüchtlinge aufzunehmen, woher sollten sie das Geld für teure Visa und die Reisekosten nehmen, woher die Affidavitsteller, die für sie bei den dortigen Behörden die geforderten Garantien übernehmen? Viele Flüchtlinge sind an dieser permanenten Ungewissheit und Angst, der Deklassierung und Geldnot zerbrochen. Die Namensliste derjenigen ist lang, die in Deutschland auf ihrem

Fachgebiet hervorragende Arbeit geleistet haben, die bekannte Persönlichkeiten waren, politisches Gewicht hatten und dann im Exil nie mehr Fuss fassten, allen Bemühungen zum Trotz. Sie starben vereinsamt, unbemerkt und blieben auf lange Zeit vergessen.

Als Lotte in Zürich eintraf, wusste sie noch nichts von den täglichen Schwierigkeiten, die das Leben der Emigranten beherrschten. Welche Auswirkungen Entwurzelung, materielle Not und die behördlichen Massnahmen auf die Seelenlage der Exilsuchenden hatten, schilderte Lotte einige Jahre nach Kriegsende in ihrem Text «Meditationen über eine Bibliothek», nun aus eigener Anschauung und Erfahrung:

Nach anfangs grossartigen Unterstützungen durch die verschiedenen Parteien und Hilfsfonds begann sich nach einiger Zeit doch die wirkliche soziale Lage der Geflüchteten abzuzeichnen. [...] Freitische und zusätzliche Unterstützung von privater Seite, die das Leben des Emigranten ermöglichten neben der knapper werdenden Unterstützung gehören in das ruhmreiche Kapitel gegenseitiger Hilfe. Man darf nicht vergessen, was es für einen politischen Emigranten bedeutete, wenn er mit der politisch ihm nahestehenden Bewegung nicht in Beziehung kommen konnte. Das Kollektiv, das ihn in der Heimat stützte oder doch umgab, fehlte plötzlich. Die Bedeutung des eigenen Clans, der diese Lücke ausfüllen könnte, wollte nicht recht zunehmen. Emigration im Zeitalter der Wirtschaftskrise ist ein Unternehmen, das hohe Anforderungen an den Flüchtling stellt. Er befindet sich in einer Situation, in der sein Ruf oftmals seine einzige gesellschaftliche Basis bildet. Die Eigenschaften, die sich ein Mensch im Laufe seines Lebens erwirbt, nicht jene, die ihm gegeben sind, unterliegen grossen Belastungen. Diese Umstände sollten nicht vergessen werden, wenn festgestellt werden konnte, dass viele Emigranten mutlos wurden.[5]

Der bereits ein halbes Jahr vor ihr in die Schweiz eingereiste Helmut Wagner hatte die behördliche Allmacht und die Brüchigkeit einer Flüchtlingsexistenz schon erfahren, wenn auch zu diesem Zeitpunkt die Hoffnungen auf Verbesserung der eigenen Lage noch nicht aufgebraucht waren. Wagner war kein prominenter politischer Emigrant, er konnte nicht damit rechnen, politisches Asyl zugesprochen zu bekommen. Nie hatte er eine führende Position in einer der grossen deutschen Parteien oder der Gewerkschaftsbewegung innegehabt. Er war aus der SPD ausgeschlossen worden, und sein anschliessendes Engagement bei den Roten Kämpfern hatte ihn noch weniger sichtbar gemacht. Auch hatte er vor seiner Flucht keine Beziehungen zu bekannten Schweizer Sozialisten gepflegt. Seine Publikationen zu Fragen der Sexualmoral aus marxistischer Sicht stammten aus den Jahren 1928 und 1929 und waren ebenfalls kaum dazu angetan, sich den Schweizer Behörden als asylwürdig zu empfehlen. Zweiunddreissig Jahre später beschrieb Lotte in einem Brief seine Situation:

Die Zeiten waren nicht leicht. War es z. B. für Helmut Wagner als Angehöriger einer kleinen Gruppe schon in Deutschland schwer, so erwies sich diese Tatsache auch im Gastland als kompliziert. Er muss den Nachweis erbringen, dass er politisch gefährdet ist – er muss jemandem bekannt sein als Gegner des Hitlerregimes, und für die Schweiz kam noch hinzu, dass sie hauptsächlich intellektuelle Emigranten anzog. Dies wohl deswegen, weil die Schweiz als deutschsprachiges Land viele politische Publikationen führte, worin der Ausweis über die Gegnerschaft zum Hitlerregime sozusagen schwarz auf weiss erbracht werden konnte. Helmut Wagner hatte schon in Zeitschriften Bücher rezensiert – darunter war der schweizerische Sozialist Emil Jakob Walter, und so hatte er einen, der ihm die nötigen Verbindungen verschaffen konnte.[6]

Einfacher war es für die Mitglieder der SPD und der Gewerkschaften, die sich in der Schweiz an ihre Genossen wenden konnten, von denen Hilfeleistungen für die Emigrierten organisiert wurden. Die Schweizer Sozialdemokraten und der Gewerkschaftsbund hatten bereits im März 1933 die Schweizerische Flüchtlingshilfe ins Leben gerufen, die die Betreuung der Flüchtlinge übernahm. Dies war dringend nötig, denn die grosse Mehrheit der deutschen Genossen verfügte über keine eigenen finanziellen Mittel. 1940 gingen diese Unterstützungsaufgaben an das Schweizerische Arbeiterhilfswerk unter der Leitung von Regina Kägi-Fuchsmann über, der idealen Frau für diese Arbeit, die sich mit unglaublichem Engagement rund um die Uhr für die Hilfesuchenden einsetzte und die auch bei der Unterstützung Wagners eine wichtige Rolle spielte.

Die kommunistischen Parteigänger wandten sich an die Rote Hilfe, die die Betreuung ihrer Genossen innehatte, bis sie verboten wurde. Für diejenigen, die weder der einen noch der anderen politischen Fraktion angehörten, gab es ab 1938 die von den Religiös-Sozialen um Leonhard und Clara Ragaz gegründete «Auskunftsstelle für Flüchtlinge», die sich vor allem für «politische, jedoch keiner Partei angehörende Flüchtlinge» einsetzte, für «partei- und konfessionslose ‹Nichtarier›, deren Schicksal oft ein besonders schweres ist», wie es Clara Ragaz im ersten Jahresbericht formulierte.[7]

Die grösste Unterstützungsarbeit aber erbrachte der Verband der Schweizerischen Jüdischen Flüchtlingshilfen VSJF, der unter schwierigsten Bedingungen Tausende jüdischer Flüchtlinge während vieler Jahre betreute. Da die finanziellen Mittel der Hilfswerke sehr begrenzt waren und für die grosse Zahl der Hilfesuchenden nicht ausreichten, wurden zusätzlich Mittagstische organisiert, ebenso Kleiderspenden und Wohnplätze. Viele Flüchtlinge lebten bei fremden Menschen, oftmals in der Stube und damit ohne Privatsphäre. Glücklich, wer sich ein eigenes Zimmer oder – im Falle von Familien – eine kleine Wohnung leisten konnte.

Frauen scheint es generell besser gelungen zu sein, sich den neuen Notwendigkeiten zu stellen, die Voraussetzungen fürs Überleben zu schaffen und nicht an ihrer erschütterten Identität zu verzweifeln. «Überlebensstrategie statt Lebensentwurf» lautete das Gesetz der Krise, dem sich die geflüchteten Frauen auf ganz unterschiedliche Weise stellten.[8] Die Juristin wurde Putzfrau, die Schriftstellerin Kindermädchen, die Ärztin Eiscremeverkäuferin, andere versuchten sich als Friseuse, machten ein Café auf, erteilten Sprachunterricht, stellten Modeschmuck her oder Spielsachen. Es gab nichts, was nicht versucht wurde, auch wenn es noch so weit entfernt war von dem, womit diese Frauen zuvor in Deutschland ihr Geld verdient hatten – sofern das Zufluchtsland dies erlaubte. Nun waren es häufig sie, die mit ihrer Arbeit allein den Familienunterhalt sicherten, und nicht mehr die Männer, denen der berufliche «Abstieg» viel mehr zu schaffen machte. Entsprechend heisst es in einem Editorial der in New York erschienenen Emigrantenzeitung «Aufbau» vom März 1940: «Das Problem der arbeitenden Frau ist nicht neu. Das Problem der Frau in der Emigration aber ist weit vielfältiger in seinen Auswirkungen auf ihren eigenen Kreis. Das Schicksal einer Familie in der Emigration hängt sehr häufig mehr von der Frau und ihrer seelischen Spannkraft ab als vom Mann. Gelingt es ihr, die Hindernisse zu überwinden, so wird die Familie wieder vorwärts kommen, stürzt sie, so wird sie die übrige Familie mit sich reissen.»[9]

Auch Lotte gehörte zur Gruppe der arbeitenden Frauen. Allerdings war sie in der günstigen Lage, jung, kinderlos und an keinen Mann in Hamburg gebunden zu sein. Lottes erste Adresse in der Schweiz war die Werkbundsiedlung Neubühl am Rande Zürichs in Richtung Kilchberg gelegen. 1932 als Genossenschaft fertig gestellt, wurde diese Siedlung nicht nur wegen ihrer modernen Architektur zu einem Anziehungspunkt, sondern erlangte Bekanntheit auch wegen ihrer prominenten Bewohner, darunter viele Künstler

Lotte Bennett war 24-jährig, als sie in die Schweiz flüchtete. Als ungebundene, junge Frau hatte sie es etwas weniger schwer, in der Emigration zu bestehen. (NL Lotte Schwarz)

und Architekten. Einer, der ebenfalls dort lebte, war der Chemiker und Soziologe Emil J. Walter. Er hatte sich nicht nur für Helmut Wagner eingesetzt, sondern wurde auch Lottes erster Quartier- und Arbeitgeber. Neben Lotte fanden noch weitere Emigranten Aufnahme in der Siedlung. Der Schriftsteller Rudolf Jakob Humm, der nur wenige Häuser entfernt von Emil Walter wohnte, schildert in seinem Buch «Bei uns im Rabenhaus» eine Episode, die sich in seinem Haus im Neubühl abgespielt hat und welche die grosse Zahl derjenigen, die in dieser Siedlung Zuflucht gefunden hatten, veranschaulicht. «Das Neujahr 1934 feierten wir mit einer Gans. Diese sprach sich unter den deutschen Flüchtlingen des Neubühls herum, einer nach dem andern kam durch die Gartentür hereingewandert, und als die Gans auf dem Tisch erschien, sassen oder standen in unserer Stube ihrer dreiundzwanzig. Das war ungefähr die Hälfte derer, die im Neubühl Unterkunft gefunden hatten.»[10] Eine dieser Emigranten war Lotte Benett.

«Intelligente Person gesucht»

Lotte wusste, dass sie sich in der Schweiz auf ihre erlernten Fähigkeiten als Dienstmädchen besinnen musste, wollte sie hier bleiben. Es war dies die einzige Arbeit, für die sie als Ausländerin im Jahr 1934 eine Arbeitsbewilligung bekommen konnte, weil trotz Arbeitslosigkeit immer noch ein Bedarf an Haushaltskräften bestand. Wieder arbeitete sie in Haushalten, und nicht immer waren es gute Erfahrungen, die sie dort machte. Zu den positiven gehörten wohl die mit dem bereits erwähnten Emil Walter.

Lotte machte aus der Not eine Tugend und entwickelte sich zu einer eigentlichen Expertin in der Dienstmädchenfrage. Als solche fing sie an, über ihre Erfahrungen und Einsichten zu schreiben. Ihr erster Artikel aus dem Jahr 1935, der den Titel «Intelligente Person gesucht» trägt, findet sich in der Zeitung «Der öffentliche Dienst», dem Organ der namensgleichen Gewerkschaft. Der Artikel enthält keinen Hinweis auf den Namen der Verfasserin, und hätte Lotte ihn nicht aufbewahrt, liessen sich heute weder dieser noch nachfolgende Texte ihrer Feder zuordnen. Darüber hinaus bekam sie die Gelegenheit, im Radio aufzutreten. Ganz bewusst sprach Lotte nicht von Hausangestellten, sondern von Dienstmädchen, denn so lange die arbeitsrechtliche Situation dieser Berufsgruppe noch gänzlich unzureichend war, schien ihr der Begriff der Angestellten nur zur Verschleierung der tatsächlichen Situation in den Haushalten beizutragen. Anders als in ihren Jahren als Dienstmädchen in Hamburg, betrachtete sie diese Arbeit jetzt in einem gesellschaftlichen Kontext, aus dem heraus sie sich dem gewerkschaftlichen Kampf um die Organisierung und rechtliche Besserstellung dieses Berufsstandes anschloss. Sie war nach ihrer Ankunft in Zürich sowohl der Sozialdemokratischen Partei als auch dem Verband des Personals öffentlicher Dienste VPOD beigetreten.

Ihre Forderungen zur Reform der Arbeit der Dienstmädchen formulierte sie in konkreter Auseinandersetzung mit den Zielen und dem Vorgehen der 1933 gegründeten «Schweizerischen Arbeitsgemeinschaft für den Hausdienst». Diese Arbeitsgemeinschaft war auf Initiative des Bundesamtes für Industrie, Gewerbe und Arbeit gegründet worden, um dem massiven Mangel an Hausangestellten zu begegnen. Dieser Mangel war die Folge des traditionell sehr hohen Ausländerinnenanteils in diesem Sektor. Die jungen Frauen kamen vorwiegend aus Süddeutschland und Österreich und waren bei den Schweizer Arbeitgeberinnen sehr beliebt. Billig und anspruchslos, liessen sich diese aus Angst vor einer Ausweisung viel mehr gefallen als Schweizerinnen. Diese zog es immer weniger in häusliche Dienste, selbst die hohe Arbeitslosigkeit änderte daran nichts. Als die Regierung in Berlin die deutschen Dienstmädchen zur Rückkehr ins Reich aufforderte, stieg die Zahl der freien Stellen massiv an. Die Arbeitsgemeinschaft für den Hausdienst hoffte, mit der Einführung einer Haushaltslehre dieser Entwicklung wirksam begegnen zu können. Mittels dieser Lehre sollte der Beruf der Haushaltshilfe aufgewertet und Nachwuchs ausgebildet werden. Betrachtet man sich den Wochenplan für Haushaltslehrlinge, sieht man auf den ersten Blick, woran die Lehrkonzeption krankte und weshalb so wenige junge Frauen bereit waren, diesen Weg zu gehen.[11] Immer wieder benannte Lotte die Gründe dafür in ihren Artikeln:

Die Richtlinien für die Haushaltslehre, in denen für die jungen Mädchen immer noch bis 14 Stunden Arbeitszeit und Arbeitsbereitschaft vorgesehen und die freien Nachmittage mit hauswirtschaftlichen Kursen ausgefüllt werden, nehmen dabei weder auf die Gesundheit und das Seelenleben der Heranwachsenden Rücksicht, noch bilden sie einen Anreiz zum Antritt einer Haushaltungslehrstelle.[12]

Zu solchen Fehlkonzeptionen komme es, weil in den für diese Pläne zuständigen Kommissionen immer nur die Arbeitgeberseite vertreten sei, nicht aber auch erfahrene Dienstmädchen hinzugezogen würden.

Sind denn diejenigen, die solche Dinge schreiben, einmal Dienstmädchen gewesen, geschweige denn im Alter von 15 Jahren? Papier ist geduldig, und die Folgen müssen nicht diejenigen tragen, die so schreiben. Sicher ist, dass kein Dienstmädchen, das seinen Beruf von frühester Jugend an ausübte, zum Kapitel «Das hauswirtschaftliche Lehrjahr» sagen würde, ein 12–14 stündiger Arbeitstag solle genügen.[13]

Lotte wusste, wovon sie sprach, und sie brachte ihre Erfahrungen ein, sowohl die, welche sie als Mädchen in Hamburg gemacht hatte, als auch die in Zürich. Dabei ging es nicht nur um die Beschreibung der Arbeitslasten, sondern auch um den Umgang, den sie als Dienstmädchen durch ihre Arbeitgeberin und deren Familie erfuhr. Als negatives Beispiel schilderte sie das Verhalten zweier erwachsener Söhne aus einem wohlhabenden Geschäftshaushalt, das diese ihr gegenüber an den Tag legten.

Die beiden Miniaturchefs waren ausgesprochen schlecht erzogen. Nicht nur, dass sie mich gar nicht wahrnahmen; gegen Menschen, die einem die

Hosen bügeln und die Schuhe putzen, ist man sowieso immun. Sie konnten zusehen, wenn ich, den Arm voll Geschirr, mich abmühte, die Küchentür zu öffnen. Sie konnten drei Schritte hinter mir hergehen, wenn ich den Kübel auf die Strasse bringen musste, es rührte sie nicht, sie nahmen ihn mir nie ab. Sie lasen ihren «Sport», waren immer fröhlich, und wenn sie mit einer fremden Dame am Telephon sprachen, konnten sie sich fast umbringen vor Höflichkeit.[14]

Dass Lottes Erfahrungsberichte sich dennoch oftmals nicht zu deprimierend anhören, hat viel mit dem ihr eigenen Humor zu tun, der selbst der unangenehmsten Situation etwas von seiner Schärfe nahm. So scheint die Stellensuche, eine in ihrer finanziellen Notlage aufreibende und belastende Unternehmung mit oftmals negativem Ausgang, für sie doch immer auch ihre komischen Seiten gehabt zu haben. Der Wissenschaftler, der sie beim Vorstellungsgespräch gleich verführen wollte und dem sie nur mit lauten Hilfeschreien entkommen konnte, oder der Arzt, der eine Haushälterin mit Diätküchenerfahrung suchte, über die Lotte nicht verfügte.

Ich stand auf und verabschiedete mich. Er stand auch auf. Je mehr ich mich aufrichtete, um so kleiner blieb er. Es war für uns beide gleich peinlich. Ich wenigstens ging rasch zur Tür und dachte, der wäre ja verrückt, wenn er sich meine 172 cm ins Haus holen würde. Den Fall gesetzt, ich hätte die italienische Hühnersuppe versalzen: er käme in die Küche und schaute streng und missvergnügt erst in den Hühnertopf und dann zu mir herauf – unmöglich. Er liess mir denn auch absagen: mit dem Kochen würde es wohl Schwierigkeiten geben, aber ein schönes Weib sei ich doch gewesen. Der alte Knabe hatte vernünftigerweise die Aesthetik hinter die Diät gesetzt. Sein Magen schien ihn doch zu kommandieren.[15]

So schrieb sie in ihrem ersten Artikel, als Fünfundzwanzigjährige. Doch Sprachwitz und Humor bewahrten auch Lotte nicht vor Verzweiflungsanfällen. Wovon sollte sie leben, wo gab es eine annehmbare Stelle, wie lange musste sie noch in Haushalten arbeiten? Solche Ungewissheiten plagten sie, doch mit Hilfe von Bekannten ergab sich immer wieder eine Arbeitsmöglichkeit. Dennoch, die Arbeit als Dienstmädchen war ein Muss, eine körperlich sehr anstrengende Tätigkeit, bei der ihre intellektuellen Fähigkeiten und Interessen brachlagen. Das Schreiben über diese Arbeit war sicherlich die beste Form des Umgangs mit einer Situation, an der sie keine Freude hatte, an der sie aber unter den Bedingungen der Emigration nicht sofort etwas ändern konnte.

Lotte beliess es in ihren Artikeln nicht beim Schildern der Missstände. Sie entwickelte auch Lösungsansätze, mittels derer die von der Arbeitsgemeinschaft lancierte Einführung einer Haushaltslehre Aussicht auf Erfolg haben könnte. Die Ursache der anhaltenden Missstände erkannte Lotte im massiven Widerstand der weiblichen Haushaltsvorstände gegen Vorschriften von aussen. Kürzere Arbeitstage, mehr als nur einen halben Tag pro Woche Freizeit, bessere Löhne, Altersabsicherung – all dies lehnten sie ab. Lotte plädierte deshalb für die Schaffung von geeigneten Berufsvertretungen für Hausangestellte, die es 1939 noch immer nicht gab. Trotz wiederholter Versuche hatten die Gewerkschaften bisher keinen Erfolg gehabt. Seit der sozialistische Pfarrer Paul Pflüger 1898 in Zürich den ersten Dienstbotenverein der Stadt Zürich gegründet hatte, waren alle diesbezüglichen Versuche gescheitert. Und die Arbeitsgemeinschaft hatte diesen Punkt erst gar nicht in ihren Forderungskatalog aufgenommen. Umso wichtiger erschien es Lotte denn auch, dass die Gewerkschaften, aller Misserfolge zum Trotz, sich weiter um die Organisierung der Hausangestellten bemühten.

Denn das Hausangestelltenproblem wird weiter in dem bisherigen schleppenden Tempo behandelt werden, wenn die Regelung der einschlägigen Fragen wie bisher ganz oder überwiegend den Händen von Hausfrauenorganisationen bleibt und vom guten Willen der Arbeitgeberinnen abhängig gemacht wird. Es ist ein auf die Dauer unhaltbarer Zustand, dass die Regelung der Frage des ausgedehntesten weiblichen Berufes ohne jede Vertretung der betroffenen Arbeitnehmerinnen in Angriff genommen wird.[16]

Letztendlich aber, und davon war Lotte überzeugt, konnte die «Dienstbotenfrage» nur im Rahmen gesellschaftlicher Veränderungen gelöst werden, durch die Auflösung der Privathaushalte. Diese sozialistische Forderung nach der Vergesellschaftung der Haushaltsarbeiten hat sie allerdings nur einmal in ihren Artikeln erhoben. Sie schien wohl doch zu utopisch und fand nur bei überzeugten Sozialistinnen Zustimmung. In deren Augen übten die Dienstmädchen den sklavischsten aller Berufe aus, ausgebeutet von einer Hausfrau, die innerhalb der kapitalistischen Männergesellschaft selber eine Unterdrückte war. Auch in der Schweiz wurde diese Diskussion geführt, so in der sozialdemokratischen Zeitung «Frauenrecht»: «Hausgehilfinnen werden selten Sozialistinnen. Wenn ihre Arbeitgeberinnen nicht für den Sozialismus sind, dann ist dem Mädchen der Besuch einer solchen Veranstaltung [Partei- oder Gewerkschaftsversammlung] untersagt. Dann betrachten wir einmal den Hausberuf. Um Hausgehilfin zu sein, muss man doch überhaupt keinen eigenen Willen haben, man muss doch seinen ganzen Willen und seine ganze Person in den Dienst der ‹Herrschaft› stellen. Gewöhnlich sind diejenigen die ‹besten› Hausgehilfinnen, die einen ausgesprochenen Dienergeist haben.» Als unmittelbare Verbesserungen wurden neben dem Achtstundentag «genügend Lohn, familienfreie Behandlung, rechtes Essen, sittliche[r] Schutz und Gedankenfreiheit» gefordert.[17] Ein weiteres grundlegendes Anliegen war, die Dienstmädchen aus der Wohngemeinschaft mit ihren Arbeitgeberinnen zu lösen und sie damit aus der gesellschaftlichen Isolation herauszuführen, dies als Voraussetzung dafür, dass sie sich mit ihren Arbeitsgenossinnen zusammenschliessen und für ihre Rechte engagieren konnten.

Auf der Suche nach Ländern, in denen hier bereits Fortschritte erzielt worden waren, befasste sich Lotte auch mit den Arbeitsbedingungen in Grossbritannien und den USA. In ihrem Artikel in der «National-Zeitung» vom 24. Oktober 1937 über die Dienstmädchensorgen in England wiederholte sie Forderungen, wie sie auch von der Schweizer Gewerkschaft des Personals öffentlicher Dienste erhoben wurden:

Das häusliche Dienstverhältnis soll, wie das die modernen Lebensverhältnisse schon lange und dringendst fordern, endlich aus dem Rahmen der urgrossmütterlichen Vorstellungswelt herausgerissen werden. Der Hausdienst soll endlich aus einem patriarchalischen Abhängigkeitsverhältnis, das seine soziale Berechtigung schon vor mehr als hundert Jahren verloren hat, zu einem modernen Lohnverhältnis umgewandelt werden, wie es für andere Berufe seit langem gilt.[18]

Gerade ihre umfassenden Kenntnisse der Verhältnisse liessen sie die Sachlage nüchtern betrachten und keine schnellen Verbesserungen der Arbeits- und Lebensbedingungen für diese Berufsgruppe erwarten. Deshalb wandte sie sich mit ihren Artikeln und besonders mit ihrem 1938 ausgestrahlten Radiovortrag immer auch direkt an die Hausfrauen als Arbeitgeberinnen, um ihnen die Lebenswelt des Haushalts aus der Optik des Dienstmädchens nahezubringen und sie für deren Notlage zu sensibilisieren.

Was aber immer möglich ist, und das möchte ich zum eigentlichen Sinn meines Vortrages machen, das ist etwas mehr Verständnis für die Menschen, die trotz Putzgewand und Kopftuch wie jeder gesunde Mensch auch ihr eigenes Leben führen möchten, die ihre Gefühle und Vorstellungen haben, Gefühle, die mit Wischen, Blochen und Teppichklopfen nicht erledigt sind. Es sind nicht nur Mädchen, die aus irgendeinem Grunde keinen anderen Beruf er-

lernen konnten, es sind Mädchen, die eine sehr notwendige Arbeit tun, und es ist mehr als bedauerlich, wenn sie mancherorts noch als Menschen zweiten Ranges betrachtet werden. [...] Sicher ist, dass es hundert Gelegenheiten im Alltag gibt, einen Menschen zu degradieren, ihn fühlen zu lassen: Du gehörst nicht dazu, du bist nur das Dienstmädchen. Es gibt aber ebenso hundert Gelegenheiten, einem Menschen zu zeigen, dass seine Arbeit wichtig ist, dass er als Arbeitskraft und Mensch geschätzt wird.[19]
Wie recht Lotte mit ihren eher geringen Erwartungen an die Erfolge der Schweizerischen Arbeitsgemeinschaft für den Hausdienst hatte, macht eine kleine Schrift deutlich, die unter dem Titel «Hausdienst – ein Problem heute wie gestern» zum fünfundzwanzigjährigen Jubiläum der Arbeitsgemeinschaft 1958 erschienen ist. Ernüchtert heisst es da hinsichtlich der bestehenden Probleme: «Mangel an Hausangestellten, Überfremdung, Berufsbildung, wirtschaftliche und soziale Situation der Hausangestellten. Es scheint, dass sich im Hausdienst die Veränderungen und Verbesserungen sehr langsam vollziehen, dass man selbständige Lösungen kaum erwarten kann und dass man einen ganz anderen Zeitmesser verwenden muss – vielleicht einen astronomischen –, wenn man sichtbare Fortschritte feststellen möchte. Geduld, immer wieder Geduld!»[20] Von der 1933 als Ziel formulierten «Förderung der Organisation der Hausangestellten» ist nichts zu lesen – und somit auch nichts von gewerkschaftlicher Interessenvertretung –, stattdessen von den unveränderten Klagen der Arbeitgeberinnen über die grosse Zahl unzulänglicher Hausangestellter, die «nur ihre eigenen Vorteile im Auge» hätten. Eine Leserin oder ein Leser, der sich dieses Büchlein im Sozialarchiv ausgeliehen hatte, konnte nicht umhin, an den Rand «was sonst!» zu schreiben. Als Bibliothekarin hätte Lotte dies wohl nicht gebilligt, als Kennerin der Thematik aber hätte sie an dieser Bemerkung sicher ihre Freude gehabt.

Keine Liebesheirat

Auch wenn Lotte Benett sich in ihrem publizistischen Engagement intensiv mit dem Thema des Dienstmädchenberufs auseinandersetzte, blieb ihre eigene Arbeit in Schweizer Haushalten eine Notlösung, der sie gerne ein Ende bereitet hätte. Ihr Wunsch war es, wieder als Bibliothekarin zu arbeiten, doch dafür gab es keine Arbeitserlaubnis. Was denjenigen Flüchtlingen geschah, die sich in ihrer Not über das Verbot hinwegsetzten, konnte Lotte bei Freunden miterleben, so bei Robert Jungk, dem späteren Zukunftsforscher und Träger des Alternativen Nobelpreises, der wegen seiner Artikel, die er für eine Textagentur unter falschen Namen schrieb, 1943 verhaftet wurde und dann nach Deutschland «ausgeschafft» werden sollte. Buchstäblich in letzter Minute konnte dieses eigentliche Todesurteil abgewendet werden, und er musste «nur» in einem Schweizer Zuchthaus für sein Vergehen eine unbefristete Strafe absitzen.[21]

Solche behördlichen Massnahmen führten den Emigranten und Flüchtlingen immer wieder drastisch vor Augen, dass ihr Status in der Schweiz eine höchst unsichere und fragile Angelegenheit war, nicht nur wegen des Arbeitsverbots. Mit dem Gesetz über «die Aberkennung der deutschen Staatsbürgerschaft» hatte sich der NS-Staat bereits im Juli 1933 ein Instrument geschaffen, seine politischen Gegner heimat-, recht- und mittellos zu machen. Ausgebürgert werden konnte jeder, der sich nach dem 30. Januar 1933 ausserhalb der Reichsgrenzen aufhielt und durch sein Verhalten «gegen die Pflicht zur Treue gegen Reich und Volk» verstossen und «die deutschen Belange geschädigt» hatte.[22] Helmut Wagner war dies bereits widerfahren, und auch Lotte musste damit rechnen. Umso dringender war deshalb eine Sicherung ihres Status in der Schweiz.

Während es für männliche Flüchtlinge keine Möglichkeit gab, ihren provisorischen Aufenthaltsstatus in einen dauerhaften zu verwandeln und, damit verbunden, eine Arbeitserlaubnis zu erhalten, bot sich den weiblichen Flüchtlingen ein Schlupfloch, sofern sie ledig waren. Im Falle einer Heirat mit einem Schweizer erhielten sie die Schweizer Staatsbürgerschaft, die ihrer Gefährdung ein Ende bereitete. Heiratete hingegen eine Schweizerin einen Ausländer, dann verlor sie das Schweizer Bürgerrecht und konnte dadurch in eine existenziell bedrohliche Situation geraten.[23] Auch in diesen Jahren der Bedrohung gab es Liebesheiraten, aber es gab auch so manches Ehe-

Der Zürcher Hans Spengler, Lotte Benetts erster Ehemann, wenn auch nur zum Schein. Dieses Bild zeigt ihn bereits nach der Scheidung und seiner Auswanderung im Jahre 1937 nach Westafrika. (NL Lotte Schwarz)

paar, das nicht die Liebe zusammengeführt hatte, sondern die Einsicht in die Notwendigkeit, sich in unmenschlichen Zeiten auf diese Art helfen zu müssen. Zahlreiche antifaschistisch gesinnte Schweizer Männer waren bereit, den Gang zum Standesamt zu unternehmen. Da auch damals die sogenannten Scheinehen verboten und die Behörden bei binationalen Ehen grundsätzlich misstrauisch waren, wurde der tatsächliche Grund der Eheschliessung geheim gehalten. Denn sollten die Behörden herausfinden, dass es sich bei der Eheschliessung um eine Zweckheirat handelte, wurde den Frauen die Schweizer Staatsbürgerschaft wieder aberkannt, und es drohte ihnen die Ausweisung.
Auch Lotte ging den Weg der Scheinehe, am 21. November 1934, nur wenige Monate nach ihrer Ankunft in Zürich. Ihr Mann hiess Hans Spengler und war gelernter Automechaniker. Er lebte bei seinen Eltern an der Röntgenstrasse, bei denen Lotte nach der Heirat ebenfalls gemeldet war. Hans Spengler hatte eine Schwester, Emmy Spengler, die mit dem bekannten Schweizer Schriftsteller und Sozialdemokraten Jakob Bührer verheiratet war. Beide gehörten zum Freundeskreis des Verlegerehepaares Oprecht, das die erste Anlaufstelle für «verbotene» Autoren war. Bruder Hans Oprecht, sozialdemokratischer Nationalrat, Geschäftsleitender Sekretär des VPOD

und ab 1936 Parteipräsident der Schweizer Sozialdemokraten, engagierte sich ebenfalls ausdauernd für mittellose Emigranten. Bei ihm fand Helmut Wagner denn auch vorübergehend Unterkunft. Es war dieses politische Umfeld, in dem sich Lotte und Helmut Wagner bewegten und dem auch Männer wie Hans Spengler angehörten, der bereit war, den Gang zum Standesamt mit Lotte zu unternehmen.

Über Erfahrung auf dem Gebiet dieser spezifischen Form der Eheschliessung verfügte Lottes Freundin Gabriella Seidenfeld, aus der bereits ein Jahr zuvor eine Gabriella Meyer geworden war. Lottes Bewunderung für die vierzehn Jahre ältere Freundin kommt in ihrem Romanmanuskript «Die Brille des Nissim Nachtgeist» zum Ausdruck, in dem eine gewisse Signora Teresa eine zentrale Rolle spielt, deren Vorbild unverkennbar Gabriella Seidenfeld war:

Signora Teresa hatte herrliche, tizianrote Haare, die wie eine Dauerglut auf ihrem Kopf leuchteten, und wenn sie mit ihrer leicht gerauhten Stimme sprach, glaubte man ein Knistern zu hören, das die Glut in Flammen aufgehen lassen könnte.

«Ich kenne ihr Land», sagte sie zu mir, «vor vielen Jahren war ich in Berlin. Mussolini war an die Macht gekommen, und ich hatte auf einem Meeting die Rede eines jungen, italienischen Antifaschisten zu übersetzen. Ein trauriges Land», sagte sie, und hielt wie abwehrend ihre rosafarbenen Handflächen gegen mich, «die Polizei führte die Strassendemonstration an und Genossen, versehen mit einer Armbinde, worauf ‹Ordner› stand, sorgten dafür, dass kein öffentlicher Rasen beschädigt wurde. Nie wird es in ihrem Land eine echte Revolution geben!» Sie schüttelte dabei die rote Glut auf ihrem Kopf und lachte.[24]

Was die beiden Frauen verband, waren neben den politischen Auffassungen und dem Schicksal der Emigration Mut, Kraft und Humor, und beide brachten auf diese Weise nicht nur sich selbst durch diese schwierige Zeit, sondern auch ihre Partner, derentwegen sie im Zürcher Exil lebten. Gabriella Seidenfeld verdankte ihren Scheinehemann der tatkräftigen Hilfe des bekannten Zürcher Arbeiterarztes und Sozialisten Fritz Brupbacher.[25] Mit ihm und seiner Frau Paulette verband sowohl Gabriella wie Lotte eine langjährige Freundschaft. Die beiden Ärzte verfügten über ein ausgedehntes Beziehungsnetz, das sie nutzten, um den über Nacht in Not geratenen Freundinnen und Freunden zu helfen, wie die vielen Briefe von Emigranten, die seit 1933 tagtäglich bei ihnen eintrafen, belegen. Da musste ständig eine

Das revolutionär gesinnte Ärzte-Ehepaar Fritz und Paulette Brupbacher auf ihrem Balkon an der Hadlaubstrasse in Zürich, zusammen mit Franz Pfemfert, dem Herausgeber der bekannten Zeitschrift «Die Aktion», um 1930. (Sozarch_F_Fb-0012-013)

Unterkunft für neu eintreffende Geflohene gefunden und finanzielle Hilfe erbracht werden, medizinische Versorgung war erforderlich und natürlich seelische Unterstützung. Im Exil waren Beziehungen überlebensnotwendig, wer keine hatte, lief Gefahr unterzugehen. Umso wichtiger waren Menschen wie die Brupbachers, die halfen, ohne nach dem Parteibuch zu fragen, weil ihnen Charakter und Denkvermögen wichtiger waren. Diese seltene Eigenschaft hob Lotte in ihrem Nachruf auf den in der Nacht zum 1. Januar 1945 verstorbenen Fritz Brupbacher hervor – auf einen Kämpfer, den, wenig überraschend, weder die Sozialdemokratische Partei noch die Kommunistische Partei auf Dauer in ihren Reihen ertragen hat.
Brupbacher war Arzt und Erzieher. Sein Sozialismus ist parteimässig nicht zu formulieren. […] Brupbacher pflegte das Denken und übte eine freiheitliche Kultur des Denkens; seine Unabhängigkeit und seine Beharrlichkeit, stets den Menschen, das Individuum als den Mittelpunkt aller Bemühungen zu sehen – diese Beharrlichkeit macht den grossen Wert von Brupbachers Persönlichkeit für die Arbeiterbewegung aus – mussten ihn in Widerspruch zur autoritär geleiteten Kommunistischen Partei bringen. 1933 wurde er

auch von dort, nach langen inneren Kämpfen aus ihren Reihen ausgeschlossen. Seine Isolierung seither drückt den Stand einer Bewegung aus, die, in Krise begriffen, heute nach neuen Formen sucht.[26]

In diese Isolierung war kurz vor Brupbacher auch Gabriella Seidenfeld geraten, als sie, bereits im Zürcher Exil, zusammen mit ihrem Lebensgefährten, dem Schriftsteller Ignazio Silone, aus der Kommunistischen Partei Italiens ausgeschlossen wurde. Die italienische Journalistin Franca Magnani, die Seidenfeld und Silone bereits als Kind im Zürcher Exil kennengelernt hatte, schildert in ihrer Autobiografie «Eine italienische Familie» den Lebensweg dieses Paares ausführlich. «Gabriella und Silone hatten sich auf einem Kongress der Jungkommunisten in Fiume kennengelernt. Die Partei hatte Silone, der damals Funktionär in Rom war, als Delegierten der kommunistischen Jugendorganisation entsandt. Gabriella Seidenfeld war Jüdin, gebürtige Ungarin und stammte aus Fiume.»[27] Sie folgte Silone nach Rom und in viele andere Städte und Länder. «Eine Kette von illegalen Aktivitäten, gefälschten Papieren, Namensänderungen, Festnahmen, Ortswechseln, Verhaftungen und Reisen ins Ausland bis hin zum Exil markierten den politischen Weg, in den die Liebesgeschichte von Gabriella und Silone verwoben war. Lediglich nach Moskau kam Gabriella nie, und vom ‹Hotel Lux› erzählte nur Silone.»[28]

1928 dann hatten die beiden das faschistische Italien verlassen müssen und waren auf Umwegen in die Schweiz gelangt, wo sie illegal lebten. 1931 wurden sie aus der Kommunistischen Partei Italiens PCI ausgeschlossen. Fortan waren sie Teil jener Gruppe von Antifaschisten, die als Partei- und politisch Heimatlose im Exil einen noch schwierigeren Stand hatten.[29] Gabriella Seidenfelds Memoiren legen davon Zeugnis ab, sind aber, da unvollständig, nie veröffentlicht worden.[30] Sie schildert darin in knappen Worten die Folgen des Ausschlusses. Die sichtbaren Auswirkungen waren umgehende Konfiskation sämtlicher Unterlagen, Gelder und Materialien durch einen Parteigesandten und der schlagartige Verlust sämtlicher Beziehungen. Der einzige Gabriella verbliebene Besitz war eine kleine Schreibmaschine. Sie stand vor dem Nichts, ohne finanzielle Mittel, ohne Arbeit, ohne Papiere, da auch diese von der Partei erstellt gewesen waren.

Für Seidenfeld und Silone folgte die schwierigste Zeit ihres Lebens. Doch während der seelisch und körperlich angeschlagene Silone zu einem von Freunden ermöglichten Kuraufenthalt nach Davos fahren konnte, blieb Seidenfeld allein und äusserst verzweifelt in Zürich zurück.[31] Mileva Einstein, die erste Frau Albert Einsteins, besass ein Haus an der Hadlaubstrasse 43,

Politische Weggefährten und Freunde: Fritz Brupbacher und Edy Meyer, ehemaliger Sekretär der «Jungburschen» und nicht ganz freiwilliger Ehemann von Gabriella Seidenfeld, um 1920. (Sozarch_F_Fb-0012-011)

in dem auch Fritz und Paulette Brupbacher einige Zeit als Mieter lebten. Einstein bot der mittellosen Seidenfeld Unterschlupf an, eine Dienstmädchenkammer ohne Licht und Heizung, lediglich mit einem Sack Stroh als Schlafgelegenheit. Um ihre Situation zu verbessern, benötigte sie dringend eine Arbeit, einen regelmässigen Verdienst, nicht nur um sich durchzubringen, sondern auch um den kranken Silone zu unterstützen. Fritz Brupbacher vermittelte ihr Übersetzungsaufträge, Silone liess er ein Manuskript abschreiben, doch all das reichte zum Leben nicht aus. Als Silone dann auch noch ohne Papiere aufgegriffen und verhaftet wurde und nur nach Zahlung einer Strafe wieder freikam und schliesslich dank Brupbachers und anderer Freunde Einsatz eine Aufenthaltserlaubnis erhielt, war allen klar, dass auch Gabriella Seidenfeld ihrem illegalen Status dringend ein Ende bereiten musste. Das war im April 1932. «Er zeigte mir ein Fotoalbum. Nachdem wir lange geblättert hatten, fiel die Wahl auf einen alten Knaben mit einem Bart, wie Karl Marx ihn getragen hatte, der, obwohl ein eingefleischter Junggeselle, ihm, Brupbacher, diesen Dienst nicht würde verweigern können. Um die Wahrheit zu sagen, es brauchte viel, um ihn zu überzeugen.»[32] Bei dem Auserwählten handelte es sich um einen alten Freund und politischen Weggefährten Brupbachers, um den Schriftsetzer Edy Meyer.[33] Brupbacher schickte ihm ein kurzes Schreiben, in dem es lapidar hiess: «Lieber Edy, Bitte heiraten Sie die Frl. Serena. Wir sind sehr mit ihr befreundet. Sie sollen aber von Ihren Rechten nicht Gebrauch machen. Sie wird es auch nicht. Herzlich Ihr F. Brupbacher».[34]

Doch ganz so schnell, wie Brupbacher sich das vorgestellt hatte, ging es nicht. Die Eheschliessung fand erst vierzehn Monate nach der schriftlichen Heiratsaufforderung statt. Die Beschaffung der Papiere erwies sich als schwirig, und nachdem gemäss Vorschrift das Ehebegehren am Stadthaus ausgehängt und im Amtsblatt abgedruckt worden war, gingen bei Edy Meyer anonyme Drohungen ein, um ihn von der Heirat abzuhalten: «2. Warnung!! Sie sind zum 2. Mal davor gewarnt die Judensau zur Stadtbürgerin zu machen. Es ist jetzt noch Zeit. Wenn Sie nicht hören wollen, müssen Sie die Stahlrute fühlen!»[35] Anrede und Unterschrift waren ersetzt durch zwei Hakenkreuze, als deutliches Zeichen der Entschlossenheit, mit den Drohungen Ernst machen zu wollen. Dieses Schreiben wurde Edy Meyer im Frühjahr 1933 zugestellt, als die Schweizer Frontisten nach der Machtübergabe an Hitler in Deutschland Morgenluft witterten und durch Einschüchterung und Gewalt den Boden für die Machtergreifung in der Schweiz zu bereiten versuchten. Ihrem deutschen Vorbild folgend, richteten die Frontisten auch in Zürich ihre Angriffe gegen Juden, Sozialisten, Kommunisten und die sozialdemokratische Stadtregierung.

Und tatsächlich ist Edy Meyer zum vereinbarten Termin auf dem Standesamt nicht erschienen. Erst im zweiten Anlauf konnte aus Gabriella Seidenfeld Frau Meyer werden. Geschieden wurde die Ehe dann bereits im Oktober 1934, wegen Unvereinbarkeit der Charaktere. Gabriella Seidenfeld durfte arbeiten und musste keine Angst mehr haben, verhaftet und ausgewiesen zu werden.

Auf die Scheidung des Ehepaars Meyer folgte wenige Tage später die Heirat des Ehepaars Spengler. Im Gegensatz zur Ehe von Gabriella Seidenfeld hat die Ehe zwischen Lotte und Hans Spengler keine schriftlichen Spuren hinterlassen. Deshalb ist auch nicht bekannt, was Hans Spengler dazu bewogen hat, die Auswanderung nach Französisch-Westafrika zu planen. Kurz bevor Lottes Mann Hans die Schweiz im Mai 1937 verliess, wurden die beiden geschieden. Dass sie sich geeinigt hatten, als wesentlichen Grund für die Trennung die ungenügende Haushaltsführung der Ehefrau anzuführen, er-

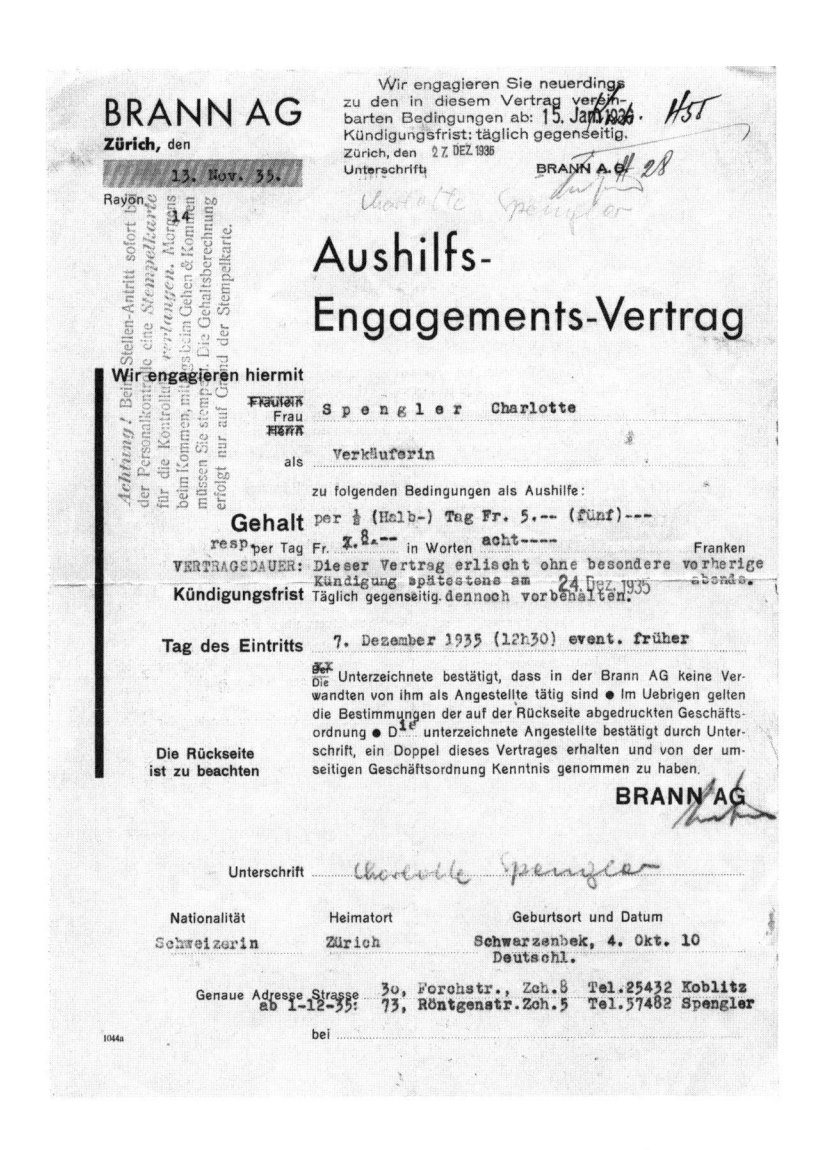

Nach dem Schliessen einer Zweckehe mit Hans Spengler konnte Lotte nun auch andere Arbeiten als die eines Dienstmädchens annehmen, wie der Arbeitsvertrag vom Kaufhaus Brann in Zürich vom Dezember 1935 belegt. (NL Lotte Schwarz)

scheint angesichts von Lottes jahrelangen Erfahrungen als Dienstmädchen nicht ohne Ironie: «Der Kläger wirft der Beklagten vor, sie besitze keine Hausfraueneigenschaften und wolle neben der Besorgung des Haushaltes noch berufstätig sein. Darunter leide jedoch die eheliche Gemeinschaft. Die Beklagte gibt zu, dass die ausschliessliche Besorgung von Hausgeschäften sie unbefriedigt liesse und dass es ihr geradezu ein Lebensbedürfnis ist, in ihrem Beruf als Bibliothekarin tätig sein zu können.»[36] Die Richter überzeugte die Argumentation. Und tatsächlich wollte Lotte ja wieder in einer Bibliothek arbeiten. Doch es war in Zeiten der Arbeitslosigkeit nicht leicht, dieses Ziel zu erreichen.

Zunächst fand sie aushilfsweise Arbeit als Verkäuferin im Kaufhaus Brann an der Bahnhofstrasse. Wieder waren die dabei gemachten Erfahrungen Anlass und Grundlage für mehrere Artikel. Der erste stammt aus dem Jahr 1935 und trägt den Titel «Zwischen Lift und Notausgang». Er ist wie schon diejenigen zur Dienstmädchenfrage in der Gewerkschaftszeitung «Der öffentliche Dienst» erschienen. Ein Jahr später schrieb sie dann über «Frauen vor und hinter dem Ladentisch», zu lesen im sozialdemokratischen «Frauenrecht». Aus beiden Texten sprechen erstaunliche Reife und Wissen um die Anforderungen an diesen Berufsstand. Die Verkäuferinnen müssten über Fähigkeiten verfügen, mit denen diese *Jung und Knigge noch beschämen könnten.*[37] Aus Lottes Beobachtungen sprechen aber nicht nur Menschenkenntnis, sondern auch ein geschulter Blick auf die gesellschaftlichen Verhältnisse, die sich im Auftreten der Kundinnen und Kunden spiegelten. *Anders ist es mit den Frauen, deren Männer kleine Gehälter haben oder gar erwerbslos sind. Diese Frauen sind entschieden dankbarer. Sie wählen die billigeren Sachen. Ein Wort von uns von guter Ware, und schnell antworten sie mit einem «das tuts auch». Es ist sicher noch nicht lange her, da kauften auch diese Frauen noch Qualitätsware. Mitunter hat man den Eindruck, dass sie sich schämen und darum ihren Einkauf in solcher Eile machen. Eine Frau zeigte uns einmal ihre Weste, die sie vor einem Jahr gekauft hatte. Es war erste Qualität. Aber warum? Glaubte sie, eine Verkäuferin wüsste nichts von der Mühe, mit einem kleinen Gehalt auszukommen?*

Je nach der Lage des Mannes ist das Verhalten unserer Frauen vor dem Ladentisch hochmütig, zögernd, feindselig oder vertrauensvoll.[38]

Einen Schritt näher kam Lotte ihrem Berufsziel, als sie im Kaufhaus statt Kleider Bücher verkaufen durfte, wobei die Erfahrungen in dieser Abteilung ebenso aufschlussreich waren und ebenfalls in einem Artikel festgehalten worden sind. Mit einer ganz anderen Kundschaft als im Kaufhaus Brann sah sich Lotte konfrontiert, als sie Gabriella Seidenfeld in deren italienischer Buchhandlung an der Zürcher Langstrasse vertrat – eine durch Ignazio Silones literarisches Preisgeld ermöglichte, leider erfolglose Unternehmung von entsprechend kurzer Dauer. Im März 1936, als Ignazio Silone sich erneut einer Kur in Davos unterziehen musste und Gabriella Seidenfeld ihn begleiten wollte, sprang Lotte ein. Brieflich hielt sie die Inhaberin über die Abläufe im Laden auf dem Laufenden.

Liebe Frau Maier, Sie sind nun schon seit einer Woche abwesend und darum möchte ich Ihnen berichten, wie es in der Libreria geht. Das Paket, das Sie für die Flüchtlingsfamilie bereit gestellt hatten, wurde abgeholt. Ich kann leider, wie Sie wissen, nur schlecht italienisch, aber ich verstand doch, dass man sich freute. Dann kam noch ein jüngerer Mann in den Laden und wollte Sie sprechen, wahrscheinlich auch ein Flüchtling. Ich konnte ihm verständlich machen, dass Sie in etwa einer Woche wieder zurück sein werden. Ich glaube, dass die Kleidersammlung hinter Ihrem Ladentisch besseren Absatz finden wird als Ihre schönen Bücher! – Welcher Spender gab Ihnen für die Flüchtlinge so viele weisse Gummikragen? Na, es wird ja jetzt überall entrümpelt. Verkauft habe ich leider sehr wenig, die Leute haben wohl kaum Geld für Bücher.

Vielleicht sollte man die Papeterie mit Briefpapier, Briefumschlägen usw. vervollständigen? Ein Schulkind kaufte Bleistifte. Auf dem Titelblatt von La Domenica del Corriere von dieser Woche kämpft eine schreiende Frau im Rüssel eines Elefanten um ihr Leben! Ich denke, dass morgen etwas mehr Betrieb sein wird. Ich wünsche Ihnen noch schöne Tage und gute Erholung.[39]

«La Domenica del Corriere» war eine illustrierte Wochenzeitung, berühmt für ihre reisserischen Titelseiten, die Gabriella Seidenfeld nicht des Inhaltes wegen anbot, sondern um Kunden anzulocken, die sonst den Weg in die Buchhandlung nie gefunden hätten. Auch wenn dadurch tatsächlich mehr Leute hereinkamen, den Bücherumsatz hat diese Massnahme dennoch nicht zu steigern vermocht. Unter solchen Umständen konnte die italienische Libreria nicht lange existieren. Das Ladenprojekt überdauert hat hingegen die Freundschaft der beiden Frauen. Wie Lotte auf Gabriella gewirkt hat, hielt diese in ihren Memoiren fest, in denen es unter anderem heisst: «Eine enge Freundschaft verband mich auch mit einer jungen deutschen Sozialistin, Lotte Benett-Schwarz, die aus Hamburg geflüchtet war, sehr gescheit, mutig und mit einer grossen Portion Humor ausgestattet.»[40]

Gelegenheit, deren Mut und Humor zu erleben, bot sich Gabriella in der Pension Comi, wo sie zusammen mit Lotte die wichtigsten Jahre ihrer Emigrationszeit verbringen sollte.

Pension Comi – Friedmanns rettende Insel

«… einzig in ihrer Art»[41] – so nannte Gabriella Seidenfeld die an der Ekkehardstrasse 22/24 im Zürcher Kreis 6, am Fusse des Zürichbergs gelegene Pension Comi. Und Lotte, die in der Pension nicht nur gewohnt, sondern auch gearbeitet hat, wollte diesem Haus und ihren Betreibern Paula und Wolodja Friedmann ein Denkmal setzen mit einem Roman, an dem sie bis zu ihrem Tod geschrieben hat und der den bereits erwähnten Titel «Die Brille des Nissim Nachtgeist» tragen sollte.

Wer waren diese Friedmanns, die Lotte so sehr am Herzen lagen? Neben Lottes Aufzeichnungen, dem von Paulette Brupbacher auf Wolodja Friedmann verfassten Nachruf und den schriftlichen wie mündlichen Erinnerungen von Sohn Adam Friedmann sind lediglich amtliche Akten erhalten geblieben, vor allem die «Berichte über den Bürgerrechtsbewerber», die jedoch weniger über die Friedmanns als über die Verfasser dieser Schriftstücke aussagen.

Adam Friedmann, der zweitälteste Sohn von Wolodja und Paula Friedmann, schrieb in seinem Lebenslauf über seine Eltern: «Mein Vater, Russe, war Berufsrevolutionär, spezialisiert auf Transporte von Menschen, Literatur und Waffen von Österreich und Polen nach Russland und umgekehrt. (Die Frau Lenins, die Krupskaja, erwähnt ihn in ihren Memoiren unter seinem Parteinamen Wolodja.) Seine erste Kontaktstelle beim Grenzübergang nach Polen war ein sozialistisches Ehepaar, bei dem er meine Mutter, die in Brody Lehrerin war, kennen lernte.»[42]

Wolodja, eigentlich Rachmiel Friedmann, wurde geboren am 20. Mai 1876 als Sohn eines frommen jüdischen Kaufmanns im russischen Polozk an der Düna, einem Zentrum des Chassidismus, in dem es zu Beginn des 20. Jahrhunderts dreiundzwanzig Synagogen gab. Als junger Mann verliess er wie viele seiner Generation den von den Eltern vorgezeichneten Weg und schloss sich nach der Gründung der Russischen Sozialdemokratischen Arbeiterpartei SDAPR im Jahre 1898 dieser Bewegung an. In der Folge entschied er sich, die Aufgabe eines Kuriers zu übernehmen, wohl wissend, dass es sich dabei um eine illegale und gefährliche Arbeit handelte. Bewundernd schreibt Paulette Brupbacher in ihrem Nachruf auf Wolodja Friedmann: «Diese Mission, zu der angesichts der intensiven Bewachung durch die zaristische Ochrana viel Wagemut, ja Tollkühnheit gehörte, erfüllte W. Friedmann während voller 12 Jahre – eine für die Tätigkeit ungeheuer lange Zeit.»

In diesen zwölf Jahren war Wolodja bereits einmal verhaftet und verurteilt worden, er hatte sich der Strafe jedoch durch Flucht entziehen können. Die erneute Verhaftung im Jahre 1910 bedeutete dann aber das definitive Ende für seine illegale Tätigkeit. Er wurde trotz eines falschen Passes enttarnt, und es drohten ihm ein Prozess und die jahrelange Verbannung nach Sibirien. In ihrem Romanmanuskript lässt Lotte Paula Friedmann diese entscheidende Episode erzählen:

Es mag 1909 gewesen sein. Bei einer Kontrolle an der russischen Grenze hat man es meinem Mann auf den Kopf zugesagt: du bist Leone Paksmann [Wolodja Friedmann], dich suchen wir schon lange. Es nützte ihm nichts, dass er mit einem österreichischen Pass reiste. Man arretierte ihn für die Nacht in einem Grenzhotel, um ihn am folgenden Morgen der russischen Sicherheitspolizei übergeben zu können. Noch während der Nacht konnte er ausbrechen und fliehen.[44]

Er gelangte unerkannt nach Brody, eine polnisch-österreichische Grenz- und Garnisonsstadt, in der Paula lebte. Die Stadt zählte zu dieser Zeit 18'000 Einwohner, mehr als zwei Drittel davon waren Juden. Die einst wohlhabende Stadt war inzwischen wieder verarmt, das vormals profitable Schmuggelgeschäft von und nach Russland brachte kaum mehr etwas ein. Entsprechend elend waren die sozialen Verhältnisse, die Paula Friedmann aus ihrer Arbeit als Lehrerin genau kannte. Sie selber stammte aus einer bürgerlichen jüdischen Familie, die sehr sozial eingestellt war und den Töchtern eine gute Bildung ermöglicht hatte. Paulas soziales Engagement und ihre politische Haltung hatten sie in Kreise geführt, in denen auch Wolodja verkehrte. Doch solange er seine illegale Arbeit fortführte, war an eine dauerhafte Liebesbeziehung nicht zu denken. Erst nach seiner Verhaftung und der geglückten Flucht schien sich Paulas Traum von einer gemeinsamen Zukunft realisieren zu lassen. Die Hochzeit fand Ende Oktober 1910 in Brody statt. Anschliessend reisten die beiden über Paris nach Zürich, wo sie sich bereits Ende November niederliessen. Das Zentralkomitee der Sozialdemokratischen Arbeiterpartei Russlands hatte befunden, dass es keine Alternative zum Exil gab, da eine Wiederaufnahme der Kuriertätigkeit für Wolodja und die Partei zu gefährlich war.

Der Neubeginn sollte ihnen in Zürich leichter fallen als anderswo, denn hier existierte bereits eine grosse russische Exilgemeinde. 1910 lebten fast 8500

Russinnen und Russen in der Schweiz, wie eine Volkszählung ergab, die meisten davon in Zürich und Genf. Viele waren an den Universitäten des Landes eingeschrieben, mit der Folge, dass jeder dritte Studierende russischer Herkunft war. Auch Paula Friedmann immatrikulierte sich an der Universität Zürich, wodurch der Aufenthaltsstatus der beiden zunächst geregelt war. Und schon bald bezog das Ehepaar seine erste eigene Wohnung, an der Ottikerstrasse 31, nahe der Universität und der Technischen Hochschule.

In Zürich traf Wolodja viele seiner Weggefährten wieder. Engen Kontakt pflegte er zu Georgi Plechanow, Julius Martow und Pawel Axelrod, den Paula Friedmann wie einen Vater verehrte. Noch gab es die Sozialdemokratische Arbeiterpartei Russlands, doch der Kampf um die Vorherrschaft in der Partei zwischen Lenins Bolschewiki und den Menschewiki mit Axelrod und Martow an der Spitze ging in seine letzte Runde. Die unterschiedlichen Konzepte über den Weg hin zur Errichtung einer sozialistischen Gesellschaftsordnung in Russland führten 1912 zur endgültigen Spaltung der Partei. Paula Friedmann bezeichnete diese Spaltung rückblickend als eigentlichen Schicksalsschlag, bedeutete sie doch den Bruch mit Weggefährten, die fortan im anderen politischen Lager standen. Sich den Menschewiki anzuschliessen, wie Paula und Wolodja Friedmann dies taten, hiess, mit einer Minderheit zu gehen, die kaum mehr Einfluss auf die russischen revolutionären Entwicklungen nehmen konnte. Während des Ersten Weltkrieges fiel diese Machtlosigkeit noch nicht so sehr ins Gewicht. Auch Lenin als Anführer der Bolschewiki musste in der Schweiz den Ausgang des Krieges abwarten. Doch mit der Abreise Lenins und weiterer Genossen aus Zürich am 9. April 1917 und mit der anschliessenden Machtergreifung der Bolschewiki im November desselben Jahres musste auch Wolodja Friedmann erkennen, dass sich der Umsturz in Russland, für den er so lange gekämpft und sein Leben riskiert hatte, ohne ihn und seine Partei vollzog.

Hinzu kam, dass er zu diesem Zeitpunkt nicht mehr der alleinstehende junge Mann war, als der er sich bedenkenlos in den Dienst der sozialistischen Bewegung gestellt hatte, sondern ein Familienvater, der für nunmehr vier kleine Kinder sorgen musste. Die Frage der Existenzsicherung erwies sich von Anfang an als schwierig. Zunächst hatte Wolodja, obwohl selbst Nichtraucher, Geld mit dem Drehen russischer Zigaretten, den berühmten Papyrossi, verdient. Doch als die Tabaklieferungen aus Russland ausblieben, musste eine neue Verdienstquelle gefunden werden. Paula gab ihr Universitätsstudium auf und verdiente fortan mit Sprachunterricht und dem

Die Familie Friedmann, kurz nach der Übernahme der Pension Comi: Wolodja und Paula Friedmann mit ihren vier Kindern Georg, Hedy, Mary und Adam. Hinten stehend Helene Mann, die Schwester von Paula Friedmann. (AfZ, BA-BASJ-Archiv 140_003)

Anbieten eines Mittagstisches das dringend benötigte Geld für die grosse Familie. Dieser Mittagstisch wurde nicht nur von angehenden Studenten genutzt, sondern auch von russischen und polnischen Genossen, darunter namhafte Parteimitglieder wie Lunatscharski und Trotzki, wie Sohn Adam Jahrzehnte später zu berichten wusste. Zusätzliche Einnahmen erbrachte das Vermieten von Zimmern an ausländische Studierende. Hingegen kaum finanziell lohnend war die Aufnahme von Flüchtlingen aus Osteuropa, die aus politischen Gründen nicht in den Weltkrieg ziehen oder sich vor Verfolgung schützen wollten, die aber von Paula und Wolodja Friedmann aus Überzeugung und Solidarität oft gewährt wurde.

Dass eine sechsköpfige Familie mit Untermietern und Kostgängern verschiedenster Provenienz an der bürgerlichen Ottikerstrasse nicht der dort üblichen Lebensform entsprach, überrascht nicht. Das Treiben in der Friedmannschen Wohnung bot den Nachbarn und dem Vermieter Anlass genug, sich an den neuen Mitbewohnern zu stören und ihren Auszug herbeizuwünschen. Der Hausbesitzer, Bäckermeister Weber, kündigte denn auch seinen Mietern mit der Begründung der mangelnden Ruhe und Reinlichkeit. Dieser Sachverhalt findet sich detailliert dargelegt in einem Bericht der Zürcher Stadtpolizei vom 18. Oktober 1929, der aus Anlass des von Wolodja Friedmann gestellten Einbürgerungsantrags angefertigt wurde. «Speziell aber in Bezug auf Reinlichkeit und Ordnung soll damals die Pensionsführung des heutigen Gesuchstellers sehr zu wünschen übrig gelassen haben. Der Hauseigentümer Weber wollte den Friedmann denn auch ganz besonders aus diesem Grunde nicht mehr in seinem Hause haben und kündigte denselben, sobald die zu dieser Zeit bestehenden aussergewöhnlichen Mietvorschriften ihn daran nicht mehr behinderten. Es ist nicht bekannt, dass die Polizei z. B. je aus sittenpolizeilichen Gründen mit Friedmann etwas zu tun gehabt hätte, in seinen Pensionen.»[45]

Nach der schliesslich erfolgten Kündigung zogen die Friedmanns 1921 an die Ekkehardstrasse 22/24, nur wenige Meter von der Ottikerstrasse entfernt. An dieser Adresse befand sich bereits eine Pension namens Comi, die fortan von Wolodja und Paula Friedmann geführt wurde. Sie vermieteten 14 Zimmer an durchschnittlich 16 bis 18 Pensionäre, die von vier Haushaltshilfen und den Pensionsinhabern versorgt wurden. Dazu kamen die ebenfalls nach Zürich eingewanderten Eltern von Paula Friedmann und ihre Schwester Helene, die in der Pension Klavierstunden erteilte. Und schliesslich gab es noch einen Hund, der die illustre Bewohnerschaft abrundete.

Auch hier liessen die Klagen aus der Nachbarschaft wegen Ruhestörung und Hundegebell nicht lange auf sich warten. «Er hatte in der Pension lange Zeit speziell Schüler aus dem Institut Minerva, meistens Ausländer, die eben ganz besonders hiezu Veranlassung gaben.»[46] Ausserdem gab es Klagen von amtlicher Seite, die die «Nichtversteuerung seines Hundes, Nichtanmelden von Dienstboten, Nichtanmelden von Mietern» betrafen. Gebüsst wurde Rachmiel Friedmann am 17. September 1925 wegen Ruhestörung durch Hundegebell mit Fr. 2.–, im März 1926 dann ebenfalls mit Fr. 2.– wegen Nichtanmeldung von Diensten, und im April desselben Jahres «wegen Nichtverabgabung seines Hundes» zu Fr. 5.– und schliesslich nochmals drei Jahre später wegen «Nichtabmeldung von Mietern» mit Fr. 3.–. Ebenfalls negativ hervorgehoben wurden im Bericht die wiederholten Betreibungsankündigungen, gefolgt von dem Hinweis, dass es sich bei den Friedmanns um Juden handelte. «Friedmann und dessen Frau scheinen sich den hiesigen

Die Pension Comi an der Ekkehardstrasse 22 in Zürich – rettende Insel für unzählige, von den Nationalsozialisten verfolgte Flüchtlinge. (AfZ, BA-BASJ-Archiv 139_001)

Verhältnissen ziemlich angepasst zu haben, obwohl sich in ihrem Wesen und im Verkehr mit ihnen, die ganz besondere Eigenart der polnischen Juden deutlich zeigt. Die Leute scheinen gesund zu sein.»[47]
Unter diesen Umständen war an eine positive Antwort auf das Einbürgerungsgesuch nicht zu denken. «Ziemlich angepasst» bedeutete eben nicht, dass der Anpassungsgrad des Gesuchstellers ausreichend war, um in den Besitz eines Schweizer Passes zu kommen. Erst im Sommer 1931, nachdem die Klagen aus der Nachbarschaft verstummt waren, wurde dem erneuten Antrag auf Einbürgerung stattgegeben.
Mit der Machtübergabe an Hitler in Deutschland im Januar 1933 vollzog sich ein grundlegender Wandel in der Pension. Immer mehr Emigranten hielten Einzug. Die Comi wurde zu einer rettenden Insel für in Not Geratene, wie Lotte dies in ihrem Roman umschrieb. Auch sich selber sah sie als eine solche Rettung Suchende, die ein kleines Zimmer im fünften Stock – ein ehemaliges Dienstmädchenzimmer – hatte beziehen können. Ihrem positiven Bild vom Charakter der Pension setzte der deutsche Emigrant Kurt Nussbaum, ebenfalls ein «Comianer», seine Perspektive der Hoffnungslosigkeit entgegen.

Für ihn war die Pension ein Ort für die Verlorenen in einem Land, das den Flüchtlingen keine Sicherheit bot. *Die Schweiz ist ein kurzer Rock voller Falten, eine Art geologisch erstarrter Sturm, [...] die Falten laden ein, sich darin zu verstecken. Aber schon andere vor uns kamen auf diese Idee, und zurzeit bauscht sich das plissierte Land wieder mächtig.*[48]

Und tatsächlich spannte sich Helvetias Faltenrock zusehends. Nach dem Anschluss Österreichs 1938 wurde die Lage für die Zuflucht Suchenden noch schwieriger. Und keiner wusste, wie lange die Schweiz bereit war, die Flüchtlinge wenigstens vorübergehend aufzunehmen. Diese fast alle Bewohner der Pension Comi bedrohende Situation des Unerwünschtseins machte aus vormals vollwertigen Bürgern Heimat- und Rechtlose und damit vorübergehende Schicksalsgenossen, die nur darauf hoffen konnten, dass das rettende Floss sie lang genug tragen würde.

Leichter war es nur für Frauen wie Lotte und Gabriella, die durch ihre Eheschliessung im Besitz des begehrten Schweizer Passes und damit einer Arbeitserlaubnis waren. Auch Hanna Oppenheim, einer Rechtsanwältin aus Berlin, die in den zwanziger Jahren in Zürich studiert hatte, gelang es, ihren Aufenthaltsstatus durch Heirat abzusichern. Ihr Ehemann war ein langjähriger Freund – der in Zürich heute noch bekannte Politaktivist und Buchhändler Theo Pinkus. Die Familien Oppenheim und Pinkus waren sich schon lange freundschaftlich verbunden gewesen, darüber hinaus verband Theo Pinkus eine Freundschaft mit Adam Friedmann, beide gehörten der Kommunistischen Partei KPS an. So kann es nicht überraschen, dass Hanna Oppenheim den Weg in die Pension Comi gefunden hat.

Kurt Nussbaum alias Nissim Nachtgeist

Wie viel schwieriger sich der Aufenthalt für andere Flüchtlinge gestalten konnte, die nicht bleiben und nicht arbeiten durften, erfuhr Kurt Nussbaum, der als Nissim Nachtgeist zur Titelfigur von Lottes Romanmanuskript avancierte und dem 1946 die zweifelhafte Ehre zuteil wurde, Gegenstand einer Bundesratssitzung und einer Ehrverletzungsklage zu werden. Über die Gründe seiner Flucht und über sein Leben in der Schweiz heisst es im Sitzungsprotokoll des Bundesrates vom 21. Mai 1946 lapidar: «Der Emigrant Dr. Kurt Nussbaum musste infolge der deutschen Rassegesetzgebung Deutschland verlassen. Er reiste deshalb im April 1937 in die Schweiz ein und setzte in Zürich seine Studien fort. Anfänglich scheint er über eigene Mittel verfügt zu haben; später musste er jedoch vom Verband Schweizerischer Israelitischer Flüchtlingshilfen und von Freunden unterstützt werden.»[49] Hinter diesen drei nüchternen Sätzen verbirgt sich ein tragisches Schicksal, durchaus nicht ungewöhnlich, vielleicht mit dem Unterschied, dass Nussbaum nicht bereit war, es still hinzunehmen.

Kurt Nussbaum hatte bereits in Deutschland Jura studiert, doch als Jude bedeutete das Jahr 1933 das Ende aller beruflichen Pläne. Seine Eltern ermöglichten ihm deshalb ein Doktorandenstudium an der Universität Zürich. Als das Geld von zuhause zum Leben nicht mehr reichte, musste er sich nach Verdienstmöglichkeiten umsehen, die auf Grund seines Status nur illegaler Art sein konnten. Er begann, anderen Doktoranden, die über mehr finanzielle Mittel verfügten, beim Schreiben ihrer Doktorarbeiten zu helfen. So mancher Schweizer Jurist hat seine Karriere der tatkräftigen Unterstützung von Kurt Nussbaum zu verdanken – eine Hilfeleistung, über die aus naheliegenden Gründen keiner der Beteiligten etwas verlauten liess. Darüber hinaus fand Nussbaum einen «Wohltäter», einen reichen Altwarenhändler, der Kunst und Literatur liebte und der sich von dem jungen Mann Bücher aus der Bibliothek bringen liess, die dieser dort fachmännisch ausgesucht hatte. Als Gegenleistung erhielt Nussbaum bei der Familie des Altwarenhändlers täglich eine warme Mahlzeit. Eine weitere Beschäftigung, der Nussbaum abends zusammen mit seiner Braut Elisabeth nachging, war das Nähen von Berufsmänteln – auch dies Schwarzarbeit, die unentdeckt bleiben musste. Von seinem Auftraggeber erhielt er in einem grossen Koffer die zugeschnittenen Mantelteile, die zusammengenäht werden mussten. Lotte, die im Zimmer neben Nussbaum wohnte, half den beiden ab und zu dabei. *Vorderteil, Rücken, Kragen, Taschen, Gürtel mit Einlage, Knopflochleiste, schweizerische Qualitätsarbeit, verehrte Nachbarin, Gütezeichen Label. Die Schweizer müssen ein Volk in Berufsmänteln sein,*[50] sinnierte er beim Sortieren der zugeschnittenen Teile. Kurt Nussbaums Braut war von Beruf Schneiderin und deshalb für das Zusammennähen der Teile zuständig, während er die Fäden abschnitt und die fertigen Mäntel bügelte.

Nur für das Studententheater, bei dem er mitmachte, benötigte er keine Arbeitsbewilligung, hier spielte er mit, nicht aus materieller Notwendigkeit, sondern aus Liebe zu Theater und Film. Auch die Bewohner der Pension Comi kamen in den Genuss seiner Aufführungen, wenn er eine Rolle probte und in seinem Zimmer im fünften Stock eine kleine Kostprobe seines Könnens gab. Diese Anlässe waren willkommen und lenkten für Augenblicke von der eigenen schwierigen Lebenssituation ab.

Kurt Nussbaum konnte seinen Status nicht absichern, obwohl seine Braut Schweizerin war und sie ihn gerne geheiratet hätte. Doch den Verlust ihrer Staatsbürgerschaft und damit der Arbeitserlaubnis konnte Elisabeth nicht riskieren. Und da Kurt Nussbaum inzwischen staatenlos geworden war, wäre bei einer Eheschliessung auch sie eine Staatenlose geworden. Eine gemeinsame Zukunft sahen die beiden für sich nur in den USA, da Kurt Nussbaum wie alle Emigranten und Flüchtlinge zur Weiterwanderung gezwungen war. Die Erlangung eines Visums erwies sich aber auch in seinem Fall als äusserst schwierig. Dennoch gelang es den beiden schliesslich 1941, ein Visum zu erhalten und über das jüdische Hilfswerk VSJF die Schiffsreise zu organisieren. Der Bescheid erreichte Kurt Nussbaum im Arbeitslager Thalheim im Kanton Aargau, in das er im August 1941 hatte einrücken müssen. Vor ihrer Abreise wollten sie sogar noch heiraten, um als Ehepaar Nussbaum in den USA neu anzufangen. Sie wagten diesen Schritt, da der Termin der Ausreise gemäss der Mitarbeiterin der Flüchtlingshilfe unmittelbar bevorstünde. Lotte verfolgte wie alle Bewohner der Comi die Reisevorbereitungen der beiden mit grosser Anteilnahme. Kurt Nussbaum verkaufte seine juristische Bibliothek, seine Frau nahm einen Kredit auf, um die Überfahrt finanzieren zu können. Berufsmäntel wurden keine mehr genäht, stattdessen Koffer gepackt. Und dann ereignete sich das, was Lotte als Katastrophe erlebte und worüber es im Protokoll des Bundsrats heisst: «In Verbindung mit dem Emigrantenbüro der Eidg. Fremdenpolizei leitete der Verband Israelitischer Flüchtlingshilfen die notwendigen Schritte ein, um ihm die Überfahrt nach Amerika zu ermöglichen. Aus irgendwelchen Gründen wurde er jedoch vom Verband Israelitischer Flüchtlingshilfen nicht rechtzeitig in einen solchen Sammeltransport eingeschlossen, sodass sein Visum verfiel. Die Bemühungen, das Visum zu erneuern, scheiterten leider, und von Mitte 1942 an waren Ausreisen überhaupt nicht mehr möglich.»[51]
Kurt Nussbaum war tief verzweifelt. Er vergrub sich in seinem Zimmer im fünften Stock, die Koffer blieben unausgepackt. Paula Friedmann versuchte vergeblich das junge Paar zu trösten, indem sie auf ein nächstes Schiff verwies, von dem jedoch zu vermuten war, dass es dieses nicht mehr geben würde.
Statt der Ausreise nach den USA erwartete Kurt Nussbaum im Februar 1942 die Einweisung in das Arbeitslager Locarno, wo er mehr als vier Monate bleiben musste. Wegen falscher Behandlung eines bei der Arbeit zugezogenen Knieleidens konnte er nach Zürich zurück, von wo aus er sich einer erneuten

Internierung widersetzte. Wenn er schon unverschuldet in der Schweiz bleiben musste, dann aber nicht in einem Lager, so Kurt Nussbaums Auffassung. Darin bestärkt wurde er durch den Umstand, dass er wegen der Lebensbedingungen im Lager mittlerweile an einer chronischen Knochenhautentzündung litt. Seine Argumente unterbreitete er wiederholt, aber vergeblich der Flüchtlingshilfe und den Behörden. Was folgte, waren jahrelange Auseinandersetzungen, die nach dem Ende des Krieges eskalierten und schliesslich in einer Ehrverletzungsklage gegen Nussbaum mündeten. Die zahlreichen Skandale in den Internierungs- und Arbeitslagern, die Missstände, die bis hinauf in die Internierungskommission als der obersten Behörde für die Heime und Lager reichten und die ab 1945 durch die zahllosen Zeitungsberichte an die Öffentlichkeit gelangten, erachtete Nussbaum als Beweis dafür, dass seine Klagen über die Schweizer Flüchtlingspolitik berechtigt waren. Als er diese auch gegenüber einem Journalisten der «Neuen Zürcher Zeitung» äusserte und ferner der Zentralstelle für Flüchtlingshilfe mitteilte, dass er im Auftrage einer amerikanischen Institution an der dokumentarischen Zusammenstellung der Behandlung der Flüchtlinge in der Schweiz arbeite, wurden die Behördenvertreter in Bern unruhig. Sie drängten darauf, die Angelegenheit zum Gegenstand einer Sitzung des Bundesrates zu erheben. Der Grund dafür lag in der Angst begründet, dass das bereits angeschlagene Ansehen der Schweiz im Ausland durch solche Behauptungen wie die von Kurt Nussbaum noch mehr Schaden nehmen könnte. «Da aber andererseits Dr. Nussbaum Journalist und sehr gewandt ist und es versteht, immer wieder Dritte für seine Sache zu interessieren, und er zudem in der nächsten Zeit nun doch nach Amerika ausreisen kann, muss nach seinen Drohungen damit gerechnet werden, dass er nach seiner Ankunft in den Vereinigten Staaten versucht, in der amerikanischen Presse falsche Behauptungen über die Flüchtlingsbehandlung in der Schweiz aufzustellen.»[52]

Zu einem Verfahren ist es dann allerdings nicht mehr gekommen. Kurt Nussbaums Auswanderung in die USA mit unbekannter Adresse bedeutete den Schlusspunkt in einer Auseinandersetzung, in der er es aus Sicht von Behörden und Hilfswerken an der erwarteten Dankbarkeit, an Stillschweigen und Anpassung hat fehlen lassen, weshalb Nussbaum die von ihm geforderte persönliche Aussprache und inhaltliche Klärung der Vorwürfe nie gewährt worden ist.

Noch ein anderer Bewohner der Pension Comi war nicht bereit, sein Los stillschweigend zu akzeptieren. Lotte gab ihm den Namen Schatz.

Seine erste Busse sollte er in diesem Gastland, «das kein Gastland ist», wegen illegalem Grenzübertritt bezahlen, eine zweite wegen Versäumnisses der Anmeldepflicht. Beide Bussen wurden dann wegen Mittellosigkeit und entschuldbarer Unwissenheit niedergeschlagen. Bei Basel über die Grenze nach Frankreich gestellt, hatte er einen Zettel unterschrieben, dass er bei nochmaligem Antreffen auf helvetischem Boden ins Dritte Reich zurückgeschickt werde, oder sich mit seiner Internierung einverstanden erkläre…
Er kehrte zurück und sandte dem Bundesrat aus seinem Versteck eine Neujahrskarte mit dem Wunsch, dass es der hohen Behörde besser gehen möge als ihm.
Auch in der Comi unterliess er nicht das Schreiben von «Briefen mit Wahrheitsgehalt», wie er zu mir sagte. In diesen Rundbriefen an Behörden und bekannte Persönlichkeiten forderte er Arbeit für jeden Emigranten, Wohnung und Anschluss an alle sozialen Einrichtungen.[53]

Doch dieses Verhalten des Aufbegehrens stellte die Ausnahme dar. Die meisten versuchten klaglos die behördlichen Vorgaben zu erfüllen und den Schein einer Normalität zu wahren – ein eigentlicher Kraftakt, der von aussen meist nicht zu erkennen war. Hinter einer gepflegten äusseren Erscheinung, auf die die Bewohnerinnen der Comi achteten, verbarg sich sehr oft grosse seelische und materielle Not. An dieser Not war nichts zu ändern, am Aussehen schon. Und so liessen sich die Damen bereitwillig von Vicky, einer gebürtigen Rheinländerin, die ebenfalls in der Pension lebte, am Samstagabend verschönern.

Zum Wochenende eilten die Damen mit Dornenkronen von Lockenwicklern durch das Treppenhaus. Vicky hatte sie für den Sonntag schön gemacht. Sie beklopfte ihnen das Gesicht, als gälte es, die Spuren einer arbeitsreichen Woche zu verwischen. Getröstet verliessen sie das Zimmer, wobei Vicky nicht vergass, darauf aufmerksam zu machen, dass das Haar erst am Sonntagmorgen auszukämmen sei. «Haben Sie Geduld, Madame, erst morgen werden die Haare richtig schön sein.»[54]

Und selbst auf diese kleinen Freuden sollten die Flüchtlinge gemäss wiederholten Rundschreiben der Hilfswerke verzichten, im Sinne der Anpassung und um bei der Schweizer Bevölkerung keinen Anstoss zu erregen. «Jeder Einzelne aber, der sich den Sitten und Gebräuchen des Gastlandes nicht anpasst und auffällt durch sein Äusseres, durch geschminkte Lippen und lackierte Fingernägel, erschwert die Aufgaben der Hilfswerke unnötigerweise.»[55]

Lotte wusste, welche Anpassungsleistungen von den Flüchtlingen tatsächlich tagtäglich erbracht wurden, selbst wenn eine neue Frisur einen anderen Eindruck erwecken mochte. Für den Flüchtling bedeutete jeder neue Tag den Kampf um sein inneres Gleichgewicht, das er benötigte, um im Exil nicht zu scheitern. Schon das Erwachen in einem Zimmer, das die eigene miserable Lage versinnbildlichte, wurde zur ersten Herausforderung des Tages. Glücklich, wer jung und alleinstehend war und ein Zimmer für sich hatte. Schwieriger war es für das Ehepaar, das in der Heimat eine schöne Wohnung besessen hatte und sich nun Tag und Nacht in einem kleinen Zimmer aufhalten musste. Doch auch das war immer noch besser, als eine Familie zu sein, die mitunter Monate, ja sogar Jahre auf engstem Raum leben musste, wie dies Lotte in der Pension Comi aus nächster Nähe mitverfolgen konnte.

Geflüchtete Familien hatten es schwerer – wohin mit den Handtüchern, den Zahngläsern, jenen Sachen, die nicht im Badezimmer zurückgelassen werden konnten? Der Papierkorb offenbarte, was ein solches gemeinsam bewohntes Zimmer zu leisten hatte. Joghurtgläser und Reste von selber hergerichteten Essen wiesen darauf hin, dass längst nicht alle Gäste in den Speisesaal essen gehen konnten [...]. Nichts wies in den Zimmern auf jenes Leben hin, das die Pensionäre vor ihrer Flucht geführt hatten, höchstens ein aufgestelltes Foto von zurückgelassenen oder verstorbenen Verwandten, von Eltern, die zu alt, um noch zu flüchten ...[56]

Mit dem Kampf ums seelische Gleichgewicht untrennbar verbunden war eine zentrale Aufgabe: den alles überlagernden Zwang des Wartenmüssens zu meistern. *Emigration war – jeder Flüchtling wusste es spätestens nach einem halben Jahr – ständiger Kampf um das innere Gleichgewicht. Das Warten und Abwarten ertrugen die Gäste der Comi auf die verschiedenste Art und Weise.*[57]

Deren Tag begann mit dem Radfahrer Paul Eppstein, der das von seinem Vater in dessen Koscherbäckerei gebackene Brot an die Kunden ausfuhr. Nach seinem Eintreffen konnte das Frühstück gemacht werden. Ebenfalls zum morgendlichen Ritual gehörte das Warten auf die Zeitungen, um die neuesten politischen Entwicklungen möglichst schnell zu erfahren und deren Auswirkungen auf die eigene Lage überdenken zu können. Dann folgte das Warten auf die Post. Bei der Eingangstür der Pension befanden sich an der Wand Holzfächer, die mit den Zimmernummern versehen waren, so dass jeder Bewohner sofort erkennen konnte, ob Post für ihn gekommen war oder nicht. Und wenn sich Briefe im Fach befanden, dann stellte sich die bange Frage nach dem Inhalt. Waren es bedrohliche Nachrichten von den Behörden oder von Familienangehörigen, würde es den Eltern, den Geschwistern noch gelingen, Deutschland zu verlassen, würden sie Aufnahme in einem anderen Land finden, würden sie sich jemals wiedersehen? Je mehr Informationen über die Existenz von Vernichtungslagern durchsickerten, umso grösser wurden Angst und Verzweiflung, die das Warten so unerträglich machten.

Auch Lotte kannte diesen Zustand. Wie die anderen wartete sie auf Nachrichten von zuhause. Erleichtert war sie, wenn nichts vorgefallen war, nur um gleich darauf von erneuter Unruhe befallen zu werden. Besonders schlimm wurde es, nachdem sie aus einem Brief ihrer Mutter von der Verhaftung ihres Bruders Hans erfahren hatte. Das Warten war nun von der steten Angst davor begleitet, dass dem Bruder im Gefängnis Schreckliches widerfuhr und dass die Verhaftung Gefahr auch für die Eltern und Bruder Walter bedeutete. Diese Gefühlszustände zu meistern, erachtete Lotte als die eigentliche Schwerarbeit der Flüchtlinge.

Ich wusste es: einen Nahestehenden in Gefahr wissen, lähmte Herz und Verstand. Über alle Grenzen hinweg erreichte der Verfolger noch einmal den Entronnenen, und schlug ihn mit dieser Schwäche. Mich überkam tiefe Niedergeschlagenheit, wenn ich an Hans dachte, – wenn er lebt, atmet er wie ich … In jedem Brief schrieb die Mutter, dass er nichts Unrechtes getan habe, und darum hoffentlich bald aus der Haft entlassen werde …; ich wusste, wie Hans dachte, und dass sie nicht aufhören werden, ihn zu verfolgen.[58]

Neben der Post und der Zeitung waren es die Mahlzeiten, die einen festen Bestandteil im Tagesablauf darstellten. Wer es sich leisten konnte, nahm diese im Speiseraum der Comi ein. Die Pension verfügte über eine Köchin, die im Souterrain ihr Reich hatte – eine Küche mit einem grossen Herd, der jeden Tag angefeuert werden musste, und mit einer Speisekammer, für die jede Woche zwei Mal der Eiswagen kam und Eisblöcke zur Kühlung der Vorräte anlieferte. Mit einem Lastenaufzug kamen die Essen nach oben, um an die wartenden Pensionäre verteilt zu werden. Wer nicht im Speisesaal ass, der hatte es schwer, an eine warme Mahlzeit zu kommen, da das Kochen auf den Zimmern aus Gründen der Sicherheit verboten war.

Paula und Wolodja Friedmann wussten um die Notlagen ihrer Pensionäre, sie bekamen sie am unmittelbarsten zu spüren, wenn es um die Bezahlung der Miete ging. Geld war fast immer Mangelware, selten lebte ein zahlungs-

Im Speisesaal der Pension Comi. Auch in schwierigen Zeiten wurde Wert auf eine gepflegte Atmosphäre gelegt. (AfZ, BA-BASJ-Archiv 139_003)

kräftiger Gast in der Pension. Paula Friedmann versuchte mitunter, wenn ihr Mann ausser Haus war, säumige Zahler mit klagenden Worten zum Begleichen der Rechnung zu bewegen: *Sie sind doch ein gebildeter Mensch, und wissen, dass ich keine Geschäftsfrau bin.* Wolodja Friedmann hingegen wollte von Mahnungen nichts wissen, er ignorierte die finanzielle Seite seines Unternehmens.

Gewiegt zog er die Augenbrauen hoch und sagte: «Der Arme – er wird kein Geld haben.» Er sass oft in seinem Büro; ein pompöser Name für den gefangenen, handtuchartigen Raum ohne Fenster, der früher einmal ein Aufbewahrungsort für Putzutensilien gewesen sein mochte. Er sass dort vor aufgespiessten Lieferscheinen, und niemand konnte die Gefühle erraten, die er dem Pensionsunternehmen gegenüber empfand. Einmal suchte ihn Signora Teresa [Gabriella Seidenfeld] in seinem Büro auf, um ihren monatlichen Pensionspreis zu zahlen. Sie hielt ihm das Geld entgegen, er aber deutete gereizt auf die Brusttasche seines Sportanzuges und sagte ungedul-

dig: «Stecken Sie hinein, Teresa», und sah nicht einmal hin, wie viel Geld sie in den wollenen Schlitz versenkte. Dabei schien er das Büro sehr wichtig zu nehmen, nur er besass einen Schlüssel dazu, den er ernst in den tiefen Taschen der Knickerbockerhose aufbewahrte.[59]

So waren auch die Friedmanns in den Zustand des Wartens integriert, des Wartens darauf, dass ihre Pensionäre auf irgendwelchen verschlungenen Wegen wieder zu Geld kamen und ihre Miete bezahlen konnten. Geld erhielten die Flüchtlinge von den Hilfswerken, doch zum Bestreiten des Lebensunterhalts reichte dieses nicht aus. Deshalb musste für jeden noch so kleinen Gebrauchsgegenstand das zuständige Hilfswerk um Unterstützung angefragt werden, ob für die dringend benötigte neue Brille, für eine neue Unterhose oder das Besohlen des einzigen Paars Schuhe. Als die Hilfswerke keine Mittel mehr hatten und Bern sich während des Krieges bereit erklärte, sich an einzelnen Unterstützungsleistungen zu beteiligen, dauerte es oftmals Wochen, bis die Genehmigung oder Ablehnung durch die beteiligte Behörde eintraf. Deshalb waren die Pensionäre froh um die Beziehungen, die Friedmanns zu einer Zahnärztin und zu Ärzten wie Fritz und Paulette Brupbacher hatten, die bereit waren, eine notwendige Behandlung gratis durchzuführen.

Dem Warten als Folge staatlich verordneter Untätigkeit wenigstens kurzzeitig entgehen konnten die Pensionäre durch Bibliotheksbesuche, wobei es dafür die Bürgschaft eines Schweizer Bürgers bedurfte, damit ein Ausländer als Benutzer einer Bibliothek zugelassen wurde. Auch hier war Paula Friedmann stets bereit zu helfen, indem sie bürgte und den erforderlichen Betrag auslegte.

Eine willkommene Abwechslung boten auch die abendlichen Zusammenkünfte im Wohnzimmer von Paula und Wolodja Friedmann. In ostjüdisch-russischer Tradition wurden die beiden Samoware eingeheizt, es wurde Tee getrunken, dazu gab es Kekse, man spielte Karten. Nebst diesem geselligen Rahmen bot das allabendliche Zusammensein aber auch die Gelegenheit, über die Weltlage zu diskutieren, besonders wenn das Radio Neuigkeiten lieferte. Wie im Hause Brupbacher fanden sich auch im Hause Friedmann Gäste ein, die nicht in der Pension wohnten. Dazu gehörten so bekannte Persönlichkeiten wie der Vorsitzende der Sozialistischen Internationale Friedrich Adler oder der Schriftsteller Ignazio Silone, um nur zwei zu nennen, aber auch der Koscherbäcker aus dem Kreis 4, Paul Eppsteins Vater, fand den Weg in die Pension.

Die Töchter und Söhne Friedmann auf dem Balkon der Pension Comi in den dreissiger Jahren. (AfZ, BA-BASJ-Archiv 139_006)

Die Welt der Bücher war eine gern genutzte Zuflucht, seltener und dafür umso kostbarer aber waren die Gelegenheiten, aus der Alltagstristesse durch einen Theaterbesuch auszubrechen. Das Zürcher Schauspielhaus erlangte zwischen 1933 und 1945 Bekanntheit, die über die Landesgrenzen hinaus reichte, war es doch nach dem Anschluss Österreichs 1938 das einzige deutschsprachige professionelle Theater, wo antifaschistische Inhalte auf die Bühne gebracht werden konnten. Es traten Schauspieler auf, vormals erfolgreiche deutsche und österreichische Künstler, die nun nach ihrer Flucht in Zürich ein Engagement gefunden hatten und mit ihrem Auftreten das Bindeglied zur untergegangenen Zeit eines vermeintlich gesicherten Daseins bildeten. Auch für Bewohner der Comi spielte das Schauspielhaus eine wichtige Rolle. Die jungen Friedmanns waren Theaterenthusiasten. Adam und sein Bruder Georg wirkten neben ihrem Engagement für die Volksbühne Zürich an den Aufführungen des Schauspielhauses als Statisten mit.[60] Nicht nur Schweizer, auch Emigranten erhielten diese Möglichkeit, für die es Freikarten als Lohn gab. Ein Nutzniesser dieser Freikarten wurde Wolodja Friedmann, der sich, angeregt durch seine Söhne, zu einem begeisterten Theatergänger entwickelte und oft den Weg hinab zum Pfauen unternahm, um den legendären Aufführungen am Schauspielhaus beizuwohnen.

Seine Erkrankung in der Folge der Moskauer Schauprozesse hinderte ihn dann aber daran, alle Stücke zu besuchen, die er gerne gesehen hätte. Er wurde zusehends schwächer und war schliesslich auf die Pflege seiner Frau angewiesen. Diese versuchte, die bedrohlichen politischen Entwicklungen von ihm fernzuhalten. Es ist ihr aber nicht gelungen, den Überfall der deutschen Truppen auf Polen am 1. September 1939 vor ihm geheim zu halten, was ihn erneut zutiefst erschüttert hat. Ob er von der Panik erfuhr, die die Bewohner Zürichs im Mai 1940 angesichts des drohenden Einmarsches deutscher Truppen erfasste und auch zur Flucht ins Landesinnere veranlasste, ist nicht bekannt. Auch nicht, wie die Bewohner der Pension darauf reagiert haben. Nicht mehr erleben musste er den Überfall der deutschen Truppen auf die Sowjetunion am 22. Juni 1941 und nicht die systematische Vernichtung von sechs Millionen Juden, da er bereits am 29. November 1940 verstarb. An seiner Beerdigung nahmen viele Freunde, Weggenossen und die Comianer teil. Paulette Brupbacher war es, die in einem Nachruf auf den Freund und politischen Weggefährten schrieb: «[...] er war kein sturer Dogmatiker, kein abstrakter Theoretiker, er war ein humanitärer Idealist. Es war ihm um die Gerechtigkeit zu tun und um den Menschen als Eigenwert; und was ihn stets beseelte, war das tiefe Mitleiden mit der leidenden Kreatur. Seine grenzenlose Güte, seine Einfühlungsfähigkeit in das Elend des Nächsten und des Entferntesten, seine freudige Hilfsbereitschaft – das war es, was ihn auszeichnete. Wie viele Menschen haben davon Gebrauch und Missbrauch gemacht! Aber Wolodja Friedmann liess sich dadurch nicht beirren – er konnte eben nicht anders.

In der heutigen Zeit, in der alle humanitären Traditionen als verwerflich verleugnet und verneint werden, in der alle Kulturgüter mit den Füssen getreten werden, in der mit beispielloser Brutalität und Roheit der Mensch als solcher in der Wertskala zu Null degradiert wird – in der heutigen Zeit empfinden wir das Verschwinden eines Mannes wie Wolodja Friedmann als doppelt schmerzlich – weil unersetzlich.»[61]

Dass er für die Pension Comi unersetzlich war, sollte sich schon bald zeigen. Paula Friedmann fühlte sich nicht mehr stark genug, die Pension alleine weiter zu führen. Von der Familie war nur noch ihre Schwester im Haus,

alle Kinder waren inzwischen ausgezogen. Hinzu kam, dass 1940 die Internierung der Flüchtlinge in Arbeitslager begann. Sogenannt arbeitsfähige Emigranten wurden zum Arbeitsdienst in die Lager befohlen, darunter auch einige der Comianer. Und wer nicht arbeitsfähig war, kam in ein Interniertenlager, so dass sich die erprobte Gemeinschaft zwangsweise auflöste.
1942 schliesslich kamen Paula Friedmann und ihre Kinder überein, dass es besser wäre, die Pension zu verkaufen und für Paula eine kleine Wohnung zu mieten, ohne die Aufgaben und Verantwortung eines grossen Hauses mit all ihren Bewohnern schultern zu müssen. Mitten im Krieg fand sich ein Käufer für das Haus, der dieses aber nicht mehr als Pension nutzen wollte. Das Ende der Pension Comi war besiegelt, ihre Bewohner mussten ausziehen. Von den Verbliebenen suchten sich einige eine neue Unterkunft in umliegenden Strassen, in diesem ihnen inzwischen vertrauten Quartier. Auch Lotte fand eine neue Bleibe, sie zog an die Spyristrasse in eine Einzimmerwohnung. Wie prägend die Jahre in der Pension Comi für Lotte gewesen sind, belegt der Umstand eines fast vollendeten Romans, der an Menschen und an eine Zeit erinnern wollte, die noch heute zu den umstrittensten Kapiteln der Schweizer Geschichte gehört.

Ringen um eine politische Haltung

Lottes Flucht aus Deutschland lag in ihrer Gegnerschaft zum Nationalsozialismus begründet. Als Mitglied der kommunistischen Jugend und der Roten Kämpfer war ihr Leben nach der Machtübergabe an Hitler nicht mehr sicher gewesen. Und da inzwischen auch ohne Arbeit, kam Lotte in die Schweiz, um dort ihren Lebensunterhalt als Dienstmädchen zu bestreiten, ohne Gefahr zu laufen, aus politischen Gründen verhaftet zu werden. Diese relative Sicherheit aber hatte ihren Preis, denn an die Fortsetzung eben dieses politischen Engagements war auf Schweizer Boden für die Flüchtlinge aus Deutschland und Österreich nicht zu denken.
Bereits im April 1933 hatte der Bundesrat einen Beschluss über die Behandlung der politischen Flüchtlinge vorgelegt, in welchem die politischen Aktivitäten von Ausländern verboten wurden. Gleichzeitig teilte er der deutschen Gesandtschaft in Bern mit, dass alles getan werde, um «kommunistische Umtriebe» in der Schweiz zu verhindern.[62] In die Kategorie «Umtriebe» fielen Versammlungen, Veranstaltungen und Demonstrationen, an denen deutliche Kritik an der nationalsozialistischen Führung hätte geäussert werden können. Deshalb durften fortan ausländische Redner nur mehr dann auftreten, wenn die Behörden dies zuvor bewilligt hatten. Die Schweizer Regierung hoffte, so Konflikten mit dem deutschen Nachbarn besser aus dem Weg gehen zu können. Um die Kontrolle über die politischen Aktivitäten von Ausländern und Schweizern in Bern zu bündeln, wurde 1935 die Bundespolizei geschaffen, deren Aufgabe darin bestand, die innere und äussere Sicherheit der Eidgenossenschaft zu wahren. In der Folge wurden vor allem in den Städten Zürich und Basel regelmässige Razzien und Hausdurchsuchungen durchgeführt, bei denen es zu Verhaftungen und in der Folge auch zu Ausweisungen von politischen Flüchtlingen kam. Das Hauptaugenmerk galt den kommunistischen Flüchtlingen, aber auch linke Sozialdemokraten gerieten ins Visier der Bundespolizei. Dennoch wurden in Berlin weiterhin alle vom Bundesrat ergriffenen Massnahmen als unzureichend erachtet. Der deutsche Gesandte Ernst von Weizsäcker verlangte von der Regierung in Bern weitergehende Schritte, so auch ein Verbot von Angriffen der Schweizer Presse auf Deutschland. Durch den von Deutschland ausgeübten Druck und die von Bern ergriffenen Zensurmassnahmen wurde eine offene Berichterstat-

tung der Schweizer Presseorgane über das politische Geschehen jenseits des Rheins massiv erschwert.

Wer also von den Exilsuchenden geglaubt hatte, dass er von Schweizer Boden aus gegen den Nationalsozialismus offen Widerstand leisten könne, der musste schnell seinen Irrtum einsehen. Alle Aktivitäten wurden von der Polizei überwacht und bei Entdeckung sofort bestraft. Die Möglichkeiten, politisch zu wirken, waren entsprechend sehr begrenzt und mussten, wenn überhaupt, im Geheimen wahrgenommen werden, im Wissen um die Gefahr, erwischt und ausgewiesen zu werden. Die erzwungene Passivität in Kombination mit dem generellen Arbeitsverbot war für viele der Emigranten schwer zu ertragen und Anlass für seelische Krisen und Resignation.

Ein wichtiges Ventil waren sicher die Diskussionszirkel, die sich zu festen Adressen der politischen und literarischen Emigration entwickelten und in denen über die drängenden politischen Fragen tage- und vor allem nächtelang diskutiert wurde. In Zürich gab es einige solcher Treffpunkte: die Wohnung von Paulette und Fritz Brupbacher, auch Brupbachers «Donnerstagsklub» im Restaurant Schwänli, Rudolf Jakob Humms Rabenhaus, den «Baumwollhof», das Wohnhaus von Wladimir Rosenbaum und Aline Valangin beim Bahnhof Stadelhofen, das Zetthaus beim Stauffacher, wo der Schweizer Künstler Richard Paul Lohse lebte, die Wohnung des Verlegerehepaares Emmie und Emil Oprecht – um nur die prominentesten zu nennen. Allein Richard Lohse zählt in einem Aufsatz über das Zetthaus gut drei Dutzend Namen bekannter Emigranten auf, die er in besagtem Haus kennengelernt hat.[63] Und auf der Gästeliste, die Rudolf Jakob Humm geführt hat, reiht sich ein bekannter Name an den anderen.

Auch Lotte befand sich unter den Eingeladenen, zumindest beim Ehepaar Humm sowie bei Fritz und Paulette Brupbacher, wie sie in ihrem Nachruf auf Paulette 1968 beschreibt.

Unter der grossartigen Gesprächsleitung von Fritz Brupbacher wurde der Donnerstagsklub zu einem Ort des Vertrauens und der leidenschaftlichen Diskussion. Fritz liebte es, die Vertreter der verschiedenen politischen Richtungen einzuladen. Heute würde man sagen, er veranstaltete ein Happening. Doch ging es Fritz und seinen Gästen darum, die Ursachen der Niederlagen der sozialistischen Arbeiterbewegungen in Deutschland, Oesterreich, Italien, Spanien und – Russland zu diskutieren. Während man sich im Hinterzimmer der Brupbacherschen Praxiswohnung in der Kasernenstrasse hitzige Gefechte lieferte, konnte ein später Ankommender die Mäntel der Kommunisten, Trotzkisten, Sozialdemokraten und Dissidenten friedlich übereinander auf dem grossen Untersuchungsstuhl im Sprechzimmer liegen sehen; in gemeinsamer Machtlosigkeit hingen die Aermel der Mäntel und die langen, winterlichen Schals von diesem seltsamen Garderobenständer herunter...[64]

An solchen Abenden knüpfte Lotte wichtige Kontakte, und es entstanden Freundschaften, die oftmals noch viele Jahre nach dem Ende der nationalsozialistischen Diktatur Bestand hatten. Einer, den sie auf diesem Wege kennenlernte, war Hans Oprecht, der Bruder des Verlegers Emil Oprecht. Er war Gewerkschaftssekretär des VPOD, ab 1936 Parteipräsident der SP und seit der nationalsozialistischen Machtübernahme in Berlin war er auch Präsident der Büchergilde Gutenberg. Diese 1924 in Leipzig vom Bildungsverband der deutschen Buchdrucker gegründete Buchgemeinschaft hatte ihren Sitz 1933 nach Zürich verlegt, wo sie als «Genossenschaft Büchergilde Gutenberg Zürich» ihre Arbeit fortführte, dies auch mit Hilfe von Lotte, die hier 1937 eine Anstellung fand. Die Büchergilde war keine auf Gewinnerzielung angelegte Unternehmung, stattdessen wollte sie künstlerisch hochwertig gestaltete Bücher «für das schaffende Volk» zu günstigen Preisen herstellen, Bücher, «die wir lieben dürfen ihrer inneren und äusseren Erscheinung wegen, [...], die uns irgendwie bereichern, Klang und Farbe in das graue Leben der Arbeit bringen».[65] Die Büchergilde fand grossen Zuspruch. Anfang 1933 verzeichnete sie 85'000 Mitglieder in Deutschland und 6000 in der Schweiz. Die Werke berühmter Autoren konnten herausgegeben werden, von Heinrich Mann, Arnold Zweig, Hermann Hesse, B. Traven, Honoré de Balzac, Gustave Flaubert, Leo Tolstoj, um nur einige wenige zu nennen. Lotte kannte diese besondere Buchgemeinschaft aus ihrer Zeit als Bibliothekarin in Hamburg, ebenso wie Helmut Wagner, der 1931 bei der Büchergilde sein Buch «Sport und Arbeitersport» herausgebracht hatte – das einzige, das vollständig in Kleinbuchstaben gedruckt worden ist. Und von Karl Schröder, einem der führenden Köpfe der Roten Kämpfer und Förderer Wagners, waren zwei Romane dort erschienen. Da die Büchergilde ihre kultur- und bildungspolitischen Ziele unter den Nationalsozialisten nicht mehr weiterverfolgen konnte, war der Neuanfang in Zürich im Mai 1933 die einzige Überlebenschance. Die zentrale Figur des Unternehmens in Berlin wie in Zürich war Bruno Dressler, der die Büchergilde erfolgreich durch alle Schwierigkeiten zu führen wusste. Entscheidende Unterstützung fand Dressler bei Schweizer Gewerkschaften, die der Genossenschaft kollektiv beitraten, bei Persönlichkeiten wie Hans Oprecht oder Jakob Bührer, der im Vorstand des literarischen Komitees sass, das die eingehenden Manuskripte prüfte und Vorschläge für neue Bücher machte. Der Maler und Grafiker Richard Paul Lohse zeichnete für einen Grossteil der Buchumschläge verantwortlich. Jakob Bührer, Aline Valangin, R.J. Humm und Adrien Turel gehörten zu den Schweizer Autoren, deren Bücher bei der Büchergilde erschienen. Alle diese Namen machen deutlich, dass die Büchergilde ein fester Bestandteil in diesem Kosmos des Antifaschismus auf Schweizer Boden war und vor allem der sozialdemokratischen Emigration auch als Treffpunkt diente. Für Lotte war es ein Glück, dass sie auf Empfehlung von Hans Oprecht bei der Büchergilde auf dem Sekretariat arbeiten konnte, denn viele Stellen hatte diese nicht zu vergeben. 1938, zu Lottes Zeit, zählte die Buchgenossenschaft 20'000 Mitglieder in der Schweiz und lediglich 13 Angestellte.[66]

Trotz der in den genannten Diskussionszirkeln angestrebten verbindenden Grundhaltung des Antifaschismus gelang es ausserhalb dieses Rahmens jedoch nicht, zu einer grundlegenden Verständigung und Zusammenarbeit über die Parteigrenzen hinwegzukommen. Auch wenn die Emigranten das gleiche politische System zur Flucht gezwungen hatte, folgte daraus nicht, dass sie von diesem Zeitpunkt an die gleichen politischen Auffassungen teilten und gemeinsam gegen den Nationalsozialismus zu kämpfen bereit waren. Die bereits vor 1933 herrschenden politischen Gegensätze existierten im Exil weiter, allen voran die zwischen den emigrierten Sozialdemokraten und Kommunisten. Neben diesen beiden grossen Gruppen gab es noch zahlreiche kleine Gruppen, und alle setzten ihren heimlichen Widerstand gegen die nationalsozialistische Diktatur fort, ohne den notwendigen Schulterschluss zu vollziehen. Jede dieser Parteien arbeitete für sich, hatte eigene Organisationsstrukturen, eigene Hilfsorganisationen und finanzielle Mittel, eine eigene Presse, eigene Verbindungswege zu den Genossen in Deutschland und in anderen Ländern. Und jede Partei und Gruppe beanspruchte die Deutungshoheit über die politischen Geschehnisse. Dies zeigte sich immer dann am deutlichsten, wenn grosse politische Erschütterungen die Exilierten aufwühlten und zu heftigen Auseinandersetzungen Anlass boten, so die Moskauer Schauprozesse, der Spanische Bürgerkrieg, der Hitler-Stalin-Pakt, der Beginn des Zweiten Weltkrieges, der Überfall auf die Sowjetunion, die Schlacht bei Stalingrad, die systematische Ausrottung der jüdischen Bevölkerung in nationalsozialistischen Vernichtungslagern.

Für die Angehörigen einer so kleinen Gruppe, wie es die Roten Kämpfer waren, erwies sich diese Konstanz ideologischer Gräben in der Emigration als besonders nachteilig, waren sie doch zu wenige, um sich als Gruppe zu behaupten. Mit ihren äusserst beschränkten Mitteln war es das vorrangige Ziel von Helmut Wagner und Lotte, etwas für die in Deutschland verbliebenen und noch aktiven Freunde zu tun. Dazu gehörte gemäss Wagner die «Herstellung und Pflege von Beziehungen zu den Illegalen in Deutschland», eine zentrale, aber auch höchst schwierige und gefährliche Aufgabe, bei der es vorrangig um die materielle Unterstützung, um die Schaffung von Fluchtmöglichkeiten für gefährdete Illegale ging, aber auch um den Empfang und die Weiterleitung von Berichten.[67] In diese Kategorie der Weiterleitung von Berichten fiel auch ausländisches Textmaterial, das nach Ansicht Wagners die Vorgänge in und um Deutschland teilweise besser beleuchtete, als das von innen heraus möglich war, und das deshalb den Genossen in Deutschland übermittelt werden sollte. Waren diese Aufgaben für die etablierten Parteien bereits schwer zu bewerkstelligen, so traf dies für eine so kleine Organisation wie die Roten Kämpfer in noch viel grösserem Masse zu. So kam im Sommer 1935 Lottes Freundin Lotte Schaedel nach Zürich, offiziell eine Urlaubsreise, tatsächlich aber, um besagten Austausch zu ermöglichen und die Unterstützung für die noch im Deutschen Reich befindlichen Genossen zu organisieren. Doch das Fehlen an Geldmitteln und an einem etablierten Beziehungsnetz, das nötig war, um Gefährdete aus Deutschland herauszubringen und für sie dann in einem anderen Land Unterschlupf zu finden, ermöglichte den Exilierten nur sehr begrenzte Hilfeleistungen.

Dennoch entschloss sich Lotte ein Jahr später, eine Reise nach Hamburg zu unternehmen und die dortigen Gefährten zu treffen. Wagner konnte das mit einer solchen Unternehmung verbundene Risiko nicht eingehen, während Lotte im Besitz eines Schweizer Passes eher darauf hoffen konnte, nicht entdeckt zu werden. Als den günstigsten Zeitpunkt erachteten sie die Zeit vor und während der Olympischen Spiele, die vom 1. bis 16. August in Berlin 1936 ausgetragen werden sollten. Die illegal in Deutschland agierenden Roten Kämpfer wollten diesen Umstand nutzen und am 15. August ihre sogenannte Olympia-Konferenz auf einem offenen Feld ausserhalb von Berlin abhalten, an der auch ein Delegierter der Hamburger Gruppe teilnehmen sollte.

Dass zeitgleich zu Lottes Reise nach Hamburg in Spanien ein Militäraufstand gegen die republikanische Führung losbrach, der einen blutigen Krieg nach sich zog, und dass nur einen Monat später unter Stalins Regie in Moskau der erste Schauprozess veranstaltet wurde, macht deutlich, wie explosiv die internationale politische Lage und wie unkalkulierbar die daraus resultierenden Risiken für einen Einzelnen waren.

Das Ende der Roten Kämpfer

Es war im Juli 1936 als Lotte in Zürich den Zug bestieg, um nach Hamburg zu fahren. Nach mehr als zwei Jahren Abwesenheit sollte sie ihre Familie und Freunde wiedersehen. Sie war in diesen Tagen nicht die Einzige, die nach Deutschland fuhr, denn die Olympischen Spiele standen vor der Tür. Mannschaften aus 49 Nationen hatten ihr Kommen angekündigt, entsprechend viele Besucher wurden erwartet. Dieser sportlich-propagandistische Grossanlass schien der geeignete Rahmen für Lottes Fahrt, da wegen der vielen ausländischen Gäste die Überwachung nicht gleichermassen rücksichtslos durchgeführt werden konnte, wollten die Machthaber ihre mit den Spielen verknüpften Propagandaziele nicht gefährden. Da Lotte nicht mehr Benett, sondern Spengler hiess und Schweizerin war, hoffte sie darauf, nicht aufgegriffen zu werden. Wie lange sie genau geblieben ist und mit wem sie sich wo getroffen hat, darüber hat sie keine Aufzeichnungen hinterlassen. Sie war Ende August wieder zurück in Zürich, unbehelligt hatte sie die deutsch-schweizerische Grenze passiert. Die Freude darüber, dass alles gut gegangen war, währte aber nicht lange, denn nur wenige Wochen nach ihrem Besuch wurden die Roten Kämpfer im ganzen Deutschen Reich Opfer der Gestapo, darunter auch Lottes Bruder Hans.

Ein Zweck von Lottes Hamburgreise war, für Helmut Wagner nach einer neuen Existenzmöglichkeit zu suchen, die sie über Kontakte der Hamburger Genossen nach Dänemark zu finden hoffte. Wagners Situation in Zürich war zunehmend schwierig, da die Behörden immer heftiger auf seine Weiterreise drängten. Diese Erklärung für Lottes Hamburgbesuch findet sich in der auf den 3. März 1938 datierten Anklageschrift des Hamburger Generalstaatsanwalts gegen Otto Blunk und Manfred Rinkel, zweier Mitglieder der Hamburger Roten Kämpfer. Lotte selber hat diese Anklageschrift nie zu Gesicht bekommen, auch nach dem Krieg nicht, als sie sich darum bemühte. Tatsächlich liegt sie heute im Bundesarchiv in Berlin und ist für jeden einsehbar. Unter der Überschrift «Ermittlungsergebnisse» finden sich folgende Angaben: «Im Juni oder Juli 1936 nahm der Angeschuldigte [Otto Ernst Blunk] an einer weiteren Besprechung mit Lotte Benett, die damals für kurze Zeit nach Deutschland gekommen war, Preilipper und Rinkel teil. Sie hatte die Beschaffung von Lebensmöglichkeiten für das nach der Schweiz geflüchtete Mitglied des Reichsausschusses Helmuth Wagner zum Gegenstande. Es wurde beschlossen, dass Rinkel nach Dänemark fahren sollte, um durch seine Emigrantenverbindungen ein Unterkommen für Wagner ausfindig zu machen.»[68]

Manfred Rinkel hat die Reise zu besagtem Zweck vom 18. bis 25. Juli 1936 unternommen, auch wenn er dies später, nach seiner Verhaftung, bestreiten sollte und stattdessen behauptete, dass er seinen in Dänemark lebenden Bekannten lediglich wegen Übersetzungsmöglichkeiten für ein von Wagner geschriebenes Buch über Arbeitersport kontaktiert hätte.

Ein weiteres Mitglied der Hamburger Roten Kämpfer und eine Freundin von Lotte war Charlotte Schaedel, die auch einvernommen wurde. Sie gab an, dass sie acht Tage mit Lotte zusammen in Travemünde verbracht habe. Diese Aussage ist bewusst unkonkret gehalten und gibt wohl kaum das ganze Geschehen in dieser gemeinsamen Woche wieder. Die Roten Kämpfer hatten sich auf Verhöre vorbereitet und waren entsprechend trainiert, so wenig wie möglich an Belastendem auszusagen und ihre vorbereiteten Schutzbehauptungen glaubhaft zu präsentieren. Tatsächlich wird Lotte auch ihre Familie besucht haben, doch darüber findet sich nichts in den Ermittlungsakten.

Die landesweite Verhaftungsaktion war nicht die Folge einer gezielten Überwachung. Tatsächlich stiess die Gestapo erst im Rahmen einer Verfolgung von KPD-Mitgliedern auf die Roten Kämpfer, von deren Existenz sie bis dahin tatsächlich keine Kenntnis gehabt hatte. Rund hundertfünfzig Mitglieder wurden gefasst und inhaftiert, allein in Berlin waren es neununddreissig. Die Hamburger Roten Kämpfer wurden Anfang Januar 1937 gefangengenommen.

Der Buchdrucker Kurt Preilipper, der die Druckerei seines Grossvaters zur Herstellung von illegalen Flugblättern nutzte, hatte gerade zusammen mit seinem Bruder Walter seine Freundin zum Bahnhof begleitet. Sie sollte mit dem Zug in die Schweiz reisen, auch dies eine Aktion, die ohne die Hilfe Lottes nicht durchführbar gewesen wäre. Auf der Rückfahrt wurden die Brüder verhaftet und ins Konzentrationslager Fuhlsbüttel gebracht. Walter kam nach schwerer Folterung – *über Nacht wurden seine Haare schneeweiss*, wusste Lotte Jahre später zu berichten – wieder frei, Kurt sollte wegen Vorbereitung zum Hochverrat angeklagt werden. Doch bereits sechs Tage nach der Inhaftierung erhielt die Mutter die Nachricht vom Tod ihres

Sohnes Kurt. Die Meldung, dass es sich dabei um einen Selbstmord gehandelt habe, hielt Margarethe Preilipper für eine Lüge, auch, weil der Körper des toten Sohnes zahlreiche blaue Flecke aufwies. Heute erinnert ein sogenannter Stolperstein vor dem damaligen Wohnhaus der Preilippers an den Ermordeten.[69]

Die Untersuchungsakte belegt Ermittlungen gegen zwölf Mitglieder der Hamburger Gruppe, Lotte nicht eingerechnet. Sie taucht zwar als Beschuldigte in den Akten laufend auf, auch wurde ihr die Zuführung von neun Bibliotheksbesuchern zu den Roten Kämpfern angelastet. Da sie sich aber in der Schweiz befand, konnte sie nicht festgenommen werden. Sie galt als für die Prozessführung nicht wichtig genug, wie ein Vermerk in den Untersuchungsakten zeigt: «Anhaltspunkte, dass die in den gegenwärtigen Akten als zeitweilige Führerin der zahlenmässig geringfügigen Hamburger Gruppe genannte Charlotte Benett im Reichsmassstabe aber überhaupt in einem grösseren Massstabe tätig wurde, sind nicht vorhanden. Ihre weitere Verfolgung kann deshalb trotz der Flucht in die Schweiz dem H. GstA [Hamburger Generalstaatsanwalt] überlassen werden.»[70]

Dass kein Verfahren gegen sie eröffnet wurde, hatte auch damit zu tun, dass keine Aussicht bestand, die Schweizerin Lotte Spengler vor ein deutsches Gericht zu stellen. Stattdessen hielt sich der Staatsanwalt an den anderen Mitgliedern der Gruppe schadlos. Lotte schrieb dazu in dem bereits zitierten Brief von 1966: *Gemessen an der Kleinheit der Gruppe – gemessen an den Massen der offiziellen Arbeiterparteien waren die RK von einer gigantischen Erfolglosigkeit. Die Gestapo jedoch witterte eine neue Partei; eine Gruppe, die links von der KP stand, kannte sie nicht.*[71]

Vier junge Rote Kämpfer, darunter auch Lottes Bruder Hans, wurden im Konzentrationslager Fuhlsbüttel inhaftiert, was Lotte besonders schwer traf, als sie dies durch einen Brief ihrer Mutter erfuhr. Es waren diese Situationen, in denen der nationalsozialistische Staatsapparat auch den vermeintlich sich in Sicherheit Wähnenden demonstrierte, über welche Möglichkeiten des Terrors er verfügte. Was konnte sie in dieser Situation der Ohnmacht tun, um Hans zu helfen, falls er überhaupt noch am Leben war? In ihrer Verzweiflung wandte sich Lotte an den bekannten Schauspieler am Zürcher Schauspielhaus Wolfgang Langhoff, der selber bereits im KZ inhaftiert gewesen war und darüber das Buch «Die Moorsoldaten» geschrieben hatte. *Wolfgang Langhoff, mit dem ich politisch nicht übereinstimmte, er war überzeugter Kommunist im russischen Sinne, riet mir, in den Briefen nach hause immer dasselbe zu schreiben: der Bruder ist unschuldig. Keine Erklärungen – nichts, was Verhöre für ihn auslösen könnten; so schrieb ich ein Jahr lang: er ist unschuldig.*[72]

Sie tat dies, doch leichter wurde die Situation für sie dadurch nicht. Sie musste sich zwingen, nicht ständig an Hans zu denken, um nicht ganz mutlos zu werden. Sie setzte sich für die verhafteten Roten Kämpfer ein, indem sie Unterstützer suchte. Der deutsche Journalist und Sozialdemokrat Walter Gyssling, der bis 1933 im Büro zur Abwehr des Antisemitismus des jüdischen Centralvereins in Berlin gearbeitet hatte und deshalb sein Leben durch Flucht in die Schweiz hatte retten müssen, war bereit zu helfen. Er bemühte sich bei internationalen Organisationen um finanzielle Unterstützung für die angeklagten Mitglieder der Roten Kämpfer, obwohl er selbst keine Beziehungen zur Gruppe gehabt hatte. Die Büchergilde Gutenberg, bei der Lotte 1937 arbeitete, sammelte Geld für den Hauptangeklagten Karl Schröder, der vor 1933 einer ihrer Autoren gewesen war und jetzt in Berlin ebenfalls vor Gericht stand.

Nach einem Jahr wurde Hans plötzlich entlassen, auch wurde kein Prozess gegen ihn geführt. Nur zwei Hamburger Mitglieder, Rinkel und Blunk, mussten sich einem Verfahren stellen, das im Mai 1938 mit der Verurteilung der beiden endete. Die Haftstrafen mit zwei und eineinhalb Jahren und der Anrechnung der Untersuchungshaft fielen für nationalsozialistische Verhältnisse überraschend niedrig aus. Heute, in Kenntnis der Prozessakten, wird klar, dass der Generalstaatsanwalt nicht beweisen konnte, dass bei den beiden Angeklagten aktive Widerstandstätigkeit vorlag. Stattdessen konnten sie nur wegen des «Verbrechens nach § 2 des Gesetzes gegen die Neubildung von Parteien» verurteilt werden. Im Hauptverfahren gegen die Reichsleitung der Roten Kämpfer, gegen Alexander Schwab, Karl Schröder und andere in Berlin, wurden deutlich höhere Strafmasse wegen Vorbereitung zum Hochverrat verhängt. Doch Todesurteile gab es auch hier nicht. Der Gerichtspräsident tat die Angeklagten vor allem als «idealistische Wirrköpfe» ab, wohl auch, weil deren Programm ihn intellektuell gänzlich überforderte. Lotte schrieb dazu: *Das gefundene «Propagandamaterial» verriet keinerlei «Hochspielen», wie man es heute nennen würde, doch müssen die Richter des Dritten Reiches die Macht einer Moral gespürt haben, die ihnen fremd – und darum verdächtig war. Ihr Erstaunen darüber, wie «Männer aus gutem Hause» und mit solider Bildung sich einer so «aussichtslosen Sache» verschreiben konnten, war gross.*[73]

Zum Prozess in Hamburg ist Lottes Familie nicht hingegangen, so dass sie nicht erfuhr, wie Anklage und Urteil lauteten. In den sechziger Jahren bemühte sich Lotte dann um Akteneinsicht, doch da hiess es, dass die Akten als Folge der Luftangriffe auf Hamburg verloren gegangen seien. Alles was sie über das Ende der Roten Kämpfer wusste, hatten ihr die ehemaligen Gefährten berichtet, auch, dass sie von ihnen belastet worden war, dies im Wissen, dass sie sich in der Schweiz in Sicherheit befand.

Nach den Prozessen gegen die Roten Kämpfer war das Ende dieser Gruppe besiegelt. Ihre vormaligen Leiter befanden sich im Zuchthaus und Konzentrationslager. Alexander Schwab starb noch in der Haft, Karl Schröder überlebte diese nur um fünf Jahre. Diejenigen, die sich im Exil befanden, konnten daran nichts mehr ändern, ihre Hoffnungen auf die Möglichkeiten und Erfolge eines proletarischen Widerstands gegen die nationalsozialistische Herrschaft hatten sich innert weniger Jahre allesamt zerschlagen.

Moskauer Schauprozesse

Als Lotte nach Zürich zurück kam, schien sich die Stimmung unter den Flüchtlingen verändert zu haben. Der Angriff spanischer Militärs unter Führung von General Franco vom 18. Juli 1936 mit dem Ziel, die republikanische Regierung in Madrid zu stürzen, hatte überall im Land zur Formierung von Widerstandsgruppen geführt, die den Sieg der Militärs verhindern wollten. Dieser Mut, gegen den drohenden Faschismus zu kämpfen anstatt sich, wie 1933 in Deutschland geschehen, hinwegfegen zu lassen, fand begeisterte Unterstützung auch in den Emigrantenkreisen der Schweiz. Landesweit waren es achthundert Schweizer und Emigranten, in Zürich mehr als hundertfünfzig, die sich entschlossen, nach Spanien zu fahren und die Republik zu verteidigen. Der Kampf dauerte fast drei Jahre, doch gegen die militärisch vor allem von Deutschland hochgerüsteten Putschisten waren die Verteidiger der Republik letztlich chancenlos. Eine halbe Millionen Menschen starben in diesem Krieg, auch hundertsiebzig Spanienkämpfer aus der Schweiz überlebten ihren Einsatz nicht, der mit Francos Sieg am 1. April 1939 offiziell beendet wurde.

Im Sommer 1936 aber bestand noch die grosse Hoffnung auf einen Sieg der Republikaner, und die in der Schweiz Gebliebenen versuchten alles, um die spanische Bevölkerung zu unterstützen. Auch Lotte beteiligte sich an den Solidaritätsaktionen, die vom gemeinsamen Stricken und Häkeln, über Kleider- und Seifensammelaktionen bis zum Verkauf spanischer Orangen reichten. Die «Schweizerische Arbeitsgemeinschaft für Spanienkinder» leistete im Land selber umfassende Hilfe mit ihren Kinderheimen, Kantinen und medizinischen Einrichtungen. Das Geld dafür kam ebenfalls durch Spenden aus der Schweiz zusammen.[74]

In diese Stimmung der Solidarität und Aktivität hinein platzte eine Nachricht, die unter den Emigranten zu heftigen Auseinandersetzungen führte und die anfängliche Einigkeit in der Unterstützung der Spanischen Republik schon wieder beendete. Die Olympischen Spiele waren gerade zu Ende gegangen, da fand in Moskau vom 19. bis zum 24. August 1936 eine grosse Inszenierung statt, die ebenfalls weltweite Beachtung fand: der erste Schauprozess. Im Vorfeld hatte man bereits damit begonnen, die in- und ausländischen Parteiorganisationen auf den Kampf gegen die sogenannten Volksfeinde einzustimmen. Diese Volksfeinde gelte es nicht mehr nur unter den Gegnern des bolschewistischen Systems zu suchen, sie müssten fortan in den eigenen Reihen ausfindig gemacht werden, so die Devise aus Moskau. Mit der Durchführung des ersten Schauprozesses sollte sowohl die Unterwanderung der Partei durch Mörder, Spione, Terroristen und Verräter bewiesen werden wie auch die Wachsamkeit und Durchschlagskraft Stalins. Angeklagt waren langjährige Weggefährten Lenins, prominente Parteifunktionäre, die mit der angeblichen Bildung eines «trotzkistisch-sinowjewistischen terroristischen Zentrums» das Ziel verfolgt hätten, den sowjetischen Staat zu zerstören. Die Angeklagten bekannten sich schuldig und wurden zum Tode verurteilt. Diese Geständnisse waren durch Folter erzwungene Falschaussagen, wie inzwischen bekannt ist. Dass es sich bei dem gesamten Prozess um eine Inszenierung handelte, die der massiven Einschüchterung, der Verbreitung von Angst und damit der Zementierung von Stalins Macht diente, war für die damaligen Parteimitglieder im In- und Ausland schlicht unvorstellbar. Auch für die Schweizer Kommunisten konnte es deshalb nur eine Reaktion auf die Geständnisse in den Schauprozessen geben: die der Verteidigung von Stalins Vorgehen.

Die daraus resultierenden heftigen Auseinandersetzungen spielten sich nicht nur zwischen Sozialdemokraten und Kommunisten, sondern auch unter einstigen Weggefährten und Freunden ab. Lotte musste erleben, wie sie selbst vor der Tür der Pension Comi nicht Halt machten. Hier trafen die politischen Gegensätze auf engem Raum und im täglichen Umgang aufeinander, Kommunisten lebten Tür an Tür mit Sozialisten, mit Sozialdemokraten und mit ehemaligen Genossen, die nun parteilos waren. Dieses Zusam-

menleben, getragen vom undogmatischen Charakter der Pensionsbetreiber, wurde immer öfter auf die Probe gestellt.
Im Gegensatz zu Paula und Wolodja Friedmann engagierten sich deren mittlerweile erwachsene Kinder in der Kommunistischen Partei. Sie standen hinter der Politik Moskaus. Diese Politik sollte in einer öffentlichen Versammlung der KPS am 31. August 1936 im Zürcher Volkshaus verteidigt werden. Eine freie Diskussion wurde in der Ankündigung zugesichert. Rund dreihundert Personen fanden sich an diesem Abend ein, die Mehrheit davon bestand aus Anhängern der KP, aber auch Trotzkisten waren da, Sozialdemokraten und Parteilose, die sich Aufklärung erhofften. Lotte beschloss, ebenfalls daran teilzunehmen. Versammlungsleiter war Max Wullschleger, der zukünftige Schwiegersohn von Paula und Wolodja Friedmann. In der Rede, die der angekündigten Diskussion voraus ging, wurde Trotzki beschuldigt, ein Agent der Gestapo und der internationalen Faschisten zu sein. Der erste Schauprozess wurde verteidigt als notwendiges Vorgehen gegen die trotzkistischen Terroristen. Als sich nach diesen Ausführungen ein Trotzkist zu Wort meldete und den Prozess gegen die Weggefährten Lenins als grösstes Verbrechen charakterisierte, brach ein Tumult los, der im sozialdemokratischen «Volksrecht» von L. S. – dieses Kürzel benutzte Lotte, die 1936 noch Lotte Spengler hiess – so beschrieben wurde:
Man hatte die Instinkte der Parteimitglieder richtig aufgepeitscht. Das Argument Trotzki-Gestapo verfehlte seine Wirkung nicht. Der Trotzkist wurde nach einigen Sätzen vom Podium gezerrt und mit Schlägen und Fusstritten die Treppe hinunterbefördert. Nationalrat Bodenmann hatte zu diesem Angriff eigenhändig das Signal gegeben.[75]
Nicht nur auf dem Podium kam es zu Handgreiflichkeiten, auch im Saal wurden die anwesenden Sozialdemokraten und Trotzkisten verprügelt und dann rausgeworfen. Viele Menschen wollten daraufhin die Versammlung verlassen. Um dies zu verhindern, verschlossen die Veranstalter kurzerhand die Türen. Als Lotte höflich darum bat, rausgehen zu dürfen, wurde sie wütend als «Dreckweib!» angeschrien. Entsprechend deprimierend war ihr Fazit: *Der ganze Verlauf der Versammlung war eine traurige Illustration dafür, unter welchem Druck sich der Moskauer Prozess abgespielt haben muss. Wo bleibt da die heute von den Kommunisten so viel gepriesene Freiheit und Demokratie?*[76]
Dieser Abend war symptomatisch für die Art und Weise der politischen Auseinandersetzung, die jegliche Annäherung im Sinne einer Volksfront

gegen den Nationalsozialismus verunmöglichte. Moskau verlangte von den kommunistischen Parteien Gehorsam und uneingeschränkte Unterstützung ihrer Politik. Wenn ein Genosse dazu nicht mehr bereit war, wurde er zur Persona non grata. Er sah sich nicht nur Diffamierungen und Verleumdungen ausgesetzt, sondern wurde sogar bei der Polizei denunziert. Max Wullschleger, der diese Versammlung im Auftrag der KP geleitet hatte, trat drei Jahre später, nach dem Bekanntwerden des Hitler-Stalin-Paktes, unter Protest aus der KPS aus. Für seine Genossen war er fortan ein Verräter. Seine Verlobte Hedwig Friedmann, die damals noch bei ihren Eltern in der Pension Comi lebte, wurde von den kommunistischen Genossen vor die Wahl «Partei oder die Beziehung zu Max» gestellt. Sie entschied sich für die Liebe und gegen die Parteidoktrin und bezahlte den bekannten Preis der Ausgeschlossenen, von den bisherigen Genossen nicht mehr gekannt zu werden.

All diese unerbittlichen Auseinandersetzungen, die ihren Ausgang in Moskau hatten und bis in die eigene Familie reichten, setzten dem einstigen Revolutionär Wolodja Friedmann seelisch und körperlich schwer zu. Lotte wurde Zeugin seines Zusammenbruchs, als er im Radio mit anhören musste, wie seine Freunde und Genossen aus der Zeit der Illegalität sich in öffentlichen Prozessen der Verschwörung und Spionage schuldig bekannten und deshalb hingerichtet wurden.

Als 1936 die ersten Prozesse in Moskau gegen die Schöpfer ihrer eigenen Revolution stattfanden – ich war bereits seit zwei Jahren in der Comi – hatte Herr Paksmann [Friedmann] seine erste Herzkrise. Er war allein im Salon, und vernahm durch die Abendnachrichten vom Hinrichtungstod Tuchatschewskis, den er gekannt hatte.[77] Stöhnend hing er in einem der tiefen Sessel. «Licht, Lisette [Lotte], Licht!» rief Frau Paksmann voller Angst; ich war gerade nebenan im Speisesaal beim Tischdecken. «Nein, nein, lassen Sie», flüsterte er, «... auf der Stelle will ich tot sein, wenn er ein Feind der Revolution, ein Freund Hitlers war... getötet von den eigenen Genossen ... wenn Lenin wüsste ...». Wir schoben ihm Kissen in den Rücken, er wollte nicht aus dem Sessel heraus und weinte; es war schrecklich, den alten Mann weinen zu sehen. Stalin, stöhnte er, «...was geht vor in diesem grusinischen Kopf». Seither war Herr Paksmann [Friedmann] als ein Kranker behandelt worden.[78]

Wolodja Friedmann erholte sich nicht mehr. Er war ein gebrochener, kranker Mann. Die Spaltung der russischen Sozialisten in Sozialdemokraten und Kommunisten, an der er fünfundzwanzig Jahre zuvor noch selber beteiligt gewesen war, hatte tödliche Ausmasse angenommen und wirkte selbst auf diesem Floss, das die Comi für die Flüchtlinge war, noch spaltend.

Dem ersten Schauprozess sollten noch drei weitere folgen. Abseits von den Inszenierungen in Moskau wurden Millionen Sowjetbürger, aber auch Emigranten, verhaftet, ermordet oder in Gulags deportiert. Stalins Arm reichte ausserdem weit über die eigenen Landesgrenzen hinaus. Die Todeslisten des sowjetischen Geheimdienstes NKWD waren lang und umfassten Kommunisten und ehemalige Kommunisten, Russen und Ausländer. Selbst in der Schweiz gab es keine Sicherheit vor Stalins Schergen, wie die Ermordung von Ignaz Reiss am 4. September 1937 in Lausanne deutlich machte.[79] Reiss war ein Mitarbeiter der militärischen Abwehr GRU der Sowjetunion. Er sammelte im Westen Nachrichten, vor allem über die militärische Aufrüstung des Dritten Reichs. Einer seiner wichtigsten Informanten war Maurice Bardach, den er 1924 in Berlin kennengelernt hatte. Bardach stammte wie Paula Friedmann aus Brody, sie waren fast gleich alt und gehörten beide der sozialistischen Bewegung an. Bardach hatte bis 1933 in Berlin als Journalist gelebt, danach war er zusammen mit seiner Frau Lucie nach Paris geflohen. Die Ermordung Tuchatschewskis im Juni 1937, die Wolodja Friedmanns Zusammenbruch ausgelöst hatte, war auch für Reiss der Anlass zum offiziellen Bruch mit Stalin. Nach fünfzehn Jahren der Arbeit für die militärische Abwehr erklärte er in einem Brief an das ZK der KPdSU, zu lange der Sowjetunion gedient und zu lange zu den Morden geschwiegen zu haben. Er wolle nun diese Schuld wieder gutmachen und sein Gewissen erleichtern. Die Veröffentlichung dieses Briefes in der in Zürich erscheinenden trotzkistischen Zeitschrift «Der einzige Weg» im Dezember 1937 erlebte Reiss nicht mehr. Zu diesem Zeitpunkt war er bereits drei Monate tot. Er war, nachdem er den Brief aufgegeben hatte, in die Schweiz geflüchtet und hatte sich dort versteckt gehalten. Seine Post erhielt er auf Umwegen, um nicht verfolgt werden zu können. Einer seiner «Briefkästen» war der in Zürich lebende Maler Richard Paul Lohse, der nachher selbst um sein Leben fürchten musste. Die ergriffenen Vorsichtsmassnahmen nützten jedoch nichts, der NKWD hatte Reiss bald aufgespürt. Dieser erkannte die Falle nicht, die für ihn vorbereitet worden war und starb durch die Kugeln zweier Auftragsmörder in einem Hinterhalt in Ouchy, Lausanne.

Der Polizei gelang es trotz intensiver Ermittlungen nicht, die Mörder zu fassen. In ihr Visier geriet auch der in Paris lebende Maurice Bardach, doch war schnell klar, dass er mit dem Tod von Reiss nichts zu tun hatte, auch wenn er sein Vertrauter gewesen war. Nach der Besetzung von Paris durch die deutschen Truppen kamen Bardach und seine Frau in eines der berüchtigten südfranzösischen Lager, wo ihnen die Deportation in ein Vernichtungslager drohte. Lucie Bardach unternahm in dieser Zeit einen Selbstmordversuch, konnte aber gerettet werden. Schliesslich gelang ihr im Oktober 1942 mit Hilfe des von Regina Kägi-Fuchsmann geleiteten Schweizerischen Arbeiterhilfswerks SAH die Flucht in die Schweiz, ihr Mann konnte einige Monate später folgen. 4000 Franken mussten das SAH und ein Gönner aufbringen, damit dem Ehepaar Bardach die Toleranzbewilligung gewährt wurde.[80] Maurice Bardach hielt sich fortan häufig in Zürich auf, wo Lotte ihn kennenlernte. Zu diesem Zeitpunkt arbeitete sie bereits seit fünf Jahren als Bibliothekarin im Sozialarchiv, und Maurice Bardach war ein regelmässiger Besucher im dortigen Lesesaal, wovon zwei Typoskripte zeugen, die er dem Sozialarchiv überlassen hat.[81] Eines ist eine umfassende Studie über die Lage der Flüchtlinge in der Schweiz, verfasst 1950 für den Jüdischen Weltkongress, die zu Unrecht bis heute keine Bekanntheit erlangt hat. Zwischen ihm und Lotte entwickelte sich eine viele Jahre während Freundschaft, die ihren Niederschlag im Roman über die Pension Comi fand.

Die Auseinandersetzungen zwischen den Anhängern und den Anklägern Stalins verliefen nicht immer so brutal wie im Fall Reiss. In der Pension Comi konnten diese gemäss Lottes Schilderungen sogar auf kuriose Weise ausgetragen werden. Als sich eines Tages ein neuer Bewohner auf Zimmer 26 einfand, wurde er von Gabriella Seidenfeld als glühender Stalinist erkannt, dem sie als ehemalige Kommunistin nicht nur politisch ablehnend gegenüberstand, sondern gegen den sie etwas unternehmen wollte, wie sie Lotte erklärte.

«Obwohl er selbst über zehn Jahre seines Lebens in Gefangenschaft verbrachte – gerade ist er aus einem ungarischen Gefängnis entlassen und des Landes verwiesen worden – hat er den Tod vieler tapferer Antifaschisten auf dem Gewissen. Er ist auf dem Wege nach Moskau. Bevor er weiter ehemalige Mitkämpfer demütigt und ins Verderben stürzt, müssen wir ihm einen Denkzettel erteilen.»[82] Gabriella Seidenfeld kannte die Verhältnisse in der ungarischen Kommunistischen Partei gut und verfügte über entsprechende Informationen. Sie wollte dem gefährlichen Treiben dieses Mannes nicht tatenlos zusehen, und sie forderte Lotte auf, ihr dabei zu helfen.

Um vier Uhr morgens klopften wir an die Türe von Nummer 26. «Aufmachen – Polizei – aufmachen», stiess Signora Teresa [Gabriella Seidenfeld] in ihrer trockenen Stimme hervor. «Wäärr ist?» tönte es zurück, worauf

wir beide lautlos verschwanden. Nach einer Weile kamen wir zurück, und lauschten: wir hörten ein Geräusch von zerreissen, immer wieder Papier zerreissen ... wir hofften, dass der unheimliche Gast erfundenes «Belastungsmaterial» gegen unbekannte Genossen vernichtet hatte; der Anschlag auf den Verräter schien uns gelungen, und wir feierten die Rettung der unbekannten Genossen in meinem Zimmer bei einer guten Tasse Kaffee.
Beim Aufräumen in Nummer 26 traf ich einen übernächtigten Pensionär an, der schweigend hinter einer Zeitung sass. Er verliess noch am gleichen Tag die Pension ...[83]

Die Schauprozesse in Moskau und die Angst der Kommunisten, selbst zum Opfer der Verfolgung zu werden, waren kein Klima, in dem eine konstruktive Zusammenarbeit mit den anderen Exilgruppen hätte gedeihen können. Die inhaltlichen Differenzen betrafen nicht nur das Verhältnis der Parteien und Gruppen zu Moskau, sondern auch die Perspektiven und Vorgehensweisen des Widerstands gegen den Nationalsozialismus. Zaghafte Annäherungsversuche blieben Einzelaktionen und verliefen im Sand. Diese Abläufe hat auch Helmut Wagner aufmerksam verfolgt und in einer 1938 verfassten Schrift, die den Titel «Zur sozialistischen Neuorientierung» trägt, festgehalten.[84] Wagner kritisiert darin in scharfen Worten die ideologische und organisatorische Situation der politischen Emigranten in der Schweiz, wie er sie nach vier Jahren im Zürcher Exil auf der Grundlage von eigenen Beobachtungen und einem gründlichem Studium der Exilpresse wahrnahm. Wagners Analyse ist gekennzeichnet von einer radikalen Illusionslosigkeit, die keinen Raum mehr bot für zielführende politische Aktionen aus der Emigration heraus: «Die Reste der Parteien, Fraktionen und Gruppen der ehemaligen deutschen Arbeiterbewegung, die diese in der Emigration zu vertreten vorgeben, bewegen sich auf dem ihnen verbliebenen engen Felde nicht viel anders, als sie es vordem auf einem ausgedehnteren Boden taten. Sie bilden Miniaturorganisationen nach dem Muster ihrer früheren Parteien, sie dirigieren ihre Mitgliedschaft mit den alten Methoden, sie fassen hochtönende Resolutionen im vorhitlerischen Stil, sie entwickeln Perspektiven, die ihnen von den gegenwärtigen Ereignissen ebenso widerlegt werden, wie ihre Voraussagen von ehedem, sie entwerfen Programme im Tone ihrer vergangenen Prinzipienerklärungen, sie bilden Koalitionen miteinander und intrigieren sie wieder auseinander, wie sie es als parlamentarische Parteien gewohnt waren, sie bekriegen sich durch fraktionelle Manöver, sie unterdrücken die Meinung jeder Minderheit und werfen sie aus den Organisationen heraus, denn die Routine der alten Apparatpraktiken hat sie nicht einen Augenblick verlassen, und sie verdecken das Ganze durch eine durchaus nicht unbescheidene Proklamation ihrer demokratischen, nationalen, humanitären oder gar revolutionären Sendung, wie sie früher ihre kleinliche Politik mit grossen, aber hohen Idealen bemäntelten. Das ‹Neu Beginnen›, das sie 1933 angesichts der erbitterten Arbeiterschaft ertönen liessen, die sich nicht wie der überwiegende Teil ihrer ehemaligen Führerschaft in die Sicherheit der Emigration flüchten konnte, erwies sich nur als Neubeginn der alten Tätigkeit, die eine Millionenbewegung hilflos der Katastrophe entgegen trieb.»[85]

Was also blieb aus Wagners Sicht angesichts dieser ernüchternden Verhältnisse noch zu tun? Neben den praktischen Hilfeleistungen für die in Deutschland verbliebenen Gefährten sah er die eigentliche Aufgabe von Emigranten vor allem in der eigenen Bildung.

«Was aber können Emigranten und Gruppen von Emigranten tun, ohne sich rein theoretischen Spekulationen hinzugeben?

Sie können sich eine bessere Orientierung über das Geschehen der Zeit und ihre Aufgaben verschaffen, und sie können ihre Einsichten denen vermitteln, die es auf einem neuen sachlichen Boden zu sammeln gilt. Um in die Politik eingreifen zu können, bedarf es nicht nur der Verpflichtung und des Willens, sondern auch realer Kenntnisse. Es ist nötig, die Kampfkräfte und Kampfmittel zu kennen, es ist nötig, das Kampfterrain selbst zu studieren, es ist nötig, sich ein Bild von der voraussichtlichen Entwicklungslinie zu machen, eine aus Tatsachen erschlossene Perspektive zu haben. […] Perspektiven, die brauchbar sein sollen, können nicht aus einer oberflächlichen Kenntnis der Dinge nach bewährten Rezepten fabriziert werden. Sie sind in ernstem Studium neu aufzufinden.»[86]

Seine Studien und Analysen fasste Wagner in der von ihm herausgegebenen Zeitung «Internationaler Beobachter» zusammen, die in Amsterdam herauskommen musste, da er in der Schweiz nicht publizieren durfte.[87] Ob er viele Leser gefunden hat, ist nicht bekannt. Lotte jedenfalls schloss sich Wagners Gedanken an, und sie fand schliesslich «ihren» Ort in Zürich, an dem sie sowohl dieses Studium betreiben, als auch ihr Verlangen nach praktischem Engagement umsetzen konnte: die Zentralstelle für soziale Literatur, das heutige Schweizerische Sozialarchiv. Diese Institution, die aus der Archiv- und Bibliothekslandschaft in Zürich nicht wegzudenken ist, war neben der Zentralbibliothek und der Museumsgesellschaft die zentrale Anlaufstelle für exilierte Intellektuelle.

Sozialarchiv – ein Ort des Wissens und der Hilfe

Als Lotte 1938 ihre Stelle bei der «Zentralstelle für soziale Literatur» antrat, konnte diese bereits auf eine über dreissigjährige Geschichte zurückblicken. Ihre Gründung im Jahr 1906 verdankte sie dem Engagement des Zürcher Pfarrers und Politikers Paul Pflüger. In einer Zeit, in der sich die sozialen Probleme auch in der Schweiz immer mehr verschärften, war es das Anliegen Pflügers gewesen, die Schriften zur sozialen Frage an einem Ort zu sammeln und diese allen Interessierten zugänglich zu machen, so wie dies in anderen Ländern bereits praktiziert wurde. Obwohl das Bedürfnis nach exaktem und objektivem Dokumentationsmaterial über die aktuellen sozialen und politischen Fragen bei Interessenverbänden und politischen Parteien auch in der Schweiz unbestreitbar vorhanden war, hatten die bestehenden Bibliotheken darauf nicht mit einem entsprechenden Angebot reagiert.[88] Diese Lücke wurde mit der Gründung der Zentralstelle geschlossen.

Zunächst war die Zentralstelle in einer städtischen Liegenschaft am Seilergraben untergebracht, wo sie ab 1909 von Siegfried Bloch im Einmannbetrieb geführt wurde. Bloch war ein engagierter Sozialdemokrat, seine Frau Rosa eine der kämpferischsten und brillantesten Frauen der schweizerischen Arbeiterbewegung. Der Erste Weltkrieg brachte es mit sich, dass die Bibliothek für eine erste Gruppe von Emigranten zum begehrten Bildungsort wurde, wie Lotte anhand von Bibliotheksunterlagen Jahrzehnte später feststellen konnte. *Schon die russische Emigration hatte den stillen Ort passiert, und in der berühmten Zeitschrift «Die neue Zeit», die unter der Redaktion von Karl Kautsky, Franz Mehring und Rosa Luxemburg 1883 bis 1923 erschienen war, stehen auf der Entleiherkarte berühmte Namen: Lenin (unter Uljanow), Trotzki (unter Bronstein), Pawel Axelrod, Wera Figner, Plechanow, Martow, Namen, deren Träger erfolgreich auf die Geschichte ihres Landes eingewirkt haben.*[89]

1919 dann bot sich der Zentralstelle die Möglichkeit, an den Predigerplatz 35, ins Erdgeschoss des ehemaligen Chors der Predigerkirche, umzuziehen. Die rasant gestiegene Zahl der Neuzugänge an Büchern und Schriften und die daraus resultierenden prekären Platzverhältnisse hatten diesen Schritt notwendig gemacht. Doch auch am neuen Ort wurde es schon bald wieder sehr eng. Die sakral geprägten räumlichen Verhältnisse am Predigerplatz verlangten gemäss Lotte den Bibliotheksmitarbeitern einiges ab, sowohl in körperlicher wie in charakterlicher Hinsicht.

*Die Räume des Archivs sind hoch, dunkel und ein wenig feierlich. Wegen der Höhe der Räume sollte der ideale Bibliotheksangestellte von auffallender Körperlänge sein, damit er nicht dauernd die Leiter benutzen muss. Alle Büchergestelle sind längst bis unter die Decke hinauf gefüllt. Wegen der Dunkelheit sollte der ideale Angestellte weiter ein grosses Mass an innerer Heiterkeit in sich tragen, damit er nicht in Schwermut verfällt und zu der Ansicht neigt, dass seit dem Mittelalter ernsthaft in der Verbesserung der Arbeitsbedingungen nichts passiert sei. Ein für die spezielle Betätigung notwendiges objektives Bild über den Stand der Dinge wäre sonst getrübt. Also gross, heiter und möglichst auch mager, denn zwischen den Gestellen gibt es wenig Platz. (Letztere Bedingung für den idealen Angestellten ist in weiser Selbstregulierung zwischen Salär und Körperumfang erreicht).*⁹⁰

Ab 1923 konnte der Leiter der Zentralstelle auf die Mitarbeit von Emil Scheuchzer zurückgreifen, einem Sozialdemokraten und kämpferischen Gewerkschafter, dessen unverzichtbare Arbeit im Lesesaal im Jahr 1930 zur Umwandlung seiner provisorischen Anstellung in eine zweite feste Stelle führte. Ein Jahr später fand auch eine Frau Aufnahme in die Zentralstelle. Sie war zuständig für Katalogisierungs- und Büroarbeiten. Als Frau Thöni auf Verlangen ihres Mannes 1938 kündigte und eine Nachfolgerin gesucht wurde, bewarb sich Lotte um die frei werdende Stelle, und der Vorsteher der Zentralstelle entschied sich für die junge Frau aus Hamburg. So kam sie ihrem grossen Wunsch, wieder als Bibliothekarin zu arbeiten, einen entscheidenden Schritt näher. Am 11. Oktober 1938 schrieb Lotte in einem Brief an den Schriftsteller Rudolf Jakob Humm dazu:

*Seit dem 1. Oktober arbeite ich nicht mehr bei der Büchergilde, sondern auf der Zentralstelle für soziale Literatur. Immer, wenn man am wenigsten an Veränderung denkt, kommen solche Dinge. Die Arbeit ist sehr interessant, wenngleich das laute Geschehen unserer Tage die Arbeit all der Sozialisten und Idealisten, die hier Berichte, Untersuchungen, Zeitschriften und Flugblätter aus bewegten Zeiten zusammentrugen, fast zunichte macht.*⁹¹

Zunächst sollte sie als Sekretärin hinter den Kulissen wirken, denn der Lesesaal war weiterhin das alleinige Reich von Emil Scheuchzer. Dieser hielt überhaupt nichts davon, dass diese Aufgabe auch von einer Frau wahrgenommen werden könnte. In ihren «Meditationen über eine Bibliothek» beschrieb Lotte 1948 ihre Begegnung mit diesem Original:

Als ich vor 10 Jahren in den Dienst der «Zentralstelle für soziale Literatur der Schweiz» in Zürich trat, lebte der verehrte Kollege und Lesesaalbeamte

Der Lesesaal des Schweizerischen Sozialarchivs im Predigerchor in Zürich: ein Treffpunkt für die in Deutschland nach 1933 politisch Verfolgten, die es in die Schweiz geschafft hatten. (Sozarch_F_5009-Fx-001)

Emil Scheuchzer noch. In seiner Eigenschaft als Geschworener am hiesigen Gewerbegericht war er oft abwesend und während dieser Zeit durfte ich ihn im Lesesaal vertreten.
Ich sage «durfte», denn Scheuchzer machte kein Hehl daraus, dass er es als eine Ehre empfinde für eine Frau, in seinem Lesesaal arbeiten zu dürfen. Er teilte mir diese Ansicht gleich am Tage meines Dienstantrittes mit. Wenige Tage später aber fragte er mich bereits, ob ich mich denn auch warm genug anziehe und wer die besonderen lokalen Verhältnisse der Bibliothek kennt, wird wissen, dass in dieser Frage freundliche Fürsorge lag.
Seine antifeministischen Kundgebungen glich er immer auf eine ihm eigene, liebenswürdige Art aus. Wenn er vom Gewerbegericht zurück kam, brachte er mir oft etwas Essbares mit. Mit den Worten: «Da Jungfere, s muess g'läbt sy» tat er der Galanterie Genüge und er tat es gern und oft. Prinzipiell jedoch blieb er dabei, dass die Frauen eine Last für die Menschheit sind, die Frauen und – die Akademiker.

Auch als Bibliothekarin nutzte Lotte jede Gelegenheit zum Lesen und zur Erweiterung ihres Wissens, mit dem sie die Bibliotheksbesucher immer wieder beeindruckte, 1942. (Foto: Christian Staub, NL Lotte Schwarz)

Scheuchzer war ein König in seinem Reich und es war gut, ihm den Hof zu machen. Das war nicht schwer, sein Wissen und seine ungewöhnliche Hilfsbereitschaft brachten einen soviel jüngeren Menschen wie mich ohnehin in die Respektssituation. Als Bibliothekar hatte er den ganzen Charme des Nichtspezialisten und es bleibt das Verdienst von Paul Kaegi, dem damaligen Leiter der Zentralstelle für soziale Literatur, dass er Können und Wissen und damit die Persönlichkeit Scheuchzers an den richtigen Platz stellte.[92]

Als Emil Scheuchzer 1940 erkrankte und Anfang 1941 verstarb, war es naheliegend, die Aufgabe der Lesesaalaufsicht an Lotte zu übertragen, die seit 1938 ausreichend Erfahrung gesammelt hatte. Doch anscheinend bestanden selbst

Lotte Spengler 1942 als Bibliothekarin und als «menschlicher Mittelpunkt des lockeren Kreises der zerstrittenen Linken» – so die Charakterisierung durch Robert Jungk, einer der damaligen Besucher des Sozialarchivs. Zweiter von links: der Leiter des Sozialarchivs Paul Kägi. (Foto: Christian Staub, NL Lotte Schwarz)

zu diesem Zeitpunkt beim Vorstand der Zentralstelle noch immer Zweifel, ob eine Frau diese Funktion tatsächlich erfolgreich würde ausüben können. Es bedurfte dreier männlicher Benutzer, die schriftlich Lottes Kompetenzen lobten, um den Vorstand zu überzeugen, den Schritt zu wagen.[93] Von solchen Bedenken ist in der Festschrift von 1958 nichts mehr zu lesen. Eugen Steinemann, der damalige Leiter der Zentralstelle, lobt Lotte darin explizit:

«Seine Nachfolgerin, Lotte Schwarz-Spengler, hat mit ihrem Charme und frohgemuten Wesen sogar während der düsteren Kriegszeit den Lesesaal besonders auch vielen Emigranten und anderen Heimatlosen zu einem vertrauten Winkel zu machen verstanden, so dass sie sich nicht fremd fühlen mussten.»[94]

Jahrzehnte später ist es fast nicht mehr nachvollziehbar, dass einer Frau die Funktion einer Bibliothekarin für den Lesesaal nicht zugetraut wurde, trotz der fortschrittlichen Ideologie, die speziell dieser Institution zu Grunde lag. Das Sozialarchiv war bis zum Ausscheiden Lottes 1948 eine Männerdomäne, was sich auch an der vorwiegend männlichen Leserschaft zeigte. Dazu passt, dass Eugen Steinemann mit seiner Bibliothekarin Eigenschaften wie Charme und Frohsinn in Verbindung brachte und nicht auch Lottes umfassendes Wissen und ihre fachliche Kompetenz hervorhob, über die sie ja ebenfalls in hohem Masse verfügte. Dennoch war es eine Tatsache, dass diese überdurchschnittlich grosse, gutaussehende junge Frau mit ihrem charakteristischen Lachen so manchen Lesesaalbenutzer motiviert hat, möglichst oft ins Sozialarchiv zu kommen. Robert Jungk, selbst ein Flüchtling, hat in seiner Autobiografie die Sicht der Bibliotheksbesucher auf Lotte wohl treffend auf den Punkt gebracht: «Einer der Orte, wo die politisch interessierten Emigranten sich seit Jahren trafen, war das im Chor der Züricher Predigerkirche untergebrachte ‹Sozialarchiv›, eine von einer privaten Unterstützerorganisation ins Leben gerufene und unterstützte Bibliothek, in der seit vielen Jahren vorwiegend gesellschaftskritische Bücher, legale wie illegale, politische Zeitschriften und Dossiers mit thematisch geordneten Presseausschnitten der Öffentlichkeit zugänglich gemacht wurden. [...]
Gegen Kriegsende war eine führende Mitarbeiterin, die im Lesesaal als Beraterin hilfreiche Hamburgerin Lotte Spengler, menschlicher Mittelpunkt des lockeren Kreises der zerstrittenen Linken. Dass sie bildschön und doch belesen sei, eine nicht häufige Mischung, war wohl das einzige, worin alle die von ihr Betreuten sich einig waren. Durch Heirat Schweizer Staatsbürgerin geworden, fand diese junge, leidenschaftlich engagierte Frau für alle, die oft nur für ein paar Stunden ihres kurzen Lagerurlaubs hier auftauchten, Rat und Hilfe. Schon die Tatsache, dass da eine ‹Autorität› freundlich mit uns umging, war wohltuend.»[95]
Dass sich Lotte im Lesesaal des Sozialarchivs zur richtigen Zeit am richtigen Ort befand, hing aber in ihrem eigenen Empfinden weder mit ihrem Aussehen noch mit ihrem Charme zusammen, sondern mit der gemeinsamen Vergangenheit, die sie mit vielen der Besucher teilte. In einer Zeit der politischen Erschütterungen, der Verfolgung, Ermordung und Vertreibung traf sie, die Geflüchtete, hier tagtäglich auf unzählige Vertriebene, denen das Sozialarchiv mit seinem Lesesaal nicht nur Halt in der Bewältigung der erzwungenen beruflichen Untätigkeit bot, sondern auch mit seinen

umfassenden Beständen an Zeitungen, Zeitschriften und Büchern für die intellektuelle Bewältigung der politischen Ereignisse dieser Jahre die besten Voraussetzungen lieferte. Jeden Morgen stiegen die Besucher die Stufen in den Untergrund hinab, öffneten eine schwere Kirchentür, durchschritten einen kleinen dunklen Korridor und gelangten dann in den Lesesaal, wo sie ungestört ihre Tage verbringen konnten. Unterbrochen wurde dieser Rhythmus nur von den Sonntagen, an denen das Sozialarchiv geschlossen war.

26 Nationen passierten trotz geschlossenen Grenzen unsere Bibliothek. Es war die Zeit der Kohleknappheit und der Stromrationierung. Wegen einer Sonderbewilligung durften wir unseren grossen Ofen, der in der Mitte des Lesesaals stand, des Nachts mit billigem Strom speisen. Am Tage erwärmte er viele Menschen, und die Nachfrage nach sozialer Literatur stieg. Alle Begleiterscheinungen der Rationierung mit der notwendigen Zwischenverpflegung spielten sich dabei im Lesesaal ab. Besorgt schaute ich auf manche Thermosflasche, die lose und zufällig aus dem Labyrinth der Männertaschen ihren Kopf herausstreckte. Merkwürdigerweise gelang es immer diese Zwischenverpflegungen einzunehmen, ohne dass ich eingreifen konnte, das heisst, ich sah es nie. Immer wenn ich aus dem grossen Büchermagazin zurück kam, woher ich die gewünschten Bücher holen musste, […], hörte ich, gleich eiligen Mäusen, Papiergeknister und im Übrigen tadellose Ordnung. Ich musste oft darüber lachen – in diesem Herunterwürgen lag doch eine gewisse Referenz dem bildenden Ort gegenüber.[96]

In dem von Lotte verfassten und 1966 in der «Weltwoche» abgedruckten Text «Revolutionäre in der Bibliothek» hat sie den Versuch unternommen, wenigstens die prominentesten Besucher der Bibliothek in den dreissiger und vierziger Jahren aufzulisten:

Friedrich Adler, Wladimir Astrow, Maurice Bardach, Franz Borkenau, Helmuth Bradt, Otto Braun, Bernard v. Brentano, Joseph Buttinger, Wilhelm Dittmann, Hans Dohrenbusch, Walter Fabian, Karl Figdor, Josef Frey, Wolfgang Glaesser, Lyda Gustava Heymann, Dr. Hofmann, Wilhelm Hoegner, Fritz Hochwälder, Konrad Heiden, Robert Jungk, Ossip Kalenter, Richard Kleineibst, Benedikt Kautsky, René König, Wolfgang Langhoff, Georg Ledebour, Käthe und Otto Leichter, Peter Merin, Nora Platiel, J.P. Samson, Ignazio Silone, Anna Siemsen, Max Sievers, Bruno Schönlank, Manes Sperber, Luitpold Stern, Gebrüder Steiner, Felix Stössinger, Heinrich Ströbel, Adolf Sturmthal, Helmut Wagner, Joseph Wirth, Julius Zerfass.

Nicht vergessen sei der sprachenkundige Internationalist B.M. Wolf und Stepas Garbaciaukas, Bevollmächtigter der United Lithuanian Relief Fund of America Inc. für die Schweiz, der das Sozialarchiv mit vielen Berichten und Zeitungsausschnitten aus den baltischen Ländern bedachte.[97]

Zu ergänzen wäre diese Liste um Namen wie François Bondy und Adrien Turel, die Lotte ebenfalls als Besucher des Sozialarchivs kennen und schätzen gelernt hat. Viele Namen mögen den heutigen Leserinnen und Lesern unbekannt sein, doch eine Suchanfrage im Internet wird ihnen klar machen, welche Bedeutung diese Menschen hatten, nicht nur vor 1933, sondern auch noch nach 1945.

Obwohl die Lesesaalbesucher, sofern es sich um Emigranten handelte, das gleiche Schicksal hierher gebracht hatte, bildeten sie dennoch keine Gesinnungsgemeinschaft, was die verbalen Auseinandersetzungen im Lesesaal immer wieder deutlich machten. Im Gegensatz zu Emil Scheuchzer, der solche Diskussionen zwischen politischen Gegnern sogar gerne provozierte, hielt sich Lotte zurück und bemühte sich mehr darum, die Ruhe im Lesesaal wieder herzustellen.

Hörte ich ein leidenschaftliches Gespräch im Flüsterton sich entwickeln, so machte ich die Feurigen darauf aufmerksam, dass ich ihren Eifer begreife, sie aber dennoch ins «Fraktionszimmer» verweisen müsse. Das war ein kleiner Korridor, der sich dem Leser bot, wenn er die erwähnte schwere Kirchentüre geöffnet hatte. Im Winter war es dort warm, im Sommer erlaubte der Platz schönste Aussicht auf die alten Bäume des Predigerplatzes.[98]

Nicht bei allen Benutzern aber halfen freundliche Worte, es gab zahlreiche unter ihnen, die ein sehr eigenwilliges Verhalten an den Tag legten und an diesem auch trotz Lottes Mahnungen festhielten. Ihr Humor half ihr jedoch, auch solch schwierige, mitunter kuriose Situationen zu meistern.

Ein sehr unangenehmer Vorfall ereignete sich eines Tages, als ein älterer Herr entschlossen eine Perücke vom Kopfe nahm und dortselbst mittels einer kleinen Schere einige Änderungen anzubringen im Begriffe war. Das schien mir nun die Grenzen des Möglichen zu überschreiten. Auf meine Vorstellungen hin, dass die Bibliothek nicht der richtige Ort für sein Vorhaben sei, erwiderte er ebenso laut wie grimmig: «Was wollen Sie? Ich bin ein freier Mensch!» Ratlos und unvorbereitet auf seine Antwort, dachte ich darüber nach, was wohl der verehrte Kollege Scheuchzer geantwortet hätte. Ich war indessen sicher, dass die vollkommene Beherrschung der Landessprache ihn das richtige hätte finden lassen. Wohl hatte ich im Laufe der Jahre erfahren, was zu tun, im Namen der Freiheit möglich ist, jedenfalls war ich froh, als der sonderbare Besucher Anstalten traf, das Lokal zu verlassen. Er tat dies mit einem verächtlichen Blick auf mich.

Viele Jahre später musste ich wieder an diesen Vorfall denken, als ich in einer Zeitung eine heftige Polemik gegen die staatlichen Gesundheitspläne der Labour-Regierung las. Als besonders gravierend wurde die Tatsache hervorgehoben, dass sich in Zukunft jeder Bürger auf Staatskosten eine Perücke anfertigen lassen könnte. Wie so viele Utopisten erlebte der alte Herr diese Zeit nicht mehr, denn ich hatte vernommen, dass er arm und allein in einem Alterspflegeheim gestorben sei.[99]

In den Jahren der Verfolgung und des Krieges waren Zeitungen für die Gäste des Lesesaals eine sehr begehrte Lektüre. Täglich suchten sie in der Tagespresse nach Meldungen über die neuesten Entwicklungen, die Anlass zu Hoffnung oder Verzweiflung boten. Lotte konnte genau beobachten, wie sich die Zuspitzung der internationalen politischen Lage direkt auf die Stimmung im Lesesaal auswirkte. War etwas geschehen, das als Bedrohung erlebt wurde, legte sich eine besondere Stille über den Saal. Alle lasen intensiv, diskutiert wurde dann kaum mehr. Da die Journalisten aber oftmals nicht besser informiert waren als ihre Leser, erwiesen sich ihre Artikel gern als kryptische Texte, auf welche die Leserschaft im Sozialarchiv mit immer raffinierteren Techniken der Entschlüsselung reagierte, die bei vielen mehr mit dem Ziel verbunden war, die eigene Ideologie zu wahren, als Einsicht in ungeschminkte Tatsachen zu erlangen.

[...] es entwickelte sich im Lesesaal unter den Zeitungslesern eine Manie des Enträtselns, jeder routinierte Zeitungsleser hatte seinen Schlüssel, wie er diese und jene Nachricht auszulegen gewohnt ist. [...] So hatten wir einige Leser, welche die Nachrichten über die Sowjetunion auf völlig neue Weise deuteten, so dass sie das Gegenteil von dem aussagten, was die Nachrichten brachten.[100]

Verstanden werden wollte aber nicht nur die aktuelle Politik, sondern die Politik der vorigen Jahrzehnte, die dazu geführt hatte, dass diese Besucher nun in diesem Lesesaal sassen, ohne zu wissen, was noch geschehen würde. Wie sehr sie mit der Vergangenheit kämpften, zeigten die Randbemerkungen, die Lotte bei bestimmten Büchern entdeckte. Es handelte sich bei diesen um die im Sinne von Rechenschaftsberichten gehaltenen Erinnerungen von Politikern der Weimarer Republik wie Otto Braun, Sozialdemokratischer Ministerpräsident von Preussen, der ebenfalls in die

Schweiz emigriert war und mit Hilfe der Bestände des Sozialarchivs besagte Erinnerungen verfasst hatte. Kenner und Schicksalsgenossen lasen die Aufzeichnungen und reagierten erbittert und wütend. *Es hagelte nur so von «Unfug», «unwahr», «reine Erfindung», «Demagoge», «Lump», und ein österreichischer Leser hatte noch «Haderlump» daraus gemacht.*[101] Rechenschaft legten auch andere ab, die sogenannten Abtrünnigen, ehemalige Mitglieder der kommunistischen Parteien wie André Gide, Arthur Koestler, Ignazio Silone, Manès Sperber, wobei die letzten beiden ebenfalls im Sozialarchiv verkehrten. Ihre literarischen Veröffentlichungen fanden viele Leserinnen und Leser und lösten heftige Diskussionen aus. Lotte konnte beobachten, dass diese Lektüre Wirkung erzielte, allerdings nicht unbedingt die von den Autoren intendierte. Der Parteikommunist zeigte sich noch überzeugter von der Richtigkeit seiner Sache, genauso wie der Trotzkist und wie der Parteilose. Mit allen kam Lotte ins Gespräch, sie besass die notwendige Offenheit, zeigte Mitgefühl und Interesse am Gegenüber und verfügte über Humor, der gerade in Zeiten der Hoffnungslosigkeit ein kostbares Gut war. Lotte verstand ihre Aufgabe als Bibliothekarin in einem umfassenden Sinne. Sie wollte den Besucherinnen und Besuchern des Lesesaals Antworten auf ihre Fragen nicht nur in Buchform präsentieren, sondern sie darüber hinaus mit anderen Menschen zusammenführen, was bei den ihrem vertrauten Umfeld und Engagement beraubten Menschen meist ebenso existenziell war. Dies war durchaus keine einfache Aufgabe. Entsprechend umschrieb sie ihre sozialen Bemühungen als *ein nicht unwichtiges Nebenamt, Persönlichkeiten miteinander bekannt zu machen.*[102] Es entwickelten sich in diesem Lesesaal Freundschaften von Lotte zu namhaften Persönlichkeiten und zu noch mehr Unbekannten, darunter die bereits genannten Maurice Bardach, Ignazio Silone, François Bondy und Robert Jungk.

Helmut Wagner

Helmut Wagner war ebenfalls ein regelmässiger Besucher im Sozialarchiv. Er beendete dort die bereits in Hamburg begonnene «Soziologie des Bolschewismus» und verfasste anschliessend den bereits erwähnten umfangreichen Text über die politische Emigration in der Schweiz «Zur sozialistischen Neuorientierung», datiert auf Sommer 1938. Nur publizieren durfte er die Früchte seiner Studien nicht. Mehrfach hatte er ein Gesuch an die Fremdenpolizei der Stadt Zürich zwecks Arbeitsbewilligung gestellt, das aber von den Behörden nach Rücksprache mit dem Schweizerischen Schriftstellerverband negativ beschieden worden war. Ab und zu konnte Wagner unter dem Pseudonym Rudolf Sprenger Artikel in der sozialdemokratischen «Roten Revue» veröffentlichen. Geld gab es dafür kaum, lediglich von der Zürcher Verlegerin Emmy Oprecht erhielt er monatlich fünfzig Franken, damit er existieren konnte. Wie so viele andere Flüchtlinge verdankte auch er es der Vermittlungsarbeit von Regina Kägi-Fuchsmann vom Schweizerischen Arbeiterhilfswerk, dass er schliesslich 1940 eine Stelle als Feinmechaniker in einer Schweizer Rüstungsfirma antreten konnte, nicht wissend, für wen die Waffen bestimmt waren, an denen er hier nun arbeiten sollte. Dennoch war er dankbar, wieder arbeiten zu dürfen, wie ein Dankschreiben an Regina Kägi belegt: «Sie können sich wohl vorstellen, dass ich sehr glücklich bin, wieder arbeiten zu dürfen, nachdem es mir seit 1933 versagt war. Diese Veränderung meiner Situation verdanke ich Ihren tatkräftigen Bemühungen, deshalb sage ich Ihnen hierdurch meinen aufrichtigen Dank. Ich hoffe sehr, dass ich noch Gelegenheit finden werde, Ihnen anderweit erkenntlich sein zu können.»[103]

Doch selbst diese der Verteidigungsfähigkeit des Landes dienende Arbeit entband ihn nicht von dem Zwang weiterzuwandern. Lediglich die Einweisung in ein Schweizer Arbeitslager blieb ihm erspart. Regina Kägi argumentierte gegenüber den Behörden erfolgreich damit, dass er als Spezialist für Fotografische Rüstungsgüter der Schweiz mit seiner Arbeit mehr nutze als im Lager.

Wagners Ausreisebemühungen waren zum Scheitern verurteilt, wie seine detaillierten Schilderungen an die Behörden belegen. So verhinderte der Kriegsbeginn im September 1939 die unmittelbar bevorstehende Einreise nach England. Seine anschliessenden Bemühungen, in die USA auszureisen, blieben während zwei Jahren erfolglos, dies wegen des von den amerikanischen Behörden errichteten Dschungels an Vorschriften und Paragrafen. Im September 1940 wurde Wagner deshalb vom Arbeiterhilfswerk die Beteiligung an einem Siedlungsprojekt in San Domingo angetragen, falls er «Lust und Mut habe, an die Sache heranzugehen».[104] Wagner lehnte nach gründlicher Überlegung ab, «ausserhalb der Welt zu leben», weil er die Hoffnung, doch in der Industrie eines anderen Landes unterzukommen, noch nicht aufgegeben hatte. «Es wird besser sein, wenn die vorhandenen Siedler-Plätze denen vorbehalten bleiben, die absolut keine andere Möglichkeit mehr haben.»[105]

Auch Lotte setzte weiterhin alle Hebel in Bewegung, um eine Lösung für Helmut Wagner zu finden. Sie hielt von Zürich aus Kontakt zu ehemaligen Genossen in der Tschechoslowakei, nach Schweden und nach Frankreich. Hilfe für Wagner kam schliesslich von Joseph Buttinger, einem österreichischen Sozialisten, der zusammen mit Friedrich Adler ab 1938 die Auslandsvertretung der österreichischen Sozialisten (AVOES) leitete, zunächst in Brüssel, dann in Paris und ab 1940 schliesslich in New York. Zuvor war Adler Sekretär der Sozialistischen Arbeiterinternationale in Zürich gewesen, deren Sitz sich in unmittelbarer Nähe der Pension Comi befunden hatte. Lotte kannte Adler aus dieser Zeit, und auch nach 1938 blieb der Kontakt bestehen. Buttinger hatte sie ebenfalls in Zürich kennengelernt anlässlich seiner Besuche, die er noch von Österreich aus unternommen hatte, um Adler zu treffen. Beide Namen finden sich ausserdem auf Lottes bereits zitierter Namensliste bekannter Benutzer des Sozialarchivs. Nach der Emigration nach New York sorgte Joseph Buttinger dann dafür, dass Wagner das so begehrte Affidavit für die USA erhielt. Im Frühsommer 1941 trafen die Einreisepapiere in der Schweiz ein. Wagner war nun gezwungen, seine gesamten Ersparnisse aus der Zeit seiner Arbeit als Feinmechaniker für die Reisekosten auszugeben, so dass er wieder ohne Mittel für den Neuanfang dastand. Ende Juli 1941 mussten Lotte und er sich trennen, ohne zu wissen, wann oder ob sie sich wiedersehen würden. Helmut Wagner fuhr mit dem Zug nach Lissabon, um von dort mit dem Schiff weiter nach New York zu reisen. Als er in Lissabon eintraf, musste er zu seinem grossen Entsetzen feststellen, dass das Schiff bereits zwei Tage vor dem offiziellen Abreisetermin ausgelaufen war, «ohne Rücksicht auf die noch nicht eingeschifften Passagiere und den ursprünglich festgesetzten Ausreisetermin», wie Regina Kägi in einem Schreiben wenige Tage später berichtete. «Angeblich ist dies erfolgt, um zu verhindern, dass die Visas der bereits an Bord befindlichen Emigranten ablaufen. Vom erlegten Fahrpreis wurden den zurückgelassenen Passagieren nur 75% zurückerstattet. Nach vielen Bemühungen gelang es Herrn Wagner, nachdem er mehrere sehr teure Fahrgelegenheiten ausgeschlagen hatte, auf einem Frachter Platz zu buchen und nach USA abzureisen.»[106]
Dies war nur möglich, weil das Arbeiterhilfswerk seinen telegrafischen Hilferuf erhörte und ihm die für die neue Passage erforderlichen 800 Franken nach Lissabon überwies, in dem Bewusstsein, dass Helmut Wagner sonst verloren gewesen wäre, denn ein Zurück in die Schweiz gab es nicht. Die Grenzen waren für ihn geschlossen. Selbst auf See war die Lebensgefahr für

Wagner noch nicht zu Ende. Tatsächlich wurde der portugiesische Frachter von einem deutschen U-Boot angehalten. Der U-Boot-Kommandant wollte Wagner verhaften und nach Deutschland deportieren, doch diesem gelang es sich zu retten, wie er nach dem Krieg in einem Brief berichtete: «Als der portugiesische Frachter 1941 von einem deutschen U-Boot angehalten wurde und der U-Boot-Kommandant mich verhaften wollte, war ich kalt wie ein Schneemann. Während sie mir Fragen stellten, überdachte ich alle Möglichkeiten und was in jedem Falle zu tun sei. Gleichzeitig antwortete ich kalt und band ihnen die tollsten Lügen auf, die man sich vorstellen kann, und sie verliessen mich mit der Überzeugung, dass es sich nicht lohne, sich mit mir abzuquälen.»[107] Unterstützung erhielt er vom Kapitän des Frachtschiffes, der dem deutschen Kommandanten die Verhaftung eines Mannes, der auf Grund der Jahre zuvor erfolgten Ausbürgerung kein Deutscher mehr war, verweigerte. Unversehrt, aber mittellos traf Wagner in New York ein. Wieder musste er sich an ein Hilfswerk wenden und für die Anfangszeit Unterstützung beantragen. In den USA jedoch durfte er arbeiten, und er fand Arbeit in der Industrie, wie er gehofft hatte.

Dies war die Welt draussen, ausserhalb des Lesesaals am Predigerplatz 35. Die Macht dieser äusseren Welt manifestierte sich in immer wieder frei werdenden Plätzen. Plötzlich kam ein Leser nicht mehr, er war ausgereist, freiwillig oder gezwungenermassen. Sein Platz wurde dann von einem Neuankömmling eingenommen, der nicht wusste, wie lange er hier bleiben würde. Einer dieser Gäste, an den sich Lotte gern erinnerte, war Max Sievers, der Verbandsvorsitzende der deutschen Freidenker. Ihm war es gelungen, einen Teil des Verbandsvermögens in die Schweiz zu retten, wohin er 1933 nach seiner Freilassung aus der Gestapohaft geflüchtet war. Das Geld verwendete er zur Fortsetzung der politischen Arbeit im Exil. Da auch er dem Arbeitsverbot unterlag, entschied er sich, nach Belgien zu ziehen, um dort ab 1937 die Wochenzeitung «Das freie Deutschland» herauszugeben. Sievers konnte das Sozialarchiv noch mehrmals besuchen, bis der Kriegsbeginn dies nicht mehr zuliess. Lotte erlebte ihn als einen Mann, der bei seinen häufigen Besuchen im Lesesaal *im Gegensatz zu vielen seiner Landsleute Optimismus und Zukunftsglauben*[108] verbreitete. Er wanderte schliesslich nach Amerika weiter, kehrte aber aus familiären Gründen von dort nach Belgien zurück. Seine erneute Verhaftung machte ihm klar, welch fataler Fehler diese Rückkehr gewesen war. Nach seiner geglückten Flucht aus der Haft bemühte er sich um eine Einreiseerlaubnis für die Schweiz, die ihm

aber verweigert wurde. Daraufhin tauchte er mit seiner Frau in Nordfrankreich unter, wo er unter falschem Namen bis zum Sommer 1943 überlebte. Die beiden hielten sich mit landwirtschaftlichen Gelegenheitsarbeiten und einer Kaninchenzucht über Wasser. Als sie versuchten, mit Hilfe eines Verwandten Geld aus der Schweiz zu beschaffen, schlug die Gestapo zu. Der Bote wurde verhaftet und gezwungen, seine Auftraggeber preiszugeben. Max Sievers wurde am 3. Juni 1943 festgenommen. Die Gestapo brachte ihn nach Berlin, wo er am 17. Januar 1944 im Zuchthaus Brandenburg mit dem Fallbeil hingerichtet wurde. Geblieben sind Lotte die Erinnerungen an die Begegnungen mit ihm sowie seine Zeitschrift und einige seiner Schriften, die das Sozialarchiv aufbewahrte.
Bedroht waren die Verfolgten nicht nur jenseits der Schweizer Grenzen, sondern auch im Land selber gab es Gefährdungen. Dies galt besonders für Kommunisten, für illegal in der Schweiz lebende und für diejenigen, die gegen das Arbeitsverbot verstiessen, wie der bereits erwähnte Robert Jungk. Er war im Frühjahr 1939, sechsundzwanzigjährig, als Student der Geschichte in Zürich eingetroffen und gehörte bald ebenfalls zu den regelmässigen Besuchern des Sozialarchivs.[109]

Robert Jungk

Robert Jungk wurde 1913 als Robert Baum in Berlin geboren, sein Vater war der erfolgreiche Schauspieler, Regisseur und Drehbuchautor Max Jungk, seine Mutter die Schauspielerin Elli Branden. Er besuchte das Gymnasium und in seiner Freizeit eine deutsch-jüdische Jugendgruppe, durch die er Teil der antibürgerlichen Jugendbewegung wurde, die ihn prägte und in gewisser Hinsicht gut aufs Exil vorbereitete. Die mehrwöchigen Fahrten, die er mit seiner Gruppe in den Ferien unternahm, waren Abenteuerfahrten ohne feste Planung und Ziel. Er habe, so Jungk, durch diese Fahrten mit dem Ungewissen gelernt umzugehen. Obwohl er sich mit sechzehn auch dem Sozialistischen Schülerbund und der Internationalen Arbeiterhilfe angeschlossen hatte, empfand er sich rückblickend nicht als einen primär politischen Menschen. Gleichwohl war das Politische in den zwanziger Jahren omnipräsent und hat sein Leben entscheidend geprägt. Im Jahre 1932 hatte Robert Jungk sein Abitur in der Tasche. Er beschloss, sich in Berlin zu immatrikulieren, um Philosophie und Geschichte zu studieren. Politisch von keiner Partei überzeugt, fand er Anschluss an eine Gruppe, die sich «Gegner»-Kreis nannte und in der der Schweizer Adrien Turel eine entscheidende Rolle

spielte. Turel war für Jungk der erste interdisziplinär denkende Geist, der die Synthese aus Physik, Psychologie und Politik versuchte. Auch Turel kam nach der Machtübernahme Hitlers nach Zürich, wurde ein regelmässiger Besucher des Sozialarchivs und ein guter Freund Lottes.
Am Tag nach dem Reichstagsbrand wurde Jungk verhaftet, weil er in der Universität Naziplakate von den Schwarzen Brettern entfernt hatte. Seine Rettung verdankte er einem Freund aus dem «Gegner»-Kreis. Wieder auf freiem Fuss flüchtete Jungk mit dem Kollektivpass einer Skigruppe nach Österreich und von dort weiter nach Paris. Er begann wieder zu studieren, Psychologie und Soziologie, arbeitete journalistisch, aber auch als Dokumentarfilmer. Seine Kontakte aus Berlin halfen ihm dabei. Als er 1936 an einem Magenleiden erkrankte, zog es ihn trotz der Gefahr, verhaftet zu werden, nach Hause zurück. Er lebte fortan illegal in Berlin, hatte Verbindung zur Widerstandsgruppe «Neu beginnen» und übernahm für sie Kurierdienste. Er nahm den Kontakt zu Harro Schulze-Beuysen wieder auf, den er aus dem «Gegner»-Kreis kannte und der die Widerstandsgruppe Rote Kapelle anführte. Daneben schrieb er Artikel für eine illegale Presseagentur. Als diese aufflog, musste Jungk erneut Deutschland fluchtartig verlassen. Diesmal war sein Ziel Prag, wo er einen eigenen Pressedienst aufbaute. Mit dem Anschluss Österreichs an das Deutsche Reich 1938 war das Schicksal der Tschechoslowakei und damit auch der dortigen Flüchtlinge absehbar. Wie sollte es weitergehen? Die Aufforderung seines Berliner Freundes Hermann Levin Goldschmidt, es ihm gleich zu tun und als Student nach Zürich zu kommen, schlug er zunächst aus. «Dort habe ich aber nicht die geringste Lebensmöglichkeit und keine Zukunft. Und darum geht es mir. Endlich einmal weitere Horizonte, endlich einmal irgendwo Wurzel schlagen. Vielleicht wird sich mir drüben [in den USA] aus Erinnerung und Sehnsucht ein viel bedeutsameres Bild von Europa bilden als hier, wo ich mit ansehen muss, wie dieser Erdteil sich selbst vergisst und seine Menschen den Zustand von Terror und Angst allmählich als selbstverständlich akzeptieren. Ich meine, dass wir alle nur noch mit halbem Atem atmen, dass unsere Phantasie aus Angst vor Unterdrückung schon nur noch verstümmelte Kinder gebärt.»[110]
Jungk flüchtete erneut nach Paris, um dort an sein Leben zwischen 1934 und 1936 scheinbar nahtlos anzuknüpfen. Gleich am ersten Abend suchte er seine damalige Pension auf und fand sein Zimmer unvermietet. «Ich ging hinauf als sei inzwischen gar keine Zeit vergangen. Das Licht im sechsten Stock funktioniert immer noch nicht und es ist nach wie vor ein Kunststück

das Türschloss aufzusperren. Und dann: meine Wandbespannungen, meine Strohmatte, die ich selbst gekauft hatte, sogar das Wachstuch auf dem Lebensmittelbord unverändert da. Draussen auf dem Balkon unter der Blechverkleidung wartet ein dort verstecktes Tagebuch auf mich seit drei Jahren, ich zerre es heraus, staubgrau, regenverwischt und dann unterhielt ich mich noch die halbe Nacht mit meinem eigenen Schatten. Er war nicht sehr zufrieden mit mir.»[111]

Wurzeln schlagen konnte er hier nicht, die ersehnte Zukunft gab es nicht. So entschloss sich Jungk im Frühjahr 1939, doch nach Zürich zu gehen, um mit der finanziellen Hilfe seines Freundes Hermann Levin Goldschmidt an der dortigen Universität sein Studium fortzuführen. Neben den Geschichtswissenschaften wollte er sich weiter in Psychologie ausbilden. Obwohl er als Student dem Arbeitsverbot unterlag, begann er wieder Artikel zu schreiben, unter fünf verschiedenen Pseudonymen. Er tat dies für die Nachrichtenagentur Dukas, die in Zürich domiziliert war und von Lotte Dukas betrieben wurde. Die Artikel fanden in den Schweizer Zeitungen interessierte Abnehmer. Jungk erzählte niemandem von seinen Arbeiten, um keinen Verdacht zu erregen, nicht einmal seine Freunde wussten, wie er zu Geld kam. Unterkunft fand er bei Gustava Reichstein, der Mutter des späteren Medizin-Nobelpreisträgers Tadeus Reichstein, am Forstersteig, in einem Haus im Chaletstil, dem die Bewohner den Namen Hölzliburg verliehen, in Anlehnung an die nicht weit entfernte psychiatrische Klinik Burghölzli. Mit Jungk lebten dort die Schriftsteller Peter Weiss, mit dem er seit Prag befreundet war, und Fritz Hochwälder, ein österreichischer Dramatiker, aber auch die Märchenerzählerin Trudi Gerster, ebenso der Bildhauer Hans Josephson und der Expressionist Albert Ehrenstein. Jungk unterstand wie seine Freunde der ständigen Überwachung durch die Polizei, die herausfinden wollte, ob diese Flüchtlinge einer illegalen Beschäftigung nachgingen. Wie präsent die polizeiliche Bedrohung war, belegt ein kleines Rollenspiel, das Fritz Hochwälder sich ausgedacht hatte und das er mit Jungk immer wieder durchspielte. Jungk kam in diesem komisch-todernsten Dialog die Rolle des zur Kontrolle erscheinenden Polizeikommissars Bleiker zu. «Ich hatte energisch an die Haustür zu klopfen und den ängstlich Öffnenden barsch zu fragen: ‹Hochwälder, dichten Sie wieder?› ‹Aber nein, aber nein, Herr Kommissar!› versicherte der Ertappte mit zitternder Stimme. Erst als der Kontrolleur beim Stöbern eine Seite Dialog entdeckt hatte, gestand er reuig seine Schandtat.»[112]

Wie real dieses Rollenspiel war, musste Jungk bald selbst erleben. Damit die Polizei nichts Kompromittierendes finden konnte, versteckte er die Durchschläge seiner illegal verfassten Texte in einem Koffer im Hause des Schriftstellers N.O. Scarpi, dem Vater von François Bondy und ebenfalls zu Lottes Freundeskreis gehörend. Dieser sah sich eines Tages wegen einer drohenden Haussuchung veranlasst, die Ware umgehend wieder zurückzugeben, worauf Jungk sich nicht anders zu helfen wusste, als das Gepäckstück dem Zürichsee zu übergeben. «Am nächsten Morgen klingelte es Sturm. Scarpi war schon wieder am Telefon. ‹Ich versuche Sie schon seit einer halben Stunde zu erreichen. Kommen Sie ganz schnell und schauen Sie sich an, was auf dem See vor sich geht.› Zehn Minuten später stand ich atemlos auf der Uferpromenade und sah, wie uniformierte Polizisten von einem Boot aus sich mühten, mit langen Stangen und Rudern meine durchnässten Manuskriptseiten aus dem Wasser zu fischen.»[113]
Doch dieser Fund führte die Polizisten nicht zu Jungk. Zum Verhängnis wurde ihm erst das von der Polizei erzwungene Geständnis von Lotte Dukas im Jahr 1943, dass Jungk illegal für sie arbeiten würde. Was folgte, war seine Verhaftung und die Mitteilung, dass er wegen illegaler Berufstätigkeit ausgeschafft würde. Alle Bitten, ihn nicht seinen Henkern auszuliefern, nützten nichts. Die Zürcher Polizei transportierte ihn zum Bahnhof und setzte ihn in ein vergittertes Abteil in den Zug in Richtung schweizerisch-deutsche Grenze. Da sass Jungk nun in Handschellen, eingesperrt und in der Gewissheit, in wenigen Stunden von den deutschen Grenzbeamten verhaftet und deportiert zu werden. Als der Zug in St. Gallen hielt, wurde Jungk befohlen auszusteigen. Weiter in Richtung Grenze ging es mit einem Polizeiauto. «Plötzlich hielt der Wagen vor einer Polizeiwache. Einer meiner beiden Bewacher sprang hinaus und schien dort etwas erledigen zu wollen. Ich sah durch das Fenster, dass er telefonierte. Als er zurückkam, drehte das Auto in Richtung Stadt ab, und etwa zwanzig Minuten später hielten wir vor einem ummauerten, ziemlich heruntergekommenen Gebäude mit vielen vergitterten Fenstern. Das war Sankt Jakob, die Strafanstalt von Sankt Gallen, deren Einfahrt sich uns öffnete. Die Intervention des Verlegers Emil Oprecht und zweier meiner Professoren hatte in letzter Minute das Schlimmste verhindert.»[114]
Er war gerettet. Doch nun sass er ohne Urteil und zeitlich unbegrenzt in einem Zuchthaus zusammen mit Schwerverbrechern, mit denen gemeinsam er fortan Tag für Tag Tüten kleben musste, eine Tätigkeit, für die er sich

als ungeeignet erwies, ganz im Gegensatz zu seinem Nebenmann, einem verurteilten Doppelmörder. Der Aufseher geriet darüber in Wut und beschwerte sich beim Direktor. Ängstlich, verschärfte Einzelhaft und Besuchsverbot erwartend, musste Jungk beim Anstaltsleiter antreten. Doch dieser erwies sich als ein Mann mit lyrischen Interessen, der ihm vorschlug, in der Anstaltsbibliothek mitzuarbeiten und seine Dissertation zu schreiben. Er musste allerdings fortan monatlich 75 Franken bezahlen, um seinen Ausfall als Tütenkleber auszugleichen.

Das Ende seiner Haftzeit kam, als die Kriegsentwicklung eine Niederlage Deutschlands immer wahrscheinlicher machte. Die Schweizer Behörden wagten nun, Jungk aus dem Gefängnis zu entlassen und statt ihn auszuweisen in ein Arbeitslager einzuweisen. Dort war an eine Fortsetzung seiner Arbeit an der Dissertation nicht zu denken, und auch die Unterbringung in Holzbaracken mit Massenschlafsälen wurde ihm schnell unerträglich. Die Zentralleitung der Arbeitslager erlaubte ihm die Übersiedlung in ein Internierungslager, doch auch dort hielt Jungk es nicht lange aus. Ein Psychiater bei Bern, an den er sich wandte, bestätigte ihm körperliche und seelische Leiden und wies ihn in eine psychiatrische Klinik ein. Da viele der dortigen Patienten mit Elektroschock behandelt wurden und sie sich in der Folge in elender geistiger Verfassung befanden, war der Psychiater einverstanden, Jungk privat in einem möblierten Zimmer unterzubringen, um seinen seelischen Zustand nicht durch den Anblick der Mitpatienten weiter zu belasten. Nun musste er nur noch zu den wöchentlichen Kontrolluntersuchungen in der Klinik erscheinen.

In dieser Zeit wurde Jungk vom amerikanischen Geheimdienst OSS kontaktiert, der an seinen guten Kontakten zum deutschen Widerstand und seinen Informationen interessiert war. Parallel zu dieser Tätigkeit als Nachrichtenlieferant musste er seine Doktorarbeit nochmals schreiben, da ihm ein Grossteil des Manuskriptes im Zug gestohlen worden war. Da seine Freunde weiter in Zürich lebten, kam Jungk oft in die Limmatstadt und suchte das Sozialarchiv auf. Dort erlebte er mit, welche Auswirkungen der sich ankündigende Zusammenbruch des Dritten Reiches auf die Besucher hatte. Je grösser die Hoffungen der Emigranten auf eine gerechtere Zukunft, umso lebhafter wurden die Diskussionen unter den Anhängern der verschiedenen politischen Richtungen, in deren Zentrum vermittelnd und lenkend Lotte stand.[115]

Obwohl Jungk seine Doktorprüfung bei Kriegsende erfolgreich abgelegt hatte und er mit Genehmigung der zuständigen Schweizer Behörden eine Stelle als Journalist bei der britischen Zeitung «The Observer» antreten konnte, blieb der Ausweisungsbefehl gegen ihn bestehen, aller Eingaben zum Trotz. Erst ein Interview, das er für den «Observer» mit einem Mitarbeiter von Bundesrat von Steiger über die Behandlung der politischen Flüchtlinge in der Schweiz führte, brachte ein Ende dieses unhaltbaren Zustands. Als der Beamte erfuhr, dass Jungks Adresse die psychiatrische Klinik Mettengüetli war, fragte er ihn erstaunt nach den Gründen. «‹Aber Sie sind doch ganz normal!› [...] ‹Schon, schon›, ... ‹Aber die Zürcher Fremdenpolizei leidet eben unter Verfolgungswahn›.»[116] Diese Antwort Jungks führte dem Beamten einen Sachverhalt vor Augen, den er möglichst schnell aus der Welt schaffen wollte, bevor darüber womöglich noch etwas im «Observer» zu lesen war. Der Befehl in Sachen «Ausschaffung über die Landesgrenze» wurde endlich aufgehoben. Obwohl Jungk nun in der Schweiz hätte bleiben und arbeiten können, verliess er bald darauf das Land. Er konnte sich nach allem, was er im Umgang mit den Behörden erlebt hatte, einen weiteren Aufenthalt hier nicht vorstellen.

Unter den vielen Emigranten, die sich im Lesesaal des Sozialarchivs einfanden, gab es ein paar wenige Frauen. Ihnen galt Lottes besonderes Interesse. *Meine ersten Impulse, die mich zur sozialen Literatur brachten, empfing ich von den Ideen der Frauenbewegung. Die «Frauenfrage», wie es im altmodischen Sinn hiess, hatte meine ersten Gefühle für Recht und Unrecht wachgerufen. Ich begegnete als junges Mädchen Frauen, die in der deutschen Frauenbewegung einen Namen hatten und die um den jugendlichen Nachwuchs besorgt waren. [...] Dem Einfluss dieser Frauen verdanke ich mein erstes kritisches Denken.*[117]

Dass sie einigen dieser führenden Frauenrechtlerinnen Jahre später im Lesesaal des Sozialarchivs wieder begegnen würde, nicht in Form von Büchern, sondern von Angesicht zu Angesicht, war eine Mitte der zwanziger Jahre vollkommen abwegig erscheinende Situation. Und doch traf Lotte in Zürich auf so prominente Frauenrechtlerinnen wie Anna Siemsen, Helene Stöcker und Lida Gustava Heymann.[118] Stöcker durfte nicht in der Schweiz bleiben, sie wanderte nach New York weiter, wo sie 1943 völlig mittellos verstarb, im gleichen Jahr wie Lida Heymann in Zürich. Zu Anna Siemsen hingegen entwickelte Lotte eine Beziehung, die auch nach Kriegsende und Siemsens Rückkehr nach Hamburg Bestand hatte.

Anna Siemsen

Die 1882 geborene Anna Siemsen war bereits als Mädchen entschlossen, mehr vom Leben zu fordern, als es einer Tochter aus einem Pfarrhaus gesellschaftlich zustand. Im Gegensatz zu anderen Bürgertöchtern begnügte sie sich nicht mit einer Lehrerinnenausbildung. Sie holte extern das Abitur nach, studierte Germanistik, Philosophie und Altphilologie, promovierte und legte das Staatsexamen für das Höhere Lehramt ab. Ihre Politisierung vollzog sich während des Ersten Weltkrieges, der sie zur Pazifistin und Sozialistin machte. In der Folge engagierte sie sich wie Lida Heymann und Anita Augspurg in der deutschen Sektion der Internationalen Frauenliga für Frieden und Freiheit. Sie trat 1917 der USPD und später der SPD bei. In den Jahren der Weimarer Republik kämpfte sie auf verschiedenen Positionen für Reformen im Bildungswesen, vor allem im Berufsschulbereich. Diese Reformbestrebungen wirkten sich bis nach Hamburg und direkt auf Lottes Leben aus, weil durch diese Reformen Dienstmädchen erstmals in den Genuss einer Berufsschulbildung kamen. Es ist vor dem Hintergrund dieser emanzipatorischen Entwicklungen im Bildungsbereich nicht erstaunlich, dass Lotte gerade an dieser Berufsschule mit den Frauenrechtlerinnen und ihren Ideen in Kontakt gekommen ist.

Anna Siemsen übernahm neben ihrer bildungspolitischen Arbeit auch Lehraufträge an Hochschulen, sie wurde Universitätsprofessorin im thüringischen Jena, sie publizierte darüber hinaus hunderte von politischen, pädagogischen und literarischen Arbeiten, und sie gehörte als Sozialdemokratin für eine Wahlperiode dem Deutschen Reichstag an. Sie war eine Frau von unerschöpflicher Energie und leidenschaftlichem Engagement, für die die Emanzipation der Frauen einen unverzichtbaren Bestandteil der von ihr angestrebten sozialistischen Gesellschaftsordnung darstellte. Für diesen emanzipatorischen Sozialismus setzte sie sich auch als Referentin im sozialistischen Jugendbildungsbereich und im Rahmen von Frauenkursen ein. Aus dieser Zeit stammt denn auch ihr Kontakt zu Helmut Wagner, der ebenfalls im Jugendbildungsbereich als Wanderlehrer aktiv war. Als Pazifistin war sie 1931 nicht mehr bereit, die Militärpolitik der SPD und deren Unterstützung der Notverordnungen mitzutragen. Sie verließ die Partei und trat für kurze Zeit der neu gegründeten Sozialistischen Arbeiterpartei SAPD bei. Bereits im Dezember 1932 wurde ihr die Lehrerlaubnis an der Universität Jena entzogen, eine Entwicklung, die sie hatte kommen sehen, ebenso wie die Machtübergabe an die Nationalsozialisten. In weiser Voraussicht hatte sie deshalb eine einfache Alphütte in der Schweiz oberhalb des Genfer Sees erworben, da vollkommen klar war, dass ein Leben in Deutschland unter einem Reichskanzler Hitler für sie nicht mehr möglich sein würde. Und so kam es, dass sie Deutschland am 15. März 1933 in Richtung Zürich verliess. Um dann im Schweizer Exil politisch tätig sein und ihren Lebensunterhalt selbständig bestreiten zu können, ging auch sie eine Scheinehe ein. Dies möglich gemacht hat Walter Vollenweider, der Sekretär der Sozialistischen Arbeiter-Jugend der Schweiz. Durch ihn konnte sie Schweizerin werden und fortan ihr umfangreiches Engagement unter neuen Bedingungen fortsetzen. Sie war im Bildungsbereich der Sozialdemokratischen Partei der Schweiz tätig, hielt unzählige Vorträge und publizierte. Unter anderem schrieb sie für «Die Frau in Leben und Arbeit», deren Redaktion sie 1938 übernahm. Für all diese Tätigkeiten war das Sozialarchiv eine unverzichtbare Informationsquelle, die Siemsen regelmässig nutzte und bei der sie auf Lotte traf.

Als eine Frau, welche auch die Jugend anzusprechen noch imstande ist, möchte ich Anna Siemsen nennen. Sie war in der Bibliothek immer ein sehr eiliger Gast, und es bleibt mir ein Rätsel, wie es eine Frau mit ihren politischen Erfahrungen und ihrem Alter fertig bringt, an Aktivität einfach nicht nachzulassen. Ihre Person vermochte weit zu strahlen. Wenigen Menschen aus der sozialistischen Bewegung, der sie angehört, ist es möglich, nach all den bitteren Ereignissen diese ihr eigene Unerschütterlichkeit zu zeigen, die nur echter Überzeugung entspringen kann.[119]

Wie weitreichend ihre Aktivitäten waren, zeigt ihre Reise nach Spanien. Als Anhängerin der Spanischen Republik und in Bewunderung für die gegen den Faschismus kämpfenden Spanierinnen und Spanier liess sie es sich nicht nehmen, im Frühsommer 1937 die Lage vor Ort selbst zu erkunden, dies gemeinsam mit Regina Kägi-Fuchsmann, der zukünftigen Leiterin des Schweizerischen Arbeiterhilfswerks. Regina Kägi beschreibt in ihren Erinnerungen ausführlich diese gemeinsame Reise. «So fuhren Professor Anna Siemsen, die Redaktorin des sozialistischen Frauenblattes, und ich in der Obhut des spanischen diplomatischen Kuriers vor Pfingsten 1937 nach Spanien. Auch wegen des Visums von Frau Siemsen gab es einen Tanz mit der Fremdenpolizei; diese wollte es ihr lange nicht erteilen, unter dem Vorwand, sie sei doch schon in einem etwas vorgerückten Alter – sie war damals 53–54 Jahre alt – und die Strapazen könnten für sie zu gross sein. Diese rührende Besorgtheit entsprang jedoch eher der Angst vor Annas tapferer Feder. Man war behördlicherseits gar nicht sehr daran interessiert,

Auch in der Schweiz setzte die deutsche Pädagogin und sozialistische Politikerin Anna Siemsen ihre Bildungsarbeit für die proletarische Jugend fort, hier mit Jugendlichen vor dem Kinderfreundehaus Mösli in Stallikon im Jahr 1946. (Sozarch_F_5035-Fa-008)

dass die Tatsachen über den spanischen Bürgerkrieg in der Schweiz allzu genau bekannt wurden.»[120]
Jegliche Vorbehalte gegenüber Anna Siemsens Alter waren unbegründet. Körperlich überstand sie die Reise unbeschadet, seelisch aber machten ihr vor allem die Angriffe deutscher Truppen auf spanische Zivilisten, so geschehen in Guernica, schwer zu schaffen. «Anne Siemsen weinte stundenlang, als wir von dieser Katastrophe hörten. ‹Ist es möglich, dass meine Landsleute ... solche entmenschten Tiere sind?›»[121] Ihre Erfahrungen und Einsichten aus dieser Reise fasste sie im Buch «Spanisches Bilderbuch» zusammen, das noch 1937 erschien und das eine vehemente Anklage gegen Franco und seine Helfershelfer darstellt.[122]
Anna Siemsen musste sich im Laufe der Jahre im Schweizer Exil noch mit vielen weiteren und schlimmeren Greueltaten ihrer Landsleute befassen, was sie jedoch nie davon abhielt, auf ihre baldige Rückkehr nach Deutschland zu hoffen. Als Konsequenz aus der zerstörerischen Geschichte des deutschen

Kleidervorschriften gab es für den Unterricht bei Anna Siemsen offensichtlich keine. Kinderfreundehaus Mösli im Sommer 1946, kurz bevor Anna Siemsen nach Deutschland zurückgekehrt ist. (Sozarch_F_5035-Fb-010)

Nationalstaates und in Bewunderung für das politische Gemeinwesen der Schweiz entwickelte sie ein föderales Modell für Deutschland im Rahmen einer europäischen Union. Antizentralismus, Föderalismus, starke lokale Selbständigkeit, Freiheit in der Einheit – diese Grundpfeiler des Schweizer Staates studierte Siemsen eingehend. «All das ist für uns Deutsche mit unserer so unglückselig andersartigen Geschichte sehr bemerkenswert und kann uns sehr viel Stoff geben zum Nachdenken an einem Wendepunkt unserer Geschichte.»[123] Ihre politischen Ideen für ein neues Deutschland verfolgte sie aktiv in der 1943 gegründeten «Union Deutscher Sozialisten in der Schweiz», in der auch andere Benutzer des Sozialarchivs wie Otto Braun und Wilhelm Hoegner mitarbeiteten. Dass sie in ihrem Engagement stets auch die praktische pädagogische Arbeit weiterverfolgte, die deutschen Nachkriegserfordernisse vor Augen, belegen die von ihr 1944 organisierten Sonderkurse zur Lehrerausbildung für deutsche Emigranten in der Schweiz. 1946 schliesslich kehrte sie in das zerstörte Deutschland zurück.

Noch viele ähnliche Schilderungen über die Lebenswege von Besucherinnen und Besuchern des Lesesaals am Zürcher Predigerplatz in den Jahren des Exils liessen sich hier anfügen. Lotte wäre prädestiniert gewesen, über die Schicksale dieser Menschen, von denen sie ja nur die bekanntesten namentlich aufgelistet hat, ausführlich zu schreiben – doch dazu ist es nicht gekommen. Geschrieben hat sie eine dreizehnteilige Artikelserie im «Volksrecht» – immerhin die ausführlichste Darstellung über das Sozialarchiv in dieser Zeit.

Den Besucherinnen und Besuchern sah man ihre persönliche Geschichte, die sie in das Kellergebäude der Predigerkirche geführt hatte, nicht an. Und man sah ihnen nicht an, mit welchen Ängsten, Sorgen und Bedrohungen sie aktuell zu kämpfen hatten. Lotte nannte das Studium für die soziale Besserstellung der Menschheit, wie es im Lesesaal tagein tagaus betrieben wurde, eine ernste, wenn nicht gar freudlose Angelegenheit. Die damit verbundene Ruhe war gerade in diesen Zeiten eine vornehmlich äusserliche, die dem Einzelnen vielleicht half, die innere Unruhe, die Nöte und Verzweiflung in Zaum zu halten. Das galt auch für Lotte selbst. Während ihr Bruder Walter nach einer Lungenerkrankung zu Beginn des Krieges als Pfleger in einem deutschen Lazarett arbeitete, musste ihr Bruder Hans an der Ostfront kämpfen. Nachdem er die Haft im KZ Fuhlsbüttel überstanden hatte, wieder freigekommen und inzwischen auch Vater einer Tochter geworden war, dauerte die vermeintliche Normalität nicht lange an. Nach dem deutschen Überfall auf die Sowjetunion 1941 war er in ein Strafbataillon eingezogen worden. Lotte beschäftigte der erzwungene Kriegseinsatz des Bruders nicht nur wegen der täglichen Lebensgefahr, sondern auch weil sie sich fragte, was es für Hans als einen ehemaligen Jungkommunisten bedeutete, gegen Russen ins Feld ziehen zu müssen. Je länger der Krieg dauerte und je verlustreicher die Kämpfe verliefen, desto grösser wurde Lottes Unruhe.

Ich trainierte, nicht an Hans zu denken, der als vermisst gemeldet worden war. Ich ertappte mich bei Aberglauben und selbst fabrizierten Gottesurteilen. […] Bei jedem Brief von Zuhause klopfte mein Herz, ob er das Wunder einer Nachricht enthalte…[124]

Noch schlimmer wurde ihre Angst im Sommer 1943, als die Zeitungen und der Rundfunk über die bisher grössten Luftangriffe berichteten, die die britische und amerikanische Luftwaffe auf Hamburg durchführten. Im Zeitraum zwischen dem 25. Juli und dem 3. August flogen tausende Bomber im Rahmen der «Operation Gomorra» über die Stadt, in der Lottes Eltern lebten. Etwa 35'000 Menschen starben, 125'000 wurden verletzt.

Die Stadt war weitgehend zerstört, so dass annähernd eine Million Hamburger die Stadt verliess. Lotte wusste nicht, ob ihre Eltern zusammen mit Hans' Tochter Helga unter den Überlebenden waren oder ob sie unter den Trümmern ihres Hauses am Kuhnsweg begraben lagen. Die Erleichterung war riesig, als sie erfuhr, dass die Eltern lebten und das Haus die Angriffe, abgesehen von zersprungenen Fensterscheiben, unbeschadet überstanden hatte. Die Angst um ihren Bruder Hans erwies sich allerdings als begründet. *Er fiel zwei Monate vor Kriegsende in Ostpreussen, meine Mutter hat nicht einen Überlebenden aus seiner Kompanie auffinden können, soviel Mühe sie sich auch gab.*[125]

Dass das Sozialarchiv aber auch andere gewichtige Benutzergruppen als die Emigranten hatte, wurde erst in den Nachkriegsjahren wieder richtig sichtbar. Es vollzog sich im Lesesaal ein eigentlicher Generationenwechsel, der vermehrt junge Menschen die Stufen am Zähringerplatz hinabführte und sie an den freigewordenen Tischen Platz nehmen liess, wo zuvor während vieler Jahre Emigranten eine Zuflucht gefunden hatten. Nun, nachdem der Aktivdienst für die Schweizer Männer nach sechs Jahren endlich beendet war, kamen sie wieder, diese anderen Benutzer, die vom Angebot des Sozialarchivs zwar ebenfalls regen Gebrauch machten, allerdings mit anderen inhaltlichen Schwerpunkten. Da waren zum einen die Angestellten, von denen Lotte berichtete, dass sie die fleissigsten Bezüger von Büchern gewesen sind, wenn auch nicht von eigentlicher Fachliteratur für ihr Arbeitsfeld, sondern von der immer mehr in Mode kommenden Ratgeberliteratur. Mit zunehmendem wirtschaftlichem Aufschwung schien das Interesse an solcher Literatur zu wachsen, von der sich die Leser sowohl beruflich wie privat verbesserte Erfolgschancen erhofften.

Hingegen sind alle Bücher beliebt, welche dem Bedürfnis entgegenkommen, jetzt und nicht in fernen Zeiten ein gutes Leben führen zu wollen. Eine umfangreiche, psychologische Literatur trägt dem Rechnung. «Freunde gewinnen», «Einfluss gewinnen», «Pessimismus überwinden», oder die Kunst «der gewinnenden Gesprächsführung» zu erlernen, alles das ist aussichtsreich, und es ist nicht zu unterschätzen, dass diese Literatur dem verständlichen Wunsch, selber Einfluss auf sein Schicksal zu nehmen, sehr entgegenkommt.[126]

Für Lotte war das von ihr nach dem Krieg konstatierte geringere Interesse an der politischen und sozialen Literatur das Symptom einer Art von Bildungsstreik seitens der jungen Generation, mit der Konsequenz, dass die alten sozialistischen Kämpfer politisch ohne Sohn, ohne Tochter blieben.

Immer wieder sprach einer dieser alten Sozialisten Lotte auf diese ihm negativ erscheinende Entwicklung an: *Manch einer äusserte sich enttäuscht an meinem Arbeitspult über eine Jugend, die nur noch den Sport, das Kino und das Lotteriewesen kennt.*[127]

Auch wenn Lotte die Auffassung vertrat, dass jede Generation anders sei, von der je eigenen politischen und gesellschaftlichen Landschaft geprägt, nahm auch sie bei den jungen Benutzern eine Undankbarkeit gegenüber den Leistungen der sozialistischen Vorreiter wahr.

Viele sozialpolitisch bedeutsamen Bestrebungen, die heute mit Hilfe des Staates eine teilweise Realisation erfahren, waren wichtige Programmpunkte der Sozialdemokratie. Besonders der Jugend sind diese Anstrengungen nicht gegenwärtig wie überhaupt ein mangelndes Geschichtsbewusstsein der sozialistischen Bewegung und ihrer Erfolge gegenüber bei den jungen Leuten zu beobachten ist.[128]

Das galt auch für eine andere wichtige Gruppe von Benutzern, die Studenten. Im Gegensatz zu den Angestellten suchten sie das Sozialarchiv zwar aus fachlichen Gründen auf, weil sie Material für eine Seminar- oder Doktorarbeit benötigten, doch auch sie wandelten mehrheitlich auf anderen, unpolitischeren Wegen als denen der vorherigen Besucher des Sozialarchivs. *Mancher Student erzählte mir, dass er Mühe habe, den zivilen Ton zu finden. In diesen Jahren sah ich manchen über seiner Dissertation seelisch ergrauen, und der Schulmüdigkeit jener Jahre ist es vielleicht zuzuschreiben, dass selten ein Student ein Buch entlieh, das über seinen Lehrplan hinausging.*[129]

Ein junger Mann betritt die Bühne

Einer, auf den diese Beschreibung nicht zutraf, war der Architekturstudent Felix Schwarz. Geboren 1917, wuchs er als Sohn einer katholischen Mutter, Marie Buchmann, und eines protestantischen Vaters, Felix Schwarz, im aargauischen Bremgarten auf. Bremgarten war ein kleines Städtchen, geprägt von Landwirtschaft und Handwerk, noch ohne nennenswerte Industrie, und es war traditionell katholisch. Die Protestanten hatten erst im Jahre 1900 eine eigene Kirche errichten können.
An den unterschiedlichen Konfessionen der Eltern wäre die Gründung einer Familie fast gescheitert. Die Mutter von Marie Buchmann sprach sich als strenggläubige Katholikin nicht nur gegen die Ehe ihrer Tochter mit dem Protestanten Schwarz, sondern nach der Geburt des ersten Kindes auch für dessen Freigabe zur Adoption aus. Trotz katholischer Taufe war dieses Mädchen für sie, die Grossmutter, ein Kind der Sünde. Die protestantischen Eltern des als sündig erachteten Ehemannes konnten sich aber gegen dieses Ansinnen durchsetzen. Felix war das zweite Kind, auf ihn folgte mit Abstand nochmals eine Tochter namens Rosmarie. Der Vater arbeitete als Posthalter in Bremgarten, die Mutter war Hausfrau. Nachdem Felix die Primar- und die Bezirksschule absolviert hatte, führte ihn der Besuch des Gymnasiums zunächst nach Aarau und dann, kurz vor der Matur, an die Kantonsschule in Zug. Die Zugfahrt von und nach Zug führte über Zürich, wodurch der junge Mann erstmals mit dem städtischen Leben in Berührung kam.
Aus dieser Zeit stammt auch Felix' erster Kontakt zum Sozialarchiv, der die Folge der Entdeckung eines Buches war, das sich im Besitz eines Schulkollegen befand. Es handelte sich dabei um das 1903 erschienene «Geschlecht und Charakter», verfasst vom umstrittenen Wiener Kulturphilosophen Otto Weininger, der mit diesem Werk das «Verhältnis der Geschlechter» in ein neues Licht rücken wollte. Diese angeblich neue Sichtweise war geprägt von Weiningers pathologischer Frauen- und Körperfeindlichkeit und von einem massiven Antisemitismus. Dennoch fand das Buch grosse Verbreitung und viele begeisterte Leser. Auch der junge Felix Schwarz wollte es sich in einer Bibliothek besorgen. Auf Grund einer Empfehlung, es doch im Sozialarchiv zu versuchen, machte er sich auf zum Zähringerplatz. Er stieg die Treppen des Predigerchors hinab und fand sich im Lesesaal vor dem Pult von Emil Scheuchzer wieder. Nachdem er Angaben zu seiner Person gemacht hatte,

fragte Scheuchzer ihn nach seinem Literaturwunsch. Die Nennung des Titels hatte eine unerwartete Reaktion zur Folge: Der Bibliothekar gab Felix Schwarz klar zu verstehen, dass dies kein Buch für ihn sei. Er solle doch lieber etwas Sinnvolles lesen. Scheuchzer begab sich ins Magazin und kam mit einem Stoss Bücher zurück, die er in Zeitungspapier einwickelte und dem jungen Mann mitgab. Als Felix Schwarz zuhause die Bücher auspackte, stellte er fest, dass er statt Otto Weiningers Schrift nun mehrere Statistische Jahrbücher der Stadt Zürich in den Händen hielt. Diese handfeste «Beratung» Scheuchzers schreckte Felix Schwarz aber nicht ab. Er wurde zu einem regelmässigen Besucher des Predigerchors und lernte den Bibliothekar Scheuchzer als die Seele des Lesesaals sehr schätzen. Felix' Interesse galt der Literatur und Philosophie, tagespolitische Informationen bezog er aus der sozialdemokratischen Zeitung «Der freie Aargauer», die im Hause Schwarz gelesen wurde. Der Vater lehnte die Nazidiktatur ab, und während der Kriegsjahre, als bei Bremgarten Internierungslager errichtet wurden, suchte er den Kontakt zu Internierten und lud sie am Wochenende zum Essen ein, was unter Schweizer Nichtjuden eine keineswegs übliche Geste war.

Nach der Matura musste Felix Schwarz 1938 die Rekrutenschule in Dübendorf bei Zürich absolvieren. Mit seinen Interessen für Literatur, Theater und philosophische Themen fand er gemäss eigenem Bekunden im Militär keine Gleichgesinnten. Nur mit einem konnte er sich wirklich unterhalten, mit seinem Vorgesetzten, Korporal Hans Stierlin. 1944 gründete dieser, von Beruf Ingenieur, die Firma Sibir und erlangte mit seinem «Volksküchlschrank» Berühmtheit in der ganzen Schweiz.[130] Politisch fühlte sich Stierlin dem Trotzkismus verbunden, was für ihn aber kein Widerspruch zum Unternehmersein darstellte. Stierlin war bereits Trotzkist, als Felix Schwarz ihn kennen lernte. Die beiden führten auch politische Diskussionen, und schliesslich nahm Stierlin den jungen Rekruten mit in seine trotzkistische Gruppe. Felix Schwarz war von deren Kopf, dem charismatischen Walter Nelz, sehr beeindruckt. 1933 bereits hatte dieser die trotzkistische Organisation «Marxistische Aktion der Schweiz» mitbegründet. Nach deren Spaltung Anfang 1939 formierte sich um Nelz eine neue Gruppe, die «Internationalen Revolutionären Kommunisten» IRK, die aber nur kurze Zeit Bestand hatte, da 1940 alle kommunistischen wie trotzkistischen Parteien und Gruppen in der Schweiz durch den Bundesrat verboten wurden.[131] Felix Schwarz nahm an den Diskussions- und Bildungsabenden teil, die ihm eine neue Welt eröffneten. Auch nach dem Verbot der Gruppe kam die politische

Propagandaarbeit nicht zum Erliegen, nunmehr illegal wurden weiterhin Zeitungen und Flugblätter hergestellt und verteilt.
Felix Schwarz war froh, als er die Rekrutenschule beendet hatte und im Oktober 1938 mit dem Studium der Architektur an der ETH Zürich beginnen konnte. Nebenher arbeitete er für die Büchergilde Gutenberg, in deren Auftrag er die bestellten Bücher den Mitgliedern zustellte. Seine Studienzeit währte allerdings nicht lange. Nachdem er im November 1939 sein 1. Vordiplom erfolgreich hatte ablegen können, musste er wegen des Beginns des Zweiten Weltkrieges in den Aktivdienst einrücken. In der Funktion eines Korporals tat er Dienst bei einer Fliegerkompanie. Der Aktivdienst riss die grosse Mehrzahl der jüngeren Schweizer Männer aus ihrem beruflichen und familiären Umfeld heraus, lediglich an den selten gewährten freien Wochenenden konnten die Soldaten für kurze Zeit ins Zivilleben zurückkehren. Während eines solchen Urlaubs liess sich Felix Schwarz am 30. Mai 1940 auf einer Zugfahrt von Bremgarten nach Zürich gegenüber einem Kollegen zu negativen Äusserungen über die militärische Situation der Schweiz hinreissen.[132] In einer Zeit der grössten militärischen Unsicherheit, in der jede kritische Bemerkung über die Politik des Bundesrats und der Armee als verbotene kommunistische Propaganda und Defätismus ausgelegt werden konnte, waren solche Sätze wie die von Felix Schwarz bereits schwere Straftaten, sofern Polizei und militärische Stellen davon Kenntnis erhielten. Wie die Behörden von seinen Äusserungen erfahren haben, ist nicht bekannt, auch nicht, ob die Ermittlungen gegen Trotzkisten in der Schweiz, die zeitgleich stattfanden, zu Felix Schwarz geführt haben.
Ausgelöst worden waren diese Untersuchungen durch die sogenannten «Informationsbriefe für revolutionäre Politik». Verfasst hatten sie Walter Nelz und wenige Genossen, um sie dann in einer Auflage von hundert bis zweihundert Stück zu verbreiten, der erste Informationsbrief im Dezember 1939, der zweite im Februar 1940 und der dritte zwei Monate später im April. Gegenstand dieser «Informationsbriefe» waren sowohl eine fundamentale Kapitalismuskritik als auch die Ankündigung revolutionärer Aufbrüche mit dem Ziel des Aufbaus sozialistischer Räterepubliken. Die Verfasser waren überzeugt, «dass sich der Kapitalismus mit diesem Krieg sein eigenes Grab schaufelt»[133] und in der Folge ein sozialistisches Europa durch das internationale Proletariat errichtet werden würde. Realitätsnaher als solche Ankündigungen und deshalb für die gesellschaftliche Stabilität bedrohlicher aber wirkte in diesen Briefen die ideologische Kritik an der Funktionsweise

der Schweizer Armee, vor allem aber die Darstellung konkreter Missstände. Der Soldat, so heisst es in den «Informationsbriefen», sei zwar der populärste Mann im Land, gleichzeitig aber sei er auch der rechtloseste. «Er ist Staatssklave. Er schläft im Dreck. Er erhält oft schlechtes Essen, soll nicht denken und darf sich nur nach Befehlen bewegen. Als Ausgleich mangelt der Familie zu Hause oft das Nötigste. Aber das Schlimmste ist: der Soldat wird behandelt wie ein Lakai.»[134] Ganz anders die Offiziere und Unteroffiziere, die in Betten schliefen, gutes Essen erhielten und alle Macht auf ihrer Seite hätten. Grund für diese Missstände sei der Klassencharakter der Schweizer Armee, der nichts anderes als das Spiegelbild der schweizerischen bürgerlichen Gesellschaft sei. Der Soldat habe keine Veranlassung, für diese Führungsschicht zu kämpfen.

Es waren solche Behauptungen, die die Armeeführung als gefährlich erachtete, vor allem weil sie durch zahlreiche Beispiele untermauert wurden. Eines davon war das des Oberleutnants Bächi, dreissigjährig, Jurist und Kandidat für den Nationalrat auf der Liste des von Gottlieb Duttweiler 1936 gegründeten Landesrings der Unabhängigen LdU. Über ihn heisst es im zweiten «Informationsbrief». «Bächi ist ein krankhafter, sadistischer Schinder. Mitten in der Nacht weckt er seine Leute zur Schuhinspektion. Morgens um zwei Uhr stand die halbe Kompanie auf der Strasse und putzte Schuhe. Ein anderes Mal lag im Kantonement ein Strohhalm am Boden. Zur Strafe musste die Putzmannschaft in strömendem Regen die Dorfstrasse wischen. […] Soldaten und Zivilbevölkerung haben auf Bächi einen unglaublichen Hass. Es gibt nur ein Gesprächsthema unter den Soldaten: Wie Bächi erschiessen?»[135]

Solche Vorkommnisse durften nicht öffentlich gemacht werden, um die bestehende Unzufriedenheit unter den Soldaten nicht in Aktionen münden zu lassen, wie sie in Form des Landesstreiks am Ende des Ersten Weltkrieges stattgefunden hatten. Denn dass es sich beim Fall Bächi um keine Erfindung gehandelt hat, stellte sich im Prozess gegen die Verfasser der «Informationsbriefe» heraus, als bekannt wurde, dass besagter Oberleutnant nach einer nochmaligen Beförderung schon bald vom Kommando über seine Truppe entbunden und einer psychiatrischen Untersuchung zugeführt worden war. Die Begutachtung ergab das Krankheitsbild eines «schizoiden Psychopathen». Dass es sich bei Bächi nicht um einen Einzelfall gehandelt hat, belegen die Ausführungen von General Guisan nach dem Krieg. Er bestätigte, dass viele Offiziere den Führungsanforderungen nicht gewachsen waren.

Es habe an charaktervollen Persönlichkeiten unter den Offizieren gefehlt, heisst es in seinem Bericht an die Bundesversammlung.[136]
1940 aber führte das Auftauchen der «Informationsbriefe» dazu, dass gegen die Verfasser von staatsgefährlicher Propaganda wegen der Beschimpfung von Militärpersonen umgehend strafrechtliche Schritte eingeleitet wurden. Zwischen dem 11. und 14. Juni 1940 kam es bei 40 Personen aus dem trotzkistischen Umfeld zu Hausdurchsuchungen, die sechzehn Verhaftungen nach sich zogen. Fünf der Verhafteten sassen anschliessend monatelang in strenger Einzelhaft und warteten auf den Abschluss der Untersuchungen, unter ihnen Walter Nelz.

Auch gegen Felix Schwarz wurden Ermittlungen eingeleitet, in deren Folge es am 16. November 1940 zu einer Hausdurchsuchung bei den Eltern Schwarz in Bremgarten kam, begründet mit der antimilitaristischen Tätigkeit ihres Sohnes. Obwohl diese Hausdurchsuchung ausser der Beschlagnahmung zweier kommunistischer Bücher nichts ergeben hatte, kam es zehn Monate später, am 1. April 1941, zum Prozess vor einem Militärgericht, an dessen Ende Felix Schwarz wegen Nichtbefolgung von Dienstvorschriften zu einer schweren Strafe verurteilt wurde. Diese Nichtbefolgung bestand gemäss Urteil darin, dass er sich gegenüber einer «ihm bekannten Person in defaitistischem Sinn über die Lage der Schweiz und die Armee» geäussert habe, dies mit der Behauptung, «sie könne sich im Ernstfall nicht verteidigen und es hätte keinen Sinn, sich zu verteidigen».[137] Es erschien dem Gericht angemessen, eine solche Äusserung mit sechs Monaten Gefängnis zu bestrafen, mit Degradation und Ausschluss aus der Armee und mit der Aberkennung der Aktivbürgerrechte während dreier Jahre. Direkt im Anschluss an das Verfahren musste Felix Schwarz die sechsmonatige Strafe in der Strafanstalt Lenzburg verbüssen. Am 30. September 1941 wurde er entlassen. Bis zu diesem Zeitpunkt lag die Anklageschrift gegen die Verfasser der «Informationsbriefe» noch immer nicht vor. Die Beschuldigten mussten auf den Prozessbeginn bis zum 23. März 1942 warten. Dieser Prozess fand dann unter Ausschluss der Öffentlichkeit statt, die Kosten für die Verteidigung der Angeklagten wurden vom Arbeiterhilfswerk übernommen. Die Anwälte konnten aber nicht verhindern, dass hohe Strafen verhängt wurden. Walter Nelz wurde als Hauptbeschuldigter zu zwei Jahren Haft verurteilt. In der Öffentlichkeit löste der Prozess kein Echo aus. Lediglich Fritz Brupbacher reagierte und tat was er immer tat, er half wo Hilfe nötig war, unabhängig von Parteibuch oder Gruppenzugehörigkeit. Im Fall des inhaftierten Nelz bestand diese Hilfe aus Paketen mit Esswaren, die er diesem regelmässig ins Gefängnis schickte.

Felix Schwarz wollte sein Studium nach der Haftstrafe fortsetzen, weshalb er die ETH über die Verurteilung nicht in Kenntnis setzte. Es gelang ihm zunächst, den wahren Grund seiner Abwesenheit zu verbergen, da auch andere Studenten für eine gewisse Zeit fehlten, wenn auch wegen des Aktivdienstes und nicht wegen eines Gefängnisaufenthaltes. Ausserhalb der Seminare und Vorlesungen zog es Felix Schwarz statt in die Bibliothek der ETH, wie für Architekturstudenten üblich, ins Sozialarchiv. Das lag nicht nur in der dort vorhandenen Literatur begründet, sondern auch in der Bibliothekarin, die ihm diese Bücher zur Verfügung stellte. Oft suchte er das Gespräch mit Lotte, was durch ihre Arbeit als Bibliothekarin im Lesesaal leicht möglich war. Und schliesslich fasste er sich ein Herz und bat die von ihm verehrte Lotte, mit ihm auszugehen. Gelegenheit bot ihm der jährlich stattfindende Polyball, an dessen Vorbereitung er als Student der ETH beteiligt war. Als Lohn für den Einsatz winkten Freikarten. Er beschloss, Lotte zu fragen, ob sie ihn zum Ball begleiten wolle. Sie sagte schliesslich zu, obwohl sie, wie sie Felix erklärte, kein Kleid für einen solchen Anlass besässe. Eine Freundin musste aushelfen, die allerdings nicht über Lottes Masse verfügte. So begaben sich die beiden zusammen zu diesem festlichen Anlass im Hauptgebäude der ETH, er, der nicht tanzen konnte, und sie, in einem geliehenen Kleid, das zu kurz für sie war. Es wurde dennoch ein schöner Abend, und es sollten weitere folgen.

Nach der Auflösung der Pension Comi hatte Lotte 1943 eine Einzimmerwohnung an der Spyristrasse gefunden, die mit der Zeit auch für Felix ein Zuhause wurde. Er richtete die Wohnung ein, dies im Rahmen eines für Architekturstudenten durchgeführten Wettbewerbs zum Thema «studentisches Wohnen». Und er ging als Sieger aus diesem Wettbewerb hervor. Als er seine neue Freundin mit zu seinen Eltern nach Bremgarten nahm, erlebte Felix' jüngere Schwester Rosmarie die erste Begegnung mit Lotte wie einen Paukenschlag – dies ihre Formulierung rund siebenundsechzig Jahre danach. Mit Lotte hielt eine neue Welt Einzug, die Rosmaries Leben ungeahnte Wege eröffnete.

Felix Schwarz verbrachte seine Abende so oft wie möglich im Zürcher Schauspielhaus. Einzelne Stücke besuchte er immer und immer wieder. Besonders die Stücke von Bert Brecht hatten es ihm angetan. Als es ihm nicht mehr genügte, nur Zuschauer zu sein, begann er 1943 als Statist in den

*Das junge Paar: Lotte Spengler und Felix Schwarz Anfang der 1940er Jahre.
(NL Lotte Schwarz)*

Stücken selbst mitzuwirken. In der Brechtaufführung «Der gute Mensch von Sezuan» musste er singen, im «Leben des Galilei» fungierte er als Hilfsbeleuchter, und schliesslich wurde er sogar zweiter Regieassistent bei Regisseur Leopold Lindtberg. Felix Schwarz' Begeisterung für Brecht zeigte sich auch in einer sechzigseitigen Publikation, in der er Brechtsche Prosa, Lyrik und Dramen zusammengetragen hat – dies erstmals in der Schweiz. Dank Lotte war es ihm möglich, die Texte im Sozialarchiv auf Matrizen zu tippen und Abzüge herzustellen. So konnte er insgesamt zweihundert Exemplare

abziehen, die dann über Lotte im Sozialarchiv und über die Arbeiterbuchhandlung von Marthe Kauer im Volkshaus vertrieben wurden, wo Brecht 1948 seinen einzigen öffentlichen Auftritt absolvieren sollte.[138]
Im Schauspielhaus traf Felix Schwarz nicht nur auf die bekannten emigrierten Schauspieler wie Therese Giehse, Karl Paryla, Ernst Ginsberg, Emil Stöhr oder Wolfgang Langhoff, sondern auch auf zahlreiche Emigranten, die sich wie er als Statisten betätigten. Ein Teil von ihnen befand sich während des Krieges in Internierungs- und Arbeitslagern. Die Statistentätigkeit ermöglichte ihnen, das Lager für zwei oder drei Tage zu verlassen, weshalb auch solche als Statisten agierten, die gänzlich unbegabt waren. Geld durften sie wegen des Arbeitsverbots nicht bekommen, als Lohnersatz bezogen sie Freikarten. Diese versuchten sie dann unter der Hand zu verkaufen, um doch zu ein bisschen Geld zu gelangen, was schwierig und nicht ungefährlich war. Felix Schwarz und sein Freund Jacques Schader, ebenfalls Architekturstudent und Statist, empfanden dies als eine unhaltbare Situation. Als Schweizer konnten sie es sich erlauben, bei der Direktion vorzusprechen und eine Bezahlung zu verlangen. Statt einer Freikarte sollten die Statisten fünf Franken erhalten, so ihre Forderung. Kurt Hirschfeld sträubte sich lange dagegen, doch letztlich setzten sich die beiden durch.
Die Atmosphäre hinter der Bühne empfand Felix Schwarz als etwas Besonderes. Es gab einen Raum, in dem sich die Schauspieler ebenso aufhielten wie die Statisten und alle anderen Angestellten. Man sass zusammen, unterhielt sich, diskutierte, es herrschte ein kollegiales Verhältnis. Die Schauspieler waren frei von Starallüren in diesem speziellen Haus unter diesen besonderen Bedingungen.[139] Felix lernte hier Menschen kennen und schätzen, die er zuvor nur auf der Bühne bewundert hatte. Es entwickelten sich Beziehungen wie die zu Ernst Ginsberg, der, auf der Bühne als Hamlet, Tasso, Ernst Mohr oder Don Carlos gefeiert, gern mit Felix Schwarz auf Bergwanderungen ging, wenn es die Zeit erlaubte.
Dieser Zusammenhalt unter den Mitarbeitern des Schauspielhauses bedeutete aber auch hier nicht, dass alle politischen Differenzen aufgehoben waren. Langhoff und einige seiner Kollegen waren Mitglieder der Kommunistischen Partei, während andere Schauspieler mit dem Kommunismus sowjetischer Prägung nichts zu tun haben wollten. Allen gemeinsam aber war der Antifaschismus, der in den gezeigten Stücken immer wieder zu erleben war und vom Publikum hoch geschätzt wurde. Nach Kriegsende löste sich diese Gemeinschaft auf, Anhänger der Kommunistischen Partei zog es

Die Wohnung von Lotte Schwarz an der Spyristrasse mit der von Felix Schwarz gebauten Inneneinrichtung, für die er den 1. Preis eines Wettbewerbs an der ETH für studentisches Wohnen gewonnen hat, um 1943. (NL Lotte Schwarz)

nach Ostdeutschland, die nicht parteilich Gebundenen blieben in Zürich oder fanden ein Engagement in der Bundesrepublik oder in Österreich. Die freien Stellen am Schauspielhaus wurden nun von Schauspielern eingenommen, die bis 1945 in Hitler-Deutschland gespielt hatten, was für die langjährigen Ensemblemitglieder nicht immer leicht zu akzeptieren war. Auch Felix Schwarz musste auf Grund neuer beruflicher Aufgaben seine Arbeit am Schauspielhaus einstellen, er wurde wieder das, was er zu Beginn seiner Zürcher Jahre gewesen war: ein interessierter Theatergänger.

Kurz bevor Felix mit den Diplomprüfungen beginnen konnte, erhielt der Präsident des Schulrats der ETH im Sommer 1943 durch den Kommandanten von Schwarz' ehemaliger Kompanie Kenntnis vom Urteil gegen den Architekturstudenten, verbunden mit der Aufforderung, diesen umgehend zu exmatrikulieren. Der Schulrat kam dieser Aufforderung nach, obwohl sein Präsident und mit ihm einige Mitglieder die Strafe für ungewöhnlich hart hielten und beim vorliegenden Fall eher an eine unüberlegte Handlung als an intendierten Defätismus glaubten. Es wurde beschlossen, Felix Schwarz erst dann wieder aufzunehmen, nachdem er das Aktivbürgerrecht zurückbekommen hat. Felix Schwarz musste die ETH ohne Abschluss verlassen. Weil er dennoch an seinem Berufsziel Architekt festhalten wollte, begann er in einem Architekturbüro als Praktikant zu arbeiten. Nachdem er am 1. April 1944 seine Bürgerrechte zurückerhalten hatte, ersuchte er die Schulleitung der ETH um Wiederaufnahme, die ihm dann auch umgehend gewährt wurde. Noch im selben Jahr konnte er sein Studium der Architektur abschliessen.

Auch wenn für die ETH der Fall Schwarz damit erledigt war, für den Staatsschutz gab es keinen Grund, die Überwachung gegen Schwarz einzustellen. Stattdessen wurde diese Überwachung sogar noch erweitert, nachdem die Polizei von Felix' Kontakt zu Lotte Kenntnis erhalten hatte. Von dieser Observation zeugen die Berichte des Polizeikorps des Kantons Zürich an die Bundesanwaltschaft in Bern, aus denen hervorgeht, dass die beiden allein 1944 mehr als ein halbes Jahr überwacht worden sind, allerdings ohne Resultate. «Konkrete Anhaltspunkte für eine verb. polit. Tätigkeit des Erwähnten, erbrachte das Ermittlungsverfahren nicht. Im Verlaufe der gegen Felix Schwarz getätigten Erhebungen, wurde uns mitgeteilt, dass er Beziehungen zu: Benett, gesch. Spengler, Charlotte, geb. 4.10.1910, von Zürich, Bibliothekarin, wohnhaft Spyristr. 27, in Zürich 7, unterhalte. Da vermutet wurde Felix Schwarz könnte die Frau Benett als Anlaufstelle benützen, führten wir gegen sie ebenfalls ein kurzfristiges Ermittlungsverfahren durch. Dieses zeigte jedoch keine Anhaltspunkte einer illegalen Tätigkeit der Erwähnten.»[140] Den tatsächlichen Grund für diese dem Nachrichtendienst verdächtig erscheinende Beziehung erschloss sich dann aber bald auch der Polizei, wie es im Bericht weiter heisst: «Am 16.10.44 hat sich Felix Schwarz mit Frau Benett verheiratet. Zu diesem Anlass erhielten sie Gratulationswünsche von den unserem Dienst bekannten: Paasche Helga, geb. 30.5.1916, und Steinitz Hans, geb. 9.3.1912, stls. Internierter.»[141]

Ein Büchermensch auch in den Ferien: Lotte am Meer auf einer Ferienreise mit Paul Kägi, dem Leiter des Sozialarchivs, und seiner Frau. (NL Lotte Schwarz)

Der Nachrichtendienst machte bei seiner Überwachung auch nicht vor den per Post eingegangenen Glückwünschen halt. Sie wurden kontrolliert, um doch noch die erhofften brisanten Entdeckungen machen zu können und dadurch die monatelange Überwachung zu rechtfertigen. Doch auch diese Eingriffe erbrachten nichts.

Die Heirat von Lotte und Felix im Oktober 1944 war Ausdruck veränderter Verhältnisse. Felix durfte seinen Abschluss als Architekt machen, der Krieg schien nach unendlich langen Jahren eine Wende zugunsten der gegen Hitler-Deutschland Kriegführenden zu nehmen, so dass ein Leben danach wieder denkbar wurde. Zuvor schienen konkrete Zukunftspläne, auch die

Gründung einer Familie, angesichts von Krieg und Zerstörung rund um die Schweiz, keine verantwortbare Option zu sein. Lotte lebte seit zehn Jahren in Zürich, sie stand auf eigenen Beinen, hatte eine ihr entsprechende Stelle gefunden, ein kleines, aber ausreichendes Einkommen, eine eigene Wohnung, sie hatte einen grossen Freundeskreis und Männer, denen sie gefiel, gab es auch. Eine Ehe, wie die Eltern sie geführt hatten, war kein Vorbild und sprach eher gegen den Gang zum Standesamt. Lotte fühlte sich den Vorstellungen der Autorinnen und Autoren, die sie in Sachen freier Liebe in der kommunistischen Jugend in Hamburg kennengelernt hatte, weiterhin verbunden. Grundlage dieser bereits im 19. Jahrhundert intensiv diskutierten Vorstellungen war die Kritik an der bürgerlichen Ehe, die eine selbstbestimmte Sexualität, frei von äusseren Eingriffen und damit von allen von Staat und Kirche gesetzten Normen, zu verunmöglichen schien. Als Beleg dafür dienten die Ehen der Eltern. Neben der Ablehnung dieser äusseren Zwänge ging es aber auch um die Überwindung der verinnerlichten Vorstellungen und Erwartungen, die einhergehen musste mit dem Aufbau einer Gesellschaftsordnung, die ebenso wie die Zweierbeziehung nicht auf Ungleichheit und Machthierarchien basieren sollte. Eine solche Partnerschaft hatte Lotte im Sinn, und solange sie ihr selbständiges kinderloses Leben führte, schien dies auch umsetzbar zu sein. Felix, katholisch erzogen und ohne die politische Prägung der jugendlichen Lotte, schloss sich, wenn auch zunächst nicht ohne gefühlsmässige Probleme, diesen Auffassungen seiner Frau an. Gleichwohl wollte Lotte nicht auf Kinder verzichten. Als sie im Sommer 1944 schwanger wurde, entschloss sie sich, das Kriegsende in Sicht und inzwischen vierunddreissig Jahre alt, das Kind auszutragen und keinen erneuten Schwangerschaftsunterbruch vornehmen zu lassen. Dennoch war sich Lotte nicht wirklich sicher, ob Felix stark genug sein würde, sie zu tragen, wie sie später einer Freundin erzählt hat. Und dabei meinte sie nicht ihr Körpergewicht, sondern ihre ganze Persönlichkeit.

III.
ALTE FRAGEN NEU GESTELLT
BRÜTTISELLEN 1945–1971

Der Anfang nach dem ersehnten Ende

Im Frühjahr 1945 machte sich nicht nur unter den Besuchern des Sozialarchivs eine erwartungsvolle Unruhe breit. Auch im Freundeskreis von Lotte wuchs die Freude über den greifbaren Sieg der Alliierten über Hitlers Truppen. Sie war gepaart mit der Hoffnung auf eine bessere Zukunft, aber auch mit Sorge darüber, welche Nachrichten sie jetzt erreichen würden – über die Familie, die Verwandten und Freunde, von denen man zum Teil seit Jahren nichts mehr gehört hatte. In der Folge der Befreiung des Konzentrationslagers Auschwitz durch Soldaten der Roten Armee am 27. Januar 1945 waren Berichte und Bilder um die Welt gegangen, welche die schlimmsten Befürchtungen um ein Vielfaches übertroffen hatten.
Auch für Lotte war es eine Zeit gefühlsmässiger Wechselbäder. Während die Welt jeden Tag mehr erfuhr über die ungeheuren Verbrechen der Nationalsozialisten, erwartete sie ein Kind, das Ende April auf die Welt kommen sollte. In den Zeitungen häuften sich die Berichte über das Geschehen in den Konzentrationslagern, auch das in Zürich erscheinende «Volksrecht» veröffentlichte täglich neue Hiobsbotschaften. «General Eisenhower hat sich in Buchenwalde persönlich davon überzeugt, dass die gemeldeten Zustände in dem Konzentrationslager, die in ihrer ganzen Schrecklichkeit ins Gebiet des Unsagbaren gehören, zutreffen. Es wurde Vorsorge getragen, dass möglichst viele Deutsche durch einen Besuch der Lager kennenlernen, was für ein Regime sie tolerierten und begünstigten. [...] Buchenwalde wurde der Bevölkerung von Weimar vorgeführt. Tausende von deutschen Männern und Frauen hatten die Verbrennungsöfen zu passieren und an den Hunderten und aber Hunderten aufgebahrter Leichen zu defilieren.»[1] Diese Zeilen waren zu lesen auf der Frontseite der Ausgabe vom 20. April. Es bedarf keiner grossen Fantasie, um sich vorzustellen, welche Erschütterungen diese Schilderungen bei den Flüchtlingen in der Schweiz ausgelöst haben, welche Todesstille bei der Lektüre solcher Artikel über dem Lesesaal des Sozialarchivs gelegen und welche Verzweiflung sich der Lesenden bemächtigt hat. Robert Jungk, der diese Tage ebenfalls im Sozialarchiv verbrachte und dabei Lottes Verhalten als positives Gegengewicht zu all dem Schrecklichen erlebte, empfand die Nachrichten über die Vernichtungslager als so schockierend, dass er die Nachwirkungen ein Leben lang nicht mehr los wurde: «Wie schrecklich anders in Wirklichkeit alles geworden war, das haben wir,

die als erste die Schicksalspeitsche zu spüren bekommen hatten, erfahren, als wir merkten, dass die Vertreibung, Bespitzelung, Erniedrigung, die wir erlitten hatten, nichts waren verglichen mit dem Elend, in das so viele unserer Verwandten, Freunde und Schicksalsgenossen in diesen letzten vier Jahren gestossen worden waren.

Wie hatten wir das Ende des Krieges, den Untergang der braunen und schwarzen Diktatur herbeigesehnt! Nun war es endlich soweit, aber wir konnten uns nicht freuen, wie so viele andere, weil nun erst das, was bisher nur vage Vermutung, Gerücht oder bruchstückhafter Geheimbericht gewesen war, als volle unumstössliche, durch keine Hoffnung mehr korrigierbare Tatsache auf uns einstürzte: die Vergasung von Millionen Kindern, Frauen, Greisen, von Kranken wie Gesunden. Dieser unvorstellbare Massenmord war also wirklich geschehen! Unfassbar. Unvorstellbar. Eine Qual, der wir nie mehr entgehen würden.»[2]

Unter diesen Umständen fiel es Lotte sehr schwer, weiterhin den richtigen Ton und die richtigen Worte für jeden einzelnen im Lesesaal zu finden, der sich in seiner Not an sie wandte. Als ein jüdischer Student aus Frankfurt nach Kriegsende Kenntnis davon erhielt, dass seine Familie ermordet worden war, erschien ihm ein Zurück nach Deutschland völlig unmöglich. Er entschloss sich, nach Israel auszuwandern, weil er, wie er ihr gegenüber in heftiger Erregung zum Ausdruck brachte, einen tiefen Abscheu allem Deutschen gegenüber empfand: *«Ich kann die deutsche Sprache nicht mehr hören, sie ist mir eine Pein», sagte er einmal verzweifelt, und ich musste diesen Ausbruch hinnehmen, in Scham über das Ungeheuerliche.*[3]

Während Lotte bemüht war andere zu trösten, plagten sie Ängste um ihre eigene Familie in Hamburg. Noch am 20. April berichtete das «Volksrecht» vom Vormarsch der Alliierten auf Hamburg und vom starken Widerstand, auf den die Truppen in den Hamburger Vororten stiessen. Lotte konnte nur hoffen, dass die Eltern auch noch die letzten Kämpfe dieses Krieges unbeschadet überstehen würden, denn tun konnte sie für die in Hamburg Eingekesselten nichts.

In diese Tage grösster Unruhe hinein fiel die Geburt ihres Kindes – ein Junge, der am 24. April 1945 zur Welt kam und den Namen Bertram tragen sollte. Bereits zwei Tage danach schrieb sie an die Kollegen im Sozialarchiv: *Liebe Kollegen: Seit 2 Tagen habe ich nun einen Sohn. Er ist nicht sonderlich schön und gleicht eher einem schlechtgelaunten Murmeltier als einem Menschen. Dazu hat er noch die Gelbsucht; sonst scheint er kräftig zu sein. Obwohl meine Geburt als «normal» bezeichnet wird, war alles sehr schmerzhaft. Ich fühle mich körperlich matt, seelisch geht es mir gut. Man ist unbeschreiblich froh, wenn das warme Bündel einem in den Arm gelegt wird.*[4] Der nächste Brief, drei Tage später, zeigt, dass Lotte gedanklich bereits wieder ganz im Sozialarchiv war, was angesichts der sich überschlagenden politischen Ereignisse nicht erstaunt. *Und sonst habe ich Sehnsucht nach meinem Lesesaal. In einer so unbeschreiblichen Zeit kann ich nicht mit meinen Leuten dort sprechen! Unter Umständen sind die […] Besucher dort die Kultusminister von morgen in all den Ländern!*[5]

Doch statt wie geplant bereits im Mai wieder im Lesesaal zu stehen, musste sie sich noch von der Geburt erholen. Als am 8. Mai das «Volksrecht» «Kriegsende in Europa» titelte und zur Grosskundgebung für den gleichen Abend in Zürich aufrief, konnte Lotte nicht wie gewünscht mit ihren Lesesaalbesuchern feiern, stattdessen musste sie erkennen, dass ein Kind, so sehr sie sich über es freute, das Leben vollkommen veränderte.

Ich habe Sehnsucht wieder ins normale Leben zu kommen. Die Umstellung mit einem Kind ist ja sehr gross und ich glaube, dass man viele Dinge ganz anders macht. Die Junggesellinnen und Gesellen wissen nicht, wie gut sie es haben![6] Am Ende des Briefes bat sie ihre Kollegen im Archiv darum, ihr eine Tageszeitung zu schicken. Aller Muttersorgen und -aufgaben zum Trotz musste sie wissen, was in der Welt vor sich ging. Auch nutzte sie die Zeit zur Lektüre ihr wichtiger Bücher wie dem 1944 im Verlag Oprecht erschienenen Drama «Und er verbarg sich» von Ignazio Silone ebenso wie Erich Fromms «Die Furcht vor der Freiheit» von 1941. Letzteres las sie mit besonderem Interesse im Hinblick auf den anstehenden Entwicklungsprozess ihres neugeborenen Sohnes.

Während Lotte sich mit ihrer neuen Aufgabe als Mutter vertraut machte, brachen Weggefährten und Freunde aus Zürich bereits auf, um entweder in die Heimat zurückzukehren oder in einem anderen Land neu anzufangen, was während des Krieges nicht mehr möglich gewesen war. Der Lesesaal des Sozialarchivs glich immer mehr einem internationalen Bahnhof, *mit wenig sichtbarem Gepäck wurde gewartet, umgestiegen oder noch längerer Aufenthalt genommen.*[7] Viele gingen fort, andere nahmen die leer gewordenen Plätze ein. Ignazio Silone war bereits im Oktober 1944 nach Rom zurückgekehrt, nicht weil er es vor Heimweh nach Italien nicht mehr ausgehalten hatte, sondern weil die Schweizer Behörden ihn wegen verbotener politischer Aktivitäten ausgewiesen hatten, genau wie Robert Jungk. Beide

Männer waren ausserdem inhaftiert worden, ohne dass es nach Verbüssung der Strafe zu einer Aufhebung der Ausweisungsverfügung gekommen wäre. Robert Jungks Verhältnis zur offiziellen Schweiz war durch die vielen negativen Erfahrungen derart belastet, dass er dieses Land nach Kriegsende so schnell wie möglich verlassen wollte. «Keinen Augenblick lang zog ich in Betracht, in der Schweiz zu bleiben, obwohl ich dort auch Freunde gefunden hatte, die mir in meinen Bedrängnissen stets beigestanden hatten, und wusste, dass einige Persönlichkeiten, wie die grossartige ‹Flüchtlingsmutter› Gertrud Kurz, sich menschlich hoch bewährt hatten. Aber ich wollte nie mehr etwas mit diesen sturen hartherzigen Beamten zu tun haben, sie niemals mehr um etwas bitten müssen. Und es war mir auch der Gedanke unerträglich, weiter Hunderten missbilligenden, misstrauischen Blicken von Fremdenhassern ausgesetzt zu sein oder ihren dümmlichen Stolz auf ihre unverdiente Sonderstellung in der geplagten Welt zu ertragen.»[8]

Jungk begann für die «Weltwoche» eine intensive journalistische Reisetätigkeit, die ihn bereits wenige Wochen nach Kriegsende auch in das zerstörte Deutschland führte. Jungk zog zu Fuss über die Landstrassen, gemeinsam mit Vertriebenen und Ausgebombten, er übernachtete mit ihnen in irgendwelchen Quartieren. Auf diese Weise erfuhr er aus stundenlangen Gesprächen, was diese Deutschen dachten – nichts, was für den Zurückgekehrten in irgendeiner Weise Mut machend hätte sein können. «Durch zerstörte Strassen, die gewaltigen ausgetrockneten Geröllbetten gleichen, trotten Wesen, die nach dem Gesetz der Wüste handeln: Auge um Auge, Zahn um Zahn. Die Hoffnung, die mancher im Ausland Lebende hegt, dass durch Not und Elend der Geist gestärkt, die seelische Erkenntnis vertieft werde, erweist sich hier als falsch. Es gibt einen Grad des Leidens und der Verelendung, in dem jeder schöpferische, sittliche und spirituelle Aufschwung gelähmt bleibt.»[9]

François Bondy, ebenfalls ein enger Freund Lottes und Besucher des Sozialarchivs, berichtete am 1. Juni 1945 bereits als Sonderkorrespondent für die «Weltwoche» aus London und lebte dann während vieler Jahre als Herausgeber der Zeitschrift «preuves» in Paris. Manès Sperber, der Felix Schwarz noch bewegt hatte, die «arbeitsgruppe für sozialistischen aufbau, weiterbauen» zu gründen, in deren Namen dieser dann seine Brecht-Publikation erstellt hatte, ging ebenfalls nach Paris. Hans Steinitz, dessen Hochzeitsglückwünsche für Lotte und Felix die Aufmerksamkeit der politischen Polizei erregt hatten, wanderte 1947 nach New York aus, er arbeitete als

Journalist und wurde schliesslich der Chefredakteur der Zeitschrift «Aufbau». Auch Kurt Nussbaum, Lottes Zimmernachbar in der Pension Comi, verliess die Schweiz, gemeinsam mit seiner Frau Elisabeth, nachdem es noch 1946 zu heftigen Auseinandersetzungen zwischen ihm und Behördenvertretern gekommen war, in deren Folge der Bundesrat sich dafür ausgesprochen hatte, Kurt Nussbaum wegen seiner scharfen und teilweise öffentlichen Kritik an der Schweizer Flüchtlingspolitik mittels einer Ehrverletzungsklage zum Schweigen zu bringen. Bei all den Genannten handelte es sich um jüdische Emigranten, für die eine Rückkehr nach Deutschland nicht in Frage kam.
Lottes Freundin Gabriella Seidenfeld, ebenfalls Jüdin, wollte hingegen unbedingt nach Italien zurück. Auch ohne offizielle Reisedokumente verliess sie nach vierzehn Jahren des Exils Zürich bereits Ende April. Sie wurde in Zürich von Freunden mit dem Auto abgeholt, Zeit zum Aufräumen und sich von allen zu verabschieden blieb keine. Gabriella packte einen Rucksack und machte sich, mit einem Empfehlungsschreiben des Schweizerischen Arbeiterhilfswerks ausgestattet, auf die Reise. Erster Halt war Lugano. Dann, am 2. Mai, überquerte die kleine Gruppe heimlich die Grenze und gelangte so endlich wieder nach Italien, noch bevor die Streitkräfte der Alliierten hier für Sicherheit gesorgt hatten. Diese Rückkehr war ein überwältigendes Erlebnis für sie.[10] Schliesslich liess sie sich in Mailand nieder und übernahm die Funktion einer Mitarbeiterin des Schweizerischen Arbeiterhilfswerks, zuständig für das Gebiet Norditalien.
Eilig zurückzukehren hatten es auch diejenigen, die als Politiker am Wiederaufbau Deutschlands teilnehmen wollten, wie der aus Bayern stammende promovierte Jurist und sozialdemokratische Reichstagsabgeordnete Wilhelm Hoegner, den Lotte während ihrer Arbeit bei der Büchergilde bereits kennengelernt hatte, als dieser dort als Übersetzer und Lektor tätig war. Da Hoegner darüber hinaus ein Benutzer des Sozialarchivs war, blieb der Kontakt zwischen ihm und Lotte auch dort bestehen. Hoegner verliess die Schweiz bereits Anfang Juni 1945. In seinem Gepäck befanden sich eine von ihm entworfene Reichsverfassung, ein «Vorschlag für die Neugliederung Deutschlands», und Gesetzestexte, welche die Grundlage für einen neuen bayerischen Staat als Teil eines föderalistischen Systems bilden sollten. Er hatte die Jahre des Exils in der Schweiz auf diese Vorbereitungen verwandt, davon ausgehend, dass sein Wissen und seine Kompetenz noch gebraucht werden würden. Nur gute drei Monate nach seiner Rückkehr nach München

wurde er von den amerikanischen Besatzungsbehörden zum Ministerpräsidenten und Justizminister ernannt und 1946 mit dem Verfassen einer neuen Verfassung beauftragt; er wurde auch Mitglied der Verfassunggebenden Nationalversammlung. Er hat Lottes Annahme, dass Benutzer des Sozialarchivs nach ihrer Rückkehr Minister werden könnten, als Erster erfüllt.

Im Unterschied zu denjenigen Remigranten, die in die Politik eingreifen wollten, hofften die Wissenschaftler auf einen Lehrstuhl an einer deutschen Universität. Die erste Frau aus dieser Gruppe, die abreiste und der Lotte auch danach verbunden blieb, war Anna Siemsen. Sie wollte sich in Hamburg niederlassen und hatte sich deshalb bereits von der Schweiz aus intensiv um eine Lehrtätigkeit bemüht. Ihr Wunsch war es, wieder in der Lehrerausbildung tätig zu sein. Der zuständige Senator in der Hamburger Regierung, ein Sozialdemokrat, sagte ihr sowohl eine Etatstelle als Oberstudiendirektorin unter Anrechnung ihrer Dienstjahre als auch einen Lehrauftrag für neuere Literatur an der dortigen Universität zu. Mit dieser Perspektive brach sie im Dezember 1946, inzwischen vierundsechzig Jahre alt, nach Hamburg auf, wo sie bei ihren Geschwistern wohnen wollte. Vor Ort erwiesen sich dann aber die gegebenen Versprechungen als nicht realisierbar. Der Versuch, Anna Siemsen im Pädagogischen Institut der Universität unterzubringen, scheiterte. In einem ausführlichen Gutachten sprach die Abteilung Germanistik der promovierten Germanistin Siemsen die wissenschaftliche Qualifikation für das Fach ab und verweigerte ihr den zugesicherten Lehrauftrag. Auch nach Kriegsende blieben Sozialisten an der Hamburger Universität unerwünscht. Von den 35 neubesetzten Lehrstühlen wurden 18 mit ehemaligen Parteigenossen besetzt, und auch die 17 anderen Neubesetzungen gingen an ehemalige Mitglieder der NSDAP, mit dem Unterschied, dass diese mehrheitlich erst 1937 der Partei beigetreten waren.[11]

Anna Siemsens Enttäuschung war gross. Nichts von dem, was sie in der Schweiz geplant und wofür sie sich im Nachkriegsdeutschland hatte einsetzen wollen, konnte sie durchsetzen. Weder die Mitarbeit in der universitären Lehrerbildung mit dem Ziel der «Demokratisierung und Humanisierung der deutschen Jugend» noch die Verbeamtung im Sinne einer Wiedergutmachung wurden ihr gewährt. Sie blieb gemäss eigener Einschätzung eine Gelegenheitsarbeiterin ohne irgendeine materielle Sicherheit, dies vor allem, als 1948 die Hamburger Notlehrerkurse, die sie erteilte, aus finanziellen Gründen eingestellt wurden.

Trotz oder vielmehr wegen dieser Erfahrungen blieb Anna Siemsen auf politischem Gebiet ihren Überzeugungen treu. Sie setzte sich unvermindert für das Ziel eines friedlichen Deutschlands als Mitglied einer europäischen Union ein, die weder dem Diktat aus den USA noch aus der Sowjetunion unterworfen sein sollte. Die einsetzende Remilitarisierung der BRD und deren Einbindung in ein westliches Militärbündnis galt es zu bekämpfen. Sie arbeitete in verschiedenen friedenspolitischen Organisationen mit, auch war sie eine Mitbegründerin der deutschen Sektion der «Sozialistischen Bewegung für die Einigung Europas», womit ein Zeichen gegen die ihrer Meinung nach reaktionären Einflüsse, mit denen sich die Europa-Union bereits konfrontiert sah, gesetzt werden sollte. Ohne die Früchte ihres Jahrzehnte währenden Engagements ernten zu können, starb Anna Siemsen in Hamburg im Januar 1951 an den Folgen einer Operation.

Neben den Rückkehrwilligen gab es aber eine nicht unbeträchtliche Zahl von Emigranten, die in der Schweiz bleiben wollten, was sich einfacher anhört, als es dann tatsächlich gewesen ist. Sie waren gezwungen, die bekannten Auseinandersetzungen mit den Schweizer Behörden um eine dauerhafte Aufenthaltsbewilligung fortzuführen, denn ein Dauerasyl wurde nur alten und kranken Flüchtlingen gewährt, die reiseunfähig waren, und auch das erst ab 1948. Für alle anderen bestand die Verpflichtung zur Weiterwanderung fort. Regelmässig kamen die Schreiben der Behörden, in denen die Flüchtlinge aufgefordert wurden zu begründen, weshalb sie immer noch da waren. Von denjenigen, die aus unterschiedlichen Gründen nicht weiterwanderten, lebten Ende 1951 etwa neunhundert als «fremdenpolizeilich Internierte» in der Schweiz. Lediglich ein Teil von ihnen erhielt Dauerasyl, vielen wurde es verweigert. Auch Lottes und Felix' Freund Maurice Bardach musste zusammen mit seiner Frau Lucie jahrelang warten, bis ihm dieses Dauerasyl zugesprochen wurde. Selbst danach aber blieb seine Bewegungsfreiheit von der Zustimmung der Behörden abhängig. Hinzu kam, dass Maurice Bardach weiterhin von der Bundesanwaltschaft überwacht wurde, obwohl nichts gegen ihn vorlag. Als Begründung wurde die Liste einer namentlich nicht genannten Stelle im Ausland von 1949 angeführt, die Namen von Trotzkisten in der Schweiz enthielt. Auf dieser figurierte auch Maurice Bardach. Er und sein Umfeld wurden erneut einer genauen Überprüfung unterzogen, die allerdings nichts Belastendes ergab. Drei Jahre später wurde er wegen eines veröffentlichten Artikels über personelle Kontinuitäten in Westdeutschland vor und nach 1945 von der Bundesanwaltschaft vorgeladen, doch auch diesmal konnten ihm keine subversiven Aktivitäten nachgewiesen werden. Die Vermutung drängt sich auf, dass seine kritische Arbeit über die Lage der Flüchtlinge in der Schweiz den eigentlichen Anlass für die Überwachung Bardachs durch die Schweizer Behörden lieferte, war diese doch im Auftrag des World Jewish Congress erstellt worden und nicht dazu angetan, die Beziehungen der Schweiz zum Ausland zu entlasten. Im Unterschied zu den Behörden stellte Benjamin Sagalowitz, Leiter der «Jüdischen Nachrichten» (JUNA) in Zürich, Maurice Bardach ein hervorragendes Leumundszeugnis aus, in welchem er hervorhob, welche Hochachtung Bardach bei bedeutenden jüdischen wie nichtjüdischen Persönlichkeiten geniesse und wie sehr er «der jüdischen Gemeinschaft in der Schweiz zur Ehre» gereiche.[12]

Und schliesslich gab es noch eine Gruppe von Flüchtlingen, die erst in die Schweiz kam, als die anderen bereits wieder ausreisten. Es handelte sich dabei um Überlebende aus den Vernichtungslagern der Nationalsozialisten. Einer von ihnen war Benedikt Kautsky, der Sohn der berühmten Sozialisten Karl und Luise Kautsky, der nach Zürich kam, um ins Leben zurückzufinden. Sieben lange Jahre der Haft hatte Kautsky in den KZs Dachau, Buchenwald und Auschwitz überlebt, und nun machte er sich im Sozialarchiv an die Niederschrift seiner Erinnerungen an diese Zeit, die dann bereits 1946 bei der Büchergilde in Zürich unter dem Titel «Teufel und Verdammte. Erfahrungen und Erkenntnisse aus sieben Jahren in deutschen Konzentrationslagern» erschienen sind. Er blieb bis 1950 in Zürich und arbeitete im Sozialarchiv an einer weiteren Publikation, für die er ebenfalls Lottes bibliothekarische Hilfe in Anspruch nahm.

Wiederaufbau

Felix Schwarz wollte sich an der Aufbauarbeit, die in allen Nachbarländern geleistet werden musste, beteiligen. Er war nach dem Abschluss seines Architekturstudiums auf der Suche nach einer ersten beruflichen Herausforderung und deshalb für solche Aufgaben in besonderem Masse geeignet. Durch Lotte stand er bereits seit geraumer Zeit in Kontakt zum Schweizerischen Arbeiterhilfswerk, und als dieses nach Kriegsende einen Mitarbeiter suchte, der das geplante Kinderheim in Rimini bauen könnte, stellte sich der eben erst Vater Gewordene deshalb ohne zu zögern für diese Aufgabe zur Verfügung.
Rimini war durch den Krieg stark zerstört und bedurfte dringend der Hilfe von aussen. Dass sie aus der Schweiz kam, war durch den Bundesrat möglich gemacht worden, der im Dezember 1944 mehr als hundertfünfzig Millionen Franken für Kriegsgeschädigte in achtzehn europäischen Ländern bereitgestellt hatte, ergänzt durch annähernd fünfzig Millionen Franken, die die Schweizer Bevölkerung im Rahmen der «Schweizer Spende» bis im März 1946 aufbrachte. Massgeblich beteiligt an dieser grossangelegten Hilfsaktion war das Arbeiterhilfswerk unter der Leitung von Regina Kägi-Fuchsmann. Es war beschlossen worden, neben zahlreichen Hilfsprojekten in Deutschland und Österreich auch in Italien Aufbauarbeit zu leisten. In Mailand hatte Gabriella Seidenfeld bereits mit der Hilfstätigkeit für die Kriegsopfer begonnen. Kindergärten wurden errichtet, die Kinder erhielten zu essen und sie wurden neu eingekleidet. Ausserdem wurden Italienerinnen zu Kindergärtnerinnen ausgebildet. Auch in der Poebene und der Emilia-Romagna hatte die Arbeit bereits begonnen. Doch nach Rimini war noch keine Hilfe gelangt, obwohl diese Stadt von mehr als achtzig Bombardements heimgesucht worden war. Da alle Brücken dorthin gesprengt und die Strassen noch kaum befahrbar waren, bedurfte es grosser Anstrengungen, in die notleidende Stadt vorzustossen. Regina Kägi-Fuchsmann unternahm erstmals im August 1945 die anstrengende und langwierige Fahrt nach Rimini, und was sie sah, erschütterte sie. «Rimini sah schlimmer aus als alle Städte, die wir vorher gesehen hatten. In der durch Steinbrocken und verrostete Eisenstücke verstopften Hauptstrasse war eine schmale Fahrrinne freigemacht worden. [...] Zwischen den wenigen Automobilen schaukelten lottrige Eselskarren, hoch mit Schutt beladen; Frauen und Kinder trugen Körbe mit

Steinen, mit Holz- und anderen Trümmerresten. In den einsturzgefährdeten Hausskeletten kletterten die Menschen und suchten auf Treppenresten nach Bruchstücken von Hausrat. Der Strand, früher von einer Reihe stolzer Hotels und Gaststätten gesäumt, war vollständig eingeebnet: kein einziges Gebäude stand mehr. Mitten im Staub und Lärm sassen vier- bis zehnjährige Knirpse und spielten Karten.»[13]

Tatsächlich waren 75 Prozent aller Häuser zerstört. Bei den in den Trümmern hausenden Kindern handelte es sich oftmals um Kriegswaisen, für die das Arbeiterhilfswerk ein neues Heim schaffen wollte. «Mit dem Vice-Sindaco der Stadt, G. Bordoni, besichtigten die Schweizer den Bauplatz, der für das geplante Sozialzentrum geeignet sein mochte. Es war ein wüstes, mit Trümmern übersätes Landstück am Rande der historischen Ruinen eines römischen Amphitheaters und in der Nähe des weggefegten Südrandes der Stadt.

Es war kaum vorstellbar, dass in dieser von Bombenlöchern und rostigem Stacheldraht durchsetzten Wüstenei je wieder eine Blume blühen und frohes Kinderlachen ertönen würde.»[14] Obwohl Regina Kägi-Fuchsmann bei ihrem ersten Augenschein noch keine Vorstellung davon hatte, wie das Arbeiterhilfswerk an diesem zerstörten Ort ein Kinderparadies würde errichten können, gelang es dennoch, bereits neun Monate nach Beginn der Bauarbeiten, das Centro Educativo Italiano Svizzero zu eröffnen. Die ersten Kontakte zu den Behörden von Rimini stellte Gabriella Seidenfeld als Vertreterin des Arbeiterhilfswerks her. Und die Verantwortung für die bauliche Umsetzung wurde Felix Schwarz übertragen, ihm zur Seite stand der Italiener Alberto Panizzi. Felix kannte Italien kaum, nur einmal vor dem Krieg hatte er dort ein paar Ferientage verbracht. Trotz der Aussicht auf eine äusserst schwierige Aufgabe freute er sich. Nicht nur blieb ihm dadurch das befürchtete eintönige Arbeiten als Angestellter in einem Architekturbüro fürs Erste erspart, diese Arbeit in Rimini entsprach auch weit mehr seinen Vorstellungen von einer gesellschaftlich verantwortlich handelnden Architektur. Noch in der Schweiz entwickelte er ein Konzept, wie das geplante Zentrum aufgebaut werden sollte. Ebenso legte er dem Arbeiterhilfswerk seine Vorstellungen über die ideellen Grundlagen vor, die dem geplanten Zentrum zu Grunde liegen sollten: »Die c-c [centres communitaires] sollen eine art kondensationskerne für das neu sich bildende gesellschaftliche leben sein. Nach all den niederlagen, die die menschliche gesellschaft in der kapitalistischen ära erlebt hat, ist die reorganisation aller menschlichen tätigkeiten

Regina Kägi-Fuchsmann (vorne links) auf der Reise durch Italien im Auftrag des Schweizerischen Arbeiterhilfswerks im Januar 1946, die der Vorbereitung der Hilfsaktionen diente. (Sozarch_F_5025-Fa-241)

und ihre ausrichtung auf eine gemeinschaft, die die freie entwicklung eines jeden garantiert, die wichtigste aufgabe.»[15]

Für Felix stand fest, dass mit dem Aufbau des Zentrums in Rimini nicht einfach von aussen etwas für die dortige Bevölkerung getan, sondern vielmehr gemeinsam mit den Einwohnern etwas Neues geschaffen werden sollte. Nur durch die eigene Arbeit könne das Leben der vom Krieg zutiefst erschütterten Menschen wieder einen Sinn bekommen. «Im mittelpunkt der arbeit steht der mensch und die wirkung jeder tätigkeit muss von ihm direkt erkennbar und schätzbar sein. [...] Es muss, damit die aufgabe bewältigt werden kann, eine neue gesellschaftliche zuversicht erzeugt werden. Die arbeit, das leben muss einen sinn bekommen.»[16] Für einen Architekten musste die materielle Aufbauarbeit im Vordergrund stehen. Und doch erschien es Felix Schwarz nicht vorstellbar, dass ein Architekt etwas in die Zukunft Weisendes schaffen könne, wenn es ihm an der gesellschaftlichen Einbettung seiner Arbeit fehlte. «Vor allem die architekten, die zwar mit speziellen und meist einseitigen berichten versehen sind, ermangeln einer umfassenden gesellschaftlichen analyse, deren sie bedürfen, wenn ihre zukünftige arbeit vom leben der wirklichkeit getragen sein soll.»[17]

Viel mehr Arbeit und Mühe als die Formulierung eines Konzeptes bereiteten Felix dann aber die konkreten Vorbereitungsarbeiten in der Schweiz. Das Baumaterial für die geplanten Häuser musste beschafft werden. Der von der Schweizer Spende bewilligte Kredit sollte für den Kauf von Baracken eingesetzt werden, die sich im Besitz der Schweizer Armee befanden. Darüber hinaus musste alles, was für die Bauarbeiten und die Einrichtung der Baracken benötigt wurde, ebenfalls noch vor der Abreise in der Schweiz besorgt werden, bis hin zum Bastelmaterial und den Spielsachen für die zukünftigen kleinen Bewohner des Centro. Die bürokratischen Kämpfe, die Felix austragen musste, waren zahlreich und entmutigend, und so konnte er erst verspätet Anfang Januar 1946 nach Rimini aufbrechen. Lotte blieb mit Sohn Bertram in der Turnerstrasse zurück, wo Felix' bester Freund Othmar Meier, genannt Negi, zwischenzeitlich wohnen würde und so half, die eigenen Mietkosten zu senken. Es war ein Abschied von Lotte und dem Baby für ein halbes Jahr, denn Besuche waren nicht zu bewerkstelligen, und selbst die briefliche Verbindung würde schwierig sein, da auch das Postwesen noch völlig im Argen lag.

Felix verliess Zürich in Richtung Mailand, wo er drei Tage Aufenthalt hatte und mit Gabriella Seidenfeld zusammentraf.[18] Die Zerstörungen, die er dort vorfand, erwiesen sich als gering im Vergleich zu denjenigen, die er auf seiner Fahrt der ligurischen Küste entlang nach Rimini zu sehen bekam. Angesichts zerstörter Häuser, Strassen und Brücken fühlte er sich erschlagen vom Umfang des noch zu leistenden Wiederaufbaus und er zweifelte, ob dieser überhaupt zu bewältigen sein würde. Erschwerend kam hinzu, dass es in diesem Winter auch in Rimini ungewöhnlich stark schneite, worunter die völlig verarmten Menschen noch zusätzlich litten. Die Schweizer Helfer wurden in Rimini untergebracht, Felix und sein Kollege Alberto Panizzi wohnten beim Pfarrer und die Leiterin des Projekts, Margrit Zöbeli, im Rathaus. Das Arbeiterhilfswerk hatte jedem von ihnen einen Schlafsack zur Verfügung gestellt, das musste reichen. Ihre kärglichen Mahlzeiten nahmen sie in der Mensa ein. Lediglich am Sonntag konnten sie ihren Speiseplan etwas aufbessern dank des Taschengeldes, das sie vom SAH erhielten. Für den Aufbau des Centro wurden einheimische Arbeiter angestellt und Handwerker herangezogen. Das ehemalige Amphitheater musste zunächst von Tonnen von Schutt befreit werden, bevor die Baracken dort errichtet werden konnten. Leider erwiesen sich diese Baracken der Schweizer Armee als von sehr unterschiedlicher Qualität. Felix fand es skandalös, dass die Schweizer Armee Material an das SAH verkaufte, das einem Haufen Abfallholz gleichkam. Einige der Baracken stammten noch aus der Zeit vor dem Ersten Weltkrieg. Für diese fehlten nicht nur die Baupläne, sondern auch wichtige Bauteile, was das Bauvorhaben massiv verzögerte. Jedes Werkzeug und alle erforderlichen Materialien mussten aus der Schweiz angefordert werden, was sehr viel Zeit kostete. Es gab zwar in Rimini einen Schwarzmarkt, der von deutschen Kriegsgefangenen betrieben wurde und auf dem es alles zu kaufen gab, doch dafür war das Arbeiterhilfswerk aus ethischen Gründen nicht bereit, Geld auszugeben. Während die deutschen Kriegsgefangenen von der englischen Besatzungsmacht in ihren Aktivitäten nicht behindert wurden – sogar Lebensmittellieferungen, bestimmt für die notleidenden Bewohner, konnten ungestraft gestohlen und umgehend auf dem Schwarzmarkt verkauft werden –, erfuhr das Projekt des Arbeiterhilfswerks keinerlei Unterstützung durch das britische Militär. Dieses war nicht bereit, Fahrzeuge zur Verfügung zu stellen, so dass die Transporte mit Eselfuhrwerken durchgeführt werden mussten. Nicht einmal der Bitte nach dringend benötigten Nägeln waren die Engländer bereit zu entsprechen. Das unter grossen Mühen aus der Schweiz herangeschaffte Baumaterial wurde im Hof der Pfarrei gelagert, gesichert von einem eigens angestellten Wächter, damit nicht auch dieses wertvolle Gut gestohlen und auf dem Schwarzmarkt zum Kauf angeboten werden konnte.

Obwohl also die Rahmenbedingungen für den Aufbau des Centro äusserst schwierig waren, erlebte Felix die Stimmung im Team als sehr gut und die Monate in Rimini als wunderbare und lernintensive Zeit. Eine Baracke nach der anderen wurde fertig gestellt, um sie dann sofort ihrer Bestimmung zu übergeben. So diente eine als Sanitärraum, in dem die Bewohner von Rimini nach einem genauen Stundenplan täglich duschen konnten. In einer anderen führten die Schweizer Mitarbeiter Verteilaktionen mit Kleidern und Lebensmitteln durch, deretwegen sich jeweils riesige Menschenschlangen auf dem Gelände des Centro bildeten. Und wieder in einer anderen Baracke gab es Arbeitsmöglichkeiten für Mütter, die hier mit einfachen Mitteln lernten, Spielsachen für ihre Kinder zu basteln und andere nützliche Dinge herzustellen. Die Akzeptanz der Schweizer war unter der einheimischen Bevölkerung gross. An den Wochenenden gab es Feste, veranstaltet von den Parteien, zu denen die Aufbauhelfer eingeladen waren.

Das Herzstück des Centro aber waren die Baracken für die Waisenkinder, die hier eine neue Heimat finden sollten, und die Baracken für die Kindergartenkinder, die wegen der prekären Verhältnisse daheim diese Betreuung dringend benötigten. Es gab bereits vor der Eröffnung mehr Anmeldungen, als Plätze zur Verfügung standen, und es musste eine Auswahl auf Grund genau festgelegter Kriterien der Bedürftigkeit getroffen werden. Die ersten Kinder zogen ein, noch bevor das Zentrum fertig gestellt war. Für die Farbe zum Anstreichen der Aussenwände fehlte das Geld, aber das Innere hatte Felix in Anlehnung an die Bauhausbewegung mit bestimmten Farben und Zeichen versehen, die die optische Grundlage für die Gruppenidentität der Kinder bildeten. Aus den alten Militärpritschen fertigte das Team Möbel für die Kinder an, und dies ohne Leim, da auch dieser nicht zur Verfügung stand. Nachdem die Baracken standen, fasste Felix noch die Anlage eines mit Bäumen versehenen Gartens ins Auge, was angesichts von Schutt und Kalk ebenfalls ein schwieriges Unterfangen war. Allen Widrigkeiten zum Trotz war es möglich, das Zentrum am 1. Mai 1946 einzuweihen. Zahlreiche Ehrengäste nahmen teil, allen voran der Bischof. Regina Kägi-Fuchsmann kam aus Zürich angereist, und gemeinsam mit dem Bischof führte sie den Festumzug an, gefolgt vom sozialistischen Bürgermeister der Stadt. Die Baracken, die zunächst nur als Übergangslösung gedacht waren, blieben viele Jahre im Dienst. Das Centro wurde ein grosser Erfolg, nicht nur als Heim für Kinder und als Begegnungszentrum für die Bewohner von Rimini, sondern auch als Ausbildungsstätte für Erzieherinnen, denen hier nach Jahren des Faschismus nun in Anknüpfung an die italienische Pädagogin Maria Montessori eine moderne Pädagogik vermittelt werden konnte.

Felix blieb noch lange genug nach der Einweihung in Rimini, um den italienischen Abstimmungskampf mitverfolgen zu können, bei dem es um die Frage der zukünftigen Staatsform des Landes ging, ob Italien zur Monarchie zurückkehren oder eine Republik werden sollte. Die Abstimmung war für den 2. Juni 1946 vorgesehen. Die Schweizer Aufbauhelfer beschlossen, sich zu dieser für die Zukunft Italiens entscheidenden Frage zu äussern, indem sie die Funktionsweise des politischen Systems der Schweiz im Centro mittels einer kleinen Ausstellung darstellten. Mit ihrer impliziten Stellungnahme für die Einführung der Republik stiessen sie nicht bei allen politischen und kirchlichen Kreisen in Rimini auf Zustimmung, aber letztlich gab das Abstimmungsergebnis ihnen recht. Wider Erwarten stimmte eine klare Mehrheit für die Republik und schickte die königliche Herrscherfamilie ins Exil. Den entscheidenden Anteil am Sieg der Republikaner hatten die italienischen Frauen mit ihrem Votum, was vor allem Margrit Zöbeli stark

Spielende Kinder in der von Felix Schwarz erbauten Baracke im Centro Sociale Italo-Svizzero in Rimini. Auch die Möbel hat er mit seinen Helfern zusammen gezimmert, 1951. (Sozarch_F_5008-Fb-096)

berührte, die als Schweizerin daheim noch immer von allen Abstimmungen ausgeschlossen war.

Nach einem halben Jahr kehrte Felix im Sommer 1946 nach Hause zurück. Er wusste, dass es dringend erforderlich war, sich eine Stelle zu suchen und Geld zu verdienen, denn er war seit über einem Jahr Familienvater, und Lottes Gehalt beim Sozialarchiv reichte für drei nicht aus. Dennoch blieb er dem Arbeiterhilfswerk verbunden, er reiste in den kommenden Jahren wegen weiterer Bauarbeiten immer wieder nach Rimini, und er half bei Bauprojekten des Hilfswerks in anderen Gegenden mit. Darüber hinaus warteten auf den jungen Architekten viele bauliche Herausforderungen, in der Schweiz, aber auch in Deutschland, darunter der Neubau des Theaters Basel und der Umbau des von ihm so geliebten Zürcher Schauspielhauses, die er zusammen mit seinem Büropartner Rolf Gutmann in in den siebziger Jahren durchführen konnte. Doch das alles lag bei seiner Rückkehr aus Rimini noch in weiter Ferne.

Lottes Leben war in Felix' Abwesenheit nicht ohne Schwierigkeiten verlaufen. Sie hatte ihre Arbeit im Sozialarchiv wieder aufgenommen, was allerdings voraussetzte, dass jemand sich in dieser Zeit um Sohn Bertram kümmerte. Sie, die sich so intensiv mit den Problemen der Dienstmädchen befasst hatte, stand nun vor der Aufgabe, selber jemanden zu finden, der ihr bei der Versorgung des Kindes und im Haushalt helfen konnte. Da kam ihr die neue Freundin ihres Mitbewohners Othmar, die ohne Arbeit und Wohnung war, wie gerufen. Doch leider erwies sich deren Bereitschaft, tagsüber die Pflege Bertrams zu übernehmen, schon bald als vorgeschoben. Nicht nur erleichterte sie ihren Freund heimlich um seine Einkünfte, sie empfing darüber hinaus auch regelmässig Herrenbesuche in ihrer Kammer und vergas deshalb so grundlegende Dinge wie Windelwechseln. Lotte konnte sich als junge Mutter zunächst nicht erklären, weshalb ihr Kleiner immer wund war, wollte sie doch der Mitbewohnerin nichts Schlechtes unterstellen. Erst das Eingreifen von Mutter Schwarz brachte die Wende. Diese erkannte schnell, dass hier etwas nicht stimmte und drängte darauf, Bertram zu sich nach Bremgarten zu nehmen, um ihn zu pflegen. Diesem ging es daraufhin bald wieder gut, und Lotte und Freund Othmar mussten erkennen, dass das überstürzte Verschwinden der Freundin sich nicht nur auf Bertram, sondern auch auf Othmars Finanzen positiv auswirkte. Zum Glück für Lotte und Felix zogen schon bald Felix' Schwester Rosmarie ein, die eine Ausbildung an der Kunstgewerbeschule in Zürich beginnen konnte, und Mutter Schwarz, die weiterhin Bertram versorgen wollte und den Haushalt führte.

In der Wohnung an der Turnerstrasse herrschte ein stetes Kommen und Gehen. Lotte fand hier eine Fortsetzung ihres Lebens in der Pension Comi, die sich ja nur wenige Schritte vom jetzigen Wohnort entfernt befunden hatte. Täglich kamen Freunde vorbei, auf einen Kaffee, auf abendelange Diskussionen oder auch für länger, je nachdem, von wo sie anreisten. Freunde von Lotte aus Deutschland kamen, oft die in Stuttgart lebenden Marianne und Karl Kuntze, mit denen Lotte seit ihrer gemeinsamen Zeit bei den Roten Kämpfern befreundet war. Auch Lottes Familie aus Hamburg war willkommen, wenn auch in den ersten Nachkriegsjahren die Verkehrsverbindungen in die Schweiz solche Besuche erschwerten. Wichtig waren deshalb Pakete, die nach Hamburg geschickt wurden, um die Eltern Benett zu unterstützen.

Parallel zu solchen privaten Unterstützungsmassnahmen im Kleinen kam es von Seiten des Arbeiterhilfswerks auch zu grossangelegten Hilfsaktionen für die Hamburger Bevölkerung, finanziert durch die Schweizer Spende. Nebst der Hilfe vor Ort wurden Sammeltransporte durchgeführt, sogenannte Kinderzüge, die es deutschen Kindern ermöglichten, sich während

einiger Wochen bei Schweizer Familien von den Kriegserlebnissen und dem Nachkriegselend zu erholen. Wie notwendig solche Hilfe war, erfuhr Lotte von ihren alten Freunden und ihrer Familie, aber auch aus persönlichen Gesprächen mit Regina Kägi-Fuchsmann. Diese hatte sich für das Arbeiterhilfswerk, wie zuvor in Italien nun auch in Deutschland, mit den lokalen Verhältnissen vertraut gemacht, um zu prüfen, wo welche Hilfe besonders gebraucht wurde. Knapp zwei Jahre nach Kriegsende, im Winter 1947, waren die Lebensbedingungen noch immer äusserst prekär. Nur schon die Fahrt selber gestaltete sich abenteuerlich, da die Strassen noch nicht wieder hergestellt waren und bei Pannen stets die Gefahr von Überfällen auf die Fahrzeuge und ihre Insassen drohte. Das hielt die Schweizer aber nicht davon ab, bis nach Hamburg zu fahren, wo Kägi-Fuchsmann neben der Klärung organisatorischer Fragen betreffend die Kinderzüge und die Unterstützungsarbeit vor Ort auch einen öffentlichen Vortrag im Rathaus halten sollte. Dieser war auf zwei Uhr nachmittags festgesetzt. Auf die Frage nach dem Grund für den frühen Zeitpunkt bekam sie zur Antwort, dass sich im Dunkeln niemand mehr auf die Strasse wage, weil es nur vereinzelte Strassenlaternen gäbe und die Gefahr, von räuberischen Banden überfallen zu werden, allgegenwärtig sei. Das Bild, welches das Rathaus innen wie aussen bot, war deprimierend. Die durch die Bombardements geborstenen Fensterscheiben waren mit Brettern vernagelt worden, ausserdem durchzog ein übler Geruch das ganze Gebäude. «Die Leitungsrohre der Aborte waren geborsten; gefrorener Urin bedeckte die Korridore und verpestete die Luft.
Mit einem Kerzenstümpchen in der Hand führte mich der Veranstalter die Treppe hinauf in den Saal, wo mich beim Schein von drei, vier Kerzen der sozialistische Bürgermeister Braun empfing. […] Nachdem er mich begrüsst und vorgestellt hatte, löschte er alle Kerzen bis auf eine. ‹Wir müssen sparen.› Beim Flackern dieser einen Kerze hielt ich vor ein paar hundert Menschen meinen Vortrag, worüber, weiss ich nicht mehr. Viele weinten. Ich habe ihnen sicher nichts Trauriges erzählt. Aber die blosse Tatsache, dass da ein Mensch stand aus einem unversehrten Land, der nicht seine Liebsten wie Fackeln in wenigen Minuten hatte verbrennen sehen, der nicht wusste, was Hunger war – das überwältigte sie.»[19]
Lotte wusste von ihren Eltern, wie schwierig sich das Leben in Hamburg gestaltete. Entsprechend setzte sie alles daran, Vater und Mutter mit der Enkelin Helga 1947 nach Zürich zu holen, wenn auch nur besuchsweise. Neben

solchen persönlichen Hilfsaktionen bemühte sie sich darum, durch Briefe oder durch Publikationen so viele Informationen wie möglich über das Leben in Deutschland zu erhalten und diese dann weiterzugeben in Form von Artikeln, die Lotte für Schweizer Zeitungen verfasste, so derjenige über die «Verlassene Jugend», erschienen im August 1946 in der «Tat». Sie knüpfte hier an die Erfahrungen ihrer Generation nach dem Ersten Weltkrieg an, hob die Unterschiede im Zustand der jungen Menschen nach den beiden Kriegen hervor und verwies auf das Versagen der Politik:

Nach dem Ersten Weltkrieg rebellierte die Jugend gegen jene Praktiken, die ihre besten Kräfte für den Heldentod bestimmt hatten. Mit begeistertem Elan, unterstützt von den bedeutendsten Pädagogen und Politikern der Zeit, befreite sie sich scheinbar von jeder Vormundschaft und versuchte durch politische und kulturelle Verbände ihre Zukunft zu beeinflussen. Doch es kam anders.

Dieser Krieg hinterlässt in den Ruinen eine skeptische Jugend. Ihre lebenswürdigen und unverbrüchlichen Ideale sind zerschlagen oder erwiesen sich gar als Fehler. Verlassen, entmutigt und hungrig muss der junge Europäer um seine Existenzmöglichkeiten kämpfen und nur zu oft lässt ihn der Hunger zum Verbrecher werden. Den alten Moralkodex, der den Krieg zuliess, verachtet er, ohne etwas Neues, Zukünftiges, Lebenswürdiges zu ahnen. [...] Wie kann der bereits müde gekämpfte, verarmte jugendliche Wille erneuert werden? Wie wird verhindert, dass Verlassenheit und Not den jungen Menschen nicht wie schon einmal zum Träger menschenfeindlicher Doktrinen werden lassen? Politiker und Pädagogen aller Länder haben diesen Fragen schon immer ihre Aufmerksamkeit gewidmet. Zum Unglück für die jungen Toten und die jungen Überlebenden wurden viele ihrer Vorschläge verachtet oder politisch zu wenig gesichert.[20]

Wenigstens für die jungen Menschen aus ihrem familiären Umfeld in Hamburg wollte sie etwas tun. Sie lud ihre beiden Nichten Marion und Helga für längere Aufenthalte in die Schweiz ein, und auch die Kinder von Freunden, um ihnen die Chance zu bieten, etwas zu lernen und ihnen zu einer Perspektive für ihr künftiges Leben zu verhelfen. Ihre Sorge galt aber auch den Hamburgerer Bibliotheken, denn diese standen vor dem Nichts, wie Lotte durch den mit ihrer ehemaligen Bibliothekschefin aufgenommenen Briefwechsel erfuhr. Ihre Einsichten in die grosse Not, mit der ihre Hamburger Kolleginnen konfrontiert waren, hielt sie in einem Zeitungsartikel fest.[21] Das NS-Schrifttum musste aus den Beständen entfernt, Bücher aus

Ein Mal im Jahr reiste Lotte Schwarz in ihre Heimatstadt Hamburg und anschliessend an die Nordsee, um Ferien zu machen. (NL Lotte Schwarz)

Privatbesitz mussten zu Wanderbibliotheken zusammengestellt werden, neue Verteilungsstellen eingerichtet und neue Bibliothekarinnen ausgebildet werden – enorme Aufgaben, die alle überforderten, weil die Bibliotheken gleichzeitig geradezu überrannt wurden von den Lesehungrigen. Zusätzlich erschwert wurde diese wichtige Arbeit durch die schlechte Ernährungssituation der Mitarbeiterinnen. Welch ein Gegensatz zu der Arbeit in einer Schweizer Bibliothek, in der solche Probleme unvorstellbar waren. Lotte bemühte sich deshalb, zur Lösung des Büchermangels von der Schweiz aus beizutragen, indem sie in Abstimmung mit dem Leiter des Sozialarchivs Dr. Steinemann eine Büchersammlung organisierte.

Wie die zerstörte Stadt auf Lotte wirkte, als sie diese fünf Jahre nach Kriegsende zum ersten Mal wieder besuchte, lässt eine Karte, die sie an den Leiter des Sozialarchivs am 4. Mai 1950 schrieb, erahnen. Selbst fünf Jahre nach Kriegsende war der Eindruck niederschmetternd. *Hamburg ist für mich beunruhigend + zerrissen. Die Zerstörung ist niederdrückend + das einzig stabile sind die Menschen, die ich schon früher kannte.*

Doch nicht immer verliefen diese Begegnungen positiv. Die Treffen mit ehemaligen Schulkolleginnen und Schulkollegen wie auch mit Mitarbeiterinnen der Bibliothek führten Lotte die Distanz vor Augen, die zwischen ihnen nach Jahren des Exils und des Krieges bestand.

Die erste Zusammenkunft mit den ehemaligen Schulkameraden fand nach dem Kriege statt. Es wurde eine Zusammenkunft von Frauen, der grösste Teil der Männer war im Kriege umgekommen. […] Und du – so sagte man mir – du hattest es gut – du konntest ins Ausland. Das war so erstaunlich wie richtig, die Spuren verlieren heisst immer auch, nichts vom Schicksal der Verschwundenen zu wissen.[22]

Das hielt Lotte aber nicht davon ab, fortan jährlich nach Hamburg zu reisen, die Familie zu besuchen und sich mit Freunden zu treffen. Wenn immer möglich verband sie diese Hamburgbesuche mit Ferien an der von ihr in der Schweiz vermissten Nordsee.

Tagebuch mit einem Haus

Zeitgleich zur intensiven Auseinandersetzung mit den verheerenden Folgen des Krieges begann Lotte damit, ihr Leben in der Schweiz neu zu gestalten. Auf Sohn Bertram sollte 1948 Sohn Oliver folgen. Die Familie wurde grösser und die Vereinbarkeit mit Lottes Beruf gestaltete sich immer schwieriger, besondes als ein weiterer bedeutsamer Schritt folgte: der Umzug von Zürich in das neun Kilometer entfernt liegende Dorf Brüttisellen.
Brüttisellen war ein Arbeiterdorf, geprägt von der Schuhfabrik Walder, die mehrere hundert Arbeiter beschäftigte. Das Dorf gehörte zur Gemeinde Wangen, die im Gegensatz zu Brüttisellen noch ein intaktes Bauerndorf war. Diese konfliktträchtigen gegensätzlichen Strukturen verschärften sich in den fünfziger Jahren durch den Zuzug von immer mehr italienischen Arbeitern, die als sogenannte Saisonniers in Brüttisellen vor allem in der Schuhfabrik beschäftigt waren. Für die Gewerkschaft bildete Brüttisellen deshalb einen Schwerpunkt ihrer Arbeit. Möglichst viele Arbeiter sollten davon überzeugt werden, sich zu organisieren und für die eigenen Rechte einzustehen, wie dies im November 1931 geschehen war, als die Walder-Arbeiter drei Wochen lang für bessere Arbeitsbedingungen gestreikt hatten.
Auch die Sozialdemokratische Partei hatte hier eine Ortsgruppe, ebenso der Arbeiter-Touring Bund ATB, ein proletarischer Veloclub. Trotz dieser starken Arbeiterpräsenz hatten in Brüttisellen vor allem die in Wangen ansässigen Bauern und das Gewerbe das Sagen, was sich politisch in der starken Präsenz der Bauern- und Gewerbepartei, der späteren Schweizerischen Volkspartei, bemerkbar machte. Die Bauern besassen das Land, das sich nach dem Krieg als eine unerschöpfliche Geldquelle erwies, indem man es dem Meistbietenden verkaufte, ungehindert durch eine Raumplanung oder Bauzonenordnung, welche in den fünfziger Jahren noch weitgehend inexistent war. Ermöglicht durch den scheinbar nicht zu bremsenden wirtschaftlichen Aufschwung in der Schweiz kam es zu einem Bauboom, der viele Städter aus den engen Wohnungen aufs Land und – sofern das Geld reichte – in ein eigenes Haus führte, auch nach Brüttisellen.[23] Die geistige Atmosphäre im Dorf beschreibt der aus Brüttisellen stammende SP-Nationalrat Walter Renschler in seinen unpublizierten Erinnerungen. Als Sohn eines in der Schuhfabrik Walder beschäftigten Arbeiters und einer Mutter, die sich in den sechziger Jahren gemeinsam mit Lotte in Brüttisellen für das Frauenstimmrecht en-

gagieren sollte, hatte er den Wunsch, zu studieren und Arzt zu werden. Mit Hilfe des protestantischen Pfarrers, der mit ihm auf die Aufnahmeprüfung im Fach Latein lernte, gelang ihm 1947 der Übertritt auf die Kantonsschule in Zürich. Damit gehörte Renschler zu den ersten Sekundarschülern vom Land überhaupt, denen diese Möglichkeit geboten wurde. «Als im Arbeiter- und Bauerndorf Brüttisellen bekannt wurde, dass ich ans Gymnasium gehen werde und Arzt werden wolle, hiess es da und dort, der junge Renschler ist grössenwahnsinnig. Bisher hatte noch niemand in Brüttisellen eine Mittelschule besucht. Nun soll ausgerechnet der Büetzersohn der erste sein. Übrigens meinten einige mit einem etwas dürftigen Bildungsniveau, weshalb braucht der junge Renschler nach Zürich ins Gymnasium zu gehen; er kann doch auch in unserem Turnverein Gymnastik treiben ...»[24]

Noch lag Zürich in den Köpfen der Brüttiseller weit weg. Man könnte die Bahnstrecke Zürich–Winterthur als Sinnbild dafür nehmen, denn diese führte zwar direkt an Brüttisellen vorbei, einen Halt jedoch legte der Zug nicht ein. Der Wandel erfolgte dann aber rasant, wenn auch nicht mittels des Zuges. Das Auto wurde nach dem Krieg zum Inbegriff ungehinderter Mobilität, mit entsprechend negativen Folgen für den Ort. Die durch Brüttisellen führende Zürichstrasse verzeichnete bereits 1952 an einem Freitagabend innert einer Stunde die Durchfahrt von 562 Fahrzeugen, wobei der Begriff Durchfahrt darüber hinwegtäuscht, dass nicht nur gefahren, sondern auch sehr viel im Stau gestanden wurde. Die Gemeinde wurde durch den Durchgangsverkehr regelrecht zerschnitten, und selbst die vom Bund geplante Autobahn sollte daran nichts ändern. Im Gegenteil, ergab doch eine Fahrzeugzählung 1975, ein Jahr nach der Fertigstellung der Autobahn, dass nun sogar 796 Autos innerhalb einer Stunde durch den Ort fuhren.[25] Übrigens war Mobilität vor allem ein Merkmal der berufstätigen Familienväter. Sie besassen ein Auto, um damit zur Arbeit zu fahren, während die Ehefrauen und Mütter gerade in der Agglomeration wegen des fehlenden öffentlichen Nahverkehrs noch lange ans Haus gebunden blieben und nur am Sonntag bei Familienausflügen in den Genuss dieser Mobilität kamen. Als Lotte und Felix sich 1948 mit den beiden Söhnen und Felix' Schwester Rosmarie in Brüttisellen niederliessen, konnte diese Entwicklung von Verkehrsplanern antizipiert werden, nicht aber von den Bewohnern selber und auch nicht vom Architekten Felix Schwarz, der sich zu Beginn der fünfziger Jahre entschloss, am Rande des Ortes ein Haus zu bauen, nicht weit davon entfernt, wo heute die Autobahn weithin hörbar verläuft.

Lotte und Felix Schwarz, nach der Heirat und dem Umzug nach Brüttisellen. (NL Lotte Schwarz)

Über die Gründe für diesen Ortswechsel und die damit verbundenen Erfahrungen und Veränderungen im Leben von Lotte gibt sie selbst im «Tagebuch mit einem Haus», dem einzigen Buch, das sie veröffentlicht hat, Auskunft.[26] Mit diesem 1956 im bekannten Girsberger Verlag in Zürich erschienenen «Tagebuch» wollte Lotte den vier Jahre nach dem Umzug nach Brüttisellen begonnenen Hausbau der Familie Schwarz dokumentieren. In ihm sind alle Etappen geschildert, vom Umzug nach Brüttisellen, über die ersten Überlegungen zu bauen, gefolgt von der Bauplatzsuche, über die Beschaffung des nötigen Kapitals, die einzelnen Baufortschritte, an denen der Architekt als sein eigener Bauherr, seine Frau, die Kinder und Freunde durch ihre aktive Mitarbeit entscheidend beitrugen, bis hin zum Einzug, der ein Jahr nach Baubeginn stattfinden konnte.
Kurz nach Olivers Geburt erhielt der befreundete Architekt Otto Kolb überraschend das Angebot, eine Professur am Institute of Design in Chicago zu übernehmen. Er sagte zu, musste vorher allerdings jemanden finden, der

in seiner Abwesenheit ein laufendes Bauprojekt in seinem Sinne zu Ende führen konnte. Es handelte sich dabei um zwei Vierfamilienhäuser in Brüttisellen, das Heimatdorf Kolbs, in dem dieser wohnte und arbeitete. Die Wahl fiel auf Felix Schwarz, im «Tagebuch mit einem Haus» «Bötel» genannt, nach einer Figur aus den Bildergeschichten von Wilhelm Busch.[27] Besagter Bötel wird von Lotte gleich zu Beginn des Tagebuchs in humorvoller und gleichwohl unmissverständlicher Weise als ein Architekt beschrieben, der seine beruflichen Interessen erfolgreich gegen die familiären abzuschirmen wusste, *denn er war Architekt aus Leidenschaft; Vater und Gatte aber aus soziologischer Einsicht.*[28]

Dieser Leidenschaft folgend nahm Felix Schwarz ohne lange zu überlegen das Angebot Kolbs an. Er übernahm dessen Wohnung und freute sich darüber, dass die beiden Söhne in der Nähe des Waldes aufwachsen würden. Lotte, die noch immer im Sozialarchiv arbeitete, würde das auch von Brüttisellen aus tun können; mit Hilfe von Rosmarie, die sich um die beiden kleinen Kinder kümmern sollte, würde das schon gehen. So kam die Familie Schwarz nach Brüttisellen in das Kolbsche Glasnest. Die ersten Jahre lebte Lottes Familie als Mieter in diesem Haus, das von den Dorfbewohnern seiner Lage und Bauweise wegen nur Glasnest genannt wurde.

Die Wohnung befand sich im ersten Stock eines Schopfes und ruhte mit dem weit ausladenden Balkon wie ein Nest zwischen den schweren Ästen der Obstbäume.

Der Wohnraum war 7 Meter breit und 11 Meter lang. Nach Süden und Westen gerichtet war er weitgehend verglast. Am Tage bildeten die Bäume die stets lebendigen Wände, und nachts wurden Vorhänge vor die Scheiben gezogen. […]

Die Wohnung war ein enthusiastischer Kredit an die Zukunft. Die minimale Möblierung, die Transparenz des Wohnens, wies auf die innere Freiheit von Menschen hin, die, unabhängig von materiellen Sachwerten, vor aller Welt ein sehenswürdiges Leben zu führen in der Lage sind. […] Unter uns wohnte niemand. Über uns der Himmel, um uns die Obstbäume, die uns ihre Blüten und ihren Segen in Handnähe entgegenhielten.[29]

Felix baute die von Kolb begonnenen Häuser fertig, und auch Lotte fuhr zunächst noch nach Zürich zur Arbeit, was sich aber angesichts des Fehlens einer direkten Zug- oder Busverbindung schnell als zu umständlich und zeitaufwendig herausstellte. Auch war die Betreuung von Bertram und Oliver für die junge Rosmarie eine sehr verantwortungsvolle und arbeits-

Zusammen mit Richard Paul und Ida Lohse nahmen Lotte und Felix Schwarz (zweite Reihe Dritte und Vierter von links) 1949 am CIAM-Kongress in Bergamo teil. (gta Archiv, ETH Zürich: CIAM Archiv)

intensive Aufgabe. Da Felix weitere Bauaufträge erhielt und er ein leidenschaftlicher Architekt war, der sich förmlich in die Arbeit stürzte, entschied sich Lotte schliesslich dafür, ihre Stelle im Sozialarchiv aufzugeben. Das war umso nötiger, als auch Rosmarie eigene Zukunftspläne verfolgte. So kam es, dass Lotte nach zehn ereignisreichen Jahren Abschied vom Sozialarchiv nahm, «aus familiären Gründen», dies die lapidare Formel in Lottes Zeugnis für diesen einschneidenden Schritt. Fortan würde sie ihrem bisherigen Arbeitgeber nur noch für Ferien- und Krankheitsvertretungen zur Verfügung stehen.

Felix Schwarz entwickelte sich nicht nur zu einem leidenschaftlichen Architekten, er befasste sich auch intensiv mit moderner Architekturtheorie. Seine Überlegungen einer gesellschaftlich verantwortlichen Architektur brachte er zu Papier und stellte sie in Fachzeitschriften zur Diskussion, so in einem 1949 in der von Richard Paul Lohse gestalteten Zeitschrift «Bauen + Wohnen» erschienenen Aufsatz unter dem Titel «Betrachtungen zum individuellen Wohnungsbau».[30] Seine darin vorgestellten Überlegungen gingen vom Konzept des Wiener Architekten und Kulturtheoretikers Adolf Loos aus, der den Grössenwahn des Wohnhauses, als Kunstwerk gelten zu wollen, auf das mögliche Mass zurückgedrängt und damit begonnen habe, statt stilvoll vernünftig zu bauen. Dieses vernünftige Bauen, wie Schwarz es verstand, war Ausdruck einer in gesellschaftlichen Zusammenhängen konzipierten Architektur. Inhaltlich konsequent erscheint seine weltanschauliche Verbundenheit mit denjenigen Kollegen, die sich in der Gruppe CIAM, Congrès Internationaux d'Architecture Moderne, zusammengeschlossen hatten. Diese war 1928 im schweizerischen La Sarraz von namhaften modernen Architekten und Stadtplanern aus der Schweiz und dem Ausland gegründet worden – unter anderem von Le Corbusier und Walter Gropius –, die sich seither in regelmässigen Abständen trafen. Felix Schwarz nahm nach dem Krieg ebenfalls an diesen Tagungen teil. Zum Kongress von 1949 in Bergamo, der unter dem Titel «Kunst und Architektur» stand, reisten er und Lotte zusammen mit dem Künstler Richard Paul Lohse und seiner Frau Ida.

Lotte und Felix hatten nicht vor, an ihrer Wohnsituation etwas zu ändern, es gefiel ihnen im Glasnest. Doch der von Lotte als paradiesisch umschriebene Zustand konnte nicht von Dauer sein. Er fand ein jähes Ende, als in die unteren Räume des Hauses ein sogenanntes stilles Gewerbe einzog, das sich umgehend als nicht still und ausserdem als gesundheitsschädigend herausstellte. Es handelte sich um ein Emaillierspritzwerk. Was sich in den folgenden Monaten abspielte, glich einem Drama in mehreren Akten, an dessen Ende die Einsicht des Ehepaars Schwarz stand, dass ein weiteres Wohnen hier nicht möglich war. Obwohl es für die beiden in Anbetracht ihres Lebensstils und der sprachlich nicht überhörbaren deutschen Herkunft Lottes nicht leicht gewesen war, in Brüttisellen Fuss zu fassen, wollten sie den Ort nicht verlassen. Als naheliegender Ausweg erschien Lotte der Bau eines eigenen Hauses, schliesslich war ihr Mann Architekt, und unbebautes Land schien es noch in Hülle und Fülle zu geben.

In Unkenntnis der Tatsache, dass die meisten Bauern, auch wenn sie verkaufen wollen, warten, warten auf einen noch besseren Preis; in Unkenntnis dieser Tatsache ermahnte ich Bötel dauernd, doch mit diesem oder jenem Bauern zu sprechen. Ich lag ihm in den Ohren und war beherrscht von der Vorstellung, dass der Kauf von Land erledigt werden kann, wenn man nur will. Ich sah, dass Bötel mit den Bauern über alles Mögliche sprach, nur nicht über den eventuellen Kauf von Land. Von Zeit zu Zeit bekam er einen An-

fall von schweizerischem, lautem Nationalempfinden und warf mir typische, deutsche Ungeduld vor. Es zeige sich wieder einmal jegliches Fehlen von Gefühl für die Besonderheit der Lage.
Zu neugierig, um zu leiden, verfolgte ich nunmehr schweigend seine Bemühungen.[31]
Nach mehreren gescheiterten Versuchen, ein Stück bezahlbares Land den Bauern vom Ort abzukaufen, schienen Felix' Unternehmungen schliesslich von Erfolg gekrönt. Seinem Grundsatz folgend, dass auch das schönste Panorama sich erschöpft, hatte er an Orten, die nicht wegen ihrer Schönheit ins Auge stachen, gesucht und war in einer ehemaligen Kiesgrube fündig geworden. Der Bauer, der wusste, dass sich dieses Land für die Landwirtschaft nicht eignete, verlangte einen Preis, den Felix mit der finanziellen Unterstützung eines Freundes bezahlen konnte. Die Freude darüber war allerdings beim Bauherrn keineswegs ungetrübt. Er, der bisher nur für andere gebaut hatte, fand sich unvermittelt in einer Zwitterrolle wieder, die ihm nicht behagte: Er war der Landkäufer und sein eigener Architekt und als solcher beförderte er einen gesellschaftlichen Prozess, den er eigentlich ablehnte.

Landkauf
Hinter diesem Stichwort verbirgt sich nicht nur ein Spiel mit heute hohen Einsätzen und fast sicherem Gewinn, sondern ein gesellschaftlicher Zustand. Dass man Land – das unveräusserliche, wichtigste Gut einstiger Korporationen kaufen kann, das hat seine kleinen Vor- und grossen Nachteile. Es wäre zwar falsch, unser städtebauliches Chaos nur von der Tatsache des privaten Landbesitzes abzuleiten. Aber das Schuldkonto ist doch so umfangreich, dass man zwar Land gerne kauft, aber mit schlechtem Gewissen. Der kleine Vorteil besteht darin, dass der eine sich den Blick auf den See, der andere auf grüne Hügel erkaufen kann. Wenigstens solange es dem lieben Nachbarn gefällt.
Die Lehrbücher raten treuherzig: Beim Landkauf ist der Architekt beizuziehen. Der Beigezogene begräbt dann meist schon nach der Besichtigung seinen Wunsch, das Haus so zu bauen, dass es mit den Nachbarhäusern eine lebendige Einheit bildet. Unsere Einfamilienhäuser stehen genau so beziehungslos ineinander wie ihre Bewohner im Mittagstram.
Landkäufer lassen sich gerne verführen durch schöne Aussichten. Sicht auf den See, auf das Tal. Mich beelendet diese Sicht. Wie Krebsgeschwüre sehe ich die Siedlungen sich ausbreiten. Und ich stehe selbst vor der Aufgabe, eine weitere Zelle anzugliedern.[32]

Mit diesen wenigen Sätzen beschreibt Felix Schwarz nicht nur die Konflikte, die sich oftmals zwischen Architekt und Bauherr ergeben, sondern er legt darüber hinaus seine Sicht auf das grundlegende Problem des unkontrollierten Landkaufs und der damit verbundenen konzeptionslosen Zersiedelung des Landes dar. Wenn also bauen, dann um seine gesellschaftspolitisch begründete Architekturtheorie im Rahmen eines Einfamilienhauses umzusetzen. Das moderne Haus musste praktisch sein und bestimmte Funktionen erfüllen. Als die zentrale Funktion erachtete er das Ermöglichen von gesellschaftlichem Leben. Entsprechend sollte der Wohnraum das Herzstück des Hauses sein, mit ihm verbunden der Essraum, da Essen ebenfalls ein gesellschaftlicher Anlass sei. «Die alte Küche ist verschwunden. Stattdessen haben wir den ‹work-space›, wie ihn Wright nennt. Hier und im Bad soll sich der technische Komfort unserer Zeit architektonisch und organisatorisch auswirken. […] Der moderne Haushalt ist dienstbotenlos. Damit die Hausfrau ihre gesellschaftlichen Pflichten gerne erfüllt, muss die Küche automatisch funktionieren. Der Arbeitsraum enthält auch die ehemalige Waschküche in Form von Waschmaschine, Trockner, Bügelmaschine. Dämpfe und Gerüche soll es keine geben. Eine Frühstücksbar hilft, den Betrieb zu vereinfachen. An ihr können sich die einzelnen Hausbewohner ohne die Hilfe der Hausfrau einen Lunch oder das Frühstück zubereiten. Der Arbeitsraum hat Sichtverbindung mit Eingang, Essplatz, Wohnraum und Spielraum.»[33]

Was heute eine Selbstverständlichkeit ist, fiel vor sechzig Jahren noch vollkommen aus dem Rahmen architektonischer Planung. Das von Felix Schwarz entworfene Haus, ein Flachdachhaus, hatte zu Beginn der fünfziger Jahre in der Schweiz wenig Vorbilder. Zu diesen wenigen gehörte die Siedlung Neubühl in Zürich Wollishofen. Die Architekten dieser Siedlung, unter ihnen Max Ernst Haefeli, Rudolf Steiger und Werner Max Moser, waren Felix Schwarz' Lehrer und beeinflussten seine Architektur, die in erklärtem Gegensatz zu dem auch in den fünfziger Jahren noch immer unter Schweizer Architekten dominierenden Heimatstil stand.

Das Haus, das er nun gemäss seinen Vorstellungen in Brüttisellen bauen wollte, musste aus dem dörflichen Rahmen fallen, der geprägt war von traditionellen Bauernhäusern, den beiden Arbeitersiedlungen und Neubauten ohne Konzept und Gesamtzusammenhang. In einem Artikel über das Flachdach schrieb Hans-Peter von Däniken, dass dieses von den Gegnern «zum augenfälligsten Symbol dieses radikalen Bruchs mit traditionellen Lebens- und Denkweisen»[34] und Ausdruck subversiver Ideen von «Kulturbolschewisten» stilisiert worden sei, wie die zahlreichen ablehnenden Reaktionen auf die Bauweise der Siedlung Neubühl in den zwanziger Jahren gezeigt hatten. Und auch mehr als zwanzig Jahre später reagierte nicht nur die Dorfbevölkerung Brüttisellens argwöhnisch und misstrauisch auf das Bauprojekt, sondern auch die örtliche Baubehörde und die Banken als potentielle Kreditgeber. Felix Schwarz musste erkennen, dass es genügte, dem Haus ein «ebenes» Dach aufsetzen zu wollen, um als nicht kreditwürdig zu gelten.

Kreditbeschaffung
Nicht nur die Baubehörden, auch die Banken haben ihre Bedenken gegen ebene Dächer. Eine Dame, die sie mit der vagen Aussicht auf einen zweifelhaften Gewinn um Millionen betrügt, geniesst mehr Vertrauen, als jemand, der es sich einfallen lässt, unter einem ebenen Dach zu wohnen. Vielleicht sind die Überlegungen der Banken richtig. [...] Das ebene Dach aber bedeutet Auflehnung gegen die Tradition und die beste aller Gegenwarten.[35]

Erst ein Empfehlungsschreiben des bekannten Architekten Karl Knell, bei dem Felix Schwarz zu dieser Zeit angestellt war, bewirkte ein Einlenken der Bank. Wie weit verbreitet die Skepsis gegenüber moderner Architektur war, belegt ein Artikel in der «Neuen Zürcher Zeitung» über das Schwarzsche Haus nach der Fertigstellung, in welchem er zwar das Bauvorhaben und die Arbeitsleistung lobt, der äusseren Form des Hauses aber nichts abgewinnen kann, fühlt er sich doch des Flachdachs wegen an eine kleine Fabrik erinnert. Mit Unbehagen sieht er bereits «künftige Quartiere auf billigem Bauland – auf ‹Campingplätzen› der Architektur» entstehen.[36]

Die anfängliche Ablehnung der Banken hatte aber nicht nur mit der modernen Form des Hauses, sondern auch mit der fehlenden Kapitalkraft des Bauherrn zu tun. Beide Seiten konnten sich schliesslich vertraglich darauf einigen, dass die Kreditnehmer den Kapitalmangel durch grösstmögliche eigene Arbeitskraft kompensieren würden.

Am 10. Mai 1952 waren alle Hürden genommen, und die eigentliche Arbeit konnte beginnen. Vor allem dem unermüdlichen Einsatz von Othmar Meier, Felix' bestem Freund und Mitbewohner an der Thurnerstrasse in Zürich, war es zu verdanken, dass der mit der Bank vereinbarte Arbeitseinsatz auch erbracht und das Haus bereits ein Jahr später bezogen werden konnte. Jeden Samstag kam er nach Brüttisellen, um zu helfen. Am Sonntag durfte nicht gearbeitet werden, wie Felix Schwarz telefonisch mitgeteilt wurde, andernfalls er mit einer Busse zu rechnen hätte. Während der Woche arbeiteten die

Maurer und Handwerker auf der Baustelle, nicht immer zur Zufriedenheit des Architekten. Lotte übernahm so viele Arbeiten wie möglich. Die Anwesenheit einer jungen Hamburgerin, der sechzehnjährigen Rita Facius, die sich während zweier Jahre um Oliver und Bertram kümmerte und auf dem Bau mithalf, machte dies möglich. Für Lotte symbolisierte Rita mit ihren langen blonden Zöpfen und dem schlaksigen Gang der Unterernährten *das unvergängliche Deutschland*, sie war *der seelische Rückhalt, welcher unserem Bauunternehmen von der Wasserkante her zuteil* wurde.[37]

Die Malerarbeiten übernahm Othmar Hauser, im Tagebuch «Oha» genannt, der auf seiner Lambretta täglich aus Zürich angefahren kam, ein Freund, den Lotte im Sozialarchiv kennengelernt hatte.

Eigentlich ist er ein Intellektueller und hat musikalische wie schriftstellerische Gaben. Die Notwendigkeit, seine kleine Familie zu ernähren, bringt ihn von Zeit zu Zeit in die Niederungen manueller, eintöniger Arbeit. […] Er hat die echte Strahlung eines Anführers. Seine Freunde verkehren in der Uhu-Bar. Sie warten nicht auf Godot, sie warten auf Oha. Sein Urteil gilt. Bei bescheidener Lebensführung, unterstützt durch seine hübsche Frau, die sich allerdings im Zwangsverhältnis eines gelernten Berufes befindet, verfügt er über ein erstaunliches Mass an Unabhängigkeit. Er liebt enge Hosen und schwarze Jacken. Ein biblischer Bart gibt seinem Gesicht etwas Leidendes. Dies soll besonders die Frauen anziehen. Unverkennbar aber reizt er auch seine Arbeitskollegen, denn er hat seinen eigenen Kalender.[38]

Ergänzt wurde diese Baumannschaft noch durch weitere Besucher von der Wasserkante. So kamen für Wochen oder auch Monate Lottes Nichten Helga und Marion, Bruder Walter und die beiden Kinder von früheren Hamburger Freunden und politischen Weggefährten.

Die Eltern der Kinder waren alte Freunde von mir. Der Vater blieb in Russland verschollen, die Mutter überstand die Anstrengungen der Nachkriegsjahre nicht. Wenn die Kinder mich anschauen, sehe ich ihre Eltern, und ich kenne sie länger als ihre Jahre zählen.[39]

Lotte fand auch für diese beiden einen Platz im Glasnest und Beschäftigungen beim Bau des Hauses. Diese ungewöhnlichen Arbeitskräfte, die sich auf der Baustelle einfanden, konnten im Dorf nicht unbemerkt bleiben. Sie zogen ebenso wie die Baufortschritte die aufmerksamen, mitleidigen und auch abschätzigen Blicke der Dorfbevölkerung auf sich, gefolgt von Kommentaren, dies mehrheitlich dann, wenn die Kommentatoren sich unbeobachtet wähnten.

Rita Facius aus Hamburg, «der seelische Rückhalt, welcher unserem Bauunternehmen von der Wasserkante her zuteil» wurde, hier rechts neben Lotte Schwarz im «Glasnest» in Brüttisellen, 1951. (Privatbesitz)

Sonntags spazieren die Leute aus dem Dorf zum Bauplatz. Oft sehen sie Bötel gar nicht, der in einer Ecke im Innern des Hauses eine Wand bestreicht.
«Das Haus hat doch gar keine Sonne.»
«Jä, der Witz.»
«Kein Mensch wird aus diesem Bau schlau.»
«Aber wie gross das ist, die werden dann Platz zum Wohnen haben», sagt eine Frauenstimme.[40]
Die Bauzeit war für den Bauherrn wie für die Bauherrin keine Zeit andauernder Freude über das Werden des eigenen Hauses, wie Lottes Eintragungen, seien sie noch so poetisch formuliert, immer wieder belegen.
Das Haus ist eine anstrengende Geliebte: manchmal gewährt es Ausblicke auf Ruhe und Vollendung, häufiger aber herrscht das unsichere Gefühl vor: werden wir je Genugtuung empfinden?[41]
Lotte überfielen wiederholt Ängste, das Geld könne nicht reichen, auch spürte sie ihre körperlichen Kräfte schwinden, je näher das Ende der Bauzeit

rückte. Hinzu kamen die Diskussionen über den Bau selbst, denen Felix so gut wie möglich aus dem Wege ging. Aus der Sicht der Hausfrau bemängelte Lotte den fehlenden Platz für ihren Kompost und den zu kleinen Keller.
«Mit voller Absicht», sagte Bötel. Er hasste meine Neigung, alles aufzubewahren.[42]

Auch als es um die Gestaltung der Küche ging, fanden Lottes Einwände kein Gehör. Zwar lobte sie explizit die offene Konzeption der Küche und ihre Verbindung mit dem Essraum, wodurch der unumgängliche Teil der Arbeit in der Küche seiner Isolation entrissen würde. Doch nicht jede bauliche Massnahme, die der Architekt der angestrebten Harmonie wegen durchführen wollte, stiess bei der Praktikerin auf Verständnis, so als Felix am Besenschrank in der Küche eine Ecke entfernen wollte, um den Eingang zur Küche formgerecht gestalten zu können. Für Lotte hingegen war der Besenschrank ein Zweckmöbel, das eine Funktion zu erfüllen hatte, die durch eine Ecke weniger nicht angenehmer würde. Blocher, Besen und Wischer, an deren Form man nichts ändern könne, müssten darin Platz finden, Harmonie hin oder her.

Bötel hat für diese Art von Überlegungen nur einen grauen Blick. Wenn es sein muss, wird der Blocher kürzer gemacht, der Schrubber demontierbar entwickelt, der Wischer wird ohnehin überflüssig, weil alles mit dem Staubsauger gemacht wird. Der Staubsauger aber mit allen seinen Ersatzteilen findet im Besenschrank gar keinen Platz, der Schrank müsste dann ganz anders aussehen, «Besenschrank» wäre dann überhaupt eine irrige Bezeichnung, wende ich ein.

Bötels Blick bekommt eine Schattierung ins Schwarze![43]

Auseinandersetzungen gab es auch mit Freunden, die Lottes uneingeschränktes Engagement für den Hausbau beklagten. Der bereits erwähnte Maurice Bardach rief sie eines Tages an, um sich über ihr mangelndes Interesse an den politischen Vorgängen auf der Welt zu beklagen:

«Der Übergang zur Bourgeoisie ist leider bei Ihnen nur allzu offenbar. Sie sind jetzt Hausbesitzerin geworden.»

Ich gab letztere Tatsache zu. Der Übergang zur Bourgeoisie war so arbeitsreich für mich gewesen, dass ich die Ereignisse ausserhalb unseres Hauses vernachlässigte. Zu den sozialistischen Prophezeiungen gehört die Aussicht auf weniger Arbeit. Wir hatten aber ein Abkommen mit unserer Bank, wonach wir Arbeit statt Geld zu leisten hatten … oder es gäbe kein Haus. «Arbeit adelt, wir wollen Bürger bleiben!» sagte mein Bruder immer, wenn

Die Folgen fehlender finanzieller Mittel sind sichtbar: Lotte Schwarz beim Bau des eigenen Hauses. Dieses und weitere Fotos zum Hausbau und zum Leben im neuen Haus, die sich im «Tagebuch mit einem Haus» finden, stammen vom bekannten Schweizer Fotografen Ernst Scheidegger, der mit Lotte und Felix Schwarz befreundet war. (© Ernst Scheidegger)

er bei den langwierigen Erdarbeiten die Schaufel in die Hand nahm. So waren wir unser eigenes variables Kapital und verloren während der Bautätigkeit jede Freizügigkeit!
Doch Dr. Bohrdach [Bardach] hatte recht. Als der Beamte von der Gebäudeversicherung kam und unser Haus auf einen Versicherungswert von 68'000 Franken schätzte, war unser Besitz für mich zum ersten Mal in Geld ausgedrückt. Wird dieser Besitz unser Bewusstsein verändern?
Kleiner Besitz kann kleinlich machen. So ist die Veränderung vom Mieter zum Hausbesitzer ebenso segensreich wie gefahrvoll.[44]
Am 30. März 1953 war es dann so weit, Familie Schwarz zog ins eigene Haus, auch wenn vieles noch nicht fertig war. Auf ein kleines Einweihungsfest für die Handwerker und Helfer noch am selben Abend folgte Mitte Juni das erste grosse Fest im neuen Haus, zeitgleich zum jährlichen

Sängerfest im Dorf, in der Hoffnung, im allgemeinen Lärm mit dem eigenen Anlass nicht weiter aufzufallen. Doch das im Garten entfachte Feuer machte diese Pläne zunichte, wie ein plötzlich auftauchender Vertreter der Feuerwehr deutlich machte. Felix musste nicht nur umgehend das Feuer löschen, sondern auch eine Busse wegen der fehlenden Bewilligung bezahlen – nicht die Art von geglücktem Einstand als Hausbesitzer, die sie sich gewünscht hatten.

Wenn Lotte gehofft hatte, dass nun, nach der Fertigstellung des Hauses, eine ruhigere Zeit bevorstünde, so traf das nur bedingt zu. Das ungewöhnliche Haus blieb im Fokus der Aufmerksamkeit. Ständig standen fremde Menschen vor der Haustür, Fachleute und interessierte Laien, die diese moderne Architektur nicht nur von aussen, sondern auch von innen besichtigen wollten. Besonders an den Wochenenden herrschte oftmals ein reges Kommen und Gehen. Das Interesse an ihrem Haus freute den Bauherrn und die Bauherrin, weil es die Anerkennung für den Architekten und seine Arbeit bedeutete, besonders wenn sie von so bekannten Kollegen wie von Max Bill kam, der seine Studenten an der Hochschule für Gestaltung in Ulm aufforderte, sich diesen Bau vor Ort anzuschauen. Die Kehrseite dieses Erfolges, der grosse Besucherandrang, musste deshalb in Kauf genommen werden. Erst als die moderne Architektur immer mehr Verbreitung auch in der Schweiz fand, verlagerte sich die Aufmerksamkeit auf andere interessante Objekte, und der Alltag konnte nun, wenn auch verspätet, im Hause Schwarz Einzug halten.

Die erneute öffentliche Aufmerksamkeit zog das Haus auf sich, als drei Jahre nach dem Einzug Lottes «Tagebuch mit einem Haus» erschien. Diese Veröffentlichung war laut Autorin ursprünglich nicht geplant gewesen:

Dieses Tagebuch war nicht für die Öffentlichkeit bestimmt. Ich schrieb es für meinen Mann, damit er die Geschichte seines Hauses in Erinnerung behalte. Leider las er es nicht.

Ich muss annehmen, dass ein Mann von seelischer Lähmung befallen wird, wenn er ein Manuskript seiner Frau lesen soll, vergleichbar etwa mit den Zuständen des Gatten, der seiner Gattin Fahrunterricht erteilt.[45]

Diese Leseverweigerung war Lotte nicht bereit hinzunehmen, und mit der ihr eigenen Unabhängigkeit schuf sie Fakten, an denen schliesslich auch ihr Mann Felix nicht mehr vorbeikam. Der Verlag Girsberger wollte das Tagebuch drucken, und statt Leseverweigerung entschied sich Felix nun für die Mitarbeit am Buch in Form von ergänzenden Textpassagen. Das Ergebnis

Das von Felix Schwarz entworfene Flachdachhaus – so unauffällig und doch so umstritten. (NL Lotte Schwarz)

stellt denn auch weit mehr dar als ein Tagebuch über den Bau des eigenen Hauses, wie der Rezensent der «Zürcher Woche» 1957 schrieb: «Aussergewöhnlich sind der Mut zu dem Abenteuer, der Aufwand an Arbeit, Fleiss, Willen, Hingabe der Beteiligten ... und das Buch, das die Gattin des Architekten schrieb. Im doppelten Sinn ein Hausbuch. Ein Buch, das indirekt wesentlicheres über Ehe, Familie, Gemeinschaft aussagt, als ein paar Dutzend pseudopsychologischer Direktträger. Ein sehr gescheites Buch einer Frau des intellektuellen Typs, die das Gegenteil dessen ist, was man bei uns unter einer Intellektuellen versteht. [...] Das Buch ignoriert die Unzulänglichkeiten und Schwere des Lebens nicht. Aber es könnte Lebensängste überwinden helfen. Viel unaufdringliche Poesie steckt in ihm. Es befreit, stimmt nachdenklich, erheitert. Es ist gesund, natürlich, lebensnah, froh. Man hat es gern. Viele hätten es nötig.»[46]

Den anerkennenden Kritikerworten sollten noch viele folgen, in der Schweiz, in Deutschland und Österreich, vom Architekten Alfred Roth bis zum Zukunftsforscher Robert Jungk, der in seinem Brief vom 7. April 1957, verfasst auf einem Schiff unterwegs nach Hiroshima und Nagasaki, seine Bewunderung für Lottes «Schilderungsgabe» zum Ausdruck bringt: «Szenen, die ja an sich gar nichts mehr mit dem Thema ‹private Baugeschichte› zu tun haben, wie die beiden Feste – Einzug und Einweihung – sind so glänzend gelungen, dass ich Appetit auf mehr ‹Lotte Schwarz› Bücher habe. Ich meine das bestimmt nicht als Schmeichelei, sondern ganz ernst.»[47] Und er unterbreitete ihr sogleich einen Vorschlag für ein nächstes, in ähnlicher Weise aufgebautes Buch.

Die lobenden Worte der Rezensenten galten an erster Stelle der Autorin, aber auch dem ganzen Bauvorhaben, visualisiert im Buch durch Fotos des bekannten Fotografen Ernst Scheidegger, einem Freund der Familie. Interessant ist Lottes Reaktion auf dieses Lob, das sie in einem Tagebucheintrag vom Silvester 1956 festgehalten hat, der, obwohl nur sehr kurz, Einblick in Lottes Seelenleben während der Bauphase gewährt:

Die ersten Urteile besagen, dass es den Leuten gefällt. Es sei «reizend», «spannend wie ein Roman», «lustig, wo man es aufschlägt» – wieso lustig – ich schrieb es meistens in gedrückter Stimmung, oder um sie zu verjagen. Wenn ich mich einem Zustand nähere, fallen mir aber meist lustig-ironische Merkmale auf, die nur eine Seite des Zustandes sind. Vielleicht ist dies der Kunstgriff, Melancholie zu meistern.[48]

Weitere Veröffentlichungen zu Architektur und Architekten, zu bekannten und zum eigenen Mann, aus der Perspektive der Architektengattin, sollten folgen. Der 1961 erschienene Aufsatz «Glanz und Elend der Wettbewerbe aus der Perspektive des Familienlebens»[49] knüpfte in Stil und Perspektive an das «Tagebuch mit einem Haus» an. Lotte schildert darin in ihrer unverwechselbaren Art das Familienleben eines an einem Wettbewerb teilnehmenden Architekten – unterhaltsam für die Leser, und für die Autorin ein weiterer Versuch, auf ihre Art die *Melancholie zu meistern*. Ebenfalls zur Veröffentlichung brachte sie Texte, die sie über den 1933 verstorbenen charismatischen Wiener Architekten und Schriftsteller Adolf Loos schrieb. Diesen verteidigte sie vehement gegen jede Kritik, wie der Titel des Artikels

Auszug aus Lottes persönlichem Tagebuch, Eintrag vom 31. Dezember 1956. (NL Lotte Schwarz)

«Wer Adolf Loos verunglimpft, befindet sich auf dem geradesten Weg zur Hölle» bereits verrät, erschienen 1968 in der Zeitschrift «Bauwelt». Über den Oberstadtbaumeister ihrer Heimatstadt Hamburg, Werner Hebebrand, mit dem sie eine herzliche Freundschaft verband, schrieb sie sowohl eine Hommage aus Anlass von Hebebrands sechzigstem Geburtstag als auch einen Nachruf, der 1966 in der Zeitschrift «Werk» erschienen ist.[50] Ebenfalls 1968 war sie an einer weiteren Publikation beteiligt; Anlass war die Triennale in Mailand, auf der auch die Schweiz mit einem Pavillon vertreten war. Verantwortlich für diesen waren Felix Schwarz und seine Büropartner Gutmann und Gloor. In der parallel dazu erschienenen Publikation «Triennale 1968. Schweizer Beitrag» stammt der erste Aufsatz «Cubo und Cubina im Chübeli-Paradies» von Lotte.

Kreativ mit Holz

Entsprangen diese Artikel und Aufsätze einem persönlichen Bedürfnis, sich zu den genannten Themen zu äussern, war das bei den zahlreichen Texten, die sie für die Firma Lignoform in Benken bei Zürich verfasste, anders gelagert. Als freie Mitarbeiterin von Lignoform während der sechziger Jahre bestand ihre Aufgabe darin, den hier hergestellten Werkstoff Formsperrholz medial in Szene zu setzen und so zu dessen Verbreitung beizutragen. Der Firmenbesitzer und studierte Jurist Gottfried Esser, der sich, einem Künstler gleich, ohne Rücksicht auf finanzielle Verluste ganz der Arbeit mit dem geformten Holz verschrieben hatte, war die Voraussetzung dafür, dass Lotte zusammen mit dem Zürcher Grafiker Bruno Kammerer das Marketing der Lignoformprodukte auf ganz eigene, ungewöhnliche Art betreiben konnte. Statt platten Werbesätzen entstanden so sprachlich kunstvolle, durchaus tiefsinnige und gerne auf Literatur bezogene Texte, die eine eigene Lebensdauer jenseits des thematisierten Produkts aufwiesen. Als ein Beispiel für viele sei hier verwiesen auf den Artikel, der den Titel «…‹alles zäme vo Holz›…» trägt und in dem Lotte ein Loblied auf des Menschen Beziehung zum Holz anstimmt.

Das Holz hat einen unerschütterlichen Kredit bei den Menschen. Holz ist warm, heisst es, Holz hat Seele, ja Gemüt, Holz ist behaglich, Holz ist gut. Woher kommt dieses Vertrauen zum Holz? In der Geschichte der Menschen war lange nicht alles gut, was vom Holz kam. Schreckenseinrichtungen wie das Rad, der Galgen oder Daumenschraube brachten Plage und Tod. Die Pritschen in den Gefängnissen waren aus Holz, die Galeeren und die Ruder ebenfalls. Es gab die «Eiserne Jungfrau» aus Holz; Holz hat viel auf dem Kerbholz, aber dem Holz wird verziehen. Auf Stahl, Blei oder Eisen reagiert der Mensch feindlich, zum mindesten kühl. Holz wird auf wunderbare Weise als friedlich empfunden. […] Das Holz wächst wie der Mensch. Es ist ebenso unzuverlässig wie er. Das Holz reagiert auf das Wetter und die Umgebung, es fängt Feuer, wie der Mensch, und doch ist das Holz so zäh wie der Mensch. Beide «Materialien» können leiden und wieder gesund werden. Ihr gemeinsames Merkmal ist: wer ihre Nachteile nicht leugnet, kann mit grossen Vorteilen rechnen.[51]

Lotte beherrschte das Spiel mit der Sprache, sie jonglierte mit Assoziationen, und doch war alles, was sie schrieb, geleitet von ihrem grundlegenden

Lotte Schwarz' erste Versuche mit Holzabfällen der Firma Lignoform. (NL Lotte Schwarz)

Interesse am Verhältnis des Menschen zu seiner Umwelt und seiner Geschichte, selbst wenn es sich dabei um den Bezugspunkt Holz handelte. Diesem Material wollte sie sich nicht nur sprachlich annähern, sie begann selbst damit zu arbeiten. Sie, die von ihrer Mutter gelernt hatte, dass man alles Gebrauchte nochmals verwerten kann, inspirierte der bei der Lignoformproduktion anfallende Abfall, Neues daraus zu formen. Was zunächst ganz spielerisch für den Hausgebrauch daherkam, entwickelte sich zu etwas, das ernst genommen wurde und das, wie schon das «Tagebuch mit einem Haus», überraschenden Erfolg in der Öffentlichkeit fand.
Heute, fünfzig Jahre nachdem Lotte begonnen hatte, aus den Holzabfällen der Firma Lignoform Kunstobjekte und Möbel zu kreieren, liest und hört man viel von einem neuen Trend in Kunst und Design: die Verwendung von Abfall als Werkstoff für Kunstwerke und Designprodukte. Begriffe wie Recycling-Design und Recycling-Kunst haben sich etabliert und beziehen

Lotte Schwarz' Fabelwesen schaffte es sogar auf das Titelblatt der «Schweizerischen Schreiner Zeitung» im Oktober 1964. (NL Lotte Schwarz)

sich auf einzigartige Objekte aus Müll, die als aufwändig gefertigte Einzelstücke im Handel hohe Preise erzielen. Es erscheint nicht übertrieben, Lotte Schwarz auch in dieser Hinsicht als Pionierin zu bezeichnen. Ihre Fabelwesen aus Formsperrholzabfällen waren einzig in ihrer Art und stiessen auf zunehmendes Interesse. 1964 schmückte eins von ihnen das Cover der «Schweizerischen Schreiner Zeitung», und im selben Jahr hielt ihr eigentliches Meisterstück, der Ligno-Saurier, Einzug in das neu erbaute Tierspital der Universität Zürich. Es war der Architekt des Baus Werner Stücheli, der Lotte den Auftrag zu diesem Kunstwerk erteilt hatte. Ihm ist es zu verdanken, dass Lottes vier Meter langes Fabelwesen seither diesen öffentlichen Raum schmückt und Mensch und Tier an ihre frühe Herkunft erinnert.Über ihre Arbeit am Ligno-Saurier schrieb sie rückblickend:

Bei der Wahl der Profile aus Formsperrholz wurde darauf geachtet, nur solche Profile zu bestimmen, die häufig gebraucht werden [...]. Der Lignosaurier ist aus dem Halbrohr- und dem U-Profil und der Sitzschale aus Formsperrholz entstanden. Während der Arbeit merkt man, wie hochmütig

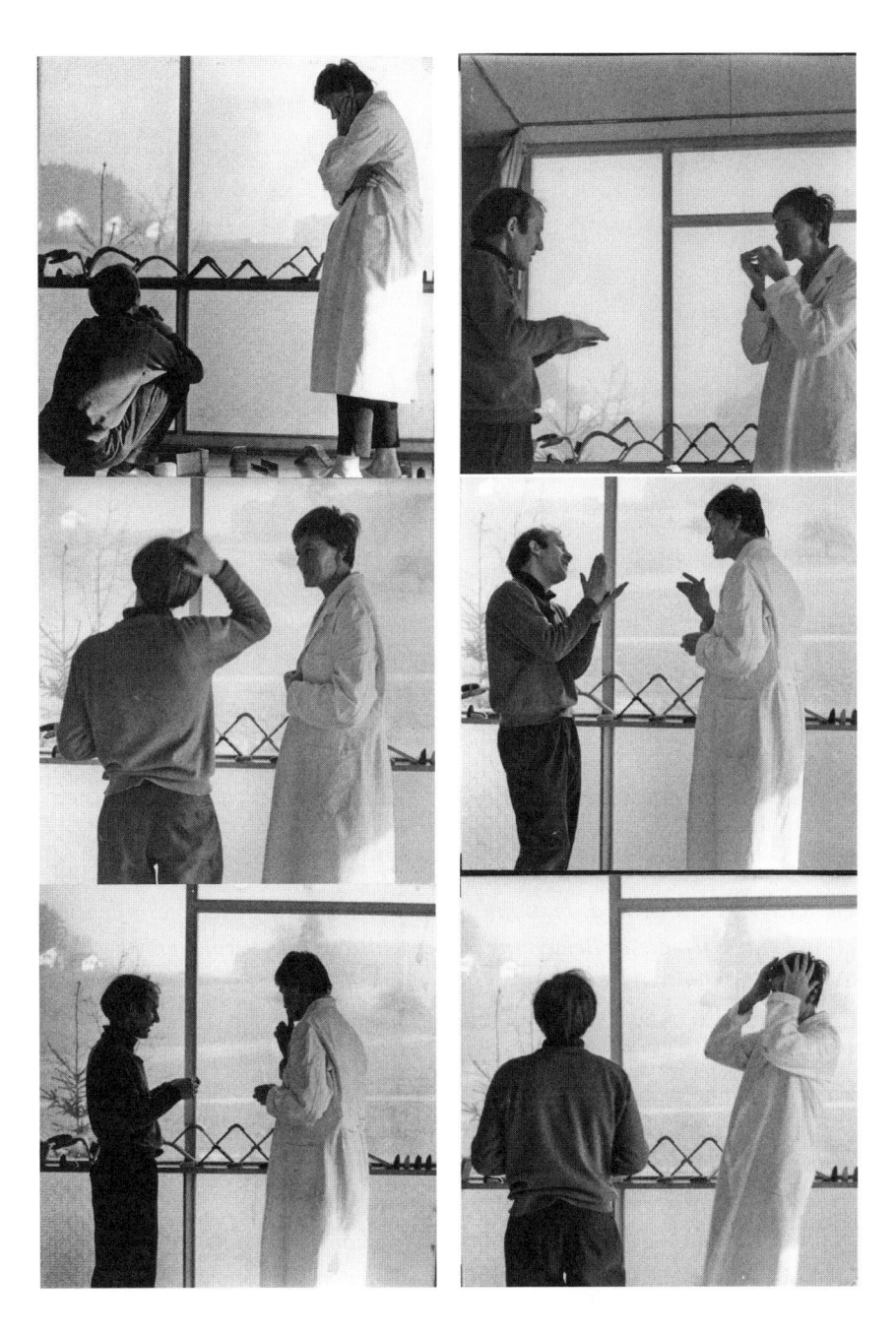

Lotte Schwarz' Arbeit mit Formsperrholz bestand nicht nur im handwerklichen Kreieren, sondern auch im Diskutieren und Überdenken. (NL Lotte Schwarz)

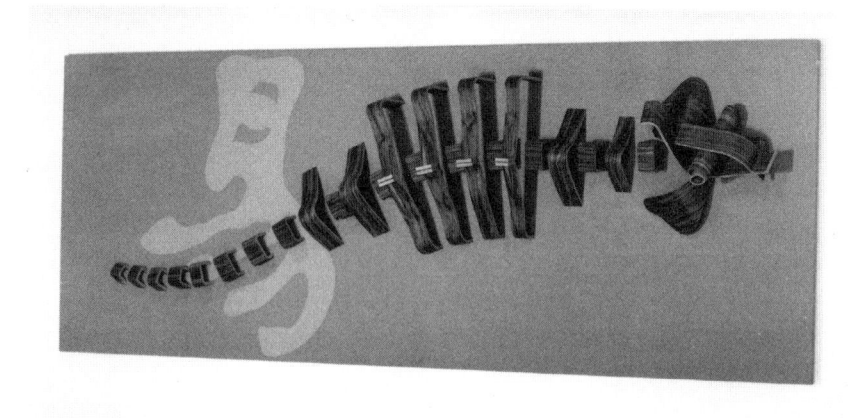

Lotte Schwarz' Ligno-Saurier im Tierspital Zürich, nach seinem Einzug im Jahr 1964. (NL Lotte Schwarz)

die fertigen Formen sind, man muss ihnen gehorchen, was ausserordentlich ermüdend ist. In dieser Beziehung ist der Saurier sauer verdient.
Typisch für Lotte, dass sie ihre Arbeit nicht im luftleeren Raum sah, sondern diese auch in ihren sozialen Auswirkungen beschrieb. Diese Arbeit am Ligno-Saurier war physisch wie sozial raumgreifend und somit zumindest für die Familie nicht immer leicht zu ertragen gewesen. *Im Geräusch der kreischenden Fräse war die Qual der Familie als auch das werden[de] Tier gleichermassen enthalten, der Saurier war zu gross, als die Familie ihn hätte schlucken können, aber sie hat ihn ertragen ...*[52]
Vielleicht wählte sie deshalb für ein weiteres Kunstwerk eine kleinere Form. Sie präsentierte auf der «Holz 68» in Basel einen Kleiderständer, ebenfalls aus Holzabfall der Lignoform geschaffen. In der Zeitschrift «Wir bauen» ist der Garderobenständer auf einem Foto abgebildet, versehen mit dem Kommentar: «Eine Garderobe darf manchmal ruhig etwas ausgefallen oder

Lotte Schwarz' Garderobenständer aus Formsperrholz, ausgestellt auf der Messe «Holz 68». (NL Lotte Schwarz).

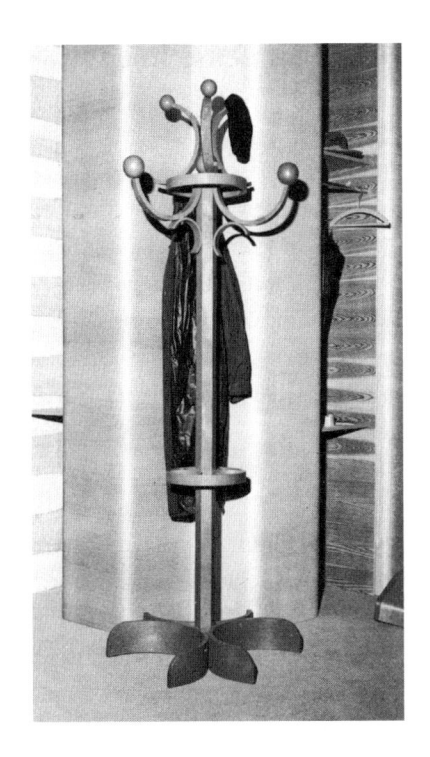

spielerisch sein. Garderobenständer aus Abschnitten von Halbrohren in Formsperrholz von Lotte Schwarz, Brüttisellen. Auch die U-Profile sind geeignete Elemente für die Gestaltung von Garderoben.»[53]

Lottes Kreationen aus Holz wirkten verspielt, humorvoll, und sie waren originell. Darüber hinaus aber zeigen sie eine Kreativität, die keine Vorbilder brauchte und sich von Materialien inspirieren liess, für die in einer Gesellschaft des zunehmenden wirtschaftlichen Überflusses keine Verwendung bestand. Lotte stand, wie so oft, mit ihrem Denken und Handeln gegen den Zeitgeist – und dies mit Erfolg.

Wider den Zeitgeist

Auch wenn das von Maurice Bardach beklagte mangelnde Interesse Lottes am politischen Geschehen in der Phase des Hausbaus existiert haben mag, generell traf dies auf die Hausherrin keineswegs zu. Sie befasste sich auch nach 1945 mit den drängenden *Fragen des internationalen Sozialismus*, wie sie den Fokus ihres politischen Interesses viele Jahre später umschrieben hat. Zu den grossen internationalen Themen der fünfziger und sechziger Jahre gehörten die atomare Aufrüstung, die antikolonialistischen Bewegungen und die Geschehnisse hinter dem «eisernen Vorhang», die im Hause Schwarz ebenso diskutiert wurden wie innenpolitische Entwicklungen der Schweiz, von denen vor allem das fehlende Frauenstimmrecht und die ungleichen Bildungschancen für Arm und Reich Lotte umtrieben und auch zu zahlreichen schriftlichen Äusserungen veranlassten.

Der politische Neuanfang nach Kriegsende begann für Lotte mit dem Blick zurück, mit der Suche nach den ehemaligen Weggefährten. Sie setzte alles daran herauszufinden, wer von ihnen die Jahre der Verfolgung überlebt hatte und wer im Konzentrationslager oder an der Front umgekommen war. Den ersten schweren Schlag bedeutete die Nachricht, dass ihr Bruder Hans seinen zwangsweisen Kriegseinsatz in einem deutschen Strafbataillon auf russischem Boden nicht überlebt hatte. Er galt als verschollen, sein Leichnam wurde nie gefunden. Alle Bemühungen der Mutter, überlebende Kameraden des Sohnes ausfindig zu machen und von ihnen etwas über den Verbleib von Hans zu erfahren, blieben erfolglos. Niemand aus seiner militärischen Einheit hatte überlebt, so dass es unrealistisch war anzunehmen, ausgerechnet er könne nicht tot sein, auch wenn dies eine Wahrsagerin der Mutter Lottes versichert hatte. Lange klammerte diese sich an die Hoffnung, dass der Sohn irgendwo in der Sowjetunion noch lebe, vielleicht als Kriegsgefangener, der sich nicht melden konnte. Doch die Jahre vergingen, und es kam nie eine Nachricht. Zurück blieb eine verwaiste Tochter, die von den Grosseltern grossgezogen wurde, und eine verzweifelte Mutter.

Hans war der Erste in einer langen Reihe von Toten, die Lotte zu beklagen hatte. An den Folgen der Folter im KZ Fuhlsbüttel war Kurt Preilipper, ein Hamburger Genosse, wenige Tage nach seiner Verhaftung verstorben, und auch Alexander Schwab, einer der führenden Köpfe der Roten Kämpfer, hatte die Haftzeit nicht überlebt. Karl Schröder, die andere Führungspersönlichkeit der Gruppe, hatten Zuchthaus und Konzentrationslager zwar nicht umgebracht, er verstarb aber wenige Jahre später an den Folgen der erlittenen Folter. Das konnte auch ein mehrmonatiger Erholungsaufenthalt im schweizerischen Adelboden vom November 1948 bis im Frühjahr 1949 nicht verhindern.[54] Lottes guter Freund Karl Kühne, dem sie den Kontakt zu Paula Friedmann und der Pension Comi verdankte, verstarb ebenfalls an den Folgen der Lagerhaft, noch bevor sie ihn zu einem vom Schweizerischen Arbeiterhilfswerk organisierten Genesungsaufenthalt in die Schweiz hatte holen können. Andere Rote Kämpfer, die 1937 vor Gericht gestanden hatten und zu mehreren Jahren Zuchthaus verurteilt worden waren, mussten während des Krieges als Soldaten in der Strafdivision 999, dem sogenannten Bewährungsbataillon, in Nordafrika kämpfen. Die Kriegsgefangenschaft bewahrte sie vor dem Schlimmsten. Zu ihnen gehörte auch Karl Kuntze, der nach 1945 oft bei Lotte und Felix zu Besuch war. Lotte musste erkennen, dass es kaum einem ihrer Mitstreiter möglich gewesen war, nach der Zerschlagung der Roten Kämpfer sich am Widerstand gegen das NS-Regime, auf den die Gruppe noch 1933 gesetzt hatte, zu beteiligen.

Nachdem es gelungen war, trotz der zerstörten Infrastruktur mit den noch lebenden Weggefährten wieder in Beziehung zu treten, wurde schon bald deutlich, dass es nicht die technischen Probleme waren, die einer Wiederannäherung im Weg standen. Die in den Jahren der nationalsozialistischen Diktatur entstandenen Gräben zwischen denen «drinnen» und denen «draussen» erwiesen sich als zu tief, trotz des anfänglichen beiderseitigen Bemühens um Verständigung. Missverständnisse, Vorwürfe, Enttäuschungen und schliesslich der endgültige Bruch waren die unvermeidliche Folge. Die grössten Differenzen zeigten sich zwischen Lottes Gefährten aus Zürcher Tagen Helmut Wagner und Peter Utzelmann. Der in New York lebende Wagner arbeitete Ende der vierziger Jahre noch immer als Facharbeiter, wie er dies vor seiner erzwungenen Ausreise aus der Schweiz bereits getan hatte. In den fünfziger Jahren dann konnte er sich seinen Traum von einem Studium der Soziologie erfüllen, das er mit einer Doktorarbeit, die den Titel «Social and Religious Outlooks of a Young Labor Elite» 1955 abschloss, wobei seine Erfahrungen mit der amerikanischen Arbeiterschaft und seine Kenntnisse des Fabrikalltags ideale Voraussetzungen lieferten. Schliesslich erlangte er eine Professur in diesem Fach.

Den Gegenpol zu ihm bildete Franz Peter Utzelmann, der politische Kämpfer aus den Tagen der Novemberrevolution 1918, für den etwas anderes als

Widerstand in Deutschland nie in Frage gekommen war und der dafür mit Gefängnis und Haft in verschiedenen Konzentrationslagern bezahlt hatte. Jetzt, nach Kriegsende, hielt er an seinen räterevolutionären Zielen fest und entschied sich bewusst für ein Leben in der sowjetisch besetzten Zone, um einerseits genau mitverfolgen zu können, welche Politik die Moskauer Führung hier praktizieren wollte, und um andererseits, wenn irgend möglich, für eine wirkliche sozialistische Gesellschaft zu kämpfen.

Die Schaltstelle des Briefverkehrs zwischen den ehemaligen Roten Kämpfern war Bernhard Reichenbach in London, dem es dort nach 1945 gelungen war, sich als Korrespondent für deutsche Zeitungen zu etablieren. An seine Adresse gingen die Briefe, von Karl Schröder und Peter Utzelmann aus Berlin, von Anton Pannekoek, dem berühmten holländischen Rätekommunisten aus Amsterdam, von Helmut Wagner aus New York und von Lotte aus Zürich.[55] Leider sind ausgerechnet Lottes Briefe nicht überliefert worden, was den Briefwechsel aber nicht weniger interessant macht. Reichenbach war sich der schwierigen Voraussetzungen eines offenen Austauschs zwischen den in Deutschland Gebliebenen und den Emigrierten bewusst und sprach diese gleich zu Beginn in einem Brief an Helmut Wagner an: «Dieses Moment ist besonders schwerwiegend, denn wir hier, die rechtzeitig dem Dritten Reich entronnen, sind die letzten, die sich berechtigt fühlen, Steine auf die zu werfen, die drinn blieben und dagegen gekämpft haben, bis sie im Gefängnis, Zuchthaus oder der Wehrmacht sassen. Ihr alle habt verdammt dafür bezahlt und wir haben uns draussen ein ganz schönes neues Leben aufbauen können; die Unbequemlichkeiten, Unruhen und ein paar V1 und V2 und was es sonst für einige von uns gegeben hat, verschwinden geradezu gegenüber dem, was ihr durchgemacht habt. Andererseits glaube ich, dass diese grosse Sicherheit und Ruhe, uns umso mehr verpflichtet, so klar und objektiv wie es uns möglich ist, auszusprechen, was wir gelernt haben, ohne dabei jedes Wort auf die Wagschale zu legen.»[56]

Während Reichenbach ganz offensichtlich Schuldgefühle gegenüber den in Deutschland verbliebenen Freunden beschäftigten, machte Wagner deutlich, dass er für seine Person keinen Anlass dazu empfand: «Vor langer Zeit hatte ich das Gefühl der Schuld, dass ich Deutschland verlassen habe. Ich habe es nicht mehr. Ich, wie Du, wir haben versucht, unser Bestes zu tun, solange wir in Deutschland waren. Seitdem wir es unter schlechten, unrichtigen Voraussetzungen taten, spielte es keine Rolle mehr. Wir hatten wie alle Untergrund-Gruppen in dem Kampf gegen den Faschismus nichts

anzubieten. [...] Wir haben keine Schlacht verlassen, sondern uns von den Feldern eines Scheingefechts hinwegbegeben. Dass die meisten Emigranten diese Art von Schlacht in fremden Ländern fortgesetzt haben, gehört auf ein anderes Blatt und betrifft uns nicht mehr. In Deutschland zu bleiben, würde für Dich den Tod bedeutet haben und für mich mindestens dasselbe wie für den Rest unserer Freunde.»[57]
Einen einzigen positiven Aspekt liess Wagner in Bezug auf die gemeinsame Zeit noch gelten: den der Freundschaft. «[...] wenn ich zurück denke, an die alten Zeiten, sehe ich einen einzigen Faktor, um den es sich gelohnt hat. Und das war die Kameradschaftlichkeit und menschliche Verbundenheit der jüngeren Generation. Alles andere hat der Kritik der Zeit nicht standgehalten. Unsere politischen Vorstellungen waren 50 Jahre zurück. Unsere Theorien waren Dogmen, die uns das Gefühl der Überlegenheit gaben, mit dem wir die schreckliche Ohnmacht zuzudecken suchten.»[58]
Diese wenigen Sätze brachten den Adressaten unmissverständlich zum Ausdruck, wo Wagner im Rahmen der begonnenen Diskussion über die politischen Fragen, welche die ehemaligen Roten Kämpfer beschäftigten, stand. Hatten sie als antifaschistische Gruppe die politischen Entwicklungen richtig eingeschätzt und darauf angemessen reagiert, war ihr Engagement die vielen tödlichen Opfer wert gewesen? Hatte sich der Marxismus als Basis ihrer politischen Ideologie bewährt und konnte er für die Lösung der gesellschaftlichen Fragen nach 1945 wieder als solche dienen? Auf all diese Fragen kam von Helmut Wagner nur das immer gleiche «Nein», im Gegensatz zu Peter Utzelmann, der sich einen Rückzug aus dem politischen Kampf für eine sozialistische Gesellschaft überhaupt nicht vorstellen konnte. «Wir haben 30 Jahre auf politischem und sozialem Boden geackert und haben dabei soooo viel Energien verpufft, dass es ein wirklicher Lichtblick wäre, wenn wir endlich irgendwo einen Keimling aufgehen sehen würden, ehe wir uns zum Schlafen hinlegen müssen.»[59] Doch weder Reichenbach noch Wagner waren bereit, ihn in diesem verzweifelten Bemühen um eine Perspektive zu bestärken. Sie übten stattdessen Fundamentalkritik an der marxistischen Theorie, an der die Genossen in Ostberlin festhielten. Der Bruch zwischen den ehemaligen Weggefährten war angesichts dieser Differenzen unvermeidlich, eine Zukunft für die Roten Kämpfer konnte es nicht geben.
Lottes Positionen in der Debatte sind wegen des Fehlens der Briefe nicht rekonstruierbar. Das einzige erhalten gebliebene Schriftstück zur Reflexion über die Roten Kämpfer ist ihr sehr ausführliches Schreiben an Olaf Ihlau,

der Mitte der sechziger Jahre eine Dissertation am Lehrstuhl von Wolfgang Abendroth im westdeutschen Marburg über die Roten Kämpfer schrieb. Mit dieser Arbeit sollte diese kleine Widerstandsgruppe der Vergessenheit entrissen werden und eine wissenschaftliche Würdigung erfahren. Lotte war begeistert von diesem Projekt und gab, im Gegensatz zu Helmut Wagner, dem Autor gerne und offen in einem Interview und einem langen Brief Auskunft über ihren politischen Werdegang und ihre Jahre bei den Roten Kämpfern. Ihre Schilderungen zeigen nicht nur, wie sehr diese Zeit für sie persönlich mit dem Erleben von Freundschaft und Zusammenhalt positiv verknüpft geblieben ist, sondern auch, dass sie hier zu politischen Einsichten gelangt war, die ihre Gültigkeit in ihren Augen auch nach Jahrzehnten nicht verloren hatten.

Von der parteikommunistischen Presse wurden die RK einmal als die «Wanderer ins Nichts» bezeichnet. [...] Trotzdem schliesse ich diesen Bericht mit dem Grundgefühl, dass der Mensch – auf die Dauer gesehen – nicht sein eigener Feind sein will. Der kürzlich in Zürich verstorbene Sozialist und Historiker Valentin Gitermann sagt in seinem Buch «Die historische Tragik der sozialistischen Idee», dass auch in der sozialistischen Wirtschaft für den Sozialismus weiter gekämpft werden muss. Um noch einmal auf den Gedanken der Räte zurückzukommen: Die Räte können ein Korrelat in diesem Kampfe sein.[60]

Als Ironie des Schicksals muss man es wohl bezeichnen, dass die Publikation der Dissertation von Olaf Ihlau über die Roten Kämpfer im Jahr 1969 Aufmerksamkeit bei einer unerwarteten und unerwünschten Stelle erregte, bei den Staatssicherheitsorganen der DDR, die sich in der Folge mit dieser Gruppe und ihren Mitgliedern zu befassen begannen. Auf der Grundlage eines Massnahmeplans des Ministeriums für Staatssicherheit sollten sämtliche der 101 unter den Nationalsozialisten in Haft gewesenen Roten Kämpfer auf ihren Aufenthaltsort und ihre Aktivitäten hin überprüft werden.[61] Es galt herauszufinden, wer von den Roten Kämpfern in der DDR lebte und eine potentielle Gefahr für das System darstellte – dies mehr als dreissig Jahre nach der Zerschlagung der Gruppe durch die Gestapo. Ein erster Untersuchungsbericht lag im September 1970 vor, in dem es heisst: «Die weiteren Überprüfungen zu den 1936/37 von der Gestapo bei der Liquidierung der ‹Roten-Kämpfer-Organisation› festgenommenen Personen ergaben, dass 19 der damals inhaftiert gewesenen Personen heute auf dem Gebiet der Deutschen Demokratischen Republik wohnhaft sind. Davon sind acht Personen für verschiedene Diensteinheiten der MfS operativ erfasst. Zu den 11 restlichen Personen werden bei den territorial zuständigen operativen Diensteinheiten Ermittlungsberichte angefordert.»[62] Nur bisher nicht gesichtete Akten in den Archiven der Stasiunterlagenbehörde könnten Auskunft darüber geben, welche Folgen diese Ermittlungen für die in der DDR lebenden ehemaligen Roten Kämpfer tatsächlich gehabt haben.

Vielleicht war es die Zerstrittenheit der Roten Kämpfer, die Lotte offen machte für neue politische Gruppen, die das alte Ziel einer einheitlichen sozialistischen Linken verfolgten. Trotz dieser Suche blieb sie Mitglied in der Sozialdemokratischen Partei der Schweiz, der sie seit 1934 angehörte und es auch bleiben wollte. Gemeinsam mit Felix, der ebenfalls SP-Mitglied war, und vierzig weiteren Frauen und Männern trat Lotte der 1951 gegründeten Sozialistischen Arbeiterkonferenz (SAK) bei, die sich als eine von der Sozialdemokratischen Partei und der PdA unabhängige politische Arbeiterorganisation verstand. Die Gründung der SAK initiiert hatte die Proletarische Aktion der Schweiz, die wiederum erst fünf Jahre zuvor aus der trotzkistisch orientierten Marxistischen Aktion der Schweiz hervorgegangen war.

Trotz ihres Beitritts entwickelte Lotte kein wirkliches politisches Engagement für die SAK, wie überhaupt Frauen in dieser Gruppierung keine wichtige Rolle spielten. Die tradierten Rollenmuster zwischen den Geschlechtern kamen auch hier zum Tragen, obwohl sich alle, zumindest in der Theorie, dem Prinzip der Gleichberechtigung von Mann und Frau verpflichtet wussten. Der Einzige in der Gruppe, der konkret etwas für diese Gleichberechtigung getan hat, war der Firmenchef der SIBIR, Hans Stierlin, ein langjähriger Freund von Felix Schwarz, der der SAK angehörte und deren Arbeit durch seine finanziellen Zuwendungen ermöglichte. Er war es, der in seinem Werk bereits in den fünfziger Jahren das Prinzip des gleichen Lohns für gleiche Arbeit einführen wollte und dabei erleben musste, dass er damit weder bei den Arbeitern selber noch bei den Gewerkschaftern Unterstützung fand.[63]

Obwohl die SAK nie mehr als die genannten zweiundvierzig Mitglieder gewinnen konnte, kam es bereits ein Jahr nach der Gründung zur Formierung einer weiteren Gruppe, dem Sozialistischen Arbeiterbund SAB. Wie schon die SAK, so verstand sich auch der SAB nicht als Partei, sondern als Sammelbecken für nichtreformistische und nichtstalinistische Linke.[64] Prominentester Repräsentant beider Gruppen war Heinrich Buchbinder, dem es trotz seines Engagements und seiner agitatorischen Fähigkeiten nicht gelang, die Gruppe nennenswert zu vergrössern. Dies führte mit den Jahren zu Ermüdungserscheinungen, Austritten und schliesslich in den sechziger Jahren, nach Buchbinders Rückkehr in die SP, zur Auflösung.[65] Im Gegensatz zu Lotte besuchte Felix die Versammlungen der Gruppe, allerdings auch nur dann, wenn es um Fragen des Wohnungsbaus und der Raumplanung ging, und das kam doch eher selten vor.

Das Fernbleiben Lottes von den Gruppensitzungen war kein Ausdruck für ihr Desinteresse am politischen Geschehen. Die fünfziger Jahre boten auch in der Schweiz Anlass genug, sich mit den herrschenden politischen Verhältnissen kritisch auseinanderzusetzen. Der Kalte Krieg als ein globales Phänomen wurde nicht nur von der Schweizer Regierung, sondern auch von breiten Kreisen in der Schweizer Gesellschaft mitgetragen. Durchdrungen von Gefühlen des Bedrohtseins und eines vehementen Antikommunismus wurden das politische und militärische Vorgehen der Sowjetführung in den Ostblockländern verfolgt, das sich in der Niederschlagung der Aufstände 1953 in der DDR, 1956 im polnischen Posen und schliesslich im gleichen Jahr in Ungarn manifestierte und in dessen Folge die antikommunistische Stimmung in der Schweiz eskalierte. Die Auswirkungen waren bis ins Hause Schwarz hinein zu spüren.

Der am 23. Oktober ausgebrochene und knapp zwei Wochen später von einmarschierenden sowjetischen Truppen niedergeschlagene Aufstand in Ungarn führte in der Schweiz zu einer landesweiten Solidarisierung mit dem ungarischen Volk. Demonstrationen und Kundgebungen fanden statt, Hilfsgüter und Geld wurden gesammelt. Die in der Folge des gescheiterten Aufstandes einsetzende Massenflucht nahm die Schweizer Regierung zum Anlass, ihre Asylpraxis unbürokratisch zu lockern und vierzehntausend Ungarn aufzunehmen. Die Empörung über die Niederschlagung führte zu antikommunistischen Exzessen in der Schweiz, deren prominenteste Opfer der Kunsthistoriker Konrad Farner und seine Familie wurden. Farner war ein führendes Mitglied der kommunistischen Partei der Arbeit PdA und schien den antikommunistischen Brandstiftern als ideales Objekt ihrer Kampagne. Um zu verhindern, dass diese PdA mit der Schweiz bald genau so verfährt wie die Sowjetunion mit Ungarn, genüge es nicht, Fenster einzuwerfen. Die Mitglieder dieser Partei müssten kaltgestellt, ja sogar wie die Pest ausgerottet werden, hiess es in hasserfüllten Verlautbarungen. Die griffige Formel «Moskau einfach» wurde zu einem Totschlagargument,

Lotte und Felix Schwarz an einem Betriebsanlass bei der Firma SIBIR. Felix Schwarz war mit deren Besitzer Hans Stierlin (erster von rechts) freundschaftlich und politisch verbunden und baute für ihn die Fabrikanlage. (NL Lotte Schwarz)

eingesetzt nicht nur gegen Kommunisten, sondern gegen alle politisch Andersdenkenden. Auf dieser Linie argumentierten selbst führende Sozialdemokraten, wie der Gewerkschafter und spätere Parteipräsident Helmut Hubacher, der in der «Basler Arbeiterzeitung» seine Hoffnung ausdrückte, «[d]ass keiner mehr mit ihnen rede, dass keiner mehr ihnen die Hand drücke, dass jeder sie hasse und ihnen seine Empörung augenfällig zeige, bleibt unser Wunsch. Unsere Abrechnung muss auf diese zugegebenermassen viel zu humane Weise geschehen.»[66]

Auch für viele Linke, die nicht der PdA angehörten, war dies eine äusserst schwierige Zeit. Sie waren wie die SP der Auffassung, dass das sowjetische Vorgehen keinesfalls zu rechtfertigen sei, wollten aber aber gleichwohl nicht in die auch bei den Sozialdemokraten vorhandene antikommunistische Hysterie einstimmen. Sie empfanden es als heuchlerisch, wenn die politische Schweiz zu den Kriegen Frankreichs in Indochina und in Algerien mit seinen hunderttausenden von Opfern schwieg, von der Bevölkerung in Bezug auf Ungarn aber öffentliche Solidaritätsbekundungen einforderte. Auch Lotte und Felix waren nicht bereit, das Augenmerk nur auf das Geschehen in Osteuropa zu richten und die Kriege und Ungerechtigkeiten im Rest der Welt zu ignorieren. Das bedeutete im Falle Ungarns allerdings nicht, dass Lotte sich als Verfechterin des Rätegedankens nicht mit den Ideen der Aufständischen verbunden fühlte und auf deren Erfolg hoffte. Im Gegensatz zur grossen Mehrheit der Schweizerinnen und Schweizer versuchte sie, über deren tatsächliche Ziele so viel wie möglich zu erfahren und alles zu lesen, was via Sozialarchiv erhältlich war. Sie begrüsste die spontane Bildung von Arbeiterräten zur Kontrolle der staatlichen Organisationen, denn die Räte waren für sie noch immer Garant und Wächter im Kampf für eine sozialistische Gesellschaft, auch wenn die Versuche 1917 in Russland und 1919 in Deutschland gescheitert waren. Den Einmarsch der sowjetischen Truppen in Ungarn erachtete sie als Ausdruck der Angst der Führung in Moskau davor, dass das Rätesystem, in dessen Namen sie selbst einst ihre Revolution durchgeführt hatte, durch den Aufstand wieder auf die Bühne der Geschichte treten und der eigenen Herrschaft gefährlich werden könnte.

Auf der Grundlage solcher Überlegungen gestalteten sich die Diskussionen im Hause Schwarz, die auch die beiden Söhne mitverfolgten, als am 20. November 1956 landesweit mit drei Schweigeminuten der Opfer der sowjetischen Invasion in Ungarn gedacht wurde, am Arbeitsplatz, auf der Strasse, an Universitäten und Schulen. Auch für die Primarschule in Brüttisellen, die der achtjährige Oliver Schwarz besuchte, stand eine Teilnahme ausser Frage. Als die Kirchenglocken im ganzen Land zu läuten begannen, mussten sich auch in Brüttisellen alle Schüler erheben und drei Minuten in Schweigen verharren. Und da geschah das für die Lehrerin und die Schulleitung unfassliche: Oliver blieb als einziger sitzen, um auf Nachfrage der Lehrerin zu erklären: «Fräulein Bossert, es isch nüd so schlimm, d'Russe wänds au nüd eso!» Die entsetzte Lehrerin schilderte den Vorfall ihren Kollegen im Lehrerzimmer, und von dort wurde er ins ganze Dorf getragen. Das allerdings kümmerte Oliver nicht, er hatte sich aus eigenem Überlegen so verhalten, von niemandem dazu angeregt, er empfand einen gewissen Stolz, aber damit war die Sache für ihn auch wieder erledigt. Nicht so für seine Umgebung. Als der Vorfall schliesslich Lotte und Felix Schwarz zu Ohren kam, rief Felix die Lehrerin an und stellte sie zur Rede. Die Folge war ein Konvent

der Lehrerschaft und eine schriftliche Erklärung, gerichtet an Felix, in der es hiess: «Der Bericht [der Lehrerin] erregte uns alle. Da Oliver nach den vorbereiteten Schweigeminuten die Stille mit den erwähnten Worten aufhob, mussten wir auf den Gedanken kommen, Olivers spontane Äusserung sei eine Widergabe von Gehörtem. Wer ihm diese Gedanken beibrachte, von wem er sie aufschnappte, wissen wir nicht. Dass er sich aber so äusserte, steht fest. Das ist kein Gerücht, das ist leider Tatsache. Was Albert Maurer an Herrn Nikol berichtete und Albert Rüegg Herrn Blatter erzählte ist das, was Oliver vor 43 Schülern sagte und daher für viele Familien des Dorfes nicht unbekannt sein dürfte.»[67]
Die Richtigkeit dieser Darstellung wurde von fünf Lehrern mit ihrer Unterschrift bestätigt, unter anderem von den beiden im Brief genannten Lehrern Maurer und Rüegg, die den Vorfall im Dorf herumerzählt und damit aus einer spontanen Äusserung eines achtjährigen Jungen einen Fall für einen Lehrerkonvent und für aufgeregte Dorfgespräche gemacht hatten. In dieser aufgeheizten Atmosphäre war jedes Mass für Relationen verloren gegangen.
Dass die antikommunistische Stimmung auch in den folgenden Jahren unvermindert anhielt, belegt ein Artikel im «Neuen Winterthurer Tagblatt» vom 25. August 1962, den die «Neue Zürcher Zeitung» eine Woche später unter dem Titel «Der falsche Mann am falschen Ort. Neues von Heinrich Buchbinder» ebenfalls veröffentlichte. Angegriffen wurde darin nicht nur Heinrich Buchbinder, sondern auch Felix Schwarz. «Der mit der Gestaltung der Abteilung ‹Gesundheit› an der Schweizerischen Landesausstellung 1964 beauftragte Architekt, Felix Schwarz aus Zürich, war auf die seltsame Idee verfallen, als Sachbearbeiter und thematischen Berater für Fragen des Gesundheitswesens den Zürcher Trotzkisten, Antidemokraten und professionellen politischen Miesmacher Heinrich Buchbinder zu verpflichten. Bereits hatten die beiden der Ausstellungsleitung ihr gemeinsames Programm eingereicht. Mit Brief vom 5. Juni an Buchbinder und Schwarz wurde dann der Aktivität dieses Tandems durch die Ausstellungsleitung ein Ende gesetzt. […] Die eindeutige Haltung und entschlossene Intervention der Ausstellungsleitung ist zu begrüßen. Die Landesausstellung bedarf der Mitwirkung von Ganz- und Halbkommunisten vom Schlage Heinrich Buchbinders nicht. […] Überall dort, wo es Maßnahmen des bürgerlichen Staates zu hintertreiben, wo es Gesetze zu bodigen und dubiose Außenseiter gegen die Autorität der Behörden zu mobilisieren

gilt, da ist Buchbinder dabei. Gesundheitspolitik interessiert ihn nur so weit, als sie Ansatzpunkte für politische Störaktionen und subversive Schlaumeiereien bietet. Ob Gesundheitsgesetz oder Zahntechnikerinitiative, Flughafenerweiterung oder Atomtodkampagne – als Exerziergelände für antidemokratische Verminungsübungen und Revoluzzermanöver ist Buchbinder kein Thema, keine Gesetzes- oder Kreditvorlage und keine Volksinitiative zu schlecht. Es geht Herrn Buchbinder nie um die Sache, sondern immer nur um die Idee und die Ideologie: die Ideologie des fanatischen Hasses gegen seine geduldige Umwelt und die Idee der Zerstörung eben jener Gesellschafts-, Staats- und Wirtschaftsordnung, die 1964 an der und durch die Schweizer Landesausstellung in Lausanne ihre nationale Manifestation erleben soll. [...] Und es passt in die heuchlerische Buchbindersche Physiognomie, wenn er in seinem Antwortbrief scheinheilig die Weisheit zum besten gibt, dass sich in einer Demokratie ‹die Freiheitlichkeit (puh!) am Maße der Freiheit für den Andersdenkenden› bemesse. Als ob es in dieser Sache um Fragen der ‹Meinungsfreiheit› und des ‹Gesinnungsterrors› ginge!»[68]

Der Artikel zeichnet sich neben der Heftigkeit der Angriffe durch eine Wortwahl aus, die aus Buchbinder das Böse schlechthin kreierte. Die hergestellte Verknüpfung von zerstörerischer Ideologie mit negativen körperlichen Merkmalen wie der «heuchlerische[n] Buchbindersche[n] Physiognomie» ist einem Feindbild aus Antisemitismus und Antikommunismus geschuldet und schien für die Charakterisierung des Juden Buchbinder legitim zu sein. Da passte es dann nicht zu erwähnen, dass das Projekt von Schwarz und Buchbinder ursprünglich von den Ausstellungsmachern der Expo hoch gelobt worden war und erst nach dem Vorstelligwerden von Vertretern der pharmazeutischen Industrie beim Eidgenössischen Justiz- und Polizeidepartement in Ungnade gefallen war. Der Bundesrat stellte sich hinter die Pharmafirmen und lehnte eine Wiedereinstellung des «politische[n] Drahtzieher[s]»[69] Buchbinder ab. Den konkreten Anlass für diese Intervention hatte übrigens ein kleiner Artikel Buchbinders im «Arbeiterwort» geboten, in dem dieser kritisierte, dass die Schweizer Pharmaunternehmen für ihre Produkte auf dem Schweizer Markt viel mehr verlangten als im Ausland und dass in der Folge auch die ausländischen Medikamente in der Schweiz viel teurer als im Ausland verkauft würden, dies alles zum Nachteil der Schweizer Konsumenten – ein Sachverhalt, an dem sich bis heute bekanntlich nichts geändert hat.

Solche Artikel trugen dazu bei, die intensive Überwachung von Heinrich Buchbinder und Felix Schwarz durch den Staatsschutz als notwendig erscheinen zu lassen. Doch mit der sachlich richtigen Einordnung des Beobachteten waren die Staatsschützer offenbar überfordert.[70] So war Felix Schwarz in einem Bericht vom 3. Mai 1958 kurioserweise als früheres PdA-Mitglied geführt worden – das genaue Gegenteil war ja der Fall –, neben Max Frisch, der den Überwachern ebenfalls als PdA-Sympathisant galt.[71] Allen Bemühungen zum Trotz konnte die Bundesanwaltschaft gemäss ihrem eigenen Bericht aus dem Jahr 1962 Felix Schwarz allerdings nichts anderes nachweisen als die ideelle Unterstützung der Antiatombewegung. Auch die in Brüttiselen durchgeführten Befragungen hätten nichts ergeben, niemand habe etwas Negatives über ihn berichten können. Felix Schwarz war Mitglied der SP, er sass in der Steuerkommission, anschliessend in der Schulpflege, und er war technischer Dienstchef der Zivilschutzorganisation – alles Tätigkeiten, die sich nicht als strafbar einordnen liessen und die keine konkreten Massnahmen gegen Felix Schwarz legitimierten.

Tatsächlich war die genannte Unterstützung der Antiatombewegung, die sich auch in der Schweiz etabliert hatte, ein wichtiger Grund für das Vorgehen gegen Buchbinder und Schwarz. Diese Auffassung vertrat auch der Schriftsteller Walter Matthias Diggelmann im November 1963 in einem Artikel in der «National-Zeitung»: «Aber in Tat und Wahrheit, wenn man den Gründen nachspürt, ist Buchbinder nicht deswegen als persona non grata erklärt worden. Oh nein, da spielen andere Fragen mit, vor allem die nämlich, dass er ein Gegner der atomaren Aufrüstung ist und so weiter ...»[72] Es gab seit Jahren heftige Auseinandersetzungen um die Ausrüstung der Schweizer Armee mit Atomwaffen. In der Folge der Ereignisse in Ungarn hatte die Schweizerische Offiziersgesellschaft 1957 erstmals eine solche Ausrüstung verlangt. Im darauffolgenden Jahr signalisierte der Bundesrat sein Ja zur Atombewaffnung der Schweiz, nachdem bereits heimlich zehn Tonnen Uran eingekauft worden waren, die Hälfte davon als militärische Kriegsreserve. Im Gegenzug begann sich eine neue Friedensbewegung zu formieren, die sich nun als Antiatomwaffenbewegung zu Wort meldete und politisch aktiv wurde.

1958 lancierte die «Schweizerische Bewegung gegen die atomare Aufrüstung» eine Volksinitiative für ein völliges Verbot von Atomwaffen in der Schweiz. Bürgerliche und Militärs sahen darin Defätismus, der dem Ostblock in die Hände spielte, und auch die SP und die Gewerkschaften verweigerten dieser Initiative ihre Zustimmung. Stattdessen verfolgten sie ein eigenes Volksbegehren, das dem Schweizer Volk das Mitspracherecht über die Ausrüstung der Armee mit Atomwaffen sichern wollte. Beide Volksinitiativen wurden 1962 und 1963 klar abgelehnt. Noch überwog die Auffassung in der Schweizer Bevölkerung, dass die Bedrohung aus dem Osten jede Form der militärischen Aufrüstung legitimiere. Die Trendwende in der Atomwaffenfrage erfolgte erst mit der Unterzeichnung des Atomsperrvertrags im Jahr 1969 durch die Schweizer Regierung, wobei das Parlament nochmals sieben Jahre benötigte, um dem Vertrag ebenfalls zuzustimmen.

Auch in dieser Frage standen Lotte und Felix im Widerspruch zur Bevölkerungsmehrheit und zur Auffassung der eigenen Partei, der SP. Sie vertraten in dieser Zeit der globalen Konfrontationsrhetorik und Hochrüstung das Ziel der Friedensbewegung von einer atomwaffenfreien Welt. Bestärkt wurden sie darin durch die Lektüre zweier Bücher, verfasst von Lottes ehemaligem Weggefährten aus Emigrationsjahren, von Robert Jungk. 1956 erschien sein international stark beachtetes Buch «Heller als tausend Sonnen» über die Entwicklung der Atombombe und das Schicksal der daran beteiligten Forscher, gefolgt von dem drei Jahre später veröffentlichten Buch «Strahlen aus der Asche», in dem Jungk über die Folgen der Atombombenabwürfe auf Hiroshima und Nagasaki berichtet. Lotte wollte zur Verbreitung dieses Buches beitragen, indem sie es für die sozialdemokratische Monatszeitung «Die Frau in Leben und Arbeit» rezensierte. Jungk selber war zu diesem Zeitpunkt bereits vom Chefredakteur der Zürcher «Weltwoche» nach zwanzig Jahren Arbeit für diese Zeitung entlassen worden, weil er sich mit seinen Artikeln in die Schweizer Debatte zum Kauf von Atomwaffen eingeschaltet hatte und dies auch zukünftig nicht unterlassen wollte.

Nach einer ausführlichen Schilderung der von Robert Jungk beschriebenen Zustände in Hiroshima, wie sie nach dem Atombombenabwurf herrschten, zog Lotte in ihrer Rezension ein Fazit, in dessen Mittelpunkt nicht so sehr die Opfer als vielmehr die Verschonten standen:

Robert Jungk stellt uns mit seinem Bericht über Hiroshima ein gesellschaftliches Trauma, eine furchtbare Verletzung der bisherigen Ordnung vor. Wir müssen sie zur Kenntnis nehmen. Er meidet dabei die Sensation, geduldig geht er den Erscheinungen nach, die mit dem Ungeheuerlichen dieser neuen Todesart in Beziehung stehen. Die christlichen, politischen und individuellen Versuche, das Vergehen am Leben zu ächten, die aufopfernde, kümmerliche

Selbsthilfe drücken die Ohnmacht aus, mit der die Überlebenden den Ereignissen gegenüberstanden. Vom Gram der Kreatur beschämt, legt man das Buch «Strahlen aus der Asche» aus der Hand. Das Neue an den Ereignissen ist, dass der «Atom-Paria» im Gegensatz zum bekannten Begriff der Paria sich nicht mehr selbst gegen sein Schicksal mobilisieren kann, dass er dazu in hohem Masse den noch nicht Geschädigten benötigt.[73]
Es war selbstverständlich, dass Jungk im April 1958 am ersten in England vom Philosophen Bertrand Russel initiierten viertägigen Ostermarsch von London zum dreiundachtzig Kilometer entfernten Atomwaffenlaboratorium in Aldermaston teilnahm. Diese Initiative war der Versuch der Mobilisation der «noch nicht Geschädigten», der sich fortan jährlich wiederholte. Anlässlich des Ostermarsches von 1961 reiste auch eine Gruppe von dreissig Schweizerinnen und Schweizern mit einem Bus nach England, unter ihnen Felix Schwarz und Sohn Bertram.
Eine weit gefährlichere Reise unternahm Felix Schwarz in seiner Funktion als sogenannter Kofferträger für die algerische Befreiungsbewegung. Die Algerien-Solidarität war die erste antikolonialistische Solidaritätsbewegung seit dem Ende des Zweiten Weltkrieges und erfasste in der Schweiz linke politische, aber auch kirchliche und studentische Gruppen, im Gegensatz zum Ungarnaufstand aber nicht breite Bevölkerungskreise, trotz der enormen Zahl an Opfern, die in die Millionen ging und damit weit höher lag als die derjenigen bei den Aufständen in Osteuropa. Die Solidaritätsgruppen verurteilten dieses Desinteresse. Wer gegenüber der Algerienfrage gleichgültig bleibe, habe kein Recht, die Freilassung politischer Gefangener in Osteuropa zu fordern, wer zu Algerien schweige, sei nicht gefeit vor Totalitarismus, von rechts wie von links, so ihre Auffassung.[74] Auch der Sozialistische Arbeiterbund beschloss Hilfsaktionen, wobei diese vor allem dem Mouvement National Algérien von Messali Hadj zugutekommen sollten. Der MNA gehörte zwar der algerischen Befreiungsbewegung an, er sollte aber in einem blutigen internen Kampf der federführenden Front de Libération Nationale FLN unterliegen. Im Arbeiterbund wurde nach einer geeigneten Person gesucht, die ohne Aufsehen zu erregen Geld nach Algier bringen konnte. Felix Schwarz, der von der Legitimität des algerischen Befreiungskampfes überzeugt war, erklärte sich bereit, dieses gewagte Unterfangen zu unternehmen, obwohl er damit nicht nur sich selbst, sondern auch Lotte und die beiden Kinder einem Risiko aussetzte. Trotz Planungsfehlern und Schwierigkeiten vor Ort kehrte er unbeschadet aus Algerien zurück. Dennoch blieb die Reise

ein zweifelhafter Erfolg. Letztlich konnte mit solchen Aktionen weder die Zerschlagung des MNA verhindert, noch die Errichtung einer freien und gerechteren Gesellschaftsordnung gesichert werden.

Lotte, die als junge Frau ebenfalls gefährliche Reisen wie die 1936 ins nationalsozialistische Deutschland unternommen hatte, war für solche Aktionen als Mutter zweier Söhne nicht mehr zu haben. Sie engagierte sich für politische Veränderungen in der Schweiz, schriftlich wie mündlich, und dies langfristig, vor allem für die Erlangung des Frauenstimmrechts, das sie als junge Frau in der Weimarer Republik als Ergebnis eines langen Kampfes mutiger Frauen schätzen gelernt hatte und das sie deshalb auch für die Schweizer Frauen als unverzichtbar erachtete.

Der lange Kampf für die Rechte der Frauen

Es war in Hamburg in der Fortbildungsschule für Mädchen, als Lotte erstmals dem Wort Emanzipation begegnet ist. Mit diesem sie faszinierenden Ausdruck verband sie fortan den langwierigen Kampf für gleiche Rechte von Frau und Mann, aber auch den mindestens so langwierigen wie schwierigen Kampf für eine andere, eine sozialistische Gesellschaftsordnung. Die Verknüpfung dieser beiden Befreiungskonzepte hatte sie erstmals im Buch von Lily Braun «Die Memoiren einer Sozialistin» überzeugend dargelegt gefunden, und von dieser Überzeugung ist sie Zeit ihres Lebens nicht mehr abgerückt.[75]
Dieser emanzipatorische Kampf für Frauenrechte hatte ihr in Deutschland ein neues Leben ermöglicht, jenseits vom Dienstmädchendasein und dem Warten auf einen Mann, der sie mittels Heirat daraus herausholen würde. In der Schweiz angekommen, musste sie zur Kenntnis nehmen, dass es Frauenrechte, wie sie die Weimarer Republik gekannt hatte, hier nicht gab. Selbst das Stimmrecht für Frauen wurde von einer grossen Mehrheit der Schweizer kategorisch abgelehnt, obwohl gerade die Jahre des Krieges und des Aktivdienstes erneut zeigten, wie sehr die Wirtschaft die Mitarbeit der Schweizerinnen benötigte, um den Arbeitsausfall der an den Landesgrenzen stehenden Männer auszugleichen. Lottes kämpferischer Geist meldete sich zu Wort, zunächst aus der Position der jungen, alleinstehenden und berufstätigen Frau heraus, dann, nach der Geburt ihrer beiden Söhne, als Mutter, der es um die Vereinbarkeit dieser Aufgabe mit der Ausübung eines Berufes und um eine gelebte und nicht nur propagierte Gleichberechtigung von Frau und Mann im Zusammenleben ging.
In ihrem ersten Artikel zu diesem Themenkomplex, der 1939 in der Zeitung «Der öffentliche Dienst» erschienen ist, ging es Lotte zunächst darum, die gesellschaftliche Notwendigkeit von weiblicher Erwerbsarbeit darzulegen, dies mit Hilfe von Zahlenmaterial, das ihr eine in der Stadt Zürich durchgeführte Umfrage über die wirtschaftliche Lage der weiblichen Büroangestellten und Verkäuferinnen lieferte. Die Zahlen belegen eindrücklich, welch grosse Unterstützungsleistung diese Frauen mit ihren Einkommen für Eltern und Geschwister leisteten und wie sehr sie dadurch die Sozialwerke entlasteten.
Das Verdienst der vorliegenden Untersuchung liegt vor allem darin, dass sie einen aufschlussreichen Einblick in die sozialen Verhältnisse einer bedeu-

tenden Schicht berufstätiger Frauen erlaubt und als Beitrag zur volkswirtschaftlichen Erfassung der schweizerischen Frauenarbeit zu bewerten ist. Darüber hinaus aber zeigt sie mit grosser Deutlichkeit, wie sehr die berufliche Tätigkeit der Frau zu einer sozialen Notwendigkeit geworden ist; nur die borniertesten Verfechter eines weitgehenden Ausschlusses der Frauen aus der kaufmännischen Erwerbsarbeit werden nach dem Studium dieser Untersuchung noch den Mut aufbringen, ihre auf Vorurteilen und Unkenntnis beruhende Kampagne gegen die erwerbstätige Frau fortzusetzen.[76]
Es sollte nicht zum letzten Mal sein, dass Lotte die Macht der Fakten überschätzte, wenn es um die Bereitschaft der «borniertesten Verfechter» eines von der Realität überholten Frauenbildes ging, sich von ihren Auffassungen zu verabschieden. Die Gegner weiblicher Berufstätigkeit liessen sich nicht überzeugen, auch wenn sie nichts dagegen hatten, dass diese Frauen mit ihrer Lohnarbeit einen wichtigen Beitrag zum Bruttosozialprodukt der Schweiz erbrachten.

Fünf Jahre später, im Juni 1944, meldete sich Lotte erneut zu diesem Thema zu Wort. In den «Luzerner Neuesten Nachrichten» äusserte sie sich unter dem Titel «Nochmals: ‹Zwei Stunden nach Büroschluss›» ausführlich zum Problem der weiblichen Berufstätigkeit, wobei dieses Mal nicht so sehr Zahlen als vielmehr die eigenen Erfahrungen Grundlage für ihre Erörterungen und für eine kritische Bestandesaufnahme bildeten:

Das von Ihnen [der Redaktion] angeregte Thema: «2 Stunden nach Büroschluss» zeigt deutlich, dass die Frau heute zwischen den Epochen steht. Ich meine dies nicht in dem Sinne, dass nach frauenrechtlerischer Auffassung die Frau am Vorabend grosser Ereignisse steht, dass ihre Gleichstellung mit dem Mann unaufhaltsam vorwärts drängt, sondern dass mit dem Eintritt der Frau in das Erwerbsleben erst die eine Seite der Befreiung der Frau sichtbar wird. Eine Etappe ist gleichsam gewonnen, die zweite muss folgen, wenn wir unsere Unabhängigkeit wirklich erleben wollen.
Ohne die Frauenrechtlerin von gestern kränken zu wollen, denn ihre Einseitigkeit war nötig, möchte ich sagen, dass wir im Ganzen gesehen erreicht haben, dass wir uns heute, gleich den Männern, um den Arbeitsplatz schlagen dürfen, dass wir gleich ihm den Mangel an Freizeit empfinden und in dem privaten Teil unseres Tages, den Stunden nach Büroschluss nur noch halbe Kraft laufen.[77]

Die von Frauenrechtlerinnen vehement geforderte Berufstätigkeit für Frauen hatte aus Lottes Perspektive weder zur erhofften Gleichberechtigung noch zu einem freieren Leben geführt. Daraus folgerte Lotte allerdings nicht, dass die Frauen in die Häuslichkeit zurückkehren sollten, sondern dass weitere gesellschaftliche Veränderungen erforderlich seien, allen voran die Durchsetzung von kürzeren Arbeitszeiten – eine Forderung, die bei den stimmberechtigten Schweizern keine Chance hatte, wie das klare Scheitern der Initiative des Landesrings der Unabhängigen für die Einführung einer 44-Stunden-Woche 1958 belegen sollte. Lotte erwies sich mit ihren Argumenten als ihrer Zeit weit voraus. *Wenn die Frauenarbeit als so wichtiger Faktor, wie wir es jetzt im Kriege übrigens erneut erleben, eingesetzt wird, so müssen auch die damit verbundenen Missstände generell gelöst werden.*

Als besonders stossend empfand es Lotte, dass die Frauen in der Schweiz zwar als Arbeitskräfte und als Steuerzahlerinnen unentbehrlich geworden waren, politisch aber weiterhin kein Mitspracherecht zugestanden bekamen. Die Situation war fünf Jahre nach ihrem ersten Artikel zu diesem Thema unverändert. Entsprechend deutlicher fielen diesmal Lottes Forderungen nach Massnahmen auf Frauenseite aus: *Das Fehlen des politischen Stimmrechtes halte ich für eine europäische Merkwürdigkeit; mir scheint die Gelegenheit verpasst und eine rabiate Massnahme, ähnlich die der englischen Suffragetten scheint mir von Nöten, um das Versäumte nachzuholen. Wenn ich etwas zu sagen hätte, würde ich einen allgemeinen Steuerstreik der Frauen zu diesem Zweck vorschlagen.*

Kürzere Arbeitszeiten, Stimmrecht für Frauen, Steuerstreik – solche für Schweizer Ohren viel zu radikalen Forderungen fanden keine Zustimmung, nicht bei den stimmberechtigten Männern, nicht bei Bundesrat und Nationalrat und auch nicht bei den Frauenorganisationen. Diese setzten statt auf Streiks auf Überzeugungsarbeit und auf parlamentarische Vorstösse wie dem von Hans Oprecht, der noch 1944 in seiner Funktion als Nationalrat der SP im Parlament ein entsprechendes Postulat einreichte.

Oprechts Vorstoss konnte nicht darüber hinwegtäuschen, dass es auch in den Reihen der Sozialdemokratie mit der Bedeutung der Frauenfrage nicht unbedingt zum Besten stand. Lotte wusste dies aus eigener Anschauung, und ein Blick in das am 4. April 1945 verfasste Protokoll der Zürcher Frauengruppe der SP, der sie angehörte, macht deutlich warum. Da heisst es zum Thema «Internationaler Frauentag»: «Der Int. Frauentag musste verschoben werden, weil sich kein Referent zur Verfügung stellen wollte. Derselbe findet nun am 21. April statt. Gen. Nägeli hätte das Referat übernommen, ist aber im Dienst. Wahrscheinlich wird nun die Genossin Kissel oder Gen.

Wilfratt referieren. Die ‹Tribune› spielt von Capek ‹Die Mutter›. Gen. Reininghaus hat von der Zeitschrift ‹Die Frau› für den Frauentag 100 Stk. zum kolportieren bestellt.»[78]

Auch wenn in Ermangelung eines Referenten die Verschiebung des Frauentages vom 8. März auf den 21. April erforderlich wurde und es offenbar selbstverständlich war, dass die Aufgabe des Vortragens von den «Gen.», also den Herren Genossen übernommen wurde, stellte sich die Partei grundsätzlich hinter die Forderung Oprechts nach der Einführung des Frauenstimmrechts. Der Bund Schweizerischer Frauenvereine, der im Namen von 38 Frauenorganisationen sprechen konnte, ging gleichwohl davon aus, dass es mehr als dieses Postulats bedurfte, um ans Ziel zu kommen, und gründete deshalb 1945 das Schweizerische Aktionskomitee für das Frauenstimmrecht. Dessen schweizweite Aktivitäten konnten gleichwohl nicht verhindern, dass alle kantonalen und kommunalen Abstimmungen über die Einführung des Stimmrechts für Frauen, die in den Nachkriegsjahren unter anderem in Genf, Neuenburg und im Tessin durchgeführt wurden, negativ ausfielen. Auch der nächste Anlauf vom November 1950 scheiterte. Die Idee, formuliert in einer Motion von einer kleinen Gruppe von Nationalräten, den Passus in Artikel 10 der Verfassung «Stimmberechtigt ist jeder Schweizer» um die Worte «ob Mann oder Frau» zu erweitern, wodurch sich eine Volksabstimmung über diese Frage erübrigt hätte, wurde vom Bundesrat verworfen. Die als Antwort auf die Stellungnahme des Bundesrats im Juni 1951 geführte Nationalratsdebatte machte den anwesenden Frauen auf den Zuhörerrängen deutlich, wo die Parlamentarier inhaltlich standen und weshalb sie von diesen keine Unterstützung ihres Anliegens erwarten konnten. Ungeachtet der Tatsache, dass mittlerweile rund sechshunderttausend Schweizerinnen berufstätig waren, wurde in den Reden das traditionelle Familienbild mit der Frau als Hausfrau und Mutter hochgehalten, das ein politisches Engagement nicht vorsah. Der katholisch-konservative Nationalrat Karl Wick, Präsident der zuständigen nationalrätlichen Kommission, fasste zusammen, was die grosse Mehrheit seiner Ratskollegen dachte: «Aber Politik im technischen Sinne des Wortes als Parlamentarismus hat auf die tatsächliche Gestaltung des Lebens oft wenig Einfluss. Wir können das doch auch hier konstatieren, wie oft ein ungeheurer politischer Leerlauf hier in unseren parlamentarischen Beratungen sich vollzieht. Und es entsteht durchaus die Frage, ob es sich für die Frau überhaupt lohne, in diesen Leerlauf auch einbezogen zu werden durch die Gewährung des Frauenstimm- und -wahlrechtes.»[79]

Obwohl politisierende Männer mit einer solchen Argumentation ihrem eigenen Engagement in der Politik ein Armutszeugnis ausstellten, wurde sie in der Debatte von den meisten Rednern übernommen. Die markantesten Äusserungen gegen das Frauenstimmrecht kamen vom aargauischen Nationalrat Eugen Bircher von der Bauern-, Gewerbe- und Bürgerpartei (BGB), vormaliger Chefarzt des Kantonsspitals Aargau. Allein die kleineren Organe der Frau waren für ihn Grund genug, ihr die politische Mitsprache zu verweigern. Ihre Aufgabe sei «die Erhaltung der Rasse» und nicht das Politisieren. «Wir müssen uns darüber klar sein, der Mann ist der Verstandesmensch, die Frau ist der reine Gefühlsmensch und wird bei Abstimmungen, aber besonders bei Wahlen das sehr stark zum Ausdruck bringen. Es hat kein geringerer als der schweizerische Forscher Jung, der grosse Psychologe, gesagt, die Frau lebe in einer anderen Welt, sie sei immer noch im kosmogonischen Urnebel (Heiterkeit), während der Mann an der Front gegen die Umwelt dasteht.» Sobald Frauen sich in die Politik einmischten, führe das zu ganz schlimmen Ergebnissen. «Ich finde seit dem Altertum keinen Krieg, keine kriegerische Auseinandersetzung, in die nicht Frauen stark verwickelt gewesen, wenn sie nicht gar die Triebfeder gewesen sind (Heiterkeit).»[80]

Das Gelächter, das im Parlament bei Birchers Ausführungen wiederholt zu vernehmen war, konnte nicht darüber hinwegtäuschen, dass viele der Anwesenden solche Ansichten teilten. Um zukünftig nicht neben Frauen im Plenarsaal Platz nehmen zu müssen, schien kein Argument zu verquer, um es gegen die Einführung des Frauenstimmrechts in die Waagschale zu werfen. Die alte preussisch-deutsche Formel von den drei «K», die der Frau zustünden, «Küche, Kirche, Kinderstube», hatte auch im Bundeshaus noch immer eine grosse Anhängerschaft, was sich im Abstimmungsergebnis klar zeigte. Es ergab eine Zustimmung zur bundesrätlichen Stellungnahme von 128 gegen 11 Stimmen und eine Ablehnung der Motion. Das Resultat fiel deshalb so deutlich aus, weil sich selbst die Sozialdemokratische Partei nicht hinter die Motion gestellt, sondern ebenfalls für den Weg der Abstimmung durch das Schweizer Stimmvolk, also durch die Männer, plädiert hatte. Stellvertretend für seine Partei verlangte Nationalrat Walther Bringolf von den Frauen weiterhin Geduld und die wiederholte Lancierung von Abstimmungen über das Frauenstimmrecht, bis das Ziel in zwanzig oder dreissig Jahren, so seine Schätzung, erreicht sein würde. «Einen anderen Weg sehe ich nicht»,[81] so Bringolf abschliessend. Und tatsächlich sollte es nochmals zwanzig Jahre dauern, bis die Schweizerinnen auf Bundesebene erstmals wählen konnten.[82]

Dass nicht nur die Nationalräte nichts vom Frauenstimmrecht wissen wollten, musste Lotte im Frauenverein von Brüttisellen erleben, dem sie 1952 beigetreten war. Das Thema wurde gänzlich ausgeblendet, ebenso wie das der Berufstätigkeit der Frau, auch griff keine der eingeladenen Referentinnen die Fragen der politischen Gleichstellung von Mann und Frau auf. Die Vortragsthemen beschränkten sich auf den familiären Bereich. So ging es um «Reden und Schweigen», um «Wir Frauen über 40», um «ein[en] Regensonntag in der Familie», um «Das schwachbegabte Kind», um «Hausierer, Bettler, Plage, Anklage?» und um «de Familientürgg» – dies in einem Dorf, in dem viele Frauen in der Fabrik arbeiteten und als berufstätige Mütter mit schwerwiegenderen Problemen als einem verregneten Sonntag zurechtkommen mussten. Die berufstätige Mutter verstiess in der Schweizer Gesellschaft der fünfziger Jahre noch so sehr gegen das traditionelle Familienbild, dass es gerne ausgeblendet wurde, selbst in den Frauenvereinen. Lotte versuchte zwar gemeinsam mit der Mutter des späteren Nationalrats und Regierungsratskandidaten Walter Renschler, die Frauen im Dorf für solche Themen wie Berufstätigkeit und politische Teilhabe von Frauen zu sensibilisieren, doch der Ertrag blieb bescheiden. Dass selbst die sozialdemokratische Sektion in Brüttisellen in dieser Hinsicht lange mutlos agierte, daran erinnerte Lotte in einer Rede 1971 in Uster, mit der sie eine Wahlempfehlung für besagten Walter Renschler, Regierungsratskandidat der SP, verband:

Walter Renschler ist in Brüttisellen aufgewachsen – sein Vater war Arbeiter in der Schuhfabrik Walder und Mitglied der Gewerkschaft. Seiner Mutter begegnete ich als Verkäuferin im Schuhladen der Fabrik, sie gehört zu jenen Frauen in der Gemeinde, die sich immer offen für das Frauenstimmrecht eingesetzt haben. Der Sohn wuchs sozusagen nahtlos in die Sozialdemokratische Partei hinein.

In seinem ersten Protokoll als Aktuar der kleinen Sektion notiert er, dass die «Genossen zunächst von dem Wagnis Abstand nehmen wollen, eine Frau in die Schulpflege vorzuschlagen – sie erachten das als verfrüht». Das war im Jahre 1954....[83]

Zum Zeitpunkt ihres Beitritts in den Frauenverein wusste Lotte inzwischen aus eigener Erfahrung um die grossen Schwierigkeiten, Familie und Beruf zu vereinbaren. Ohne ihre Schwiegermutter hätte sie bereits nach der Geburt ihres ersten Sohnes ihre Stelle im Sozialarchiv aufgeben müssen. Nicht nur fehlten die entsprechenden Betreuungseinrichtungen für Kinder, es fehlte auch schlicht die gesellschaftliche Akzeptanz gegenüber der gerne berufs-

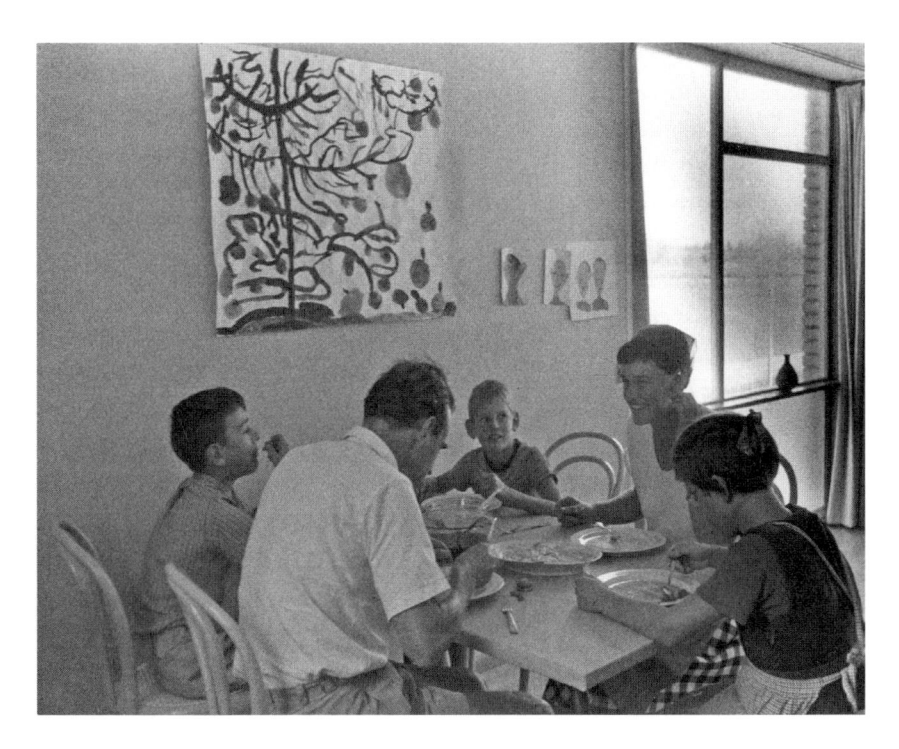

Lotte mit der Familie beim Mittagessen im neuen Haus. (© Ernst Scheidegger)

tätigen Mutter, selbst beim Bund Schweizerischer Frauenvereine BSF.[84] Auch standen öffentliche Betreuungseinrichtungen in schlechtem Ruf. So schrieb 1965 eine Autorin in der katholischen Zeitschrift «Orientierung» über Frauen in der modernen Wirtschaft: «Kinderhorte, Kinderkrippen sind Behelfsmittel, die schlimme Auswirkungen haben können, wenn sie Mütter dazu verlocken, ihre Kinder dort einzustellen. Anstatt den Mutterpflichten gerecht zu werden, außerhäuslicher Erwerbsarbeit nachzugehen, ist dem Kleinkind gegenüber eine schwere Pflichtvernachlässigung.»[85]

Zur gesellschaftlichen Stigmatisierung hinzu kam für die Mütter, die erwerbstätig sein mussten oder wollten, die Doppelbelastung durch Beruf und Haushalt, die wöchentliche Arbeitszeiten von 76 Stunden mit sich brachte, 47 am Arbeitsplatz und 29 in den eigenen vier Wänden, wie eine Erhebung in Zürich ergab.[86] Angesichts solcher Realitäten hatte sich Lotte nach der Geburt von Sohn Oliver zur zeitweiligen Aufgabe ihrer Berufstätigkeit entschieden. Da Felix als Architekt über ein ausreichendes Einkommen verfügte, war dieser Schritt zumindest finanziell nicht problematisch. Auch wäre der

Bau des eigenen Hauses ohne Lottes vollen Einsatz nicht zu leisten gewesen. Die Jahre als Mutter und Hausfrau hatten ihr aber inzwischen gezeigt, dass sich dieses Leben keineswegs so ideal gestaltete, wie von den Stimmrechtsgegnerinnen und -gegnern ständig behauptet wurde:

Es gibt umfangreiche Literatur darüber, wie notwendig es ist, dass jede Frau einen Beruf erlernt und wenig darüber, wie es ihr ergeht, wenn sie diesen zugunsten ihrer eigenen Familie wieder aufgeben muss. Wer nicht begütert ist, muss wissen, dass er das tun muss. Die Rückkehr in das häusliche Arbeitsverhältnis zeigt die Grenzen der Emanzipation, die aus der ledigen und kinderlosen Situation heraus idealisiert wird. Dazu kommt, dass die Emanzipation auch halt machte vor der Domäne des Mannes, der seine Vorzugsstellung in der häuslichen Sphäre durchweg behielt. Sehr wenig Männer leben im Gefühl innerer Solidarität mit den Frauen, die es ermöglichen könnte, berufliche und geistige Interessen weiter zu verfolgen und geistig nicht zu veröden, wie es gerade das Schicksal vieler vorbildlicher Hausfrauen ist. Als unsachliches Arbeitsfeld geniesst der eigene Haushalt häufig sowohl beim Mann als bei den Kindern Geringschätzung, so dass das Gefühl der Genugtuung für eine grosse Arbeitsleistung, die erbracht wird, nicht recht aufkommen will.[87]

Lotte hatte sich auf ihr Muttersein gefreut und war deshalb auch gerne bereit, dieser Aufgabe Vorrang vor ihren anderen Tätigkeiten einzuräumen. Dennoch konnte sie nicht verhindern, dass ihr bei der täglichen Hausarbeit immer wieder die Worte einer Lesesaalbenutzerin in den Sinn kamen, mit der sie sich oft unterhalten hatte:

Eine Russin, die ehemals emigriert sein mochte und in der Schweiz Nationalökonomie studierte, wir haben wichtige Untersuchungen von ihr über marxistische Probleme im Archiv, blieb auch äusserlich die Studentin von 1905, mutig, sachlich, abhold jeder weiblichen Putzsucht. Sie verachtete Haushaltungsarbeiten und prophezeite mir, als ich ihr von meiner Absicht erzählte, für eine Zeit die Bibliothek mit dem Haushalt zu vertauschen: Nun, Sie werden sein ihre eigene Putzfrau!
Mehr als sie weiss, denke ich an ihren Ausspruch.[88]

Dennoch bestand bei Lotte keine Gefahr, dass sie sich zur einsamen, geistig verödeten Hausfrau entwickelte. Sie wusste aus ihrer Arbeit als Dienstmädchen einen Haushalt effizient zu führen, und sie war sehr kreativ, wie ihre Freundinnen in Gesprächen sich erinnerten. Lotte konnte «aus nichts etwas machen», zu sehen an den originellen Kleidungsstücken, die sie für die Söhne genäht hat. Was sie an Wissen und Erfahrung in all den Jahren

Lotte und die hausfraulichen Pflichten. (© Ernst Scheidegger)

erworben hatte, gab sie jugendlichen Mädchen, die jeweils mit im Hause Schwarz lebten, weiter. Zunächst an Felix' Schwester Rosmarie, dann an die junge Rita Facius aus Hamburg, die Lotte durch ihren Bruder Walter dort kennengelernt hatte, und auch an Lottes Nichte Helga Benett. Rita, die Ostern 1951 nach Brüttisellen kam, lernte von Lotte nicht nur Haushaltsführung, sie lernte zu denken, zu diskutieren und sich eine Meinung zu bilden. Jahrzehnte später, inzwischen Grossmutter und Mitglied im Grossen Stadtrat für die Grüne Partei in Luzern, betonte sie, dass sie durch Lottes Art des Umgangs mit ihr für ein hierarchisches System, wie es in deutschen Krankenhäusern in den fünfziger Jahren geherrscht habe, nicht mehr zu gebrauchen gewesen sei, weshalb sie ihre Krankenschwesternausbildung in Hamburg abgebrochen habe und in die Schweiz zurückgekehrt sei.

Wie sehr Lotte mit ihren emanzipatorischen Überlegungen und dem von ihr gelebten gleichwertigen Umgang den gesellschaftlichen Entwicklungen in der Schweiz voraus war, machte eine vom Stadtrat von Zürich in Auftrag gegebene Befragung der Zürcherinnen nach ihrer Einstellung zum Frauenstimmrecht deutlich. Durchgeführt wurde diese im Herbst 1955 vom Statistischen Amt, konkret von Dr. Käthe Biske, eine der ganz wenigen promovierten Ökonominnen, die es in der Schweiz gab und die als Einzige die Frauenfrage immer wieder zum Gegenstand ihrer statistischen Erhebungen machte. Sie war eine langjährige und enge Freundin von Paula Friedmann, kannte die Pension Comi entsprechend gut und hatte auf diesem Wege auch Lotte kennengelernt. Das von Käthe Biske präsentierte Ergebnis musste vor allem die Stimmrechtsbefürworterinnen nachdenklich stimmen. Für die Einführung des vollen Stimm- und Wahlrechts sprachen sich annähernd vierzig Prozent aus, ebenso viele für ein auf Angelegenheiten der Schule, Kirche und Fürsorge beschränktes Stimm- und Wahlrecht. Ein Fünftel der Befragten war gegen jede Form der politischen Mitsprache. Die Auswertung der Fragebögen nach Stadtteilen ermöglichte Aussagen über die soziale Zugehörigkeit von Gegnerinnen und Befürworterinnen. «Als wohl überraschendstes Ergebnis unserer Auszählung nach Stadtquartieren sei festgehalten, dass die Gegnerinnen sowohl des vollen als auch des beschränkten Stimm- und Wahlrechts der Frauen in den ausgesprochenen Arbeiterquartieren am häufigsten anzutreffen sind, während sich die Befürworterinnen vor allem in den beiden Zürichbergquartieren Hottingen und Fluntern sowie im Weineggquartier im Kreis 8 finden.»[89]

Dass gerade diejenigen Frauen gegen das Frauenstimmrecht waren, die als Arbeiterinnen das Gros der berufstätigen Frauen ausmachten, musste vor allem die Arbeiterparteien und die Frauenverbände nachdenklich stimmen. Offenbar war der Mangel an Bildung, an Zutrauen und Zeit, sich mit dieser Frage vertieft zu befassen, ein Problem, das gelöst sein wollte, wenn noch mehr Frauen ebenso wie deren Ehemänner von der Rechtmässigkeit der Forderung nach gleichen politischen Rechten überzeugt werden sollten. Der von Lotte zehn Jahre zuvor angedachte Steuerstreik der arbeitenden Frauen erwies sich angesichts solcher Umfrageergebnisse einmal mehr als utopische Aktionsform.

Dass dann in den fünfziger Jahren doch noch Bewegung in die Stimmrechtsdebatte kam, war nicht zwei weiteren parlamentarischen Vorstössen zu verdanken, sondern – eine Ironie der Geschichte – dem internationalen politischen Klima des Kalten Krieges. 1956 wollte der Bundesrat die Schweizerinnen mittels eines Zivilschutzobligatoriums in die Landesverteidigung einbinden. Doch nun, nach Jahren der Verweigerung seitens der Politik, verweigerte der Bund Schweizerischer Frauenvereine seine Zustimmung. Er sei nicht bereit, neue Pflichten zu übernehmen, solange Bundesbern den Schweizer Frauen weiterhin die Aktivbürgerrechte verweigerte, lautete die Begründung. Eine öffentliche Debatte setzte ein, in deren Verlauf die Landesregierung erkennen musste, dass das Zivilschutzprojekt zu scheitern drohte, sollten die Frauenorganisationen nicht gewonnen werden. Eine Kehrtwende in der Frage des Frauenstimmrechts war die Folge, schriftlich festgehalten in der Botschaft des Bundesrats vom 22. Februar 1957. Die anschliessende Debatte im Nationalrat glich auffallend derjenigen von 1951, ungeachtet des Umstandes, dass die Zahl derjenigen Länder, die den Frauen das Stimmrecht vorenthielten, mittlerweile auf elf zusammengeschmolzen war. Es waren dies neben der Schweiz Afghanistan, Irak, Iran, Liechtenstein, Libyen, Paraguay, San Marino, Saudi-Arabien, Transjordanien und Jemen. Das Abstimmungsergebnis im Nationalrat konnte den Anschein erwecken, als wollten die Parlamentarier sich aus diesem Club der Neinsager nun endlich verabschieden. Dass eine Mehrheit von ihnen sich für die Durchführung einer Volksabstimmung aussprach, hatte aber nichts damit zu tun, dass sie nun von der Richtigkeit der Einführung des Frauenstimmrechts überzeugt waren. Vielmehr waren sie sich sicher, dass die Vorlage im Volk, also bei den Schweizer Männern, erneut klar scheitern würde. Die Ja-Parole zur Abstimmung vom 1. Februar 1959 gaben die SP, die PdA und der Landesring aus, FDP und die Konservativ-christlichsoziale Volkspartei erklärten Stimmfreigabe, und die BGB beschloss die Nein-Parole.

Im Vorfeld der Abstimmung fand in Zürich vom 17. Juli bis zum 15. September 1958 die zweite Schweizerische Ausstellung für Frauenarbeit SAFFA statt, organisiert vom Bund Schweizerischer Frauenvereine mit Hilfe von rund hundert nationalen und kantonalen Frauenorganisationen. Das Motto der Ausstellung lautete «Lebenskreis der Frau in Familie, Beruf und Staat». 1,9 Millionen Besucherinnen und Besucher fanden den Weg zur SAFFA, auch Lotte. Sie wollte die Ausstellung nicht nur besuchen, sie beabsichtigte auch darüber zu schreiben. Die SAFFA präsentierte die Leistungen der Schweizer Frauen in allen gesellschaftlichen Bereichen, alle Berufe wurden vorgestellt, alle Lebensbereiche thematisiert, seriös, sachlich, und auch mit Witz, wenn es um Fragen der Gleichberechtigung von Frau und Mann ging. Namhafte Kabarettisten wie César Keiser schrieben Stücke, und Max Werner Lenz, Schauspieler und Autor, bekannt in der Schweiz seit seiner Mitarbeit im antifaschistischen Cabaret Cornichon, schrieb die Kabarett-Revue «Lysistrata 1958 oder Lysi und die verhinderten Männer» – alles Versuche, die Männer in Hinblick auf die bevorstehende Abstimmung davon zu überzeugen, dass es nun Zeit für ein Ja sei.[90]

Auch Lotte fand natürlich, dass es höchste Zeit sei, aber nicht nur für mehr Mut auf Seiten der Männer, sondern auch auf Seiten der Macherinnen der SAFFA, sich zur eigenen Geschichte zu bekennen. In einem Artikel für die Zeitschrift «Der Monat» schrieb sie nach ihrem Besuch der Ausstellung: *Die Geschichte der Frau ist die Geschichte ihres Kampfes um Gleichgewicht in einer bisher von Männern bestimmten Gesellschaft. Eine bei Freund und Feind gleichermassen populäre Figur ist die der Frauenrechtlerin oder Suffragette. Humorvoll – oder auch in Dankbarkeit gesehen, hätte sie irgendwo in die SAFFA gehört. […] Die Frau, die Parlamentsgebäude belagerte, ist ja nur eine äusserliche Darstellung der Vorkämpferin. Sie war überall dort vorhanden, wo Frauen sich zu wehren begannen. In grossen Ländern werden die Typen von weither sichtbar entwickelt. In diesem Sinne hatte die Schweiz keine militante Frauenbewegung, wohl aber zahlreiche Innerkolonisatorinnen im frauenrechtlerischen Sinne. Sie in die Ahnengalerie aufnehmen, hätte in freimütiger Weise dazu dienen können, die Überwindung der einzelnen, führenden Frau, und zwar zugunsten des Teams, zu zeigen.*[91]

Wieder war Lotte mit ihren Überlegungen und ihrer Parteinahme für die kämpferische Frauenrechtlerin der Zeit, jedenfalls der Schweizer Zeit, voraus. Vielleicht waren es solche Bemerkungen, die die Redaktion des «Monats» dazu veranlasst haben, den bereits als Druckfahne vorhandenen Artikel Lottes schliesslich doch nicht erscheinen zu lassen.

Als Jüngste in dieser von Lotte gewünschten Ahnengalerie der Frauenrechtlerinnen hätte wohl Iris von Roten Aufnahme finden müssen, die als einsame Kämpferin und nicht aus einem Frauennetzwerk heraus agierte. Von Roten hatte ein Buch geschrieben, dessen Titel «Frauen im Laufgitter» bereits Programm und bewusste Provokation war. Erstmals zum Kauf angeboten wurde es in einem Buchladen der SAFFA. Die Publikation löste einen Sturm der Entrüstung aus, der heftiger und diffamierender nicht hätte sein können. Auch auf Seiten der Frauenverbände war die Ablehnung einhellig. Statt positiv über die Errungenschaften der Frauen in der Schweiz zu schreiben, demaskierte von Roten auf mehr als fünfhundertfünfzig Seiten nicht nur die vermeintliche Gleichberechtigung der Frauen in der Berufswelt, sie schrieb in ungebremster Empörung an gegen die sexuelle Verkümmerung der Frauen in der Ehe, gegen die Würdelosigkeit der Mutterschaft in einer patriarchalen Gesellschaft und gegen die Verklärung der Hausarbeit, die unter den gegebenen Bedingungen nichts als eine ausweglose Fron für die Frau bedeute, um schliesslich in einem letzten grossen Kapitel die politische Rechtlosigkeit der Schweizer Frauen in aller Deutlichkeit anzuklagen. Der Ausschluss der Schweizerinnen von der politischen Gleichberechtigung in einem sonst demokratischen Staat offenbare, so die Juristin von Roten, in besonders krasser Weise die Unterdrückung der Frau. «Er bedeutet die Entlarvung all des Getues um das ‹ureigene Wesen der Frouh›. Zynisch zeigt diese Ausschaltung, was mit der obskuren ‹Anderswertigkeit› eigentlich gemeint ist, nämlich: Untertanenart, geschaffen für Untertanenschaft; denn ohne politische Gleichberechtigung sind die Frauen nichts anderes als regelrechte Untertanen im staatsrechtlichen Sinne. [...] In Rechtsgemeinschaften mit undemokratischen Staatsformen hatten die Frauen in öffentlichen Angelegenheiten in der Regel zwar so wenig wie die Schweizerinnen von heute zu sagen, aber im Gegensatz zu ihnen waren sie mit Kindern und Geistesgestörten zusammen nicht die einzigen Mundtoten.»[92]

Solch deutliche Worte standen in klarem Gegensatz zur vermittelnden Art der Frauenverbände und der Organisatorinnen der SAFFA, die die Männerwelt nicht brüskieren wollten und sich deshalb umgehend von diesem Werk distanzierten. Nur massvolles und geduldiges Agieren würde zum Ziel führen, davon waren sie überzeugt, nicht Anklage und Entlarvung. Entsprechend hofften sie, dass ihre Distanzierung von solchen Schriften ihnen von der Männerwelt gedankt werden würde. Entsprechend zuversichtlich gingen sie in die erneute Abstimmung.

Der Dank aber blieb aus. Der 1. Februar 1959, der Tag der Abstimmung, endete für die Befürworter und Befürworterinnen des Frauenstimmrechts mit einer schweren Niederlage. Einer Ja-Stimme standen zwei Nein-Stimmen gegenüber – ein eindeutiges Votum. Lediglich die Kantone Waadt, Neuenburg und Genf stimmten dafür. Die Waadt hatte die Abstimmung mit dem Vorschlag verbunden, das Frauenstimmrecht auf kantonaler und kommunaler Ebene einzuführen, und konnte dieses nun als erster Schweizer Kanton in die Tat umsetzen. Andere Kantone folgten.

Die erneute Ablehnung des Stimmrechts für Frauen löste in den Nachbarländern nicht nur Unverständnis, sondern oftmals auch überhebliche Reaktionen aus. Und obwohl Lotte die Kritik an der Verweigerungshaltung der Schweizer Männer teilte, analysierte sie mit klarem Blick, was hinter dieser Kritik aus dem Ausland stand. Sie hatte keine Zweifel daran, dass die Männer in anderen Ländern genauso ablehnend über das Wahlrecht für Frauen entschieden hätten, wären sie gefragt worden. Lottes Kontakte jenseits der Schweizer Grenzen, vor allem in Deutschland, hatten ihr vor Augen geführt, dass es zwar ein starkes Interesse an der Schweizer Abstimmung über das Frauenstimmrecht gab, dass die oftmals amüsierten, hochmütigen und besorgten Reaktionen aber nicht von Einsicht und Solidarität getragen waren. *Die Anteilnahme an der Abstimmung scheint weder einem besonderen Interesse an der Schweiz noch dem Wunsche zu entspringen, die Schweizerin möge endlich ihr Stimmrecht erhalten. Offenbar sind es eigene Sorgen eines Landes mit Stimmrechtserfahrung, die Herz und Sinn im Zusammenhang mit dem Frauenstimmrecht öffnen. […] Der «Jasager» im Ausland hat es gut. Er wurde nicht gefragt, und deshalb konnte er auch nicht nein sagen. In den meisten Fällen wurde das Stimmrecht im Zuge einer allgemeinen politischen Neuorientierung als gesetzlich erklärt. Häufig jedoch gewinnt man in den Gesprächen den Eindruck, dass der «verhinderte» Neinsager im Ausland den «echten» Neinsager in der Schweiz um die Möglichkeit beneidet, heftig mit dem Kopf schütteln zu können; denn oft legt der Ausländer dieses «Nein» als staatspolitische Klugheit aus!*[93]

Der Demaskierung der vermeintlichen Anteilnahme im Ausland an den Abstimmungen über das Frauenstimmrecht in der Schweiz folgt in diesem Artikel Lottes die Demaskierung des Schweizer Neinsagers. Trotz seiner Allmacht bei den Abstimmungen entwickle er sich als Typus, so war Lotte schon 1960 überzeugt, immer mehr zu einem Auslaufmodell, weil er für die neuen Verhältnisse in der Arbeitswelt wie in der Familie nicht mehr tauge. *Ist es ein Trost für die Frauen, dass der Sieg des Neinsagers auch für ihn keine reine Freude ist? In unserer Gegenwart ist auch der Mann nicht mehr im Besitz einer unverrückbaren Stellung. Auch er muss sich diese – unter anderen Voraussetzungen freilich als die Frau – neu erobern. Das Ideal des selbstsicheren Patriarchen ist veraltet; nach den Eigenschaften, die diesem Gesellschaftsideal entsprachen, besteht immer weniger Nachfrage. Seit die Frauen ins öffentliche Leben traten, haben sich nicht nur sie, sondern auch die Männer verändert. Der unbewegliche, dominierende Typ des Mannes und Vaters ist «lebensunfähig» geworden.*[94]

Auch mit dieser Einschätzung zielte Lotte erneut über die Gegenwart hinaus, denn der in ihren Augen überlebte Typus des dominierenden Mannes gehörte noch keineswegs der Vergangenheit an, wie das Abstimmungsergebnis zeigte. Er gab das Terrain nicht widerstandslos auf. Und selbst derjenige, der sich verbal offen für die Frauenanliegen zeigte, war nicht zwangsläufig auch gefühlsmässig in der Lage, sich mit den Frauen zu solidarisieren, allen voran mit der eigenen Frau. Der diesbezügliche Mangel zeigte sich immer

Für Lotte war die Erziehung der beiden Söhne eine zentrale Aufgabe auf dem Weg zu einer gerechteren Gesellschaft, in der auch das tradierte Mann-Frau-Verhältnis überwunden sein sollte. (Privatbesitz)

deutlicher im familiären Rahmen, wenn die Frauen realisieren mussten, dass ihr Streben nach Gleichberechtigung von ihren Männern nicht im erhofften Masse mitgetragen wurde. Fehlendes Verständnis und emotionale Distanz waren der Nährboden für die zahllosen Ehekonflikte, die in den sechziger Jahren immer häufiger in den Medien diskutiert wurden.
Lotte beteiligte sich an der Diskussion solcher Fragen, denn auch sie selbst blieb von dieser Zurückhaltung des Mannes, von dem ehemännischen Zärtlichkeitsentzug nicht verschont, wie aus ihrem «Tagebuch mit einem Haus» hervorgeht. «Je ritterlicher der Mann, desto unfreier die Frau, lieben Bötel [Felix] und einige seiner Freunde zu sagen. Je härter also, je gerechter.»[95]
Auch wenn Felix nicht zur Gruppe der Neinsager gehörte, gestaltete sich die Ehe der beiden nicht unproblematisch. Denn gerade der bewusste Entscheid gegen traditionelle Ehemuster und für eine freie Beziehung hatte eine Reali-

tät zur Folge, die nicht wirklich den einstigen Idealen Lottes entsprach und mehr Schmerz und Enttäuschung bereitete, als es beide sich zu Beginn der Ehe vorgestellt hatten. Im Laufe der Jahre nahm nur noch Felix die Freiheit ausserhalb der Ehe zu lieben in Anspruch, worunter Lotte zunehmend litt. Ihr Humor, Begleiter in allen Lebenslagen, half ihr aber, sich auch von diesen schwierigen Situationen nicht unterkriegen zu lassen.

Wohl auch vor dem Erfahrungshintergrund der eigenen Ehe erachtete sie die Erziehung der beiden Söhne als eine sehr ernst zu nehmende Aufgabe. Die Überwindung der tradierten Geschlechterrollen und damit ein neues Frau-Mann-Verhältnis konnte aus ihrer Sicht nur dann Realität werden, wenn bereits im Umgang mit den Kindern der Grundstein dafür gelegt wurde. Dass diese Umsetzung moderner Erziehungsideale eine wahrhaft schwierige Aufgabe war, hat Lotte rückblickend unumwunden bekannt: *Trotz psychologischer Einsichten habe ich die Erziehung meiner beiden Söhne als Schwerarbeit empfunden, wobei ich jedoch die Tendenz unserer Zeit – Abbau der starr gewordenen Autorität – begrüsse, weil dieser Wandel auch die Konfrontation mit sich selbst brachte.*[96]

«Gleiches Unrecht für alle». Materialien zu einem eidgenössischen Gelächter

Da der Ansatz der Erziehung bei den erwachsenen Männern nicht mehr greifen konnte, mussten für die unerbittlichen Neinsager andere Massnahmen in Erwägung gezogen werden. Lotte konzipierte diese im Rahmen einer Erzählung, in welcher auf originelle Weise aus dem Nein- doch noch ein Jasager wurde. Angeregt worden war sie durch ihren Besuch der SAFFA, durch deren geografische Lage auf einer Insel im Zürichseebecken und durch das für die Herren der Schöpfung dort eingerichtete Männerparadies und wohl auch durch die erfolgreich aufgeführte Revue von Max Werner Lenz' «Lysistrata». Eingeflossen sind in Lottes Text aber auch ihre Erfahrungen als Bauherrin und Frau eines Architekten, die boomende Bautätigkeit in der Schweiz, die rasante Technisierung der Gesellschaft und natürlich die Arbeit des Bundes Schweizerischer Frauenorganisationen mit seinem Engagement für das Frauenstimmrecht. Ausgangspunkt der Erzählung bildete die verlorene Abstimmung von 1959. Schon Jahre zuvor hatte Lotte mehrfach geschrieben, *dass etwas Ausserordentliches geschehen muss, um etwas, was so spät kommt, gesetzlich zu verankern.*[97] Da sich dieses Ausserordentliche aber in realiter noch immer nicht ereignet hatte, musste es zumindest auf

Blick von oben auf die Schweizerische Ausstellung für Frauenarbeit SAFFA, die im Sommer 1958 auf der Landiwiese in Zürich stattfand und die Lotte Schwarz zu ihrer Erzählung «Gleiches Unrecht für alle – Materialien zu einem eidgenössischen Gelächter» inspirierte. (Sozarch_F_Fb-0020-013)

dem Papier stattfinden, musste es angedacht und dargestellt werden, in der Hoffnung, Anregung zu bieten und Mut für Taten zu machen. Dem Text gab Lotte den Titel «Gleiches Unrecht für alle – Materialien zu einem eidgenössischen Gelächter», womit bereits der humorvolle Grundton, mit dem hier über ein zentrales schweizerisches Problem und ein andauerndes Unrecht gesprochen werden sollte, vorgegeben war.

Die Geschichte spielt in einer Zeit, *in der die Werke der Weltliteratur gratis an die Bevölkerung abgegeben werden, in einer Zeit, die Herztöne auf Tonband aufnimmt und in der die Jugend tanzend Rhythmen gehorcht, welche den Alkohol entbehrlich machen. Man taucht in die Meere, fährt in den Weltraum, Ernten werden ermöglicht, welche immer kürzere Arbeitszeiten gestatten. Kein Berg, in Fönien wie in der übrigen Welt, war unbezwungen. Unberührt vom verwirrenden Reichtum der Beziehungen zwischen Vergangenheit, Gegenwart und Zukunft aber sagte Adam in Fönien «nein»,* wenn

Eva mitsprechen wollte, einsam sagte er sein «nein», doch für alle Welt hörbar.[98] Ort der einsetzenden Handlung ist eine Versammlung der «Freunde der neuen Stadt», auf welcher der Stadtplaner über den grossen Arbeitskräftemangel klagt, der das Projekt gefährde. Die Diskussion darüber führte zu nichts, bis sich eine gewisse Frau Honey zu Wort meldete, die den «Bund aller Frauen des Landes» vertrat und Hilfe ankündigte. Der Bund sei in der Lage, eine grosse Anzahl Arbeitskräfte bereitzustellen. *Wappnen Sie sich nicht mit Geduld, meine Herren, sondern mit Zuversicht.* Die Wunderwaffe, die nun helfend zum Einsatz kommen sollte, war ein sogenanntes Negatron, ein Geigerzähler des Herzens, der in der Lage war, die Neinsager aufzuspüren. Aus ihnen sollten, so die Hoffnung der Verfasserin, durch einen Baueinsatz für die neue Stadt, an dem auch Frauen teilnahmen, Jasager werden, darauf bauend, dass sich durch praktische Erfahrung Überzeugungen ändern lassen. *Die neue Stadt ist der Versuch, Übelstände aus der Gegenwart zu nutzen und sie in Zukunft umzudeuten!* Um den Einsatz verlockender zu machen, winkte den Männern am Ende ihrer zeitlich begrenzten Arbeit als Belohnung eine Weltreise mit FönAir. Vielleicht zweifelte Lotte selbst an der Möglichkeit, auf diesem Wege der Gleichberechtigung doch noch zum Durchbruch verhelfen zu können. Jedenfalls hat das Manuskript nie das Licht der Öffentlichkeit erblickt. Immerhin erinnert aber ein Radiovortrag Lottes aus dem Jahr 1962, der den Titel «Die Tauben von Fönien. Der Versuch zu einem eidgenössischen Gelächter» trug, an dieses Vorhaben.

Die von Lotte herbeigeschriebene Verwandlung des Neinsagers in einen Jasager kündigte sich auf der politischen Bühne erst im Jahr 1968 an. Und erneut war es eine politische Frage von internationaler Bedeutung, die den Schweizer Bundesrat zum Handeln bewegte. 1963 war die Schweiz dem Europarat beigetreten, ohne jedoch die Europäische Menschenrechtskonvention zu unterzeichnen. Ein Grund dafür war das fehlende Stimm- und Wahlrecht der Schweizer Frauen. Diese Unterzeichnung der Menschenrechtskonvention wollte der Bundesrat 1968, zwanzig Jahre nach der Ausrufung der Allgemeinen Erklärung der Menschenrechte, nachholen, obwohl sich am Sachverhalt des fehlenden Frauenstimmrechtes nichts geändert hatte. Damit befand sich die Schweiz im Widerspruch zu Artikel 2 der Erklärung der Menschenrechte, der jedem Menschen die gleichen Rechte und Freiheiten zusicherte, unabhängig von «Rasse, Hautfarbe, Geschlecht, Sprache, Religion, politischer oder sonstiger Überzeugung, nationaler oder sozialer Herkunft, Vermögen, Geburt oder sonstigem Stand», und im Wi-

Eine Schweizerin ohne Stimm- und Wahlrecht mit ihrer Familie beim Betrachten des Plakates zur Frage «Wo bleibt die Rechtsgleichheit?» an der SAFFA 1958. (Sozarch_F_Fa-0006-049)

derspruch zu Artikel 21, gemäss dem jeder Menschen das Recht hat, «an der Gestaltung der öffentlichen Angelegenheiten seines Landes unmittelbar oder durch frei gewählte Vertreter mitzuwirken» ebenso wie alle öffentlichen Ämter einzunehmen. In einer Zeit, in der gesellschaftliche Konflikte zunehmend lautstark und ausserparlamentarisch thematisiert und ausgetragen wurden, löste das Vorhaben des Bundesrats heftige Proteste bei Schweizerinnen aus. Es kam zu Kundgebungen und Demonstrationen und schliesslich im März 1969 zum legendären Marsch nach Bern. Slogans wie

«Frauenrechte Menschenrechte» wurden skandiert, um klar zu machen, dass eine Unterzeichnung der Menschenrechtskonvention erst zulässig sei, wenn der Vorbehalt gegen die politische Gleichstellung der Frauen in der Schweiz nicht mehr existierte. Die traditionellen Frauenverbände wie der BSF lehnten ein solches konfrontatives und öffentlichkeitswirksames Vorgehen ab und beharrten auf ihrem Weg von Information, Bildung und Geduld. Damit fanden sie bei den demonstrierenden Frauen aber kaum mehr Gehör. Diese repräsentierten mehrheitlich eine neue Generation, welche das Thema Frauenrechte viel umfassender definierte und das Frauenstimmrecht lediglich als einen Schritt auf dem Weg hin zu einer grundsätzlichen, alle Lebensbereiche umfassenden Gleichberechtigung von Mann und Frau erachtete, gerade so, wie Lotte den Begriff der Emanzipation schon immer verstanden hatte.

Wieder musste der Bundesrat erkennen, dass er um eine Abstimmung über das Frauenstimmrecht auf Bundesebene nicht herum kam, wollte er sein anderes Ziel, die Unterzeichnung der Menschenrechtskonvention ohne massiven Widerstand in der Bevölkerung erreichen. Auch National- und Ständerat teilten diese Erkenntnis und stimmten den Plänen zu. Und endlich schien sich die Stimmung selbst unter den stimmberechtigten Männern zu wandeln. Was in einigen Kantonen bereits Realität war, wurde am 7. Februar 1971 schliesslich auch auf Bundesebene wahr. Zwei Drittel sprachen sich für das nationale Stimm- und Wahlrecht für Frauen aus, ein Drittel war weiterhin dagegen, aber wohl auch viele derjenigen, die nicht zur Urne gegangen waren, und das waren immerhin über vierzig Prozent.

Zuvor schon, am 14. September 1969, hatten im Kanton Zürich die stimmberechtigten Männer dem Frauenstimmrecht auf Gemeindeebene zugestimmt, dem auf kantonaler Ebene im Jahr darauf. Und während noch das «Aktionskomitee gegen das Frauenstimmrecht im Kanton Zürich» aus Anlass der nationalen Abstimmung ein letztes Mal mobil machte und 410'000 Flugblätter an alle Haushaltungen verteilte, hatte bereits der Wahlkampf für die auf den 25. April 1971 angesetzten Kantonsratswahlen begonnen, an denen sich die Frauen erstmals als Wählerinnen und als zu Wählende beteiligen durften. Und tatsächlich stellten sich zweihundertzwanzig Kandidatinnen zur Wahl. Eine von ihnen war Lotte Schwarz, die sich für die Sozialdemokratische Partei im Wahlkreis Uster aufstellen liess, dies nachdem sie im April 1970 bereits in die Armenpflege von Wangen-Brüttisellen gewählt worden war. Lotte wusste, dass mit der Erlangung des Stimm- und Wahlrechts für Frauen zwar das Ziel jahrzehntelanger Bemühungen erreicht war, dass die eigentliche Arbeit aber noch vor den Frauen lag: die aktive Teilhabe an der Politik und die damit verbundenen Möglichkeiten der gesellschaftlichen Umgestaltung.

Von ihrer Kandidatur liess sich Lotte durch nichts abhalten, auch nicht durch die zuvor bei ihr festgestellte Krebserkrankung und die Ungewissheit über deren Ausgang. Wie sehr sie die Krankheit beunruhigt hat, ist nirgends festgehalten. François Bondy, der langjährige Freund, attestierte ihr rückblickend eine «bis ganz zuletzt hart bewährte Tapferkeit» und ein «heiteres Wesen» – so jedenfalls hat sie sich den Freunden gegenüber gezeigt, und auch das Familienleben sollte so normal wie möglich weitergehen. Sohn Oliver wollte nach der Matura seine einjährige Weltreise antreten, ein Verzicht stand trotz der Diagnose nicht zur Diskussion, das hätte Lotte nicht gewollt. Die der Krankheit geschuldeten Zeiten der Erholung mussten sein, doch waren diese für Lotte kein Grund, auf ihr politisches Engagement zu verzichten. Dass sie stolz auf das Erreichte war und bereit, sich für die von der SP formulierten Ziele einzusetzen, belegt eine von der Partei und dem Gewerkschaftskartell der Stadt Zürich gemeinsam lancierte Karte, die sie ihrem ehemaligen Weggefährten bei den Roten Kämpfern, Peter Utzelmann, schickte und auf der Folgendes zu lesen war:

Unser Ziel ist eine Gesellschaft, in der sich jeder Mensch nach seinen Neigungen und Fähigkeiten frei zu entfalten vermag. Diese neue Gesellschaft kann nur durch grundsätzliche Veränderungen der wirtschaftlichen, politischen und rechtlichen Verhältnisse erreicht werden. Wir beschränken uns daher nicht auf relative Verbesserungen. Unsere Aufgabe ist es, über die Schranken der heutigen Ordnung hinaus neue Formen der Gemeinschaft zu verwirklichen.[99] Lotte kandidierte im Wahlkreis Uster auf Platz 3 der Liste – hinter SP-Kantonsrat Hansjörg Braunschweig –, die ausser ihr noch eine weitere Kandidatin aufwies. Mit ihren neunundfünfzig Jahren war sie mit Abstand die älteste. Grundsätzlich standen die Chancen für die Kandidatinnen gewählt zu werden schlecht, da die Spitzenplätze auf den Listen nach wie vor von Männern besetzt wurden und nur diese bei den Stimmberechtigten bekannt waren.

Am Anfang des Wahlkampfes stand ein Fragebogen, von dem Lotte rückblickend und bereits deutlich abgeklärter meinte, dass die Kandidatinnen ihn «gewaltig ernst» genommen hätten. Wer Lottes Fragebogen liest, kann dies bestätigen. Ausführlich beschrieb sie darin ihren beruflichen Werdegang, ihre Mitgliedschaften und Tätigkeiten in Vereinen, Partei und Gewerkschaft, auch verwies sie auf ihre Publikationen für verschiedene SP- und Gewerkschaftsorgane. An erster Stelle ihrer politischen Schwerpunktthemen nannte sie *Fragen des internationalen Sozialismus*, gefolgt von Bildung und Fürsorge. Am Ende formulierte sie knapp und dennoch fast schon literarisch ihr Credo von einer neuen Politik von und für Mann und Frau in einer rastlosen und ratlosen Welt:

Die politisch «eingefuxte» Männerwelt steht den Problemen genau so ratlos gegenüber, wie die Frauen, die nun – historisch verspätet – zur Mitarbeit kommen; ratlos im Sinne des Tempos. Es liesse sich denken, dass in der gemeinsamen Verantwortung für die Zukunft und jenseits vom Ehrgeiz der Geschlechter jene Freiheit entstehen könnte, Fehlentscheidungen festzustellen und zuzugeben, auch in der eigenen Partei. Der Druck auf allen Gebieten unseres Lebens ist grösser geworden; diesem Druck zu begegnen und sich vor innerer Überanstrengung zu schützen, sind letzten Endes pol. Aufgaben.[100]

Mehr Platz, um diese Gedanken auszuführen, gab es auf dem Fragebogen nicht. In ihrer Skizzenhaftigkeit wirken diese Sätze wie Ideen, die noch nicht durch Erfahrungen in Wahlkämpfen und in der politischen Arbeit abgenutzt waren. Der Wahlkampf, der auf den Fragebogen folgte, machte dann nur zu deutlich, dass es um diese erhoffte Zusammenarbeit von Frau und Mann auch in der SP noch nicht gut bestellt war, trotz der in der eigenen Partei schon lange propagierten Gleichheit der Geschlechter. Veranschaulicht hat Lotte dies in einem Artikel in der «AZ», den sie einen Monat nach den Wahlen verfasst hat. Ein intensiver Lernprozess stand erst noch bevor, wie eine gemeinsame Wahlveranstaltung der Sozialdemokraten mit dem Landesring der Unabhängigen und der Evangelischen Volkspartei bewies. Geplant war, dass die Kantonsratskandidatinnen für ihre Regierungsratskandidaten, und umgekehrt, beim anwesenden Publikum die Werbetrommel rührten.

Angetreten mit dem gesunden Grössenwahn der Landschaft, versuchten wir, die Zuhörer für unsere Regierungsratskandidaten zu interessieren, und die Zuhörer dankten dafür mit einem freundlichen Applaus. Die Sippenhaftung aber, in der wir für «unsere» Regierungsratskandidaten angetreten waren, blieb eine durchaus einseitige, ausser dem höflichen Versammlungsleiter rührte keiner der vier Regierungsratskandidaten einen Finger, beziehungsweise verloren sie ein Wort, das auch den Start für die Kandidatinnen in die Öffentlichkeit erleichtert und vor allem belebt hätte. Das kann jedoch nur diejenigen wundern, die jene innere Verdrossenheit von Parteiversammlungen nicht kennen und die darum noch keine Hornhaut haben.[101]

HERAUSFORDERUNG 1971

Öffentliche Wählerversammlung Bezirk Uster

Dienstag, 30. März 1971, 20.00 Uhr, Hotel «Bahnhof», Dübendorf
LEITUNG: Bezirksrat Guy MAEDER

Kantonsratskandidatinnen

stellen vor:

Frau Siegrist	Frau Schweizer	Frau Schwarz	Frau Waldvogel
Fällanden	Hegnau	Brüttisellen	Greifensee
Arthur	Alfred	Walter	Werner
Bachmann	**Gilgen**	**Renschler**	**Wydler**

Kantonsratsspitzenkandidaten fordern als erste Diskussionsredner die Gegenparteien heraus

Regierungsratskandidaten stehen Red' und Antwort

**Wen und wie soll ich wählen?
Kommen und fragen Sie — wir antworten!
Alle Frauen und Männer sind herzlich eingeladen**

Evangelische Volkspartei
Landesring der Unabhängigen
Sozialdemokratische Partei

Lotte Schwarz zog 1971 in den Wahlkampf für die Sozialdemokraten, als erstmals Frauen wählen und kandidieren konnten – trotz geringer Chancen, wie ihre handschriftliche Notiz auf dem Flugblatt belegt. An der angekündigten Veranstaltung hielt Lotte ihren Vortrag «...in Sippenhaftung» zur Unterstützung von Walter Renschler. (NL Lotte Schwarz).

Lotte verfügte bereits über diese Parteierfahrung, so dass sie auch das weitere Desinteresse der Regierungsratskandidaten an den Kandidatinnen aus den eigenen Reihen entsprechend deutlich, wenn auch in der ihr eigenen poetischen Ausdrucksweise quittieren konnte.

Auf einer Arbeitstagung sollten unter anderem die Regierungsratskandidaten den Kantonsratskandidaten Einblick in die politische Situation des Kantons vermitteln. Leider waren «Erstere» nicht erschienen. Es wurde uns bedeutet, dass sie eben jetzt, während der Wahlen, jeden Abend auf Versammlungen sprechen müssten, man müsse das verstehen. Irgendein Mitleid schien mir jedoch fehl am Platz, denn schliesslich ist die Annahme einer Kandidatur ein selbstgewähltes Schicksal und nicht etwa höhere Gewalt. Wir waren wie die Pfingstrosen erschienen, bereit, uns bilden zu lassen, schliesslich war es ein Samstag, was zu Hause vollversammelte Familie bedeutete, aber eben, kein falsches Mitleid. Die Arbeitstagung wollte nicht recht zum Leuchten kommen, es ging im Eiltempo durch die «Schwerpunkte».

Die politischen Themen dieses Wahlkampfes von vor vierzig Jahren, für die die SP-Kandidatinnen einstanden, scheinen aus heutiger Sicht an Aktualität nichts eingebüsst zu haben: Arbeitsplatzsicherheit, Bildung, Gesundheitspolitik und die sogenannte Überfremdung, gegen die von der Nationalen Aktion eine Initiative lanciert worden war und die bei vielen Schweizer Arbeitern Unterstützung fand. Entsprechend wurde, so Lotte, diese Frage auf den Wahlversammlungen möglichst nicht behandelt, um keinen unerwünschten Sprengstoff zu liefern und die eigene traditionelle Wählerschaft, die vielleicht auch nicht frei von ausländerfeindlichen Reflexen war, nicht zu verschrecken.

Nebst der Teilnahme an Wahlversammlungen gehörten das Verteilen von Flugblättern und das Gespräch mit potentiellen Wählerinnen und Wählern zu den Aufgaben der Kandidatinnen, die diese schwungvoll angingen, trotz der Hindernisse, die sich ihnen auch hier in den Weg stellten.

Bereits verteilen wir Flugblätter. In Dübendorf, Brüttisellen, Wangen, Schwerzenbach, Uster, in Egg; in Volketswil fahren wir mit dem Werbebus auf den Supermarkt «Waro». Hier wird uns bedeutet, dass wir uns auf «privatem Gelände» befinden. Flott aussehende Herren mit grossen roten Knöpfen, Aufschrift «Waro», belehren uns, die wir Flugblätter am Arm und ebenfalls rote, aber kleine Knöpfe tragen, Aufschrift «SP-Kandidat», darüber, dass «die Kunden in Ruhe einkaufen wollen und nicht mit politischer Propaganda dabei gestört werden wollen». Derweil trugen die Kunden, meistens Arbeiter und Angestellte, potentielle SP-Wähler also, schweigend und schwankend ihre vollen Papiersäcke an uns vorbei. So stiegen wir in den Werbebus, die Degenhardtschen Tongefechte einstweilen abstellend, und suchten öffentlichere Gelände. Ganz allgemein hatte ich das Gefühl, dass es

befriedigender ist und leichter, für eine einzelne Sache als für eine Partei zu werben. Viele winkten denn auch müde ab, wenn wir Flugblätter übergeben wollten: «... ja, ja vor den Wahlen seid ihr alle eifrig...».
Es ist gut vorstellbar, dass die vermuteten potentiellen SP-Wähler angesichts dieser aktiven Frauen, den Klang von Franz Josef Degenhardts Liedern im Ohr, es vorzogen, einen Bogen um diese Gruppe zu machen und sich nicht in eine politische Diskussion verwickeln liessen, in der überheblichen Meinung, die Lotte auf einer Zugfahrt nach Winterthur bereits bei zwei diskutierenden Arbeitern hatte mitanhören müssen: *... ich ha immr zue dr Frau gsait: du wirsch es gseh: jetzt hämer dä Dräck, si chömed nöd druus...*
Nicht überraschend für die Realistin fiel das Wahlergebnis aus: Gewählt wurden lediglich drei der 220 Kandidatinnen, mit der Folge, dass die 180 männlichen Kantonsräte auch in der folgenden Wahlperiode fast ganz unter sich bleiben konnten, «verschont» von den Frauen, die «nöd druus chömed». Auf Lotte fielen 3707 Stimmen, dies bei 36'500 Wahlberechtigten im Bezirk Uster. Sie lag 756 Stimmen hinter dem zweitplatzierten und damit wiedergewählten Parteikollegen und Friedensaktivisten Hansjörg Braunschweig. Dieser würdigte nicht nur Lottes Engagement, sondern hob auch die realistischen Chancen ihrer Kandidatur hervor: «Anlässlich der letzten Kantonsratswahlen trat sie als Kandidatin der Sozialdemokraten in Erscheinung und schnitt so gut ab, dass es durchaus drin gelegen hätte, im Verlaufe der Amtsperiode als erste sozialdemokratische Kantonsrätin ins Zürcher Rathaus einzuziehen. Mit grosser Gewissenhaftigkeit bestritt sie den Wahlkampf beim Flugblätterverteilen auf der Strasse und an zahlreichen Diskussionsveranstaltungen.» Hansjörg Braunschweig machte auch deutlich, wofür Lotte eintrat, wenn sie auf Parteiveranstaltungen und Versammlungen sprach und wenn sie die Frau oder den Mann auf der Strasse zu überzeugen suchte. «Arbeiterbildung – das war für sie Zeit ihres Lebens Voraussetzung und Mittelpunkt einer sozialistischen Gesellschafts- und Wirtschaftsordnung, wobei sie allerdings unter ‹Arbeiter› nicht nur den Mann im Überkleid verstand, sondern ebensosehr den modernen Facharbeiter, den Akademiker und den Angestellten, kurz Frauen und Männer, die im Bereich der Wirtschaft von Demokratie und Mitbestimmung ausgeschlossen sind.»[102]
Für Lotte war das Wahlergebnis kein Grund, enttäuscht oder resigniert zu sein. Rückblickend waren die Wahlen für sie eine Standortbestimmung, die zeigte, was alles noch zu tun blieb – nur leider würde dies ohne ihre Beteiligung geschehen müssen.

Ein Salon in Brüttisellen

Lotte stand mit ihren Auffassungen und ihrem Engagement nicht allein, ein Freundeskreis war vorhanden, der gerne im Hause Schwarz ein und aus ging. Die Tür stand – und dies nicht nur bildlich gesprochen – immer offen, die Besucher nahmen Platz am Esstisch, um sich mit Lotte zu unterhalten. Daran erinnern sich heute noch sehr gut die Freundinnen und Freunde von damals. War niemand daheim, wussten diese, wo der Schlüssel lag, um reinzukommen und eine Nachricht zu hinterlassen oder zu warten. Der von Felix formulierte Anspruch, dass das Haus dem Genuss in Form gesellschaftlichen Lebens dienen sollte, wurde Realität, was in grossem Masse Lottes Persönlichkeit zu verdanken war. Sie war eine überaus anregende Gesprächspartnerin, wie sich der Grafiker und Künstler Robert Zuberbühler, der diesem Freundeskreis ebenfalls angehört hat, erinnert. Ihm kam beim Versuch, den Charakter dieses Hauses und seiner Gastgeberin zu beschreiben, kein anderer Vergleich in den Sinn als der mit einem Salon, auch wenn die letzte Blüte solcher Salons in Zürich bereits in die dreissiger und frühen vierziger Jahre zurückreichte und lediglich der grossen Zahl intellektueller Emigranten zu verdanken gewesen war.
Historisch betrachtet war der Salon eine weibliche Institution, resultierend aus dem Fehlen gesellschaftlicher Rahmenbedingungen für die Emanzipation der Frauen. Salons zeichneten sich durch die Möglichkeit zur zwanglosen Begegnung und zum freien Ideenaustausch aus, befördert durch die berühmte Salonnière. Durch ihr Auftreten und Wissen erlangten die Gespräche erst ihre Qualität, wurde der Abend erst zu etwas Besonderem. Angesichts des bis 1971 bestehenden Ausschlusses der Schweizer Frauen von der politischen Teilhabe schien der Salon deshalb keine überholte Form zu sein, bot sich doch hier die Möglichkeit zur Begegnung zwischen den Geschlechtern auf Augenhöhe, gerade so wie die Diskussionsrunden der dreissiger Jahre in Zürich den von der Politik ausgeschlossenen Emigranten die Gelegenheit eröffnet hatten, ihre Auffassungen ungehindert gegenüber Schweizern zu äussern – zu nennen sind hier die Abende beim Verlegerehepaar Oprecht, bei Aline Valangin und Wladimir Rosenbaum, bei Paulette und Fritz Brupbacher und beim Schriftsteller Rudolf Jakob Humm und seiner Frau Lili Crawford im Rabenhaus, von denen lediglich die im Rabenhaus ihre Fortführung nach dem Krieg gefunden haben.

Lotte Schwarz (zweite Reihe Erste von rechts) am Künstlermaskenball in Zürich in einem ihrer originellen Kostümkreationen. (NL Lotte Schwarz)

Lotte und Felix hatten an solchen Diskussionsabenden teilgenommen und sobald sich ihnen die räumlichen Möglichkeiten boten, selber zu solchen eingeladen. Auf Anregung von Manès Sperber hatten sie noch in Zürich eine Gruppe gegründet, die den Namen «weiterbauen. arbeitsgruppe für sozialistischen aufbau» trug. Auch wenn dieser Gruppe kein langes Leben beschieden war, schien es naheliegend, diese Tradition der Diskussionsrunden und Einladungen im Haus in Brüttisellen fortzuführen, sehr zur Freude der zahllosen Freunde und Bekannten, die sich hier einfanden. Laut ihren Beschreibungen verfügte Lotte über jene Eigenschaften, die die Gäste veranlassten, immer wieder zu kommen: die Fähigkeit auf jeden einzugehen und zwischen unterschiedlichen Menschen und Positionen Brücken zu schlagen, Humor und Eloquenz und eine stupende Belesenheit. Äusserlich wie in der Art war sie eine beeindruckende Frau, von Männern verehrt, von Frauen bewundert und von den jüngeren unter ihnen auch als Vorbild empfunden.

Im Hause Schwarz kamen unkonventionelle Menschen zusammen, die nicht die Zugehörigkeit zu einer bestimmten Partei einte, auch nicht der gleiche Beruf oder die gleichen Lebensverhältnisse, sondern die etwas andere Sicht auf die politischen, sozialen und künstlerischen Fragen der Zeit, und die über genügend Offenheit verfügten, diese zu diskutieren. Es ist nicht möglich, alle aufzuzählen, an alle zu erinnern, die hier ein und aus gegangen sind. Ein paar wenige, bekannte Namen müssen genügen. Dass diese Namen fast ausschliesslich Männern gehörten, ist einer Zeit geschuldet, in der noch immer sie es vorwiegend waren, die mit ihrem Schaffen Publizität erlangt haben. Alle diese Männer hatten Frauen, die ebenfalls in Brüttisellen verkehrten, mit denen Lotte befreundet war, über die aber wenig bekannt ist. Sie hielten ihren Männern den Rücken frei, wie es heute gerne heisst, und sind dahinter meist verschwunden, ein Umstand, der Lotte nur bestärkt hat in ihrer Auffassung, dass es unverändert der Frauenrechtlerinnen bedurfte, die sich auf vielfältige Art und Weise dafür einsetzten, diesem Zustand der Männerdominanz entgegenzutreten.

Da fanden sich zum einen namhafte Künstler ein, die bekanntesten sicherlich Max Bill und Richard Paul Lohse, daneben aber auch Heiri Eichmann und Hans Aeschbacher oder der Fotograf Ernst Scheidegger. Über den Maler und Grafiker Richard Paul Lohse schrieb Lotte, dass er für die berufliche wie weltanschauliche Entwicklung von Felix sehr wichtig gewesen sei und deshalb im Hause Schwarz als *eine Art graue Eminenz* zusammen mit seiner Frau Ida gern gesehen war. Lottes Bekanntschaft mit Lohse resultierte vermutlich aus dessen erfolgreicher Arbeit als Buchgestalter für die Büchergilde Gutenberg. Der von ihm 1937 gegründeten «Allianz, Vereinigung moderner Schweizer Künstler» traten nicht nur Max Bill, Verena Loewensberg und Meret Oppenheim bei, ihr gehörten auch Heiri Eichmann und Hans Aeschbacher an.

Heiri Eichmann war nicht nur Künstler, sondern auch Sozialist, und als solcher hatte er während einiger Monate am Spanischen Bürgerkrieg teilgenommen. Seine erfolgreichste Zeit hatte er in den sechziger Jahren, in denen er mit einer neuen Bildsprache und neuen Materialien nationale wie internationale Erfolge feiern konnte. 1964 war er mit einem Kunstwerk an der Schweizerischen Landesausstellung in Lausanne vertreten; auch wurde er mit der Ausführung aller künstlerischen Arbeiten für das vom Architekten-Ehepaar Hämer-Buro erbaute Ingoldstädter Stadttheater beauftragt, so dass bis heute seine Wandbilder ebenso wie eine Skulptur von Freund Hans Aeschbacher dort zu sehen sind.

Eine Skulptur von Hans Aeschbacher fand im Garten von Lotte und Felix Schwarz in Brüttisellen vorübergehende Aufnahme. Lotte schrieb dazu: «Wir nannten die Steinfrau Marili; es war die Kameraderie Verlegener gegenüber der Voluminösen. In unserer Nachbarschaft sagte man das ‹Fraueli› oder das ‹Denkmal›. Die offizielle Bezeichnung aber ist: Weiblicher Torso 1944, Stein (Sandstein) H: 166 cm.» (aus: «Steine und Büsche»). Rechts im Garten steht, als Gegengewicht, eine der filigranen, verspielten Figuren aus Formsperrholz von Lotte Schwarz. (NL Lotte Schwarz)

Hans Aeschbacher kam ebenfalls gern und häufig zu Besuch, zumeist mit Ehefrau Maja, einmal aber auch mit einer steinernen, kopflosen Frau. Es handelte sich um Marili, wie Lotte sie nannte, einen weiblichen Torso von 166 cm Grösse, dem Unbekannte an seinem vorherigen Standort, im Garten des Zürcher Architekten Karl Egender, den Kopf abgeschlagen hatten. Nun sollte sich Marili im Garten des Schwarzschen Hauses von den Verletzungen erholen und gehörig Patina ansetzen, ein Prozess, den Lotte schreibend begleitete.[103] Aeschbachers andere Skulpturen benötigten kein Asyl, sie fanden Platz im öffentlichen Raum, so die Harfe, eine zweieinhalb Meter hohe Skulptur aus Granit, die noch heute beim Zürcher Universitätsspital steht und Kranke und Besucher inspirieren kann.

Die schreibende Zunft war im Hause Schwarz vertreten durch den bereits 1957 verstorbenen Zürcher Maler, Komponisten, Schriftsteller und Journalisten Hans Ganz, der Lottes Vertrauter war, wenn die Beziehung zu Felix sich schwierig gestaltete. Vielleicht war es der Umstand, dass Hans Ganz als Millionärssohn 1917 beim Ausbruch der Revolution in Russland in seiner Funktion als Oberleutnant der Schweizer Armee seine Einheit antreten und ein Hoch auf den politischen Umsturz ausbringen liess, der Lotte für Hans Ganz eingenommen hat, vermutlich aber auch seine Biografie über den Pädagogen Heinrich Pestalozzi, die 1946 erschienen war.[104]

Mit François Bondy, dem bekannten Publizisten und Autor, verband Lotte ebenfalls eine enge Freundschaft, aber auch sein Vater, der Autor und Regisseur Fritz Bondy alias N. O. Scarpi kam gern nach Brüttisellen zu Besuch, nachzulesen im «Tagebuch mit einem Haus». *Die Kleinheit unserer Schlafzimmer liess den Schriftsteller verwundert aufsehen. «Man braucht nicht mehr als ein Bett», sagte ich. «Nun, mit ihnen ja», erwiderte er.*[105] Sein Sohn François hatte in Paris Germanistik studiert. Als er als Jude 1940 das Land verlassen musste, konnte er als eingebürgerter Schweizer nach Zürich zurückkehren, wo er Lotte im Sozialarchiv kennenlernte. Aus einer Liaison wurde eine enge Freundschaft, trotz der räumlichen Distanz zwischen Brüttisellen und Paris, wo Bondy mit seiner Frau Liliane und den Kindern lebte und von 1951 bis 1969 die Zeitschrift «preuves» herausgab. Bondys Rede auf Lottes Beerdigung legt Zeugnis ab von dieser trotz räumlicher Distanz bewahrten engen Verbundenheit.

Eine zentrale, aber im gleichen Jahr wie Hans Ganz bereits verstorbene Persönlichkeit an den Abenden im Hause Schwarz war Adrien Turel, den François Bondy in seinen Erinnerungen eine «Geistesmacht» nennt und einen «unersetzlichen Bezugspunkt», für alle, die ihn kannten.[106] Turels Werk lässt sich weder in Bezug auf die Textgattung noch thematisch eingrenzen. Bereits in seinem 1950 erschienenen Buch «Russlands und Amerikas Wettlauf zur Eroberung des Jenseits» forderte er dazu auf, die Sonne als Energiequelle zu nutzen und damit die Energiewirtschaft auf einen neuen Boden zu stellen. Er war seiner Zeit immer voraus und wurde deshalb von vielen nicht nur nicht verstanden, sondern als Gesprächspartner auch nicht immer als angenehm empfunden, was er sich und seinen Gastgebern gegenüber zumindest im Nachhinein selber eingestand: «Mit den herzlichen Grüssen Euer quaternistisches Turelchen, welches durchaus nicht so menschenfresserisch veranlagt ist, wie es bei politischen Debatten zuweilen den Anschein haben dürfte.»[107] Felix und Lotte hingegen schätzten den Denker und Redner, sie lasen seine Texte, die veröffentlichten wie die unveröffentlichten, bei ihnen musste Turel

nicht die Pistole zücken, wie er glaubte üblicherweise tun zu müssen. «Ein grosser Mann hat es schwer! Erst muss ich die grossen Gedanken haben, dann muss ich Alkohol trinken, um den Mut zu bekommen, sie niederzuschreiben. Dann muss ich meine Frau betäuben, ihr das Geld stehlen, um die Bücher drucken zu lassen. Und dann muss ich meine Freunde mit vorgehaltenem Revolver zwingen, die Bücher zu lesen.»[108]
Seine Frau Lucie Turel-Welti bewunderte ihn und ermöglichte ihm mit ihrem Geld das vermeintlich schwere Leben eines grossen Mannes, um dessen Werk sie auch nach seinem Tod unermüdlich bemüht war. Auch seine Freunde unterstützten ihn, so Heiri Eichmann und Felix Schwarz, indem sie eine Analyse bei ihm machten, für fünf Franken pro Stunde, um Turel auf diese Weise finanziell unter die Arme zu greifen – ein eher ungewöhnliches Vorgehen, wenn die Analysanden dem Analytiker helfen wollen. Dennoch verdankte Felix Schwarz gemäss eigenen Auskünften Turel so manche Einsicht und Erkenntnis, viele anregende Gespräche und Lesestunden, wie Lotte in einem Brief an Turel bestätigt.

Lieber Herr Turel! Entgegen Ihrem Rat habe ich A.R. nicht geheiratet und bin, statt in Jugoslavien, immer noch in Brüttiselln. Die Kinder haben Ferien, nachdem sie leidlich in neue Klassen aufgenommen wurden, Felix liest nach des Tages Mühn und Ärger die «Bilanz»; und die Geschichte von Wotan, Thusnelda und Mariechen versetzten ihn in helles Entzücken![109]

Mit «Bilanz» ist Turels Autobiografie «Bilanz eines erfolglosen Lebens» gemeint, die dieser 1956 im Selbstverlag herausgebracht hatte. Sein komplexes Denken und seine ungewöhnlichen Theorien in wenigen Sätzen zu umreissen, ist unmöglich. Eine von François Bondy geschilderte Episode macht deutlich, weshalb: «Ist Turel, der als Psychoanalytiker in Berlin praktiziert hat, der sich mit der Geschichte der Mathematik befasste und ein vorzügliches Buch über Bachofen und Freud verfasst hat, ein Wissenschaftler oder eher ein kosmischer Poet wie Lukrez, ein Denker, dessen Philosophie sich mit dem Wesen des Demiurgischen zu identifizieren suchte? Sigmund Freud schrieb Turel 1931 zurückhaltend, er sei nicht imstande, die Triftigkeit der Turelschen Synthese zu beurteilen: ‹Aber sie erwarten wohl nicht, dass ich über meine eigenen Grenzen hinausgehen kann.»[110]

Turels früher Tod 1957 bedeutete einen grossen Verlust für den Freundeskreis. Die Rede auf Turel anlässlich seiner Beerdigung hielt der gerade in der Schweiz weilende Robert Jungk, der Turel bereits aus seiner Jugendzeit in Berlin kannte und ebenfalls freundschaftlich mit ihm verbunden war. Lotte erwies dem verstorbenen Freund ihre Referenz auf die ihr gemässe Art, sie stellte ihrer Erzählung «Gleiches Unrecht für alle» einen Satz Turels voran: «Erweibe Dich, Eulalia, sei kein Mann!».

Nicht vergleichbar eng war Lottes Beziehung zum Schriftsteller Rudolf Jakob Humm, die bis in ihre Anfangszeit in der Schweiz zurückreichte. Humm lebte in der Siedlung Neubühl am Stadtrand von Zürich – Lottes erste Station in der Schweiz. Nach seinem Umzug ins Rabenhaus riss der Kontakt nicht ab, da Lotte zu den von Humm und seiner Frau Lili veranstalteten literarischen Abenden eingeladen war, an denen sie auch nach 1945 gelegentlich noch teilnahm. Darüber hinaus las Lotte mit Interesse Humms Zeitschrift «Unsere Meinung» und schrieb Humm, wenn sie wieder eines seiner Bücher gelesen hatte, oder erzählte ihm von ihren Eindrücken beim gemeinsamen Abendessen im Rabenhaus oder in Brüttisellen.

Neben den Künstlern kamen viele Architekten ins Haus, Vertreter eines modernen Bauens, nicht nur aus der Schweiz, sondern auch aus Deutschland und Österreich. Die Freundschaft zu Werner Hebebrand wurde bereits erwähnt, die weit über die Architektur hinausging, wie der von Hebebrand auf Lotte gemünzte Name «Frauenlinkserin» zeigt. Allein Hebebrands Jahre in der Sowjetunion, an der Seite von Ernst May und Hans Schmidt, die mit seiner Verhaftung und schliesslichen Ausweisung endeten, waren ein unerschöpfliches Thema, ebenso wie Hebebrands Arbeit als Oberbaudirektor in Lottes Heimatstadt Hamburg von 1952 bis 1964. Dort hatte dieser sich unmittelbar nach Amtsantritt, zur gleichen Zeit wie Lotte und Felix in Brüttisellen, ein eigenes Haus gebaut, ebenfalls ein Flachdachhaus. Die baulichen Vorstellungen der beiden Architekten stimmten überein – beide waren Mitglieder der CIAM-Gruppe –, was sich auch am Wettbewerbsbeitrag von Felix Schwarz für die Neubebauung des Stadtteils Hamburg-Bergedorf 1954 zeigte. Lotte und Hebebrand trafen sich jeweils, wenn sie einmal im Jahr nach Hamburg reiste und dabei den grundlegenden Wandel des städtebaulichen Profils ihrer vormaligen Heimatstadt mitverfolgen konnte.

Ebenfalls zur Gruppe der CIAM-Architekten gehörten die Erbauer des Stadttheaters von Ingoldstadt Hardt-Walter Hämer und Marie-Brigitte Hämer Buro, und auch sie waren gerngesehene Gäste im Hause Schwarz. Hardt-Walter Hämer wurde einer der wichtigsten deutschen Architekten der Nachkriegszeit. Als «Volkstribun, Revoluzzer und Moderator, Menschenfreund und Bonzenschreck, Baumeister und Berserker, […] unbeugsamer Citoyen und polternder Querkopf. Ein fröhlicher Antikapitalist. Eine

Ikone»[111] ist er rückblickend beschrieben, und zusammen mit seiner Frau Marie-Brigitte Hämer Buro schuf er zahlreiche mit Preisen ausgezeichnete Bauten. Sie arbeitete zeitweilig auch an Wettbewerben und gemeinsamen Aufträgen mit Felix Schwarz zusammen und lebte während dieser Zeit im Haus in Brüttisellen, was die enge Freundschaft zu Lotte begründete. Zu dieser Architektengruppe gehörte auch Ulrich Conrads, der Chefredakteur der Zeitschrift «Bauwelt», der auf Lotte durch ihr «Tagebuchmit einem Hauas» aufmerksam geworden war. Gemeinsame Ferien im Tessin sind Conrads noch Jahrzehnte später in guter Erinnerung, bedingt durch Lottes Persönlichkeit als einer starken Frau mit festen Überzeugungen, einem ungeheuren Witz und mit einer Schlagfertigkeit, die nie verletzend wirkte. Lottes Verbundenheit mit der sozialistischen Frauenbewegung ihrer Jugend drückte sich in ihrer Freundschaft zu Paulette Brupbacher aus, dieser Frau mit zwei Doktorhüten, die als Ärztin zusammen mit ihrem Mann Fritz Brupbacher an vorderster Front für das Recht auf Verhütung und die Legalisierung des Schwangerschaftsunterbruchs in der Schweiz gekämpft hatte. Nach dem Tod ihres Gefährten durfte sie die gemeinsame Arztpraxis in Zürich nicht weiterführen, woraufhin sie sich entschied, als Ärztin in Israel zu arbeiten, zunächst in einem Kibbuz, dann in einem Spital für psychisch kranke Frauen in Tel Aviv. Als sie dies aus Altersgründen nicht mehr tun konnte, kehrte sie nach Zürich zurück. Gerne kam sie in diesen letzten Lebensjahren nach Brüttisellen zu Besuch; auch auf sie hat Lotte einen Nachruf verfasst, um nochmals an eine grossartige Frau und Kämpferin zu erinnern, die zum Zeitpunkt ihres Todes den Jüngeren bereits kein Begriff mehr war.[112]
Auch zu ehemaligen politischen Weggefährten von Felix Schwarz pflegte Lotte den Kontakt, so zu Heinrich Buchbinder und zu Walter Nelz, der für Felix' Politisierung als junger Mann prägend gewesen war und der nach seiner Entlassung aus der Haft 1944 durch Lottes Zutun eine Stelle im Sozialarchiv hatte antreten können.[113] Während sich Nelz keiner Partei mehr anschloss, wollte Heinrich Buchbinder ohne das uneingeschränkte Engagement für eine solche nicht leben. Als führender Kopf des Sozialistischen Arbeiterkomitees und des Arbeiterbundes initiierte er in den 1950er Jahren zwei kantonale Mindestlohninitiativen, welche an der Urne beachtliche Erfolge erzielten, und engagierte sich für die eidgenössische Initiative gegen die Atombewaffnung, die 1962 von zwei Dritteln der Stimmbürger klar abgelehnt wurde. Darüber hinaus war Buchbinder Co-Vorsitzender der

European Federation against nuclear arms und nahm als solcher an verschiedenen internationalen Konferenzen gegen die Atombewaffnung teil. Da Buchbinder nicht nur redend agitierte, sondern auch gerne schrieb, war er lange Jahre Redakteur des Organs des Arbeiterbundes und der Arbeiterkonferenz «Das Arbeiterwort». Im Hause Schwarz sorgte er mit seiner verbalen Vehemenz und seinem politischen Tatendrang für heftige Diskussionen. Als sich zu Beginn der sechziger Jahre die Hoffnungen in eine Sozialistische Bewegung jenseits von SP und PdA zerschlagen hatten, fand Buchbinder wieder Aufnahme in der SP und wurde dort ein geachteter Gesundheits- und Militärexperte, der während vieler Jahre als Parlamentarier im Grossen Rat des Kantons Aargau sass.

In dieses politische Umfeld gehörte auch der im «Tagebuch mit einem Haus» erwähnte Herr Bohrdach, in realiter Maurice Bardach, der ehemalige Mittelsmann des 1937 ermordeten Ignaz Reiss. An ihn erinnert auch Lottes Roman über die Pension Comi. Nach dem Krieg arbeitete er als Publizist, wobei er sich mit seiner Studie über die Lage der Flüchtlinge in der Schweiz zwischen 1933 und 1948 bei den Schweizer Behörden wohl kaum Freunde schuf. Lange musste er auf die Gewährung des Dauerasyls warten. Er war ein ausgewiesener Kenner und kritischer Beobachter der Entwicklungen in Osteuropa, wie es in der Schweiz nach dem Krieg nur wenige gab, doch auch die Artikel, die er zu diesen Fragen publizierte, wurden vom Staatsschutz mit grossem Misstrauen überprüft, immer wieder wurde er vorgeladen.[114]

Was alles diese Gäste im Hause Schwarz an der politischen Lotte schätzten, hat der Parteigenosse und Weggefährte Hansjörg Braunschweig, sozialdemokratischer Kantonsrat von Zürich, vielleicht am prägnantesten zum Ausdruck gebracht, wenn er schrieb: «Wenn Frau Schwarz von Sozialismus sprach – und sie war einem kompromisslosen Sozialismus ohne Bürgerlichkeit und Pflästerlipolitik verpflichtet –, so ging sie nicht von einer abstrakten oder gar veralteten Ideologie aus, sondern von Menschen wie wir, die in Zürich, Brüttisellen, Fällanden oder Uster leben, wohnen, arbeiten, erziehen und erzogen werden, Gemeinschaft üben oder einsam sind. Das sagte sie zwar nicht oder höchstens in Nebensätzen, aber sie strahlte diese Haltung aus, und das hat uns fasziniert und mit ihr verbunden.»[115]

Ein weiterer politischer Freund, den Lotte erst durch Felix kennengelernt hatte, war Hans Stierlin, der Gründer der in der Schweiz berühmt gewordenen Fabrik SIBIR. Begegnet waren sich die beiden Männer erstmals, als Felix die Rekrutenschule absolvierte. Hier hatte ihr politischer Austausch seinen Anfang genommen ebenso wie ihr Engagement in einer trotzkistischen Gruppe. Dieses Engagement hielt Stierlin jedoch nicht davon ab, 1944 die Firma SIBIR zu gründen und mit dem Bau von neuartigen Kühlschränken zu beginnen. Sein Absorptionskühlschrank war entschieden billiger als die herkömmlichen Fabrikate, was eine massive Nachfragesteigerung zur Folge hatte. Stierlin wollte einen Volkskühlschrank produzieren, der auch für kleinere Einkommen erschwinglich war, denn selbst 1960 fehlte ein Kühlschrank noch in fast jedem zweiten Schweizer Haushalt. Stierlins Erfolg lässt sich schon daran ablesen, dass 1962 rund fünfzig Prozent der Kühlschränke in Europas Privathaushalten Absorptionskühlschränke waren und der Name SIBIR in der Schweiz zum Synonym für den Kühlschrank schlechthin geworden war. Das für die Kühlschrankproduktion erforderliche Fabrikgebäude liess sich Hans Stierlin von seinem Freund Felix Schwarz in Schlieren bei Zürich in den fünfziger Jahren bauen.

Ein anderer ungewöhnlicher Unternehmer, mit dem Lotte und Felix freundschaftlich verbunden waren und für den Lotte viele Jahre gearbeitet hat und der wiederum als Materiallieferant für Lottes Kunstwerke fungierte, war Gottfried Esser. In einem Aufsatz über die Entstehung und das Ende der Lignoform AG wird er eindrücklich beschrieben: «Gottfried Esser war ein origineller Mensch, ein Charakter ganz eigener Prägung, ein Unikum, ein in manchen Dingen ausgefallenes Original, ein Mensch mit Licht- und Schattenseiten, ein impulsiver, dynamischer Typ, voll von Kontrasten, ein intelligenter und humorvoller Gesellschafter. Und ein genialer Erfindergeist sowie tatenfroher Unternehmer. Ein Kenner und Könner in der Branche des Holzes.»[116] Esser war Schweizer mit Ausbildung am Technikum in Biel und einem Doktortitel in Jurisprudenz, doch den entsprechenden Beruf wollte er nicht ausüben. Stattdessen versuchte er sich als Unternehmer in ganz unterschiedlichen Branchen, wobei finanzielle Probleme seine Unternehmungen stets begleiteten. Das wurde zunächst auch nicht anders, als er die Firma Lignoform gründete, deren Spezialität die Herstellung von Formsperrholz war. Holz hatte es dem Tüftler und Erfinder Esser angetan, er wollte es aber auf neue Art formen und verwenden. Er experimentierte erfolgreich mit diesem Werkstoff, der sich schliesslich zu einem absolut gefragten Material unter Architekten entwickelte, einsetzbar für den Innenausbau in Form von Sockelleisten, Treppengeländern, Wendeltreppen und vielem mehr, auch für Möbel, darunter berühmte Designerprodukte. Die erfolgreiche Vermarktung dieses neuartigen Holzprodukts übernahm

Lotte, zusammen mit dem Züricher Grafiker und SP-Politiker Bruno Kammerer. Der originelle und geistreiche Charakter ihrer Werbung entsprach ganz dem des Erfinders von Lignoform, Gottfried Esser. Über ihn schrieb Lotte in einem Artikel: *In geradezu eulenspiegelhafter Zuversicht rief ein schweizerischer Holzfabrikant angesichts der Kunststoffe, die mit der Welle des Bauens aufkommen, aus: Gut, sehr gut, die vielen Kunststoffe, gerade deshalb wird man auf Holz nicht verzichten wollen!*[117] Die Zuversicht hat ihm recht gegeben.

Die Vielfalt des Freundeskreises von Lotte und Felix zeigte sich auch in der Freundschaft zu Paul Eppstein, der in Lottes Roman über die Pension Comi als radfahrender jüdischer Bäcker aus dem Kreis 4 in Zürich immer wieder in Erscheinung tritt.[118] Paul Eppstein, ein enger Freund von Hans Aeschbacher, war bis zu Beginn der vierziger Jahre als Masseur und Betreuer bei namhaften Schweizer Radrennfahrern sehr gefragt gewesen, so auch bei Ferdy Kübler, dem späteren Tour-de-France-Sieger, bis der Antisemitismus dem ein Ende setzte.[119] Obwohl Eppstein sich deshalb beruflich neu orientieren musste, blieb er dem Radrennsport verbunden und förderte weiterhin junge Radfahrtalente. Seine Erfahrung nutzte auch Felix Schwarz, der in den fünfziger Jahren Amateurrennen fuhr und sich dabei von Paul Eppstein betreuen liess. Sohn Oliver entwickelte sich als Jugendlicher zu einem begeisterten Radrennfahrer, der mit einer Karriere als solcher liebäugelte. Und auch ihm stand Paul Eppstein mit Ratschlägen zur Seite. Die Überquerung des Gotthards mit dem Rad gehörte für Oliver zum selbstverständlichen Trainingsmarathon, den er unerbittlich absolvierte, selbst wenn er als Folge davon halb erfroren daheim ankam und nur noch mit Lottes Hilfe vom Fahrrad steigen konnte. Lotte fuhr zwar ebenfalls gerne Rad, aber solche Herausforderungen suchte sie nicht. Sie zog Radtouren wie die von Brüttisellen ins über zweihundert Kilometer entfernte Stuttgart, die sie mit Sohn Bertram unternahm, vor – auch dies eine beachtliche Leistung. Darüber hinaus war Paul Eppstein ein Entertainer, der sein Können bei zahlreichen Festen zum Besten gab, ebenfalls im Beisein von Lotte, die auch darüber im Roman über die Pension Comi geschrieben hat.

Die beste Gelegenheit, all diese verschiedenen Menschen zusammenzubringen, boten die Feste, die im Hause Schwarz gefeiert wurden. Das Einweihungsfest war das erste gewesen, dem noch viele folgen sollten. Selbst fünfzig Jahre später erinnern sich diejenigen, die dabei gewesen sind, lebhaft

Lotte Schwarz und Gottfried Esser, Inhaber der Firma Lignoform, auf der Messe «Holz 68» in Basel. (NL Lotte Schwarz)

und mit Begeisterung an diese Anlässe, und dies nicht, weil die Gastgeberin mit einer aufwendigen und ausgefallenen Küche zu beeindrucken suchte. Das Haus, die Speisen und Getränke bildeten den Rahmen für eine Gastgeberin, deren Persönlichkeit und Ausstrahlung anziehend auf Männer wie Frauen wirkte. Wie Lotte diese Abende erlebt hat, welche Atmosphäre auf den Festen geherrscht hat, schildert sie in ihrem «Tagebuch mit einem Haus» am Beispiel der Hauseinweihung so stimmungsvoll, gewitzt, leichtfüssig wie scharfsichtig, dass sie an dieser Stelle selbst und ausführlich zu Wort kommen soll:
Ich hatte einen leichten Schwächeanfall und war plötzlich mutlos. Ein grüner Plastikkragen mit aufgenähten Hobelspänen für mein Festtenue benahm sich bei der Anfertigung so widerspenstig; im letzten Augenblick sagte noch Negi ab, er, der während des ganzen Hausbaues die Säule gewesen war, an

die wir uns alle anlehnten. Auch Rita war enttäuscht, und damit überwand ich die Krise. Beide durften wir nicht versagen. Oha war mein Trost. Er hatte einen Lautsprecher an der Decke des Ateliers eingerichtet, und während die Gäste unsere berühmte Treppe emporgingen, wurden sie gleichsam vom Himmel herab vorgestellt. Wer wollte da nicht lächeln?

So kam es, dass jeder neuankommende Gast freundlich gestimmt den Wohnraum betrat, der als Sammelplatz für die Nichttanzenden eingerichtet war. Heiri, der farbige Weisse, braucht keine langen Einführungsworte. Lorp [Richard Paul Lohse], ein Maler, war als innerer Ehrengast geladen, bedeutet er doch für Bötels Entwicklung eine Art graue Eminenz. Heiri steuerte ihm mit unverhohlener Sympathie entgegen: «Lorp», rief er ihm vergnügt zu, «sehen Sie das Haus an, die Revolutionen wollen gemacht werden, ob sie einem gefallen oder nicht!»

Die geistige Kumpanenschaft der Männer leuchtete mitten im Getriebe kurz auf und machte, wie ein architektonisches Element, die unsichtbare Kraft aus, die jedes gute Fest braucht.

Ein junger Architekturstudent sass mit seiner hübschen Freundin unglücklicherweise in der Nähe Heiris. Heiri machte dem Mädchen heftig den Hof. Sadistisch stellte er dem jüngeren Verliebten die Gewalt des erfahrenen Mannes entgegen. Die Schüchternheit des Studenten für seine Zwecke in Mutlosigkeit umzuwandeln, machte ihm gar keine Schwierigkeiten. «Hau ab, du Leichnam, würde ich sagen, diese Frau liebe ich!» forderte er den Studenten heraus. «Die jungen Leute sind ohne Mut», rief er, und liess sich von Bötel einschenken. […]

Turel, Eminenz in allen Farben, greift die Parole von der Weltrevolution wieder auf. Er verwickelt den Vater des bedrängten Studenten in ein politisches Gespräch.

«Eisenhower fühlte sich nur solange als Schweizer, als er ohne Aussicht war, gewählt zu werden», tönt es durch die Gegend. Die Tragweite dieser turelschen Auslegung konnte nicht mehr ermessen werden, denn inzwischen hatte Rita im Garten den Scheiterhaufen angezündet, der alle Abfälle unseres Hausbaues in sich barg. […]

Wo war Bötel?

Abseits von den Gästen sprach er mit einem Mann aus dem Dorf. Ich ging auf die beiden Männer zu, der Mann entpuppte sich als eine Abordnung der örtlichen Feuerwehr. Was das ganze solle! Das Feuer sei viel zu hoch und viel zu nah beim Nachbarhaus. Ob das Feuer angemeldet sei! […]

Wir Unglücklichen. Der Gedanke, im allgemeinen Trubel des Sängerfestes mit unserer Hausräuke nicht weiter aufzufallen, erwies sich als völlige Fehlspekulation. Durch Lautsprecher wurde in der Festhütte verkündet, dass es im Dorf brenne, möglicherweise müsse die Feuerwehr einrücken.
Es konnte nicht schlimmer sein.
Als nach einer halben Stunde im gleichen Lautsprecher nach Augenschein an der vermuteten Brandstätte gesagt wurde, es brenne nicht gefährlich, Schwarzens braten nur Servelats im Freien, war das Gelächter der Leute doch wohl nicht herzlich genug. Jedenfalls kam nach einigen Tagen ein Einzahlungsschein für eine Busse ins Haus.
Turels Eigenschaft, sich um die guten wie die schlechten Reaktionen, die der Augenblick vermittelt, nicht im geringsten zu kümmern (so tröstet er seine arme Frau, die unter dem Lärm der Motoren leidet, damit, dass es eben die Flegeljahre des Motors sind), diese Eigenschaft Turels erwies sich für uns als ein wahrer Segen. Ungeachtet des dörflichen Zwischenfalls redete er in grossen Linien weiter. Gerade unterhielt er sich mit der Frau eines italienischen Architekten. «Sie sind zwar sehr hübsch», versicherte er, «doch werden sie nicht Trägerin einer neuen Kulturstufe sein!» Sie ertrug den Ausspruch des Gelehrten wie Greta Garbo die Ohrfeige in der «Kameliendame». «Ich trage genug an der Gegenwärtigen», antwortete sie vergnügt. Hingegen befand sich ihr Mann an diesem Abend in grosser Lebenserwartung. Sein schwarzes Bärtchen sträubte sich, er zupfte unermüdlich daran. Niemand ist schliesslich mühelos schön. Es ging ihm wie Hans Albers in einem seiner frühen Filme, in dem er ernst in den Spiegel schaut und sagt: Arme Frauen, schon wieder bin ich schöner geworden!
Im Atelier wurde getanzt. Wieviel schöner die Menschen vom oberen Stockwerk aus betrachtet sind! Ich sehe Rita mit einem Träger dieser merkwürdigen Leibesfutterale tanzen, diesen engen, fast nicht existierenden Hosen, die zu Zeiten Napoleons bevorzugt wurden, unsichtbar ist auch hier ein Galanteriedegen im Spiel. Die Treppe, die ins Atelier hinunter führt, ist stufenweise besetzt von Paaren, welche den Tanzfreudigen zusehen. Das Podest wird zu einem lebendigen Quadrat, belagert mit Schaulustigen.
«Oh, my darling Clementine...» tönt es durch den drei Meter hohen Raum. Alle Zeichen des schweizerischen Alltags sind verschwunden. Man kritisiert offen und bewundert. Endlich wird mit dem Lob einmal nicht gespart.
Lange war ich der Meinung, dass diese Zurückhaltung besonders die Architekten treffe. Es schien ein herber Zug über ihrem Gemütsleben zu liegen,

und manchem Kollegen von Bötel war die Robustheit des Kulturkämpfers verloren gegangen. Mehr noch: in einer Atmosphäre von Gram und Ernst konnten die Segnungen des Gesprächs zu Leiden werden.

Doch wo nicht gelobt wird, wird nicht immer getadelt. Vielleicht ist das Lob überhaupt eine Hochstapelei. Ich glaube, dass in einem grossen Land müheloser gelobt wird. Der Nachbar ist anonymer. Wer aber seinen Nachbarn kennt, will in erster Linie keine Fehler machen.

Ein Lob ist aber auch ein Kredit. In dieser Beziehung haben es die Architekten so schwer wie die Frauen. Auch sie führen ein Leben voller Anstrengung in aller Stille, auch ihnen ging Spontaneität und Arglosigkeit verloren und sie spüren die Härte der These: wer lobt, verschwendet. Schweigen wird zur demiurgischen Leistung. Wer schweigt, hilft sparen. In diesem Anhalten zur Sparsamkeit sehe ich eine der inneren Voraussetzungen für das Rabattmarkensystem, das bei den Frauen die Bereitschaft wach halten soll, längst Bezahltes in Geschenke umzudeuten.

Der Verzicht auf das Lob ist auch der Verzicht auf das Unvorhergesehene. Nicht immer wird dieser Verzicht ohne Rückfälligkeit geleistet: Wer als Mann ein Kompliment, als Stimmbürger aber ein Nein sagen muss, überanstrengt sich und wird totmüde.

Es ist gut, dass Bötel mein Selbstgespräch nicht hört. Er würde wieder sagen, dass diese Deutschen nicht glücklich sind, wenn sie nicht unglücklich sind, oder, dass man nicht den Fehler machen soll, Charakteristisches als Vor- oder Nachteil anzusehen. […]

Ich gehe an die Bar, um einen Pfefferminztee zu trinken. Meine Galle scheint nicht ganz in Ordnung zu sein.

Ein junger Mann lehnt dort gegen den schwarzen Barstreifen und redet auf ein rothaariges Mädchen ein.

Es wird ihm nicht gelingen, Neugierde in ihre grünen Augen zu bringen, denke ich bei mir; er ist ein sozialistischer Melancholiker, und sie keine Dame. Was ist eine Dame?

Eine Dame ist nie frech. —

Rita hat den liebenswürdigen Romolo angestellt, er hantiert als Mixer mit dem ganzen Charme seines Landes.

Masy, die Sekretärin auf einem Reklamebüro ist, macht ein Photo für Coca-Cola von ihm.

«Du bist eine königliche Frau», *sagt mir der schwarzhaarige Sonnensohn, und wirft mir einen seiner sengenden Blicke zu.*
Ich strahle ihn aus meinem Hobelspänekragen heraus an mit dem geistigen Frieden eines Scherzartikels. Schon kommt Marion, meine Nichte, und holt ihn zum Tanzen.
Bötel hat Lampen in das reiche Laubwerk vor dem grossen Atelierfenster hineinmontiert, so dass das Licht, grün gedämpft, in den Raum fällt. Die riesige Fensterfront könnte die Wand eines Aquariums sein, die Vegetation darin wirkt entrückt und zart. Fast japanisch.
Und doch bin ich in einem Dorf, das zwischen dem Militärflugplatz Dübendorf, Flugplatz Kloten, der Maggifabrik in Kemptthal und der nahen Stadt Zürich liegt, die ihre Fühler immer näher zu uns hinausstreckt.
Ich schaue noch einmal die Treppe hinunter, steige aber dann einige Stufen in die Höhe, um ein wenig zu schlafen. Als ich am Badezimmer vorbei muss, höre ich von dort eine massive Szene.
«Du liebst mich nicht mehr», *sagt eine weibliche Stimme. «Ich liebe dich wie am ersten Tag, du aber meidest mich den ganzen Abend!»*
Der dazu gehörende Mann scheint ohne Reue. Er antwortet nicht.

Kein gutes Fest ohne Eifersucht.
Als ich mich nach zwei Stunden Schlaf wieder unter die Gäste mischte, vernahm ich vom Missgeschick des Reuelosen.
… die Räuäuhe kommt zu spät…
sang mein Vater immer unter der Begleitung seiner Zither. Die Gattin war dem Reuelosen fortgelaufen. Sei es, dass sie nur draussen im Auto verharrte, sei es, dass sie in dem nahen Wald spazieren ging. Gegenstand ihrer Eifersucht war eine junge Künstlerin aus Schweden, die während der Zeit meines Schlafens ebenfalls gegangen war. Während der Reuelose die Gattin suchte, fand sich ein anderer, motorisierter Anbeter, um die Künstlerin heimzufahren.
Erfolgreiche Frauen haben selten Transportschwierigkeiten.
Nun zeigte es sich wieder einmal, dass sich die Menschen im Augenblick des Versammeltseins am meisten mit den Abwesenden beschäftigen. Alle waren ein wenig müde und die Stimmung dazu angetan, dem Reuelosen wie der Gattin den Kummer nachzufühlen.
Oha fallen deutsche Lieder ein.

Man fand ermutigende Worte für die Gattin. Wie gut erzogen ihre Kinder sind! Wie hübsch und gepflegt sie selber aussieht!
Aber die Reue kommt zu spät.
Kein gutes Fest ohne eine Frauenrechtlerin. Sie ist auch am Morgen noch lebendig. Ihr charming-strike ermöglicht ihr einen ganz anderen Kräftehaushalt als er jenen Frauen eigen ist, die sich von Erfolg zu Erfolg schleppen.
Ich liebe die Frauenrechtlerin. Sie ist niemals eine geschlagene Figur und gehört zur inneren Architektur meiner Vorstellungen von Recht und Unrecht.
Aber die abwesende Gattin beschäftigt weiter die Gemüter. «Die Leistung einer Mutter ist Plagiat gemessen am Werk einer Künstlerin», ruft ein junger Fotograf begeistert aus. Eine Mutter schafft nichts Selbständiges, eine Künstlerin aber gleicht einem Kometen…» «… und der Glanzlose will teilhaftig werden an dem Licht», sagt unerwartet die Frauenrechtlerin.
Turel schweigt finster. Im Prinzip hat er die Frauen gern. Im einzelnen aber lässt er sie nicht zu Worte kommen. Ihre Klagen erinnern ihn verzweifelt an kritische Bemerkungen zu irgendwelchen Zierstichen, während es doch darum geht, für die Belange von Mann und Frau ein neues, bequemes Kleidungsstück herauszuarbeiten.
Er bricht unvermittelt auf.
Die Getreuen, die noch übrig bleiben, sitzen auf der japanischen Matte im Wohnraum, um das Fest bis zum nächsten Tag auslaufen zu lassen.
Sie nicken milde.
Bötel, der lange Zeit ausgestreckt auf der Matte lag, forderte die Bleibenden auf einen Waldlauf mit ihm zu machen. Das Mitbringen eines Trainings-Anzuges war in der Einladung empfohlen worden. Jedermann war aufrichtig dankbar, als Trudy, eine Mutter von vier Kindern, einen guten Morgenkaffee bereitete.[120]

Schon dieser Ausschnitt aus dem «Tagebuch mit einem Haus» macht deutlich, weshalb der Text verlegt worden ist und ein so positives Echo gefunden hat. Hier schrieb eine Frau, die nicht nur etwas zu sagen hatte, sondern dies mit ihrem ganz eigenen, überzeugenden Stil auch in der Lage war auszudrücken.

Schreiben bis zum Ende

«Ist es nicht so, dass Lotte Schwarz mit jeder Zeile die sie schreibt, ganz da ist?» Diese von Freund und Autor François Bondy durchaus rhetorisch gemeinte Frage verweist auf die für Lotte zentrale Beschäftigung, die es uns Jahrzehnte später noch ermöglicht, sie kennenzulernen. Schreiben war für sie zu einem unverzichtbaren Medium der Auseinandersetzung mit der Welt und einer Möglichkeit des Selbstgesprächs geworden. Nach Erscheinen des «Tagebuchs mit einem Haus» wurden zahlreiche Zeitungen und Zeitschriften auf die Autorin aufmerksam, eine österreichische Zeitschrift schickte sogar eine Mitarbeiterin nach Brüttisellen, um Lotte zu interviewen. Es war dies im Jahr 1959. Nach ihren weiteren Plänen als Autorin befragt, erklärte Lotte: «Vorläufig lebe ich, den Bleistift im Schürzensack, in einer Zettelwirtschaft (alle Gedanken und Pläne für später werden auf Kuverts und andere Restenpapiere notiert und in eine Schublade gestopft – für später), und bestimmte Arbeiten, wie z. B. Glätten, eignen sich für das Notizenmachen erstaunlich gut.»[121] Noch hatte für Lotte die Erziehung der Söhne Priorität, die es ihr nach eigenem Empfinden verbot, konkrete Schreibpläne zu machen. Gleichwohl gab sie im Interview preis, dass sie zwei Projekte im Hinterkopf mit sich trug, wie die österreichische Journalistin in ihrem Artikel über Lotte festhielt. «Die erwähnte Zettelwirtschaft bildet den Grundstock zu zwei Büchern, die dann geschrieben werden wollen, wenn ‹das Nest leer› und ‹die Unruhe des Herzens› kleiner sein wird – beides gibt mehr Zeit, stellt Lotte Schwarz fest. Und das Schreiben ist eine Form des Selbstgesprächs, das nicht dauernd unterbrochen werden darf. Vorläufig will sie aber nicht im Traum daran denken – oder allerhöchstens im Traum –, die Erziehung ihrer beiden Söhne zu vernachlässigen, denn «das wäre eine Hypothek, die mich beunruhigen würde».[122]
Lotte scheint erst nach ihrer Ankunft in der Schweiz mit dem Schreiben begonnen zu haben. Jedenfalls sind keine Texte aus den Jahren vor 1934 erhalten. Ein schreibendes Familienmitglied, Lottes Vater, war vielleicht zunächst genug, bedenkt man die negativen Kommentare der Mutter über die Schreibversuche ihres Mannes. Zum Schicksal des Romanmanuskripts, das Wilhelm Benett ausgerechnet in der Nachttopfvorrichtung des Sessels aufbewahrt hat, findet sich in Lottes Nachlass kein Hinweis. Lottes erste in der Schweiz verfassten Texte erschienen bereits 1935 in der Gewerkschaftszei-

tung «Der öffentliche Dienst» und sollten fortan während fünfundzwanzig Jahren mit Hilfe verschiedener Zeitungen und Zeitschriften den Weg an die Öffentlichkeit finden. Die Themenpalette ist erstaunlich breit, ausgehend von ihren Erfahrungen als Dienstmädchen und als Verkäuferin, über ihre Arbeit im Sozialarchiv, über Architektur und Architekten, bis hin zum Frauenstimmrecht und zu anderen politischen Themen. Sie schrieb Buchrezensionen und verfasste Gratulationen für Menschen wie Institutionen, aber auch Nekrologe auf ihr nahe stehende Menschen wie Fritz und Paulette Brupbacher – alles in allem ein eindrückliches Ergebnis angesichts der von ihr praktizierten «Zettelwirtschaft».

Wann sie – parallel zu diesen teilweise sehr langen Artikeln – an ihren Manuskripten gearbeitet hat, lässt sich nicht bei allen mit Sicherheit sagen. Anlass für die Erzählung «Gleiches Unrecht für alle – Materialien zu einem eidgenössischen Gelächter», mit dem Lotte das Problem des notorischen Schweizer Neinsagers zu lösen versucht hat, war die erneute Ablehnung des Stimmrechts für Frauen im Jahr 1959. Dann folgte die Arbeit an «Der Katzenkopf» und «Wir waren siebzehn», für die Lottes Jugendjahre in Hamburg die Grundlage gebildet haben. Mehrere überlieferte Fassungen zeigen, wie intensiv sie an diesen Texten gearbeitet hat. Und schliesslich, gegen Ende der sechziger Jahre, widmete sie sich ihrem Roman «Die Brille des Nissim Nachtgeist» dem Leben in der Pension Comi. Dabei ging es ihr nicht nur um die literarische Umsetzung eigener Erfahrungen, sondern um die Leben der zahllosen Flüchtlinge, mit denen sie nicht nur in dieser Pension, sondern auch im Sozialarchiv zu tun gehabt hatte. Den Kontext bildete die Schweizer Flüchtlingspolitik zwischen 1933 und 1945, die für das Schicksal dieser Menschen entscheidend gewesen war. Dass sie wirklich überzeugt war von diesem Stoff, zeigt sich auch darin, dass sie sich mit einer Kurzfassung ihres Romans über die Pension Comi an einem Drehbuchwettbewerb der berühmten Praesens Film AG beteiligt hat.

Dass letztlich nur eines ihrer Manuskripte den Weg zu einem Verlag gefunden hat, war nicht dem mangelnden Willen, sondern der fehlenden Zeit zuzuschreiben. Der Umstand, dass sich in Lottes Nachlass neunundzwanzig positive Rezensionen zu ihrem «Tagebuch mit einem Haus» finden, erschienen unter anderem im «Volksrecht» und der «Neuen Zürcher Zeitung», in der «Weltwoche» und dem «Israelitischen Wochenblatt», der «Deutschen Bauzeitung», der «WERK-Chronik», der «Frau in Leben und Arbeit» und der deutschen Frauenzeitschrift «Constanze», macht deutlich, wie erfolg-

```
Er spielte zwei Instrumente, die Mandoline und die Zither. Mit
der Mandoline begleitete er das in Marschtempo gehaltene Lied:
Als Hindenburg einst klein war,
und in der Wiege lag.
Da küsste ihn die Mutter,
der Vater aber sprach:
Hindenburg, du kriegst ein'n Zeppelin,
Hindenburg, du kriegst 'ne Wurstmaschin,'
Hindenburg, du kriegst ein Auto,
dann fahren wir
dann fahren wir
nach Petersburg !
Dabei schrammelten seine Finger über die Seiten, und immr hielt
er xxxgnügt als sei er vergnügt, den Kopf schräg. dazu.
Mit der Zither aber begleitete er die traurigen Lieder. Dabei schob
er Notenblätter direkt unter die Saiten. der Zither.
Warum weinst du, holde Gärtnersfrau,
weinst du um der Veilchen dunkelblau,
oder um die Rose, die da sticht?
Ach nein, ach nein, um diese wein ich nicht.

Um den Geliebten wein ich nur allein,
der gezogen in die Welt hinein...
Geradezu zuversichtlich aber aber ertönte seine Stimme bei
dem Liede O, Isabella, du bist mein Ideal,
o, Isabella, Mädchen meiner Wahl.
Manchmal sang er auch Mädchen meiner Qual.
Ohne Noten und vollkommen sicher aber folgte das Lied:
Mariechen sass weinend im Garten.
Besonders der letzte Vers schwang optimistisch in die Kücke hinein:
... wir Beide wollen leben
wir Beide, Du und ich,
dem Vater sei alles vergeben
wie glücklich machst du mich.
```

reich sie mit ihrem Schreiben gewesen ist und lässt vermuten, wie viel Erfolg sie auch zukünftig hätte haben können. Lottes Krebserkrankung stellte plötzlich alle Pläne in Frage. Sie unterzog sich den erforderlichen Therapien, versuchte aber auch, so weit wie möglich ihr normales Leben fortzuführen, wie sie mit ihrer Kandidatur für den Kantonsrat deutlich machte. Klinik- und Kuraufenthalte nutzte sie, um Artikel zu schreiben oder am Roman über die Pension Comi weiterzuarbeiten. Notwendiges Material liess sie sich vom Sozialarchiv schicken, so auch nach Leysin in den Waadtländer Alpen, wo sie sich im Frühjahr 1970 aufhielt.

Ich bin für 14 Tage zur Erholung in die Höhe gegangen, dabei arbeite ich ein wenig an einem Buch. Könnten Sie veranlassen, dass man mir den Flüchtlingsbericht von Ludwig hierher sendet? Ich wäre sehr dankbar dafür; wahrscheinlich sind darin auch alle Gesetze enthalten, was die fremdenpolizeiliche Reglementierung der Flüchtlinge betrifft.[123]

Auch daheim war immer öfter das Klappern der Schreibmaschine aus ihrem Arbeitszimmer zu hören. Lotte spannte, wann immer es die Zeit zuliess, Schreib- und Durchschlagpapier ein und arbeitete intensiv an ihren Texten.

Leider zeigten die medizinischen Massnahmen nicht die erhoffte Wirkung, die Krebserkrankung schritt voran. Die Kantonsratswahlen waren kaum vorüber, als sich ihr Gesundheitszustand deutlich verschlechterte. Ihr letzter Artikel erschien am 24. Mai 1971 und stellt einen persönlichen Rückblick auf diese ersten Kantonsratswahlen unter Frauenbeteiligung dar, wohl ahnend, dass sie sich an der zukünftigen politischen Arbeit nicht mehr würde beteiligen können. Im Sommer 1971 wurde ein Spitalaufenthalt unvermeidlich. Sie kehrte nicht mehr nach Hause zurück. Alle Kraft verwandte sie nun auf ihren Roman, den sie unbedingt fertigstellen wollte. Der Familie und den Freunden gegenüber bewies sie ihre vielfach bewährte Stärke. Sohn Oliver befand sich auf einer einjährigen Weltreise. Erst bei seiner Ankunft in Zürich, drei Wochen bevor Lotte am 6. Oktober starb, erfuhr er durch Freunde vom Zustand seiner Mutter.

Ob Lotte in diesen letzten Wochen ihres Lebens das Buch von Anna Siemsen «Der Weg ins Freie» wieder in den Sinn gekommen ist, das sie selbst im Jahr 1944 in der «Weltwoche» so lobend besprochen hatte? Vielen Autorinnen, die in diesem von Lotte als «Geschichte weiblichen Denkens» bezeichneten Werk vorgestellt wurden, war etwas gemeinsam, etwas, das Lotte aufgefallen war und das sie thematisieren wollte:

[...], dass der oft kranke Körper einer gestaltenden Frau Unvorstellbares leistete. Krankheit und Einsamkeit machten sie hellhörig gegen Menschen und Unrecht, gegen alles, was eine zarte, zerbrechliche Existenz vernichten könnte. Der Mut eines kranken Menschen, und sei es nur der, weiter leben zu wollen, weil der formende Geist den Tod nicht wünschen kann, wird in einem Brief von der todkranken Katharine Mansfield an ihren Mann mit der Kraft einer gesunden Seele wiedergegeben: «[...] Und wenn ich sage: ich habe Angst – lass Dich das nicht kümmern, liebstes Herz. Wir alle haben Angst, wenn wir im Wartezimmer sitzen. Aber wir müssen durch es hindurchgehen. Und wenn der andere ruhig bleibt, so hilft er uns so sehr, wie wir einander überhaupt nur helfen können ... Das klingt alles sehr angestrengt und sehr ernsthaft. Aber nun ich damit gerungen habe, ist es nicht mehr so. Ich bin – im Innersten – glücklich. Alles ist gut.»[124]

Lotte reiht sich mit ihrer Biografie in diese Geschichte von starken Frauen ein, ihr «formender Geist» schrieb solange es ging. Und vielleicht hatte sie ja das Glück, ein, zwei solcher Menschen, die ruhig bleiben konnten, um sich zu haben. Sie starb am 6. Oktober, zwei Tage nach ihrem 61. Geburtstag.

Die Beerdigung wurde zur vorläufig letzten Gelegenheit, einer ungewöhnlichen Frau und beeindruckenden Persönlichkeit die Referenz zu erweisen. Neben der Familie fanden sich zahllose Freundinnen und Freunde auf dem Friedhof Sihlfeld in Zürich ein, die der Rede von François Bondy folgten und so ihr Leben nochmals Revue passieren lassen konnten. Bezug nehmend auf eine Textstelle im «Tagebuch mit einem Haus», in der Lotte schreibt, dass «eine Versammlung von Leuten in dunklem Anzug» etwas Angstvolles an sich habe, erinnerte Bondy an die bis zum Schluss «bewährte Heiterkeit» und Tapferkeit Lottes, die für die Anwesenden Anlass sein müsse, an dieser Zusammenkunft nicht die eigene Trauer zu zelebrieren, sondern sich der Freundin zu erinnern. Dies tat er mit einer eindrücklichen Rede, in der er ein Bild von Lottes Lebensstationen und von ihrer Persönlichkeit zeichnete, das auch vierzig Jahre später nichts von seiner Leuchtkraft eingebüsst hat. Für den Autor Bondy war es selbstverständlich, auch an die schreibende Lotte zu erinnern, wusste er doch um die Qualität dessen, was sie hinterliess. «Doch spreche ich nicht von der Schriftstellerin, die sie, mit mehr Zeit für sich, hätte werden können, sondern davon, dass nichts, was sie aufzeichnete, ‹literarisch› wirkte, und zugleich alles die Sprache, die Begabung des Schriftstellers und die eigene menschliche Substanz mitteilt.» Was sie schrieb, lebte sie, was sie lebte, darüber schrieb sie, ihre Texte waren wie sie selbst:

«praktisch empfindungsreich, heiter in kleinen Verdrüssen wie in grossen Katastrophen und luzid, wie sie es auch bis zuletzt in ihrer Krankheit war. In ihrer offenen ungemein präsenten Wesensart ist Lotte Schwarz nicht etwa ein ‹Beispiel›, sondern sie war jedem, der sie gut gekannt hat, eine einzigartige Begegnung und menschliche Gegenwart – und wird es unverlierbar für den Rest unseres eigenen Lebens bleiben.»[125]
Diesen Ausführungen schloss sich der Bildhauer Hans Aeschbacher an. Am Ende seiner kurzen Rede gab er Lottes letzte an ihn gerichteten Worte den Anwesenden mit auf den Weg, dies im Sinne einer Ermutigung für die Zukunft:
Ich bleibe unter euch, ich will euch weiterhin zur Seite stehen.[126]

Dank

Die Entdeckung von Lotte Schwarz war für mich persönlich ein Glücksgriff, die Arbeit an ihrer Lebensgeschichte durchweg spannend. Möglich gemacht hat dies ein Stipendium des Ellen Rifkin Hill Fonds des Schweizerischen Sozialarchivs, für dessen Gewährung ich sehr dankbar bin. Bevor es dazu kommen konnte, musste erst Claire Barry mich auf Lotte Schwarz und ihren Roman über die Pension Comi aufmerksam machen. Dafür danke ich ihr von Herzen. Unverzichtbar auch Beate Bracher Müller, die den Entstehungsprozess des Buches von Anfang an verfolgt und mich durch ihr Echo auf das Gelesene in meiner Arbeit stets bestärkt hat. Gleiches gilt für meinen Mann Uriel Gast, meine erste Anlaufstelle bei allen inhaltlichen Fragen, der vom Projekt von Anfang an überzeugt war. Für das Erreichen der Ziellinie waren beide unverzichtbar. Mein Dank geht auch an Dr. Anita Ulrich, die Leiterin des Sozialarchivs, für das allzeit offene Ohr für meine Anliegen und die grosszügige Unterstützung in allen Phasen des Projektes, ebenso an alle interviewten Freundinnen und Freunden von Lotte Schwarz, die sich sehr gern nochmals an die gemeinsame Zeit erinnert haben. Dies gilt auch für Marianne Neidhardt, Marion Grob und Helga Diessner, alle aus der Hamburger Benett-Familie, wie für Lotte Schwarz' Söhne Oliver und Bertram und natürlich für ihren Mann Felix Schwarz. Mein kollegialer Dank gilt Michael Kubina in Berlin für das zur Verfügung gestellte Material über die Roten Kämpfer, Traute Matthes-Walk für die Fotos und Quellenhinweise zu Gross Borstel, ebenso Olaf Ihlau, William Boehart und Johanna Lohse. Auch meine Erstleserinnen und Erstleser Sabine Uhlig, Eleonore Ditzen, Werner Wüthrich, Hans Kastenholz und Markus Bürgi sollen hier verdankt sein, meine Freundin Sabine Bergmann für ihre ideelle Unterstützung auf den vielen gemeinsamen Spaziergängen, und nicht zuletzt die Lektorin des Chronos Verlags Monika Bucheli, für die engagierte Zusammenarbeit, getragen von unserer Begeisterung für Lotte Schwarz und ihr Werk.

Anmerkungen

Teil I

1 François Bondy, Rede auf der Beerdigung von Lotte Schwarz, Krematorium Sihlfeld, Zürich, 8. Oktober 1971, unveröffentlicht, NL Lotte Schwarz.
2 François Bondy, Lotte Schwarz, in: Neue Zürcher Zeitung, 12. Oktober 1971, Mittagsausgabe, S. 25. Diese Hoffnung äusserte auch Walter Nelz in seinem Nachruf «Lotte Schwarz 1910–1971», in: AZ, 12. Oktober 1971.
3 Lotte Schwarz, Die Brille des Nissim Nachtgeist, S. 8.
4 Vgl. William Boehart, Schwarzenbek 1870–1950. Ein Beitrag zur Geschichte einer lauenburgischen Landgemeinde zwischen Dorf und Stadt, Schwarzenbek 1990.
5 Schwarzenbeker Nachrichten, 26. Februar 1921. Auch in der Festschrift für die Sparkasse Schwarzenbek finden seine «Treue und Dienstbereitschaft» Erwähnung. Vgl. 150 Jahre Verbands-Sparkasse Schwarzenbek, 1829–1979, Schwarzenbek s. d. [1979], S. 44.
6 Vgl. Kommunal-Verein Gross Borstel (Hg.), Gross Borstel. Vom Dorf zum Stadtteil, Hamburg 1989.
7 Lotte Schwarz, Der Katzenkopf, S. 5.
8 Vgl. Volker Ullrich, Die Hamburger Arbeiterbewegung vom Vorabend des Ersten Weltkrieges bis zur Revolution 1918/19, Hamburg 1976.
9 Zitiert nach http://www.novemberrevolution.de.
10 Lotte Schwarz, Der Katzenkopf, S. 5f.
11 Ebd., S. 6.
12 Lotte Schwarz, Schulepisoden – aus der Ferne nacherlebt, in: Das Gross Borsteler Heimatbuch. Jubiläumsjahr 1959, Hamburg 1959, S. 76.
13 Ebd.
14 Ilse Porsche, in: ebd., S. 79f.
15 Lotte Schwarz, Schulepisoden, S. 77.
16 Ebd., S. 78.
17 Lotte Schwarz, Wir waren siebzehnjährig, S. 3f.
18 Lotte Schwarz, Die Brille des Nissim Nachtgeist, S. 3.
19 Lotte Schwarz, Der Katzenkopf, S. 1.
20 Ebd., S. 19.
21 Ebd.
22 Lotte Schwarz, Wir waren siebzehnjährig, S. 5.
23 Lotte Schwarz, Schulepisoden, S. 79.
24 Lotte Schwarz, Der Katzenkopf, S. 4.
25 Grete Tabe, Müssen Mädchen berufsmäßig ausgebildet werden?, in: Hamburger Echo, 5. Februar 1922, zitiert nach: Karen Hagemann, Anne Lührs, Vom Dienen und (Mit-)verdienen – Heft 2. Frauenarbeit im Wandel. Vom ausgehenden Kaiserreich bis zum Ende des Nationalsozialismus, Hamburg 1985, S. 4.
26 Vgl. Christina Benninghaus, Die anderen Jugendlichen. Arbeitermädchen in der Weimarer Republik, Frankfurt am Main 1999, S. 117–130.
27 Karen Hagemann, Anne Lührs, Vom Dienen und (Mit-)verdienen, S. 6.

28 August Pieper, Die hauswirtschaftliche Ausbildung der künftigen Arbeiterfrauen im Hausdienste, Mönchen-Gladbach 1920, S. 7.
29 Lotte Schwarz, Wir waren siebzehnjährig, S. 2.
30 Ebd., S. 3.
31 Ebd., S. 9.
32 Lotte Schwarz, Der Katzenkopf, S. 12.
33 Ebd.
34 Brief Lotte Schwarz an Olaf Ihlau, 13.2.1966, S. 1.
35 Lotte Schwarz, Wir waren siebzehnjährig, S. 6. Alle nachfolgenden Zitate stammen aus diesem Text, S. 6–9.
36 Lotte Schwarz, Der Katzenkopf, S. 27f.
37 Ebd., S. 24f.
38 Ebd., S. 31.
39 Lotte Schwarz, Wir waren siebzehnjährig, S. 11.
40 Ebd.
41 Anna Dünnebier, Ursula Scheu, Die Rebellion ist eine Frau. Anita Augspurg und Lida G. Heymann, München 2002, S. 281.
42 Lotte Schwarz, Der Katzenkopf, S. 41.
43 Lotte Schwarz, Wir waren siebzehnjährig, S. 13b.
44 Ebd., S. 14a.
45 Ebd., S. 12.
46 Lotte Schwarz, Wir waren siebzehnjährig, S. 13a. Alle nachfolgenden Zitate stammen aus diesem Text, S. 13a–13b.
47 Lotte Schwarz, Der Katzenkopf, S. 50.
48 Ebd., S. 47.
49 Brief Lotte Schwarz an Olaf Ihlau, S. 2.
50 Lotte Schwarz, Der Katzenkopf, S. 63.
51 Der Arbeitslose, 1931, Nr. 43, zitiert nach: Vorwärts – und nicht vergessen. Arbeiterkultur in Hamburg 1930, Berlin 1982, S. 49.
52 Lotte Schwarz, Der Katzenkopf, S. 66.
53 Lotte Schwarz, Wir waren siebzehnjährig, S. 24.
54 Ebd., S. 14b.
55 Brief Lotte Schwarz an Olaf Ihlau, S. 2f.
56 Lotte Schwarz, Wir waren siebzehnjährig, S. 14b. Alle nachfolgenden Zitate stammen aus diesem Text, S. 15f.
57 Vgl. Ulrich Bauche et al. (Hg.), «Wir sind die Kraft». Arbeiterbewegung in Hamburg von den Anfängen bis 1945, Katalogbuch zur Ausstellung des Museums für Hamburgische Geschichte, Hamburg 1988, S. 261.
58 Vgl. Alexandra Kollontai, Wege der Liebe, Berlin 1925; dies., Die neue Moral und die Arbeiterklasse, Berlin 1920.
59 Clara Zetkin, Erinnerungen an Lenin, Berlin 1975, http://marxists.org/deutsch/archiv/zetkin/1925/erinnerungen/lenin.html.
60 Ebd.
61 Helmut Wagner, Geschlecht und Gesellschaft, 4. Buchbeigabe zu den «Urania-Kulturpolitischen Monatsheften über Natur und Gesellschaft», Jena 1928, S. 13f. Eine weitere Schrift von Helmut Wagner zu diesen Fragen erschien 1930 unter dem Titel «Das Wesen der Geschlechtsliebe».

62 Ebd., S. 20f.
63 Lotte Schwarz, Wir waren siebzehnjährig, S. 17.
64 Ebd., S. 21.
65 Ebd., S. 21f.
66 Ebd., S. 15.
67 Lotte Schwarz, Der Katzenkopf, S. 66. Alle nachfolgenden Zitate stammen aus diesem Text, S. 66–69.
68 Lotte Schwarz, Wir waren siebzehnjährig, S. 26.
69 Ebd.
70 Vgl. Olaf Ihlau, Die Roten Kämpfer. Ein Beitrag zur Geschichte der Arbeiterbewegung in der Weimarer Republik und im Dritten Reich, Meisenheim am Glan 1969. Die schriftlichen Erinnerungen der einzelnen Mitglieder, die Olaf Ihlau im Rahmen seiner Doktorarbeit bei Wolfgang Abendroth an der Universität Marburg zusammengetragen hat, sind im dortigen Archiv, dem er sie anvertraut hat, nicht mehr auffindbar, auch nicht in Amsterdam im IISG, wo sich Abendroths Nachlass befindet.
71 Willi Kappel, Brief vom 30. Januar 1966, in: Olaf Ihlau, Die Roten Kämpfer, S. 146.
72 Die Tonbandaufnahmen befinden sich ebenso wie ein grosser schriftlicher Nachlass im Besitz von Michael Kubina, der mir Auszüge daraus freundlicherweise zur Verfügung gestellt hat. Fortan zitiert als TNL Utzelmann (Privatarchiv).
73 Alexander Schwab, geb. 1887, war 1917 Mitglied der Unabhängigen Sozialdemokratischen Partei Deutschlands USPD, 1918 des Spartakusbundes, wo ihn eine enge Freundschaft zu Rosa Luxemburg und Karl Liebknecht verband. 1919 Mitglied der KPD, zusammen mit Karl Schröder, 1920 Mitbegründer der Kommunistischen Arbeiterpartei Deutschlands KAPD. Schwab war Leiter der KAPD-Delegation am III. Weltkongress der Komintern 1921 in Moskau, wo er scharfe Kritik an der Westeuropa-Politik Lenins äusserte. Ebenfalls dabei waren Karl Schröder und Bernhard Reichenbach. 1922 folgte Schwabs Austritt aus der KAPD. Politisch wurde er erst wieder aktiv, als er Ende der zwanziger Jahrezusammen mit Schröder die Sozialwissenschaftliche Vereinigung in Berlin aufbaute.
74 Karl Schröder (1884–1950), studierte Philosophie, Literaturwissenschaften, Geschichte und Kunstgeschichte und promovierte in Kunstgeschichte. 1913 wurde er Mitglied der SPD, 1918 trat er dem Spartakusbund bei, dann beteiligte er sich am Aufbau der KAPD. Nachdem er aus dieser ausgeschlossen wurde, trat er wieder der SPD bei. Er war als Lektor in sozialdemokratischen Verlagen und in der Bildungsarbeit der Sozialistischen Arbeiterjugend tätig. Von 1928 bis 1932 leitete er die Berliner Buchgemeinschaft, parallel dazu schrieb er mehrere Romane, die bei der Büchergilde Gutenberg erschienen sind: Die Geschichte Jan Beeks (1929), Aktiengesellschaft Hammerlugk (1930), Familie Markert (1931) und Klasse im Kampf (1932). Auch baute er zusammen mit Schwab die Sozialwissenschaftliche Vereinigung SWV auf und schliesslich die Roten Kämpfer. Sein Nachlass befindet sich im IISG in Amsterdam.
75 Folgende Mitglieder sind neben Lotte und Hans Benett namentlich bekannt: Franz Adolf Humke, Franz Schlomsky, Kurt Preilipper, Manfred Rinkel, Otto Blunk, Charlotte Schaedel, Ruth Bürger, Grete Wahl, Lotte Mussfeldt, Emil Kaufmann, Karl Schöning, Paul Zybell und Hans Zander.
76 Brief Lotte Schwarz an Olaf Ihlau, S. 3.

77 Ebd., S. 4.
78 «Staat und Rätesystem. Eine prinzipielle Zusammenfassung», in: Sammlung Karl Schröder, Rote Kämpfer, Referentenmaterial, Amsterdam IISG 52.2.
79 Thesen über den Bolschewismus, http://www.marxists.org/deutsch/archive/wagner/1934.
80 Ebd.
81 Merkblatt der Sozialdemokratischen Partei, Landesorganisation Hamburg, April 1933, Nr. 6, zitiert in: Ulrich Bauche et al. (Hg.), «Wir sind die Kraft», S. 276.
82 Lotte Schwarz, Wir waren siebzehnjährig, S. 27f.
83 Dokumentation «Die Roten Kämpfer», in: «Vierteljahreshefte für Zeitgeschichte», 1959, Nr. 4, S. 452.
84 Vgl. Christine Koch, Das Bibliothekswesen im Nationalsozialismus. Eine Forschungsstandanalyse, Marburg 2003.
85 So lautete die Formulierung im Rundschreiben Nr. 2 der Deutschen Studentenschaft, siehe dazu: Hans-Wolfgang Strätz, Die Studentische «Aktion wider den undeutschen Geist» im Frühjahr 1933, in: Vierteljahreshefte für Zeitgeschichte, Nr. 4, 1968.
86 Lotte Schwarz, Wir waren siebzehnjährig, S. 29.
87 Ebd., S. 28.
88 Vgl. Olaf Ihlau, Die Roten Kämpfer, S. 177.
89 Brief Lotte Schwarz an Olaf Ihlau, S. 5.
90 Ebd., S. 6.
91 Lotte Schwarz, Wir waren siebzehnjährig, S. 29.
92 Ebd., S. 30.
93 Lotte Schwarz, Der Katzenkopf, S. 36.

Teil II

1 Lotte Schwarz, Die Brille des Nissim Nachtgeist, S. 1.
2 Vgl. Herbert Diercks, Die Freiheit lebt. Widerstand und Verfolgung in Hamburg 1933–1945. Texte, Fotos und Dokumente, hg. von der KZ-Gedenkstätte Neuengamme, Hamburg 2010, S. 29.
3 Vgl. dazu Uriel Gast, Von der Kontrolle zur Abwehr, Zürich 1997, v. a. Kapitel XV, S. 331–358.
4 Bis zur Annexion Österreichs durch Deutschland im Jahr 1938 zählte die Schweiz rund 5000 Emigranten, bis Kriegsbeginn kamen nochmals etwa 6500 dazu. Für die Kriegsjahre selber sprach die offizielle Schweiz, dokumentiert im Bericht von Carl Ludwig, von 103'869 Militärflüchtlingen und von 55'018 Zivilflüchtlingen, die für kurze oder längere Zeit im Land lebten. Die Unabhängige Expertenkommission Schweiz – Zweiter Weltkrieg kam 1999 mit ihren Berechnungen zu tieferen Zahlen. Gleichzeitig belegte sie, dass die Zahl der an der Schweizer Grenze Zurückgewiesenen mit 24'500 klar höher lag als die veranschlagten 20'000 Menschen im Bericht Ludwig. Hinzu kamen mehrere Tausend Personen, die von Schweizer Konsulaten keine Visa erteilt bekamen. Vgl. Unabhängige Expertenkommission Schweiz – Zweiter Weltkrieg, Die Schweiz und die Flüchtlinge zur Zeit des Nationalsozialismus, Bern 1999, S. 21.
5 Lotte Schwarz, Meditationen über eine Bibliothek, S. 6.

6 Brief Lotte Schwarz an Olaf Ihlau, S. 6.
7 1. Jahresbericht der Auskunftsstelle für Flüchtlinge vom Mai 1938 bis Ende April 1939, in: Neue Wege, 1939, Bd. 33, Heft 6, S. 294.
8 Vgl. dazu Heike Klapdor, Überlebensstrategie statt Lebensentwurf. Frauen in der Emigration, in: Frauen und Exil. Exilforschung. Ein Internationales Jahrbuch, Bd. 11 (1993), München 1993, S. 26, und Gabriele Kreis, Frauen im Exil. Dichtung und Wahrheit, Düsseldorf 1984.
9 Frauen in der Emigration, in: Aufbau, 1. März 1940, S. 4.
10 Rudolf Jakob Humm, Bei uns im Rabenhaus, Zürich 1963, S. 15.
11 Vgl. Regula Bochsler und Sabine Gisiger, Städtische Hausangestellte in der deutschsprachigen Schweiz des 20. Jahrhunderts, Zürich 1989, S. 369.
12 [Lotte Spengler], Hausdienst im Ausbau, in: Der öffentliche Dienst, Nr. 22, 1939.
13 [Lotte Spengler], Wie es das Dienstmädchen sieht, in: Schweizer Spiegel, Nr. 10, 1939, S. 76.
14 Ebd., S. 74.
15 Lotte Spengler, Intelligente Person gesucht, in: Der öffentliche Dienst, Nr. 41, 1935.
16 [Lotte Spengler], Hausdienst im Ausbau, 1939.
17 Leonie Künnecke-Riether, Weshalb wollen die Schweizer Mädchen nicht Hausangestellte sein!, in: Frauenrecht, Nr. 1, 1932, S. 9f.
18 Lotte Spengler, Dienstmädchensorgen – in England, in: National-Zeitung, 24. Oktober 1937.
19 Lotte Schwarz, Dienstmädchensorgen, Radiovortrag, 1938 (Typoskript).
20 Hausdienst – ein Problem heute wie gestern. 25 Jahre Schweizerische Arbeitsgemeinschaft für den Hausdienst, Zürich 1958, S. 16.
21 Kolloquium mit Robert Jungk im Archiv für Zeitgeschichte, ETH Zürich, 31. 5. 1989.
22 Vgl. Gesetz über den Widerruf von Einbürgerungen und die Aberkennung der deutschen Staatsangehörigkeit, 14. Juli 1933, http://www.documentarchiv.de/ns/1933/deutsche-staatsangehoerigkeit_ges.html.
23 Diese Praxis wurde bereits in den dreissiger Jahren angewandt und mit dem Bundesratsbeschluss vom 11. November 1941 kodifiziert.
24 Lotte Schwarz, Die Brille des Nissim Nachtgeist, S. 12.
25 Fritz Brupbacher, 60 Jahre Ketzer. Selbstbiographie: Ich log so wenig als möglich, Zürich 1981 (1935).
26 Lotte Schwarz, Nachruf auf Fritz Brupbacher, in: St. Galler Volksstimme, 17. Januar 1945.
27 Franca Magnani, Eine italienische Familie, Köln 1990, S. 137.
28 Ebd., S. 138.
29 Es sei hier auf die spannende Biografie von Sara Galli, Le tre sorelle Seidenfeld. Donne nell'emigrazione politica antifascista, Firenze 2005, hingewiesen, die bisher leider nur auf Italienisch vorliegt.
30 Vgl. Gabriella Seidenfeld, Le tre sorelle, unveröffentlichtes Manuskript, NL Lotte Schwarz, S. 22.
31 Ebd., S. 25ff.
32 Ebd., S. 27. «Mi fece vedere un album di fotografie e dopo aver sfogliato a lungo scegliemmo un vecchio con la barba alla Carlo Marx, e che, benchè scapolo impenitente, a lui, Brup, non avrebbe potuto negare questo servizio. A dir la verità, ci volle molto per persuaderlo.»

33 In amtlichen Dokumenten heisst Edy Meyer auch Edy Maier.
34 Fritz Brupbacher an Edy Meyer, 10. April 1932, in: Sozarch, Ar 150, NL Edy Meyer.
35 Anonymes Schreiben an Edy Meyer, in: ebd.
36 Scheidungsurteil in der Scheidungsangelegenheit Hans Konrad Spengler und Charlotte Spengler, Bezirksgericht Zürich, 5. Abteilung, 18. Februar 1937, StAZ BEZ. Zch 6341.197.
37 L. [Lotte Spengler], Zwischen Lift und Notausgang, in: Der öffentliche Dienst, s. d. [1935].
38 L. S. [Lotte Spengler], Frauen vor und hinter dem Ladentisch, in: Frauenrecht, Nr. 8, 1936.
39 Zit. in: Gabriella Maier, Als Emigrantin in der Schweiz, in: AZ, 5. Januar 1971.
40 Gabriella Seidenfeld, Le tre sorelle, S. 28: «Strinsi amicizia anche con una giovane socialista tedesca, profuga di Amburgo, Lotte Benett-Schwarz, intelligentissima, coraggiosa e dotata di grande humour.»
41 Ebd.: «unica nel suo genere».
42 Adam Friedmann, Lebenslauf, unveröffentlicht, 1996, Privatbesitz.
43 Paulette Brupbacher, Genosse Wolodja R. Friedmann, in: Volksrecht, 6. 12. 1940.
44 Lotte Schwarz, Die Brille des Nissim Nachtgeist, S. 21.
45 Stadtpolizei Zürich, Bericht an das Polizei-Inspektorat Zürich, 18. Oktober 1929, in: Berichte über den Bürgerrechtsbewerber Friedmann-Mann, Rachmiel, Stadtarchiv Zürich, SRP 1929/ Prot. Nr. 1191.
46 Ebd.
47 Ebd.
48 Lotte Schwarz, Die Brille des Nissim Nachtgeist, S. 20.
49 Sitzung des Schweizerischen Bundesrates, Auszug aus dem Protokoll, 21. Mai 1946, BAR E4264(-) 1988/2, Bd. 9209, EJPD, Dossier Kurt Nussbaum.
50 Lotte Schwarz, Die Brille des Nissim Nachtgeist, S. 18.
51 Sitzung des Schweizerischen Bundesrates, Auszug aus dem Protokoll, 21. Mai 1946, BAR E4264(-) 1988/2, Bd. 9209, EJPD, Dossier Kurt Nussbaum.
52 Ebd.
53 Lotte Schwarz, Die Brille des Nissim Nachtgeist, S. 55f.
54 Ebd., S. 38.
55 Rundschreiben Schweizerische Zentralstelle für Flüchtlingshilfe Zürich, März 1944, in: AfZ IB SFH Schweizerische Flüchtlingshilfe.
56 Lotte Schwarz, Die Brille des Nissim Nachtgeist, S. 86.
57 Ebd., S. 34.
58 Ebd., S. 42.
59 Ebd., S. 14.
60 Zur Zürcher Volksbühne vgl. Kurt Früh, Rückblenden. Von der Arbeiterbühne zum Film, Zürich 1975.
61 Paulette Brupbacher, Genosse Wolodja R. Friedmann, in: Volksrecht, 6. Dezember 1940.
62 Vgl. Hermann Wichers, Im Kampf gegen Hitler. Deutsche Sozialisten im Schweizer Exil, Zürich 1994, S. 68f.
63 Siehe dazu Richard Paul Lohse, Zetthaus, in: Holz, Hans Heinz (Hg.), Lohse lesen. Texte von Richard Paul Lohse (Zürich 1902–1988 Zürich), Zürich 2002, S. 25–35.

64 Lotte Schwarz, Das war Dr. Paulette Brupbacher, in: Volksrecht, 25. Januar 1968.
65 Helmut Dressler, Werden und Wirken der Büchergilde Gutenberg, Zürich s. d. (1947), S. 50f.
66 Ebd., S. 71.
67 Vgl. Helmut Wagner, Zur sozialistischen Neuorientierung, Sommer 1938, Manuskript, Sozarch 335 108/1, S. 17.
68 Anklageschrift gegen Manfred Hermann Rinkel und Otto Ernst Blunk des Generalstaatsanwalts bei dem Hanseatischen Oberlandesgericht, 3. März 1938, Bundesarchiv Berlin, Prozessakten gegen die Roten Kämpfer, NJ 12921, Bd. 1–2.
69 Vgl. Hildegard Thevs, Stolpersteine in Hamburg-Hamm. Biographische Spurensuche, Hamburg 2007, S. 70.
70 Ermittlungsakte des Generalstaatsanwaltes beim Hanseatischen Oberlandesgericht, 8. Mai 1937, Vermerk vom 24. Mai 1937, Bundesarchiv Berlin, Prozessakten gegen die Roten Kämpfer, NJ 12921, Bd. 1–2.
71 Brief Lotte Schwarz an Olaf Ihlau, S. 9.
72 Ebd., S. 7.
73 Ebd., S. 9.
74 Vgl. dazu: Antonia Schmidlin, Eine andere Schweiz. Helferinnen, Kriegskinder und humanitäre Politik 1933–1942, Zürich 1999, S. 55–121.
75 L. S., Die KP Zürich zu den Bluturteilen von Moskau, in: Volksrecht, 1. September 1936.
76 Ebd.
77 Hier verwechselte Lotte Schwarz den ersten Schauprozess von 1936 mit dem sogenannten vierten Prozess gegen Marschall Tuchatschewski und zahlreiche Offiziere der Roten Armee im Juni 1937. Tuchatschewski wurde am 12. Juni 1937 hingerichtet.
78 Lotte Schwarz, Die Brille des Nissim Nachtgeist, S. 61f.
79 Siehe dazu Peter Huber, Stalins Schatten in die Schweiz. Schweizer Kommunisten in Moskau: Verteidiger und Gefangene der Komintern, Zürich 1994, S. 343–362.
80 Siehe dazu die Flüchtlingsdossiers von Maurice und Lucie Bardach, in: AfZ, IB VSJF, Moriz Bardach und Sozarch Ar 20, SAH, Dossier Maurice Bardach sowie Peter Huber, Stalins Schatten, S. 412.
81 Maurice Bardach, Lage der Flüchtlinge in der Schweiz, Zürich s. d., Typoskript, Sozarch, Ar 301.2; Maurice Bardach alias Boris Styrsky, Die Ukrainer, ein geschichtsloses Volk, s. l. [Zürich] 1945, Typoskript, Sozarch 14869.
82 Lotte Schwarz, Die Brille des Nissim Nachtgeist, S. 61.
83 Ebd.
84 Helmut R. Wagner, Zur sozialistischen Neuorientierung.
85 Ebd., S. 1.
86 Ebd., S. 20.
87 Siehe den Bestand des «Internationalen Beobachters» im IISG Amsterdam, der sieben Nummern verzeichnet. Im Sozialarchiv findet sich leider nur die erste Nummer.
88 Vgl. 100 Jahre soziales Wissen. Schweizerisches Sozialarchiv 1906–2006, Zürich 2006, S. 5.
89 Lotte Schwarz, Revolutionäre in der Bibliothek. Erinnerungen an das Schweizerische Sozialarchiv, in: Die Weltwoche, 6. Mai 1966.
90 Lotte Schwarz, Meditationen über eine Bibliothek, S. 3f.

91 Brief Lotte Spengler an Rudolf Jakob Humm, Zürich, 11. Oktober 1938, ZBZ, NL Rudolf Jakob Humm.
92 Lotte Schwarz, Meditationen über eine Bibliothek, S. 1.
93 Vgl. 100 Jahre soziales Wissen, S. 11.
94 50 Jahre Schweizerisches Sozialarchiv, Festschrift, Zürich 1958, S. 22.
95 Robert Jungk, Trotzdem. Mein Leben für die Zukunft, München 1993, S. 206.
96 Lotte Schwarz, Meditationen über eine Bibliothek, S. 10.
97 Lotte Schwarz, Revolutionäre in der Bibliothek, 6. Mai 1966.
98 Lotte Schwarz-Spengler, In der Bibliothek, in: Volksrecht, 8. März 1952, Teil 5.
99 Ebd.
100 Ebd., Volksrecht, 11. März 1952, Teil 7.
101 Lotte Schwarz, Meditationen über eine Bibliothek, S. 8.
102 Ebd., S. 19.
103 Helmut Wagner an Regina Kägi-Fuchsmann, 22. Juni 1940, Sozarch, Ar 20, SAH, Dossier Helmut Wagner.
104 SAH an Helmut Wagner, 11. September 1940, in: ebd.
105 Helmut Wagner an Regina Kägi-Fuchsmann, s. d., in: ebd.
106 Regina Kägi Fuchsmann an die Direktion des Armenwesens des Kantons Zürich, 2. August 1941, in: ebd.
107 Brief von Helmut Wagner an Bernhard Reichenbach, 4. Februar 1946, TNL Utzelmann (Privatarchiv).
108 Lotte Schwarz, Revolutionäre in der Bibliothek, 6. Mai 1966.
109 Die folgenden Ausführungen basieren auf den Schilderungen Robert Jungks anlässlich eines Kolloquiums im Archiv für Zeitgeschichte, ETH Zürich, 31. Mai 1989, und auf seiner Autobiografie «Trotzdem».
110 Robert Jungk an Hermann Levin Goldschmidt, Prag, 22. April 1938, in: AfZ, NL H. Levin Goldschmidt.
111 Robert Jungk an Hermann Levin Goldschmidt, Paris, 19. Juni 1938, in: ebd.
112 Robert Jungk, Trotzdem, S. 199.
113 Ebd., S. 184.
114 Ebd., S. 185.
115 Vgl. ebd., S. 206.
116 Ebd., S. 205.
117 Lotte Schwarz, Meditationen über eine Bibliothek, S. 19.
118 Vgl. Lida Gustava Heymann, Erlebtes, Erschautes, Meisenheim an der Glan 1972.
119 Lotte Schwarz-Spengler, In der Bibliothek, in: Volksrecht, 17. März 1952, Teil 12.
120 Regina Kägi-Fuchsmann, Das gute Herz genügt nicht. Mein Leben und meine Arbeit, Zürich 1968, S. 143.
121 Ebd., S. 154.
122 Vgl. Anna Siemsen, Spanisches Bilderbuch, Paris 1937.
123 Anna Siemsen, Briefe aus der Schweiz, Hamburg 1947, S. 14.
124 Lotte Schwarz, Die Brille des Nissim Nachtgeist, S. 77f.
125 Lotte Schwarz, Brief an Olaf Ihlau, S. 8.
126 Lotte Schwarz-Spengler, In der Bibliothek, in: Volksrecht, 11. März 1952, Teil 7.
127 Lotte Schwarz, Meditationen über eine Bibliothek, S. 7.
128 Ebd.
129 Ebd., S. 19.

130 Vgl. Beatrice Schuhmacher, Coolness (at) home. Der Kühlschrank und die eiskalte Revolution am heimischen Herd, in: Buomberger, Thomas, Pfrunder, Peter, Schöner leben, mehr haben. Die 50er-Jahre in der Schweiz im Geiste des Konsums, Zürich 2012, S. 69–83.
131 David Vogelsanger, Trotzkismus in der Schweiz. Ein Beitrag zur Geschichte der Schweizer Arbeiterbewegung bis zum Zweiten Weltkrieg, Zürich 1986.
132 Siehe dazu Protokoll des Schweizerischen Schulrats, 1943, Sitzung Nr. 4, 25.6.1943, Traktandum 57, ETH-Bibliothek, Archive, SR2: Schulratsprotokolle, S. 162ff., http://www.sr.ethbib.ethz.ch/digbib/simplesearch.
133 Informationsbriefe für revolutionäre Politik, Nr. 1, Dezember 1939, in: Sozarch, Ar 120, NL Walter Nelz.
134 Ebd.
135 Informationsbriefe für revolutionäre Politik, Nr. 2, Februar 1940, in: ebd.
136 Bericht General Henri Guisans an die Bundesversammlung über den Aktivdienst 1939–1945, Lausanne, März 1946, S. 186f.
137 Protokoll des Schweizerischen Schulrats, 1943, Sitzung Nr. 4, 25.6.1943, Traktandum 57, ETH-Bibliothek, Archive, SR2: Schulratsprotokolle, S. 163, http://www.sr.ethbib.ethz.ch/digbib/simplesearch.
138 Felix Schwarz, bert brecht, Zürich s. d. [1944]; siehe dazu Werner Wüthrich, Bertolt Brecht und die Schweiz, Zürich 2003, S. 278f. In Wüthrichs Besitz befinden sich zwei unterschiedliche Fassungen dieser Textsammlung. Leider konnte Felix Schwarz zu diesem Sachverhalt nicht befragt werden.
139 Vgl. Erwin Parker, Mein Schauspielhaus. Erinnerungen an die Zürcher Theaterjahre 1933–1947, Zürich 1983.
140 Polizeikorps des Kantons Zürich an die Schweizerische Bundesanwaltschaft, 12. Dezember 1944, BAR E 4320(B) 1975/40, Bd. 760, Dossier Felix Schwarz.
141 Ebd.

Teil III

1 Die Gräuel der Konzentrationslager, in: Volksrecht, 20. April 1945, S. 1.
2 Robert Jungk, Trotzdem, S. 211.
3 Lotte Schwarz, Revolutionäre in der Bibliothek, 6. Mai 1966.
4 Brief vom 26. April 1945, im Personaldossier von Lotte Schwarz im Sozialarchiv.
5 Brief vom 29. April 1945, in: ebd.
6 Ebd.
7 Lotte Schwarz, Revolutionäre in der Bibliothek, 6. Mai 1966.
8 Robert Jungk, Trotzdem, S. 218.
9 Ebd., S. 212.
10 Gabriella Seidenfeld, Le tre sorelle, S. 54: «Eravamo tutti molto emozionati: alcuni uomini si abbracciarono e si baciarono piangendo quando misero piede su terra italiana.»
11 Vgl. Christa Kersting, Erziehungswissenschaft in Hamburg nach 1945. Zum Umgang der Disziplin mit Emigranten, in: Zeitschrift für Pädagogik, 1994, Nr. 5, S. 745–763.
12 AfZ, IB JUNA-Archiv/2554, Benjamin Sagalowitz, Dr. M. Bardach, s. d.
13 Regina Kägi-Fuchsmann, Das gute Herz genügt nicht, S. 257.

14 Ebd.
15 Felix Schwarz, Ueberlegungen zur idee der centres communitaires, s. l. s. d., S. 1, in: Sozarch, Ar 20, Schweizerisches Arbeiterhilfswerk SAH.
16 Ebd.
17 Ebd., S. 3.
18 Siehe auch das Interview von Antonia Schmidlin mit Felix Schwarz, 10. Juni 1991, in: AfZ, FD Antonia Schmidlin. Die folgenden Ausführungen zu Rimini stammen, wo nichts anderes vermerkt ist, aus diesem Interview.
19 Regina Kägi-Fuchsmann, Das gute Herz genügt nicht, S. 254f.
20 Lotte Schwarz, Verlassene Jugend, in: Die Tat, 7. August 1946.
21 Lotte Schwarz, Hamburg will lesen, in: Kaufmännisches Zentralblatt, 24. Oktober 1947.
22 Lotte Schwarz, Schulepisoden, S. 79.
23 Jean-Daniel Blanc, Planlos in die Zukunft? Zur Bau- und Siedlungspolitik in den 50er Jahren, in: ders., Luchsinger, Christiane (Hg.), achtung: die 50er Jahre! Annäherung an eine widersprüchliche Zeit, Zürich 1994.
24 Walter Renschler, Ein Leben unterwegs, Februar 2003, S. 1, in: Sozarch, Ar 157, NL Walter Renschler.
25 Vgl. Albert Grimm, Der Verkehr wird auf Wangen-Brüttisellen losgelassen, in: Neujahrsblatt 1999, S. 12.
26 Lotte Schwarz, Tagebuch mit einem Haus, geführt von Lotte Schwarz und kommentiert vom Architekten, Zürich 1956.
27 Zu finden ist diese Figur in Wilhelm Buschs «Bildergeschichten» im 2. Kapitel der Geschichte vom Maler Klecksel.
28 Lotte Schwarz, Tagebuch mit einem Haus, S. 7.
29 Ebd., S. 8f.
30 Vgl. Felix Schwarz, Betrachtungen zum individuellen Wohnhausbau, in: Bauen + Wohnen, Nr. 6, 1949, S. 1.
31 Lotte Schwarz, Tagebuch mit einem Haus, S. 13.
32 Felix Schwarz, in: ebd, S. 13.
33 Vgl. Felix Schwarz, Betrachtungen zum individuellen Wohnhausbau, S. 4f.
34 Von Däniken, Hans-Peter, Das Flachdach, in: Geschichte, Genossenschaft Neubühl, http://www.neubuehl.ch.
35 Felix Schwarz, in: Lotte Schwarz, Tagebuch mit einem Haus, S. 25–26.
36 U. I. H., «Tagebuch mit einem Haus», in: Neue Zürcher Zeitung, 19. November 1957.
37 Lotte Schwarz, Tagebuch mit einem Haus, S. 17.
38 Ebd., S. 60f.
39 Ebd., S. 27.
40 Ebd., S. 44f.
41 Ebd., S. 55.
42 Ebd., S. 37.
43 Ebd., S. 55.
44 Ebd., S. 75f.
45 Ebd., S. 5.
46 Leben ausserhalb der Neidzone, in: Zürcher Woche, Nr. 16, 1957, S. 5.
47 Robert Jungk an Lotte Schwarz, 7. April 1957, NL Lotte Schwarz.

48 Lotte Schwarz, Tagebucheintrag vom 31.12.1956, NL Lotte Schwarz.
49 Lotte Schwarz, Glanz und Elend der Wettbewerbe aus der Perspektive des Familienlebens, in: WERK-Chronik, Nr. 8, 1961.
50 Siehe Lotte Schwarz, Werner Hebebrand, Nachruf, in: Werk, Nr. 1, 1967, S. 48.
51 Lotte Schwarz, ... «alles zäme vo Holz» ..., in: Bau-Gazette, Nr. 5, 1961, S. 2.
52 Lotte Schwarz, Wahrnehmungen beim Werdegang des Ligno-Sauriers.
53 entrée – garderobes, in: Wir bauen, 1968, S. 25.
54 Die Aufzeichnungen, die Karl Schröder in den ersten Wochen täglich verfasst hat, geben keinen Hinweis darauf, dass er plante, sich mit Lotte Schwarz zu treffen. Siehe dazu IISG, Sammlung Karl Schröder, Manuskripte, Nr. 26, Unsere Schweizer Reise November–Dezember 1948.
55 Siehe dazu die Briefe im TNL Utzelmann (Privatarchiv) und IISG, Sammlung Franz Peter Utzelmann, Korrespondenz.
56 Brief von Bernhard Reichenbach an Helmut Wagner, 27. Januar 1946, TNL Utzelmann (Privatarchiv).
57 Brief von Helmut Wagner an Bernhard Reichenbach, New York 4. Februar 1946, ebd.
58 Brief von Helmut Wagner an Bernhard Reichenbach, 2. Dezember 1945, ebd.
59 Brief von Peter Utzelmann an Bernhard Reichenbach, 20. August 1952, ebd.
60 Brief Lotte Schwarz an Olaf Ihlau, S. 10.
61 Vgl. Michael Kubina, Von Utopie, Widerstand und Kaltem Krieg: das unzeitgemässe Leben des Berliner Rätekommunisten Alfred Weiland (1906–1978), Münster 2001, S. 53f.
62 Bericht HA IX/11, Major Zank, Berlin, 18. Sept. 1970, BStU MfS ZA AV 68/70/I, Bl. 29–38, zitiert nach Michael Kubina, Von Utopie, Widerstand und Kaltem Krieg, S. 53f.
63 Interview mit Elisabeth Fuchs, 17. November 2011.
64 Nachzulesen wären ihre Positionen im «Arbeiterwort. Organ der Proletarischen Aktion der Schweiz und der Sozialistischen Arbeiterkonferenz».
65 Vgl. AfZ, NL Heinrich Buchbinder.
66 Helmut Hubacher, in: Basler AZ, 8. November 1956.
67 Brief an Felix Schwarz, 1. Dezember 1956, Brüttisellen, NL Lotte Schwarz.
68 Der falsche Mann am falschen Ort. Neues von Heinrich Buchbinder, in: Neue Zürcher Zeitung, 31. August 1962, S. 4.
69 EJPD, Aktennotiz, 11. Mai 1962, in: AfZ, NL Heinrich Buchbinder, Fiche.
70 Siehe ebd.
71 Vgl. Vertraulicher Bericht der Schweizerischen Bundesanwaltschaft über die Tätigkeit, Hintergründe und Zielsetzungen der Bewegung gegen die Anwendung der Atomwaffen in der Schweiz sowie ihre ausländischen Verbindungen, in: AfZ, NL Heinrich Buchbinder, Fiche.
72 Walter Diggelmann, Eminent menschlich – eminent schweizerisch, in: National-Zeitung, 4. November 1963.
73 Lotte Schwarz, Strahlen aus der Asche, in: Die Frau in Leben und Arbeit, 1. Mai 1960, S. 9–11.
74 Vgl. Claus Leggewie, Kofferträger: das Algerien-Projekt der Linken im Adenauer-Deutschland, Berlin 1984, S. 32.

75 Siehe dazu Lotte Schwarz-Spengler, In der Bibliothek, in: Volksrecht, 17. März 1952, Teil 12.
76 L. S. [Lotte Spengler], Zur Lage der Bürolistinnen und Verkäuferinnen in Zürich, in: Der öffentliche Dienst, Nr. 15, 1939.
77 Lotte Spengler, Nochmals: «Zwei Stunden nach Büroschluss», in: Luzerner Neueste Nachrichten, 17. Juni 1944. Alle nachfolgenden Zitate stammen aus diesem Text.
78 Sozialdemokratische Frauengruppe Zürich 4/5, Protokoll der Monatsversammlung, 17. April 1945, Sozarch, Ar 87, Sozialdemokratische Partei Zürich 4.
79 Nationalratsdebatte 13. Juni 1951, 5996, Frauenstimmrecht, Berichterstatter der Kommission Wick, Amtliches Bulletin der Bundesversammlung, BD II, Heft 8, S. 520.
80 Ebd., Votum Bircher, S. 531f.
81 Ebd., Votum Bringolf, S. 539.
82 Vgl. Yvonne Voegeli, Zwischen Hausrat und Rathaus: Auseinandersetzungen um die politische Gleichberechtigung der Frauen in der Schweiz 1945 1971, Zürich 1997.
83 Lotte Schwarz, …in Sippenhaftung.
84 In der 1958 vom BSF herausgegebenen Broschüre «Licht und Schatten im Berufsleben der Schweizer Frau» stand zu lesen: «Ein Teil der öffentlichen Meinung steht auf dem Standpunkt, dass diejenigen, welche Ehe und Mutterschaft hochhalten, dem Beruf fernbleiben sollten. Manche Mütter sind aber gezwungen, einer Erwerbstätigkeit nachzugehen, andere haben das Bedürfnis, sich in der Aussenwelt zu betätigen. […] Die ausserhäusliche Erwerbstätigkeit sollte jedoch in allen Fällen, wo sie die Kräfte der Mutter übersteigt oder die gesunde Entwicklung ihrer Kinder gefährdet, nach Möglichkeit eingeschränkt oder überhaupt vermieden werden.» Licht und Schatten im Berufsleben der Schweizer Frau, hg. v. Bund Schweizerischer Frauenvereine, Zürich 1958, S. 106.
85 Elisabeth Longoni-Portmann, Frauen in der modernen Wirtschaft, in: Orientierung. Katholische Blätter für weltanschauliche Information, 15. Dezember 1965, S. 271.
86 Vgl. Käthe Biske, Zürcher Mütterbefragung 1957/58. Tausend unselbständig erwerbende Mütter zu den Hintergründen und Auswirkungen ihrer Erwerbsarbeit, Statistisches Amt der Stadt Zürich, o. J., S. 34.
87 Lotte Schwarz-Spengler, In der Bibliothek, in: Volksrecht, 18. März 1952, Teil 13.
88 Ebd.
89 Dr. Käthe Biske, Dr. U. Zwingli, Zürcher Frauenbefragung 1955, Sonderabdruck aus den Zürcher Statistischen Nachrichten, Heft 4, 1955.
90 Lenz' erfolgreiche Revue endet mit dem Auftritt der Helvetia, gespielt von Stefanie Glaser, die sich an die Schweizerinnen und Schweizer wandte: «Miteidgenossen und Miteidgenossinnen – liebi Schwyzerinne und Schwyzer! S'isch a der Zyt, dass alli entwicklete und underentwicklete Völcher, drunder o d'Schwyz, de Froue z'rächt gänd, im Staat mitzrede. I bi sälber e Frau und muess säge, d'Verehrig vo üse Manne hät mir immer wohltah. Aber sie heimi immer uf es Piedestal ufeglüpft u wäme öppis z'entscheide gha hät, so heisie mi überhaupt nit gfragt. I bi grad guet gnueg gsy, als Symbol uf em Fränkli z'hocke. Aber im Rat hanig o kei Stimm gha. Das söll jetzt angersch wärde und i säg dene siebe Herre, vo wyzt inere Wulche vo Frauverehrig u Anerchännig über üs schwäbet villmal ‹Merci›! Mir Froue wei alli dankbar sy, aber de Manne törfet mer scho namal säge: S'isch höchsti Zyt!» Max Werner Lenz,

Lysistrata 1958 oder Lysi und die verhinderten Männer, S. 53, in: Stadtarchiv Zürich, NL Elsie Attenhofer.
91 Lotte Schwarz, «Brief aus Zürich», 1958 für die Zeitschrift «Der Monat» geschrieben, NL Lotte Schwarz.
92 Iris von Roten, Frauen im Laufgitter. Offene Worte zur Stellung der Frau, Bern 1958, S. 469.
93 Lotte Schwarz, Mann und Frau in einer veränderten Welt, in: Tages-Anzeiger, 16. Januar 1960.
94 Ebd.
95 Lotte Schwarz, Tagebuch mit einem Haus, S. 52.
96 Lotte Schwarz, Fragebogen für Kantonsratskandidaten der Sozialdemokratischen Partei, Wahlkreis XII (Bezirk Uster), Kantonsratswahlen 1971, in: Sozarch, Ar 27, Sozialdemokratische Partei Kanton Zürich.
97 Lotte Schwarz-Spengler, In der Bibliothek, in: Volksrecht, 17. März 1952, Teil 12.
98 Lotte Schwarz, Gleiches Unrecht für alle, S. 2. Alle nachfolgenden Zitate stammen aus diesem Text.
99 Lotte Schwarz an Peter Utzelmann, s. d. s. l., TNL Utzelmann (Privatarchiv).
100 Lotte Schwarz, Fragebogen für Kantonsratskandidaten der Sozialdemokratischen Partei, Wahlkreis XII (Bezirk Uster), Kantonsratswahlen 1971, in: Sozarch, Ar 27, Sozialdemokratische Partei Kanton Zürich.
101 Lotte Schwarz, Erstmals mit Frauenstimmrecht, in: AZ, 24. Mai 1971. Die nachfolgenden Zitate stammen aus diesem Text.
102 Hansjörg Braunschweig, Zum Tode von Lotte Schwarz, in: AZ, 15. Oktober 1971.
103 Vgl. Lotte Schwarz, Steine und Büsche, in: Werk, 1960, Nr. 5, S. 172.
104 Vgl. Charles Linsmayer, Hans Ganz, http://www.linsmayer.ch/autoren/G/Ganz-Hans.html.
105 Lotte Schwarz, Tagebuch mit einem Haus, S. 75.
106 François Bondy, Mein Dreivierteljahrhundert, hg. v. Iso Camartin, Zürich 1990, S. 82.
107 Adrien Turel an Lotte und Felix Schwarz, Zürich, 14. August 1953, in: ZBZ, NL Adrien Turel.
108 ZBZ, NL Adrien Turel, zitiert nach Charles Linsmayer, http://www.linsmayer.ch/autoren/T/TurelAdrien.html.
109 Lotte Schwarz an Adrien Turel, 3. April 1956, in: ZBZ, NL Adrien Turel.
110 François Bondy, Mein Dreivierteljahrhundert, S. 84.
111 Andreas Molitor, Soziale Innovation – Eine Serie in brand eins, Folge 9: Stadtplanung, in: brand eins Online, Nr. 9, 2006.
112 Vgl. Lotte Schwarz, Das war Dr. Paulette Brupbacher, in: Volksrecht, 24./25. Januar 1968.
113 Walter Nelz drückte seine Wertschätzung für Lotte in seinem Nachruf «Lotte Schwarz 1910–1971» aus, in: AZ, 12. Oktober 1971.
114 Vgl. Bericht von Dr. Roth, Basel, 18. Januar 1949, BAR 4320(B), 1991/243, Bd. 1598, Bundesanwaltschaft, Polizeidienst, Dossier Moritz Bardach
115 Hansjörg Braunschweig, Zum Tode von Lotte Schwarz, in: AZ, 15. Oktober 1971.
116 Entstehung und Ende der Lignoform AG, in: «Nüs vu üs», Nr. 13, Januar 2009, http://www.benken.ch/documents/Mitteilungsblatt13.pdf.
117 Lotte Schwarz, Ist das Bauen zu einer Krankheit geworden?, in: Bau-Gazette, Nr. 3, 1960.

118 Vgl. Lotte Schwarz, Die Brille des Nissim Nachtgeist.
119 Vgl. Hanspeter Born, Das waren noch Zeiten! Ferdi Kübler und die goldenen Jahre des Schweizer Radsports, Zürich 1990, S. 37. Mündliche Aussagen dazu auch von Esther Eppstein, der Tochter von Paul Eppstein.
120 Lotte Schwarz, Tagebuch mit einem Haus, S. 67–71.
121 «Wenn die Familie einmal kleiner wird, werden meine Pläne wieder grösser», in: Die Frau, August 1959, Nr. 108, S. 29.
122 Ebd.
123 Lotte Schwarz an Dr. Steinemann, Leiter des Schweizerischen Sozialarchivs, in: Personaldossier Lotte Schwarz, Sozialarchiv.
124 Lotte Spengler, Der Weg ins Freie, in: Die Weltwoche, 15. September 1944. Die Rezension bezieht sich auf das Buch von Anna Siemsen, Der Weg in Freie, das 1943 bei der Büchergilde Gutenberg in Zürich erschienen ist.
125 François Bondy, Rede auf der Beerdigung von Lotte Schwarz, Krematorium Sihlfeld, Zürich, 8. Oktober 1971, unveröffentlicht, NL Lotte Schwarz.
126 Hans Aeschbacher, Rede auf der Beerdigung von Lotte Schwarz, Krematorium Sihlfeld, Zürich, 8. Oktober 1971, unveröffentlicht, NL Lotte Schwarz.

Abkürzungen

ADGB	Allgemeiner Deutscher Gewerkschaftsbund
ATB	Arbeiter-Touring-Bund
AVOES	Auslandsvertretung der österreichischen Sozialisten
BGB	Bauern-, Gewerbe- und Bürgerpartei
BRD	Bundesrepublik Deutschland
BSF	Bund Schweizerischer Frauenvereine
CIAM	Congrès Internationaux d'Architecture Moderne = Internationale Kongresse Moderner Architektur
DDR	Deutsche Demokratische Republik
ETH	Eidgenössische Technische Hochschule
FD	Forschungsdokumentation
FDP	Freiheitliche Demokratische Partei
FLN	Front de Libération Nationale
GRU	Glawnoje Raswedywatelnoje Uprawlenije = Militärischer Nachrichtendienst der Roten Armee
IRK	Internationale Revolutionäre Kommunisten
JUNA	Jüdische Nachrichten
KAPD	Kommunistische Arbeiterpartei Deutschlands
KJVD	Kommunistischer Jugendverband Deutschlands
KPD	Kommunistische Partei Deutschlands
KPdSU	Kommunistische Partei der Sowjetunion
KPS	Kommunistische Partei der Schweiz
LdU	Landesring der Unabhängigen
MfS	Ministerium für Staatssicherheit der DDR
MNA	Mouvement National Algérien
NL	Nachlass
NKWD	Narodny kommissariat wnutrennich del = Volkskommissariat für innere Angelegenheiten
NSDAP	Nationalsozialistische Arbeiterpartei Deutschlands
OSS	Office of Strategic Services = Militärischer Nachrichtendienst der USA
PCI	Partito Comunista Italiano = Kommunistische Partei Italiens
PdA	Partei der Arbeit
RGO	Revolutionäre Gewerkschafts-Opposition
RK	Rote Kämpfer
SA	Sturmabteilung der NSDAP
SS	Schutzstaffel der NSDAP
SAB	Sozialistischer Arbeiterbund
SAFFA	Schweizerische Ausstellung für Frauenarbeit
SAH	Schweizerisches Arbeiterhilfswerk
SAK	Sozialistische Arbeiterkonferenz
SAJ	Sozialistische Arbeiterjugend
SAPD	Sozialistische Arbeiterpartei Deutschlands
SDAPR	Sozialdemokratische Arbeiterpartei Russlands

SPD	Sozialdemokratische Partei Deutschlands
SPS	Sozialdemokratische Partei der Schweiz
SWV	Sozialwissenschaftliche Vereinigung
TNL	Teilnachlass
USPD	Unabhängige Sozialdemokratische Partei Deutschlands
VPOD	Verband des Personals Öffentlicher Dienste
VSJF	Verband Schweizerischer Jüdischer Fürsorgen
ZK	Zentralkomitee

Bibliografie

Nachlass Lotte Schwarz (Privatbesitz)

Publizierte Texte von Lotte Schwarz
Tagebuch mit einem Haus, geführt von Lotte Schwarz und kommentiert vom Architekten, Zürich 1956 (Verlag Girsberger).
Lotte Spengler, Intelligente Person gesucht, in: Der öffentliche Dienst. Zeitung des Schweizerischen Verbandes des Personals öffentlicher Dienste, Nr. 41, 1935.
L. [Lotte Spengler], Die Dienstbotenfrage – ein unlösbares Problem, in: Der öffentliche Dienst, s. d.
L. [Lotte Spengler], Zwischen Lift und Notausgang, in: Der öffentliche Dienst, s. d.
L. S. [Lotte Spengler], Die KP Zürich zu den Bluturteilen von Moskau, in: Volksrecht, 1. September 1936.
Lotte Spengler, Die «Dima», in: Der öffentliche Dienst, Nr. 43, 1937.
Lotte Spengler, Dienstmädchensorgen – in England, in: National-Zeitung, 24. Oktober 1937.
L. S. [Lotte Spengler], Frauen vor und hinter dem Ladentisch, in: Frauenrecht, Nr. 8, 1936.
Sp. [Lotte Spengler], Hausdienst im Ausbau, in: Der öffentliche Dienst, Nr. 22, 1939.
[Lotte Spengler], Wie es das Dienstmädchen sieht, in: Schweizer Spiegel, Nr. 10, 1939.
L. S. [Lotte Spengler], Zur Lage der Bürolistinnen und Verkäuferinnen in Zürich, in: Der öffentliche Dienst, Nr. 15, 1939.
Lotte Spengler, Die Magd in der Literatur, in: Der kleine Bund, 30. Juni 1940.
Lotte Spengler, Lily Braun, eine tragische Begegnung mit der Politik, in: Tages-Anzeiger, 18. Dezember 1943.
Lotte Spengler, Nochmals: «Zwei Stunden nach Büroschluss», in: Luzerner Neueste Nachrichten, 17. Juni 1944.
Lotte Spengler, Der Weg ins Freie, in: Die Weltwoche, 15. Sept. 1944.
Lotte Schwarz, Nachruf auf Fritz Brupbacher, in: St. Galler Volksstimme, 17. Januar 1945.
Lotte Schwarz, Verlassene Jugend, in: Die Tat, 7. August 1946.
Lotte Schwarz, Das aktuelle Dossier, in: Schweizerisches Kaufmännisches Zentralblatt, 6. September 1946.
Lotte Schwarz, Dossiers mit «Kleinmaterial» über soziale Fragen, in: Schweizerische Arbeitgeber-Zeitung, 6. September 1946.
Lotte Schwarz, Hamburg will lesen, in: Kaufmännisches Zentralblatt, 24. Oktober 1947.
Lotte Schwarz, Jugend ohne Heimat, in: Volksrecht, 13. Juli 1946.
Lotte Schwarz, Zur Stellung der deutschen Sozialisten, in: Volksrecht, 2. Januar 1947.
Lotte Schwarz-Spengler, In der Bibliothek, in: Volksrecht, 4.–18. März 1952.
Lotte Schwarz, Dienet Eurer Herrschaft recht…, in: DU, Nr. 8, 1957.
Lotte Schwarz, «Schatzkästlein für Dienstmädchen», in: DU, 8, 1957.

Lotte Schwarz, Als vermisst gemeldet: 3539 Ehefrauen, in: Nebelspalter, Nr. 42, 1958.
Lotte Schwarz, Schulepisoden – aus der Ferne nacherlebt, in: Das Gross Borsteler Heimatbuch. Jubiläumsjahr 1959, Hamburg 1959.
Lotte Schwarz, Strahlen aus der Asche, in: Die Frau in Leben und Arbeit, 1. Mai 1960.
Lotte Schwarz, Mann und Frau in einer veränderten Welt, in: Tages-Anzeiger, 16. Januar 1960.
Lotte Schwarz, Steine und Büsche, in: Werk, Nr. 5, 1960.
L. S. [Lotte Schwarz], «... der Sessel, in dem man nicht ordentlich sitzen kann, ist unsittlich...», Bau-Gazette, Nr. 1, 1960.
L. S. [Lotte Schwarz], Ist das Bauen zu einer Krankheit geworden?, in: Bau-Gazette, Nr. 3, 1960.
L. S. [Lotte Schwarz], Stumme Diener der Architekten und Schreiner, in: Bau-Gazette, Nr. 4, 1960.
L. S. [Lotte Schwarz], Rund um die Bank, in: Bau-Gazette, Nr. 1, 1961.
L. S. [Lotte Schwarz], Gezähmtes Holz?, in: Bau-Gazette, Nr. 2, 1961.
L. S. [Lotte Schwarz], Von Ecken und Kanten, in: Bau-Gazette, Nr. 3, 1961.
Lignoform [Lotte Schwarz], «... La chaise dans laquelle on ne peut pas s'asseoir confortablement est ... immorale», in: Gazette du Bâtiment, Nr. 4, 1961.
L. S. [Lotte Schwarz], Seltene Funde in einer Baugrube? Vom Aufrichten und Einrichten, in: Bau-Gazette, Nr. 4, 1961.
L. S. [Lotte Schwarz], ... «alles zäme vo Holz» ..., in: Bau-Gazette, Nr. 5, 1961.
L. S. [Lotte Schwarz], Eine Hörsaalbestuhlung aus Formsperrholz, in: Bau-Gazette, Nr. 6, 1961.
Lotte Schwarz, Glanz und Elend der Wettbewerbe aus der Perspektive des Familienlebens, in: WERK-Chronik, Nr. 8, 1961.
L. S. [Lotte Schwarz], Rund um die Bank, in: Wir bauen, Ausgabe 1961/1962, S. 87.
Lotte Schwarz, So oder so ..., in: Die Tat, 10. April 1962.
L. S. [Lotte Schwarz], Es strebt der Mensch ... solang er sitzt ..., in: Bau-Gazette, Nr. 2, 1962.
L. S. [Lotte Schwarz], Die langen Längen – Holz ist von Natur aus lang, in: Bau-Gazette, Nr. 4, 1962.
L. S. [Lotte Schwarz], Von der Küche zum Bijou, in: Bau-Gazette, Nr. 5, 1962.
L. S. [Lotte Schwarz], Treppengeländer aus Holz, in: Bau-Gazette, Nr. 6, 1962.
Lotte Schwarz, Das Kind und seine Umwelt, in: Werk-Chronik, Nr. 2, 1963.
L. S. [Lotte Schwarz], Rohre und Ringe aus Holz, in: Bau-Gazette, Nr. 2, 1963.
L. S. [Lotte Schwarz], Der Thron des Jahrhunderts, in: Bau-Gazette, Nr. 4, 1964.
L. S. [Lotte Schwarz], Eine Hörsaalbestuhlung aus Formsperrholz, in: Bau-Gazette, Nr. 6, 1964.
Lotte Schwarz, Episode Kokoschka/Loos, in: Schweizerische Bauzeitung, Nr. 25, 1965.
Lotte Schwarz, Revolutionäre in der Bibliothek. Erinnerungen an das Schweizerische Sozialarchiv, in: Die Weltwoche, 6. Mai 1966.
Lotte Schwarz, ... ist die Geschichte von Unvorhergesehenem (Eröffnung des Theaters in Ingoldstadt), in: Werk-Chronik, Nr. 7, 1966.
Lotte Schwarz, Werner Hebebrand, Nachruf, in: Werk-Chronik, Nr. 1, 1967.

Lotte Schwarz, Der Architekt und sein Haus, Schweizerische Bauzeitung, Nr. 15, 1967.
Lotte Schwarz, Wer A. Loos verunglimpft, befindet sich auf dem geradesten Weg zur Hölle, in: Bauwelt, Nr. 18, 1968.
Lotte Schwarz, Das war Dr. Paulette Brupbacher, in: Volksrecht, 25. Januar 1968.
Lotte Schwarz, Der Architekt und sein Haus, Deutsche Bauzeitung, Nr. 1, 1968.
Lotte Schwarz, Cubo und Cubina, Beitrag in: Triennale 1968. Schweizer Beitrag.
Lotte Schwarz, «Die Reise nach Murmansk», in: AZ, 30. April 1970.
Lotte Schwarz, Erstmals mit Frauenstimmrecht, in: AZ, 24. Mai 1971.
Lotte Schwarz, Zur Topographie einer Sektion, in: AZ, s. d.
Lotte Schwarz, 50 Jahre ATB Brüttisellen, in: AZ, 10. Juli 1971.

Vorträge
Lotte Spengler, Dienstmädchensorgen, Radiovortrag, April 1938 (Typoskript).
Lotte Schwarz, Die Tauben von Fönien, Radiovortrag 1962 (Typoskript).
Lotte Schwarz, Wahrnehmungen beim Werdegang des Ligno-Sauriers im Jahre 1964, Rede Tierspital, Januar 1965 (Typoskript).
Lotte Schwarz, Zum Projekt der Kantonalpartei: «Rechtsanspruch auf Weiterbildung und Umschulung für jeden Erwachsenen», Vortrag in der Sektion der SP Dübendorf, s. d. (Typoskript).
Lotte Schwarz, ... in Sippenhaftung. Rede an der öffentlichen Wählerversammlung Bezirk Uster zur Unterstützung der Kandidatur von Walter Renschler, Nationalrat der SP, als Regierungsrat für den Kanton Zürich, 30. März 1971 (Typoskript).

Unpublizierte Texte von Lotte Schwarz
Brief aus Zürich [Artikel über die SAFFA in Zürich 1958 für die Zeitschrift «Der Monat», Eine internationale Zeitschrift für Politik und geistiges Leben, 1958].
Die Brille des Nissim Nachtgeist [Roman über die Pension Comi in Zürich].
«... ein Segen sind die Fremden, denn sie schauen genauer hin...» [Kurzfassung des Romans über die Pension Comi für ein Drehbuch anlässlich des Wettbewerbs der Praesens Film AG].
Gleiches Unrecht für alle – Materialien zu einem eidgenössischen Gelächter [Erzählung über den utopischen Umgang mit den Schweizer Verweigerern des Frauenstimmrechts].
Die Lange [Erzählung über Lotte Schwarz' Jahre zwischen 1924 und 1934 in Hamburg].
Der Katzenkopf [Erzählung über Kindheit und Jugend in Hamburg].
Wir waren siebzehnjährig [Erzählung über ihre Jugendjahre in Hamburg].
Meditationen über eine Bibliothek [Aufsatz über ihre Erfahrungen im Schweizerischen Sozialarchiv von 1938–1948].
Gesicht und Gesichter einer Bibliothek [Aufsatz über ihre Erfahrungen im Schweizerischen Sozialarchiv von 1938–1948].
Erinnerungen einer Bibliothekarin [Erinnerungen an das Schweizerische Sozialarchiv].

Stimme aus dem Untergrund (Maus Lara an einer Parteiversammlung der SP) [Text über den Verlauf einer Parteikonferenz aus der Perspektive einer Maus].
Brief an Olaf Ihlau über die Roten Kämpfer, 13.2.1966.
Werner Hebebrand zum 60. Geburtstag.
Derrière la fassade, Druckfahne, s. d.
Texte über Heiri Eichmann.
Tagebuchaufzeichnungen.
Korrespondenz.
Fotoalben

Unpublizierte Texte von Dritten im NL Lotte Schwarz

Hans Aeschbacher, Rede auf der Beerdigung von Lotte Schwarz, Krematorium Sihlfeld, Zürich, 8. Oktober 1971.
François Bondy, Rede auf der Beerdigung von Lotte Schwarz, Krematorium Sihlfeld, Zürich, 8. Oktober 1971.
Gabriella Seidenfeld, Le tre sorelle, Memoiren, s. d.

Archive

Schweizerisches Sozialarchiv (Sozarch), Zürich

Personaldossier Lotte Schwarz

Ar 1	Sozialdemokratische Partei der Schweiz
Ar 17	SAFFA
Ar 20	Schweizerisches Arbeiterhilfswerk
Ar 27	Sozialdemokratische Partei, Kanton Zürich
Ar 39	Schweizerischer Verband des Personals öffentlicher Dienste VPOD
Ar 42	Schweizerische Vereinigung für Sozialpolitik
Ar 87	Sozialdemokratische Partei Zürich 4
Ar 96	Genossenschaft Proletarische Jugend
Ar 101	Nachlass Fritz Brupbacher
Ar 120	Nachlass Walter Nelz
Ar 122	Nachlass Burkhart Springstubbe
Ar 124	Nachlass Max Gerber
Ar 137	Nachlass Max Rotter
Ar 142	Nachlass Anna Siemsen
Ar 150	Nachlass Edy Meyer
Ar 157	Nachlass Walter Renschler
Ar 201.10	Büchergilde Gutenberg
Ar 201.45	Trotzkismus Schweiz
Ar 201.218	Arbeitsgemeinschaft Zürcher Manifest
Ar 301.2	Typoskript Maurice Bardach, Lage der Flüchtlinge in der Schweiz, Zürich s. d.
Ar 301.5	Manuskript Helmut Wagner, Die Grundlagen der bolschewistischen Machtpolitik. Zur Soziologie des Bolschewismus, s. l. s. d. [1934–1939]

Ar 454 Sozialistischer Arbeiterbund
14869 Maurice Bardach alias Boris Styrsky, Die Ukrainer, geschichtsloses Volk, s. l. [Zürich] 1945, Typoskript
335 108/1 Helmut Wagner, Zur sozialistischen Neuorientierung, Sommer 1938, Manuskript

Schweizerisches Bundesarchiv Bern (BAR)
E2001(C) 1000/1533, Bd. 103, EPD, Abteilung für Auswärtiges, Dossier Friedrich Adler
E4264(-)1000/842, Bd. 5499, EJPD, Polizeiabteilung, Dossier Adam Friedmann
E4264(-)1988/2, Bd. 594, EJPD, Polizeiabteilung, Dossier Pauline Friedmann
E4264(-)1988/2, Bd. 596, EJPD, Polizeiabteilung, Dossier Adam Friedmann
E4264(-)1988/2, Bd. 9209, EJPD, Polizeiabteilung, Dossier Kurt Nussbaum
E4264(-)1988/2, Bd. 10812, EJPD, Polizeiabteilung, Dossier Helmut Rudolf Wagner
E4320(B) 1975/40, Bd. 760, Bundesanwaltschaft, Polizeidienst, Dossier Felix Schwarz
E4320(B) 1978/121, Bd. 39, Bundesanwaltschaft, Polizeidienst, Dossier Adam Friedmann
E4320(B) 1991/243, Bd. 1598, Bundesanwaltschaft, Polizeidienst, Dossier Moritz Bardach

Archiv für Zeitgeschichte der ETH Zürich (AfZ)
IB JUNA Archiv
IB VSJF Archiv des Verbandes Schweizerischer Jüdischer Flüchtlingshilfen
IB SFH Archiv der Schweizerischen Flüchtlingshilfe
CZA Riegner Archiv
Nachlass Ernst Erdös
Nachlass Hermann Levin Goldschmidt
Nachlass Heinrich Buchbinder
Nachlass Alfred A. Häsler
Kolloquium Robert Jungk, 31. Mai 1985
Kolloquium François Bondy, 20. April 1988
Forschungsdokumentation Antonia Schmidlin
Biographische Sammlung
BASJ Bildarchiv Schweizer Juden

ETH-Bibliothek, Archive & Nachlässe
SR2: Präsidialverfügung Nr. 516 vom 21.5.1943.
SR2: Schulratsprotokolle 1943, Sitzung Nr. 4 vom 25.6.1943.

Staatsarchiv Zürich (StAZH)
Scheidungsurteil Hans und Lotte Spengler durch das Bezirksgericht Zürich, BEZ. Zürich 6341.197, Prozess Nr. 61/1937

Stadtarchiv Zürich
SRP 1929/ Prot. Nr. 1191, Berichte über den Bürgerrechtsbewerber Friedmann-Mann, Rachmiel
VII.200 Schauspielhaus Zürich
VII.208 Nachlass Erwin Parker
VII.228 Nachlass Elsie Attenhofer
VII.426 César Keiser und Margrit Läubli Archiv

Zentralbibliothek Zürich, Handschriftenabteilung (ZBZ)
Nachlass Rudolf Jakob Humm
Nachlass Adrien Turel

Internationaal Institut voor Sociale Geschiedenis (IISG), Amsterdam
Sammlung Wolfgang Abendroth
Sammlung Karl Korsch
Sammlung Karl Kuntze
Sammlung Paul Mattick
Sammlung Anton Pannekoek
Sammlung Karl Schröder
Sammlung Franz Peter Utzelmann

Deutsches Bundesarchiv Berlin
Nationalsozialistische Justiz, NJ 12921, Bd. 1–2, Prozessakten gegen die Roten Kämpfer

Kreiskirchenarchiv Lauenburg
Kirchenbücher der Kirchgemeinde Schwarzenbek

Privatarchiv Michael Kubina, Berlin
Teilnachlass Franz Peter Utzelmann (TLN)

Mündliche Quellen
Interviews mit Zeitzeugen (Treffen oder Telefonate)

Aeschbacher, Maja: Zürich, 14. Dezember 2009
Baltensweiler, Rosmarie: mehrere Telefoninterviews, 1. Februar 2011 – Juni 2012
Bondy, Liliane: Zürich, 12. Oktober 2010
Conrads, Ulrich: 5. Dezember 2009 (Telefon)
Diessner, Helga: 12. Januar 2010 (Telefon)
Ditzen, Eleonore: Zürich, 12. Oktober 2010, 2. Mai 2011; mehrere Telefoninterviews, 3. November 2009 – Juni 2012
Friedmann, Adam: Zürich, 4. November 2009
Fuchs, Elisabeth: Zürich, 17. November 2011
Giese, Hannes: Zürich, 6. Februar 2011
Grob, Marion: 3. Dezember 2010 (Telefon)
Hauser, Othmar: Zürich, 30. November 2010
Kammerer, Bruno: 2010 (Telefon)
Lohse, Johanna: Zürich, 17. August 2011; 7. September 2010 (Telefon)
Meyer-Facius, Rita: mehrere Telefoninterviews, 23. August 2010 – Juni 2012
Neidhardt, Marianne: März 2010 (Telefon)
Schaufelberger, Verena: Zürich, 14. Dezember 2009
Schwarz, Bertram: Zürich, 30. August 2010
Schwarz, Felix: mehrere Treffen in Zürich und Brüttisellen, 13. März 2010 – 6. August 2010; mehrere Telefoninterviews 2010–2011
Schwarz, Oliver: Zürich, mehrere Treffen, 18. Dezember 2009 – Juni 2012
Zuberbühler, Robert: Winkel, 6. Mai 20111
Zürcher, Gret: Zürich, 12. August 2010

Literatur und gedruckte Quellen

50 Jahre Schweizerisches Sozialarchiv, Festschrift, Zürich 1958.
100 Jahre soziales Wissen. Schweizerisches Sozialarchiv 1906–2006, Zürich 2006.
150 Jahre Verbands-Sparkasse Schwarzenbek, 1829–1979, Schwarzenbek s. d. [1979].
Bauche, Ulrich et al. (Hg.), «Wir sind die Kraft». Arbeiterbewegung in Hamburg von den Anfängen bis 1945, Katalogbuch zur Ausstellung des Museums für Hamburgische Geschichte, Hamburg 1988.
Benninghaus, Christiane, Die anderen Jugendlichen. Arbeitermädchen in der Weimarer Republik, Frankfurt am Main 1999.
Biske, Käthe, Zwingli, U., Zürcher Frauenbefragung 1955: die Meinung der Frauen in der Stadt Zürich zur Einführung des Frauenstimmrechtes, Zürich 1955.
Blanc, Jean-Daniel, Planlos in die Zukunft? Zur Bau- und Siedlungspolitik in den 50er Jahren, in: ders., Luchsinger, Christiane (Hg.), achtung: die 50er Jahre! Annäherung an eine widersprüchliche Zeit, Zürich 1994.
Bochsler, Regula, Gisiger, Sabine, Städtische Hausangestellte in der deutschsprachigen Schweiz des 20. Jahrhunderts, Zürich 1989.
Boehart, William, Schwarzenbek 1870–1950. Ein Beitrag zur Geschichte einer lauenburgischen Landgemeinde zwischen Dorf und Stadt, Schwarzenbek 1990.
Bondy, François, Mein Dreivierteljahrhundert, hg. v. Iso Camartin, Zürich 1990.
Born, Hanspeter, Das waren noch Zeiten! Ferdi Kübler und die goldenen Jahre des Schweizer Radsports, Zürich 1990.
Brunk, Willi, Dederke, Karlheinz, Neumann, Horst, «1918/19: Revolution in Deutschland?», Berlin 1976.
Brupbacher, Fritz, 60 Jahre Ketzer. Selbstbiographie: Ich log so wenig als möglich, Zürich 1981 (1935).
Bund Schweizerischer Frauenvereine (Hg.), Licht und Schatten im Berufsleben der Schweizer Frau, Zürich 1958.
Diercks, Herbert, Die Freiheit lebt. Widerstand und Verfolgung in Hamburg 1933–1945. Texte, Fotos und Dokumente, hg. von der KZ-Gedenkstätte Neuengamme, Hamburg 2010.
Dressler, Helmut, Werden und Wirken der Büchergilde Gutenberg, Zürich s. d. [1947].
Dünnebier, Anna, Scheu, Ursula, Die Rebellion ist eine Frau. Anita Augspurg und Lida G. Heymann, München 2002.
Früh, Kurt, Rückblenden. Von der Arbeiterbühne zum Film, Zürich 1975.
Galli, Sara, Le tre sorelle Seidenfeld. Donne nell'emigrazione politica antifascista, Firenze 2005.
Gast, Uriel, Von der Kontrolle zur Abwehr, Die eidgenössische Fremdenpolizei im Spannungsfeld von Politik und Wirtschaft 1915–1933, Zürich 1997.
Grimm, Albert, Der Verkehr wird auf Wangen-Brüttisellen losgelassen, in: Neujahrsblatt 1999.
Guisan, Henri, Bericht an die Bundesversammlung über den Aktivdienst 1939–1945, Bern s. d. [1946].

Hagemann, Karen, Lührs, Anne, Vom Dienen und (Mit-)verdienen – Heft 2. Frauenarbeit im Wandel. Vom ausgehenden Kaiserreich bis zum Ende des Nationalsozialismus, Hamburg 1985.

Hausdienst – ein Problem heute wie gestern, 25 Jahre Schweizerische Arbeitsgemeinschaft für den Hausdienst, Zürich 1958.

Heymann, Lida Gustava, Erlebtes, Erschautes, Meisenheim an der Glan 1972.

Holz, Hans Heinz (Hg.), Lohse lesen. Texte von Richard Paul Lohse (Zürich 1902–1988 Zürich), Zürich 2002.

Huber, Peter, Stalins Schatten in die Schweiz. Schweizer Kommunisten in Moskau: Verteidiger und Gefangene der Komintern, Zürich 1994.

Humm, Rudolf Jakob, Bei uns im Rabenhaus, Zürich 1963.

Ihlau, Olaf, Die Roten Kämpfer. Ein Beitrag zur Geschichte der Arbeiterbewegung in der Weimarer Republik und im Dritten Reich, Meisenheim am Glan 1969.

Jungk, Robert, Trotzdem. Mein Leben für die Zukunft, München 1993.

Kägi-Fuchsmann, Regina, Das gute Herz genügt nicht. Mein Leben und meine Arbeit, Zürich 1968.

Klapdor, Heike, Überlebensstrategie statt Lebensentwurf. Frauen in der Emigration, in: Frauen und Exil: zwischen Anpassung und Selbstbehauptung. Exilforschung. Ein Internationales Jahrbuch, Bd. 11 (1993), München 1993.

Koch, Christine, Das Bibliothekswesen im Nationalsozialismus. Eine Forschungsstandanalyse, Marburg 2003.

Kollontai, Alexandra, Wege der Liebe, Berlin 1925, Nachdruck: Berlin 1982.

Kollontai, Alexandra, Die neue Moral und die Arbeiterklasse, Berlin 1920, Nachdruck: Münster 1977.

Kommunal-Verein Gross Borstel (Hg.), Gross Borstel. Vom Dorf zum Stadtteil, Hamburg 1989.

Kreis, Gabriele, Frauen im Exil. Dichtung und Wahrheit, Düsseldorf 1984.

Kubina, Michael, Von Utopie, Widerstand und Kaltem Krieg: das unzeitgemässe Leben des Berliner Rätekommunisten Alfred Weiland (1906–1978), Münster 2001.

Leggewie, Claus, Kofferträger: das Algerien-Projekt der Linken im Adenauer-Deutschland, Berlin 1984.

Magnani, Franca, Eine italienische Familie, Köln 1990.

Parker, Erwin, Mein Schauspielhaus. Erinnerungen an die Zürcher Theaterjahre 1933–1947, Zürich 1983.

Pieper, August, Die hauswirtschaftliche Ausbildung der künftigen Arbeiterfrauen im Hausdienste, Mönchen-Gladbach 1920.

Schmidlin, Antonia, Eine andere Schweiz. Helferinnen, Kriegskinder und humanitäre Politik 1933–1942, Zürich 1999.

Schuhmacher, Beatrice, Coolness (at) home. Der Kühlschrank und die eiskalte Revolution am heimischen Herd, in: Buomberger, Thomas, Pfrunder, Peter, Schöner leben, mehr haben. Die 50er-Jahre in der Schweiz im Geiste des Konsums, Zürich 2012.

Schwarz, Felix, Gloor, Frank, Die Form: Stimme des Deutschen Werkbundes 1925–1934, Gütersloh 1969.

Siemsen, Anna, Briefe aus der Schweiz, Hamburg 1947.

Siemsen, Anna, Spanisches Bilderbuch, Paris 1937.
Siemsen, Anna, Der Weg ins Freie, Zürich 1943.
Thevs, Hildegard, Stolpersteine in Hamburg-Hamm. Biographische Spurensuche, Hamburg 2007.
Ullrich, Volker, Die Hamburger Arbeiterbewegung vom Vorabend des Ersten Weltkrieges bis zur Revolution 1918/19, Hamburg 1976.
Voegeli, Yvonne, Zwischen Hausrat und Rathaus: Auseinandersetzungen um die politische Gleichberechtigung der Frauen in der Schweiz 1945–1971, Zürich 1997.
Vogelsanger, David, Trotzkismus in der Schweiz. Ein Beitrag zur Geschichte der Schweizer Arbeiterbewegung bis zum Zweiten Weltkrieg, Zürich 1986.
von Roten, Iris, Frauen im Laufgitter. Offene Worte zur Stellung der Frau, Bern 1958.
Vorwärts – und nicht vergessen. Arbeiterkultur in Hamburg 1930, Berlin 1982.
Wagner, Helmut, Geschlecht und Gesellschaft, 4. Buchbeigabe zu den «Urania-Kulturpolitischen Monatsheften über Natur und Gesellschaft», Jena 1928.
Wagner, Helmut, Das Wesen der Geschlechtsliebe, Jena 1930.
Wagner, Helmut, Thesen über den Bolschewismus, 1933, siehe: http://www.marxists.org/deutsch/archiv/wagner/1934/thesen.htm.
Wichers, Hermann, Im Kampf gegen Hitler. Deutsche Sozialisten im Schweizer Exil, Zürich 1994.
Wüthrich, Werner, Bertolt Brecht und die Schweiz, Zürich 2003.
Zetkin, Clara, Erinnerungen an Lenin, Berlin 1975, http://marxists.org/deutsch/archiv/zetkin/1925/erinnerungen/lenin.html.

Ausgewählte Beiträge in Zeitungen und Zeitschriften

François Bondy, Lotte Schwarz, in: Neue Zürcher Zeitung, 12. Oktober 1971, Mittagsausgabe, S. 25.
Hansjörg Braunschweig, Zum Tode von Lotte Schwarz, in: AZ, 15. Oktober 1971.
Paulette Brupbacher, Genosse Wolodja R. Friedmann, in: Volksrecht, 6. Dezember 1940.
Dokumentation «Die Roten Kämpfer», in: «Vierteljahreshefte für Zeitgeschichte», 1959, Nr. 4, S. 452.
Frauen in der Emigration, in: Aufbau, 1. März 1940, S. 4.
1. Jahresbericht der Auskunftsstelle für Flüchtlinge vom Mai 1938 bis Ende April 1939, in: Neue Wege, 1939, Bd. 33, Heft 6, S. 294.
Christa Kersting, Erziehungswissenschaft in Hamburg nach 1945. Zum Umgang der Disziplin mit Emigranten, in: Zeitschrift für Pädagogik, 1994, Nr. 5, S. 745–763.
Die KP. Zürich zu den Bluturteilen von Moskau, in: Volksrecht, 1. September 1936.
Leonie Künnecke-Riether, Weshalb wollen die Schweizer Mädchen nicht Hausangestellte sein!, in: Frauenrecht, Nr. 1, 1932.
Andreas Molitor, Soziale Innovation – Eine Serie in brand eins, Folge 9: Stadtplanung, in: brand eins Online, Nr. 9, 2006.
Walter Nelz, «Lotte Schwarz 1910–1971», Nachruf, in: AZ, 12. Oktober 1971.
Felix Schwarz, Betrachtungen zum individuellen Wohnhausbau, in: Bauen + Wohnen, Nr. 6, 1949, S. 1.

Schwarzenbeker Nachrichten, 26. Februar 1921.
«Wenn die Familie einmal kleiner wird, werden meine Pläne wieder grösser», in: Die Frau, August 1959, Nr. 108.

Elektronische Textarchive
«Left Wing» Communism: http://www.left-dis.nl/d/
Das Informationsportal zur Geschichte der syndikalistischen Arbeiterbewegung: http://www.syndikalismusforschung.info/texte.htm
Marxists Internet Archive: http://www.marxists.org/archive/
Die Geschichte der Revolution 1918/19 in Berlin: http://www.novemberrevolution.de
Salomon, Alice, Texte, in: Alice Salomon Archiv: http://www.alice-salomon-archiv.de/angebote/texte.html
Guttempler-Lexikon: http://www.guttemplertreff.de/phpBB2/lexikon.php
Charles Linsmayer, Autorenlexikon: http://www.linsmayer.ch/autoren.php

Namenregister

Abendroth, Wolfgang 234, 297
Adler, Friedrich 126, 153, 158
Aeschbacher, Hans 272f., 280, 292
Augspurg, Anita 47f.
Astrow, Wladimir 153
Axelrod, Pawel 114, 147

Bäumer, Gertrud 47
Bardach, Lucie 143f., 193
Bardach, Maurice (Moritz) 143f., 153, 156, 193f., 218f., 230, 278
Benett, Anna 13–15, 32, 34
Benett, Christian 13–15
Benett, Elisabeth 13f.
Benett, Hans 23, 27, 32, 36, 55, 57–59, 74, 82, 90, 124, 135, 137, 170f., 297
Benett, Helga 216, 253
Benett, Johanna 13, 16, 19, 20, 23, 28–31, 34, 38f., 45, 55, 86, 89, 124, 137f.
Benett, Marion 216, 285
Benett, Walter 23, 30, 32, 57f., 124, 170, 216, 253
Benett, Wilhelm 13–22, 28, 30–33, 38f., 39, 45, 53–56, 59, 68, 86, 287
Bill, Max 220, 272
Bircher, Eugen 249
Biske, Käthe 253f.
Bloch, Rosa 147
Bloch, Siegfried 147
Blunk, Otto 135, 138, 297
Bondy, François 7, 9f., 154, 156, 190, 265, 274f., 287, 291f.
Borkenau, Franz 153
Bradt, Helmuth 153
Branden, Elli 160
Braun, Lily 245
Braun, Otto 153, 155f., 169
Braunschweig, Hansjörg 265, 269, 278
Brecht, Bertolt 178f.
Bredel, Willi 54
Brentano, Bernard von 153
Bringolf, Walter 249

Brupbacher, Fritz 104–108, 112, 126, 128, 131, 177f., 270, 277, 288, 299
Brupacher, Paulette 104f., 107, 112, 126, 128, 131, 270, 277, 288
Buchbinder, Heinrich 235, 239–241, 277f.
Buchmann, Marie 173
Bührer, Jakob 103, 133
Bürger, Ruth 297
Buttinger, Joseph 153, 158

Conrads, Ulrich 277
Crawford, Lili 270, 276

Däniken, Hans-Peter von 214f.
Däumig, Ernst 22
Diggelmann, Walter Matthias 241
Dittmann, Wilhelm 153
Dohrenbusch, Hans 153
Dressler, Bruno 132
Dürkoop 34–36, 43
Dukas, Lotte 162f.
Duttweiler, Gottlieb 176

Egender, Karl 273
Ehrenstein, Albert 162
Eichmann, Heinrich 272, 275, 282
Einstein, Mileva 106
Eppstein, Paul 123, 126, 280, 308
Esser, Gottfried 224, 279f., *281*

Fabian, Walter 73, 153
Facius, Rita 216f., *217*, 253, 282–284
Farner, Konrad 236
Figdor, Karl 153
Figner, Wera 147
Forel, August 38
Freud, Sigmund 275
Frey, Josef 153
Friedmann, Wolodja (Rachmiel) 112–117, 124–128, 141–143
Friedmann, Paula (Pawka) 112–117, 120, 124–129, 141–143, 231, 254

323

Friedmann, Adam 112, 115, 127
Friedmann, Hedwig *115, 127*, 142
Friedmann, Georg *115*, 127
Friedmann, Mary *115, 127*

Ganz, Hans 273f.
Garbaciaukas, Stepas 154
Gerster, Trudi 162
Gide, André 156
Giehse, Therese 180
Ginsberg, Ernst 180
Glaesser, Wolfgang 153
Glaser, Stefanie 306
Gloor, Frank 223
Götze, Carl 24
Goldschmidt, Hermann Levin 161f.
Gutmann, Rolf 201, 223
Gyssling, Walter 138

Haefeli, Max Ernst 214
Hämer-Buro, Brigitte 272, 276f.
Hämer-Buro, Hardt-Walther 272, 276f.
Hauser, Othmar 216, 282, 285
Hebebrand, Werner 223, 276
Heiden, Konrad 153
Heymann, Lida Gustava 47f., 153, 165
Hinderks, Hermann 42f., *43*, 48f., 65f.
Hirschfeld, Kurt 180
Hitler, Adolf 79–81, 85, 167
Hochwälder, Fritz 153, 162
Hodann, Max 63
Hoegner, Wilhelm 153, 169, 191
Hubacher, Helmut 237
Humke, Adolf 70f., 75, 84, 297
Humm, Rudolf Jakob 95, 131, 133, 148, 270, 276

Ihlau, Olaf 72, 233f., 297

Josephson, Hans 162
Jungk, Robert 102, 151–153, 156, 160–165, 187–190, 242f., 275

Kägi, Paul 150f., *151*, 158, *183*
Kägi-Fuchsmann, Regina 93, 144, 157, 167, 195f., *197*, 200, 203

Kalenter, Ossip 153
Kammerer, Bruno 224, 280
Kappel, Willi 72, 297
Kauer, Marthe 180
Kaufmann, Emil 297
Kautsky, Benedikt 153, 194
Kautsky, Karl und Luise 147, 194
Keiser, César 255
Kleineibst, Richard 153
Koestler, Arthur 156
Knell, Karl 215
König, René 153
Kolb, Otto 209f.
Kollontai, Alexandra 62f.
Kübler, Ferdy 280
Kühne, Karl 86, 89, 231
Kuntze, Karl und Marianne 84, 202, 231
Kurz, Gertrud 190

Lange, Helene 46, 49
Langhoff, Wolfgang 137, 153, 180
Le Corbusier 214
Ledebour, Georg 153
Leichter, Käthe und Otto 153
Lenin, Wladimir Illitsch 62, 112, 114, 141, 147, 297
Lenz, Max Werner 255, 260, 306
Liebknecht, Karl 22, 297
Lindtberg, Leopold 179
Loewensberg, Verena 272
Lohse, Richard Paul 131, 133, 143, 211f., 272, 282
Loos, Adolf 212, 222f.
Lunatscharski, Anatoli 115
Luxemburg, Rosa 22, 147, 297

Magnani, Franca 106
Mann, Helene 115f.
Martow, Julius 114, 147
Marx, Karl 299
Mattick, Paul 77
May, Ernst 276
Mehring, Franz 147
Meier, Othmar 198, 202, 215
Merin, Peter 153
Messali Hadj, Ahmed Ben 243

Meyer, Edy 107f.
Moser, Werner Max 214
Mussfeldt, Lotte 297

Nathan 43–47
Nelz, Walter 174f., 177, 277
Nussbaum, Kurt 117–121, 191

Oppenheim, Hanna 118
Oppenheim, Meret 272
Oprecht, Hans 103f., 132f., 247f.
Oprecht, Emil 103, 131f., 163, 270
Oprecht, Emmie 103
Otto Peters, Louise 50f.

Paasche, Helga 182
Panizzi, Alberto 196
Pannekoek, Anton 77, 232
Paryla, Karl 180
Pestalozzi, Heinrich 41, 274
Pfemfert, Franz *105*
Pflüger, Paul 99, 147
Pinkus, Theo 118
Platiel, Nora 153
Plechanow, Georgi 114, 147
Preilipper, Kurt 136–137, 230, 297
Preilipper, Walter 136

Ragaz, Clara 93
Ragaz, Leonhard 93
Reich, Wilhelm 63
Reichstein, Gustava 162
Reichenbach, Bernhard 73, 79, 84, 232f., 297
Reiss, Ignaz 143, 278
Renschler, Walter 207f., 250, *267*
Rinkel, Manfred 135f., 138, 297
Rosenbaum, Wladimir 131, 270
Roten, Iris von 256f.
Roth, Alfred 222
Russell, Bertrand 243

Sagalowitz, Benjamin 194
Salomon, Alice 47
Samson, Jean-Paul 153
Scarpi, N. O. 163, 274
Schader, Jacques 180

Schaedel, Charlotte 51, 134, 136, 297
Scheidegger, Ernst *219*, 272
Scheuchzer, Emil 148–150, 154, 173f.
Schlomsky, Franz 74, 297
Schmidt, Hans 276
Schöning, Karl 297
Schönlank, Bruno 153
Schröder, Karl 72–74, 76, 79, 84, 132, 138f., 230–232, 297, 305
Schulze-Beuysen, Harro 161
Schuster, Wilhelm 82
Schwab, Alexander 73f., 76, 79, 84, 138f., 230, 297
Schwarz, Bertram 188, 198, 202, 207, 210, 216, 243, *259*, 280, 287
Schwarz, Felix 173–184, 190, 195–202, 208–220, 222, 231, 235f., *237*, 238–243, 251, *259*f., 271, 274–278, 280, 282, 284f.
Schwarz, Felix und Marie 173, 177, 202
Schwarz, Oliver 207, 210, 216, 238f., 251, *259*, 280, 287, 290
Schwarz (verh. Baltensweiler), Rosmarie 173, 178, 202, 208, 210f., 253
Seidenfeld, Gabriella 104, 106–108, 110–112, 118, 144, 191, 195, 198
Siemsen, Anna 73, 153, 165–169, 192f., 290
Sievers, Max 153, 159f.
Silone, Ignazio 106f., 110f., 126, 153, 156, 189
Spengler, Emmy 103
Spengler, Hans 103f., 108, *109*
Sperber, Manès 153, 156, 190, 271
Steiger, Rudolf 214
Steinemann, Eugen 151
Steinitz, Hans 182, 190
Stern, Luitpold 153
Stierlin, Hans 174, 235, *237*, 278f.
Stöhr, Emil 180
Stöcker, Helene 165
Stössinger, Felix 153
Ströbel, Heinrich 153
Stücheli, Werner 226
Sturmthal, Adolf 153

Tabe, Grete 33

325

Thälmann, Ernst 69
Trotzki, Leo 115, 141, 147
Tuchatschewski, Michail 142f., 301
Turel, Adrien 133, 153, 160f., 274–276, 282f.
Turel-Welti, Lucie 275

Utzelmann, Franz Peter 72, 74, 79, 231f.

Valangin, Aline 131, 133, 270
Volbehr, Lilli 51
Vollenweider, Walter 167

Wagner, Helmut alias Rudolf Sprenger 63f., 73, 75–77, 79, 84–86, 92f., 95, 102, 104, 132, 134–136, 145f., 153, 156–159, 165f., 231–234
Wahl, Grete 297
Walter, Emil Jakob 95f.
Weber, Marianne 47
Weininger, Otto 173
Weiss, Peter 162
Weizsäcker, Ernst von 130
Wick, Karl 248
Wirt, Joseph 153
Wüthrich, Werner 303
Wullschleger-Friedmann, Max 141f.

Zander, Hans 297
Zerfass, Julius 153
Zetkin, Clara 62f.
Zöbeli, Margrit 200f.
Zuberbühler, Robert 270
Zybell, Paul 297